全球治理与人类命运共同体国际法学术文库
Book Series of International Law On Global Governance And A Community Of Shared Future For Mankind

王瀚/主编

西北政法大学学术著作出版基金资助成果
国家社科基金一般项目〔18BFX213〕阶段性研究成果
中国法学会部级法学研究课题〔CLS（2017）D184〕后期资助成果

国际农产品公平贸易法律治理研究

刘学文/著

法律出版社
LAW PRESS · CHINA

总　序

当前，世界经济形势诡谲多变。单边主义、保守主义和孤立主义正左右着当前的国际关系，“逆全球化”思潮暗流涌动，多边体制与全球秩序进退维谷，全球化正遭遇前所未有的挑战。尽管如此，我们仍坚信经济全球化、贸易自由化乃不可逆转之历史潮流，我们应乘风破浪、百舸争流。随着改革开放的高歌猛进和经济的健康稳定发展，中国已然成为多边主义、自由贸易秩序的倡导者和推动者。2013 年，习近平主席提出“一带一路”倡议，以“共商、共建、共享”原则和理念指导的“一带一路”建设，体现了中国与合作伙伴一起致力于提振全球经济、推动国际法治、应对“全球治理赤字”的坚定决心。共建“一带一路”倡议六年来，合作成果丰硕，进展超出预期，受到国际社会的广泛欢迎。这是因为，“一带一路”坚持以平等互利为原则，以合作共赢为目标，以开放包容为宗旨，以对接发展为途径，以规则法治为基础。其中，规则和法治既是“一带一路”走向世界的通行证，也是应对风险挑战的安全阀。我们既要推进“一带一路”基础设施的“硬联通”，也要加强“一带一路”规则、标准的“软联通”，不断完善“一带一路”法治保障体系，深化“一带一路”法治交流与国际合作。

“全球治理”（global governance）是由多元化的法律行为体共同参与和管理全球事务过程的体制和机制。“一带一路”倡议所引领的全球治理是一种新型的国际法治实践。这也意味着，传统的国内法和国际法各自为政的格局将受到严峻挑战。“一带一路”所引领的新全球治理法治观应依赖国内法与国际法的联结贯通、国家法与民间法的相得益彰、公法主体与私法主体的携手合作、政治国家与市民社会的并行不悖。“一带一路”背景下全球治理的法律规则也将呈现出前所未有的多元化、灵活性和自治性。其中，构建人类命运共同体是全球治理中国际法治实践的价值指针，其含义隽永、思想深邃。

人类命运共同体理念为全球治理变革提供了新的方法论和价值体系，而最终落脚于中国深度参与的，以国际法定制、国际义务履行和国际争议解决为基础的国际法治实践。在“一带一路”倡议共建过程中，我们需要进一步推进依法治国，从立法层面明确国际法规则和国内法之间的关系，更好地按相关流程解决好“一带一路”法律实践中与相关缔约国所签订的条约批准和认定问题。在国际秩序变革的实践中，努力实现从国际法规则的维护者、接受者，转变为国际规则定制的积极倡导者和参与者。同时，应努力研究国际规则定制的法理，以及国际规则定制与中国话语表达的途径和方式，且应当加深对现有国际条约规则文本的研究，提高运用国际规则的技术和能力，为与“一带一路”沿线国家的合作与竞争赢得法律利益。从根本上说，就是要深度参与全球治理。为了更好地推动对新形势下国际法前沿问题的研究，我们决定编辑出版《全球治理与人类命运共同体国际法学术文库》，以后我们将和法律出版社同人一道，相继推出系列国际法学术成果，以凝练学科方向，泽被科研先进。

人类命运共同体价值指引下的全球治理实践是全新的国际法治实践，亦是一个复杂的系统工程，有太多的命题需要以多维的视角来观察与解读。希望通过本学术文库的资助，在未来的几年时间里能够产生一批大胆探索、小心求证、勇于实践、开拓创新的国际法学术成果，真正打造具有国际视野、体现中国立场、富含平民情怀的兼具思想性和智库性的学术精品，以期为国家的社会主义法治建设、涉外法律人才培养贡献力量。

王　瀚
陕西省“三秦学者”特聘教授，
西北政法大学国际法研究中心主任、
丝绸之路区域合作与发展法律研究院院长、
国际法学科带头人、博士生导师

序

在国际贸易发展史上，自由贸易、贸易保护主义的争论从未停止过，两者向来是此消彼长的关系，根本原因在于以国家利益为导向的传统国际经贸关系在不同时期面临发展不均衡的挑战。几个世纪的全球贸易实践反复证明，自由贸易难以确保国际贸易中的公平，而且可能催生弱肉强食的保护主义贸易体系。自20世纪40年代以来，一种新的国际贸易理论形态——“公平贸易”（fair trade）应运而生。这一理论形态产生之后，不断向国际贸易的诸多领域扩展。公平贸易在不同的场合和层面被反复提及，且存在很大的歧义。如在时下前景尚不明朗的中美贸易摩擦中，特朗普政府指责中国对美国长期存在的贸易顺差致使美国每年损失5000亿美元，喊话中国要“停止公平贸易”；中国也主张“公平贸易”，但反对美国掀起的贸易保护主义措施，暂作多边贸易和自由贸易的维护者。显然，在这里，公平贸易有不同的面向和解读。长期以来，学术界关于公平贸易一直未有定论，因此对公平贸易的研究在国际法领域具有重大的理论意义和现实意义。当前，学界研究“公平贸易”或农产品“两反一补”“绿色壁垒”“蓝色壁垒”的文献琳琅满目,然而尚未有一本系统研究农产品公平贸易的专著。刘学文博士的《国际农产品公平贸易法律治理研究》一书较好地填补了这一空白。该专著的特点在于,以农产品贸易为对象展开自由贸易、贸易保护主义理论及其相互关系的讨论,并登堂入室,将研究的核心定位于学界尚无统一界定的公平贸易问题,认真进行了相关理论梳理和进路追寻。本书尝试运用价值哲学、国际贸易学、国际法学的一些理论和方法,较为全面、系统地研究了国际农产品公平贸易的规则与制度。

本书是刘学文博士在其于 2016 年 5 月完成答辩的博士论文的基础上修改而成的。该选题的理论前瞻性今天看来自不言待,其所讨论和延展的些许问题若为学界的研究产生启发和灵感,将是本书的价值所在。通过阅读本书,读者自会发现,本书对“贸易战”有较为详尽的历史梳理和解读,自由贸易、贸易保护主义与公平贸易之间的关系在本书中亦有十分用心的理论阐释和界定。本书一改学界此前仅研究公平贸易或仅研究农产品贸易壁垒的做法,而是以公平贸易为纽带,全面、系统地研究农产品贸易相关的“两反一补”“绿色壁垒”“蓝色壁垒”所涉公平贸易法律问题。最后,本书在全球贸易治理的视野中寻找公平贸易的合理进路。从论证立场来看,本书是赞成公平贸易的,只是他所推崇的公平贸易是符合程序公平与实质公平法律价值矫正的、以规则为基础的公平贸易。从这个意义上来说,本书是具有一定理论开拓勇气的。整体观之,本书具有如下三个方面的突出特征。

其一,本书创新性地阐释了公平贸易的两个向度,并以此为逻辑起点,对公平贸易及其理论作了系统梳理和阐释。本书通过系统、全面地研读和梳理各种类型的公平贸易理论、政策和制度,运用价值论的推导和分析,将公平贸易界定为全球分配正义和贸易保护主义两个向度,并指出公平贸易在国际经济关系中很容易被一些国家的贸易政策制定者和执行者滥用,结果沦为贸易保护主义的重要工具,以致众多贸易政策的实施均可以打着公平贸易的旗号。而以公平贸易为名实施单边贸易保护主义政策的结果,必然造成农产品贸易的不公平。

其二,本书将公平贸易置于以国际法为路径的农产品全球贸易治理体系中进行考察,立足于国际法与国内法的双向联结,揭示了其公平价值缺陷的内在机理。本书的研究并非局限于对国别的贸易保护主义政策进行考察,而是对国际农产品多边治理法律体系的公平价值缺陷及其所勾连的主要经济体的农产品治理法律体系进行对照考察,因此是在农产品全球贸易治理的宏阔视野中展开的。本书最后寻找到宪政的国际法路径,该路径的优势在于多类型主体广泛参与、以保障个人权益和人类命运共同体的整体利益为主要着眼点的国际法治模式。

其三,本书为农产品公平贸易全球治理国际法进路确立程序公平和实质公平相结合的价值基准。在公平价值层面,作者详细解读了罗尔斯、哈贝马斯、斯蒂格利茨、阿马蒂亚·森等人对公平价值的界定,最后依循托马斯·弗兰克为国际法和国际制度设定的程序公平和实质公平的二元标准作为其界定农产品公平贸易的价值基准,辅之以其他学者的理论。至此,作者将论证进路设定为价值—规范—实践交相互动的多向诠释过程,从而使全书的逻辑清晰、观点鲜明。

综上,本书对全球贸易治理框架的选择、宪政的国际法路径的证成、农产品全球贸易"五层楼"治理模型的建构、程序公平与实质公平要素的设定,以及对规范研究法、法律诠释学方法较为深入的运用,体现了作者较为扎实的理论功底和学术求索精神。总体来讲,本书资料翔实、论点明确、论据严谨充实、论证思路清晰明朗,是一部具有学科前瞻性和理论深度的研究成果。愿本书的一些观点对未来学界的理论研究起到一定的参考和启迪作用。当然在我看来,本书的写作也有一些不尽如人意的地方,如书中针对一些具体公平价值缺失的规则提出的解决方案、对策建议等略显单薄,有必要在后续研究中作更为深入的探讨。

作为刘学文博士研究生阶段的导师,我看到了他的努力和成长,也很欣赏他在学术探索上的孜孜不倦和坚忍不拔,希望他能够在以后的学术研究上筚路蓝缕、勇攀高峰。在他的这部专著即将付梓之际,我欣然作序,以示勉励。

朱京安

2018 年 5 月 10 日

缩略语表

缩略语	英文全称	中文全称
WTO	World Trade Organization	世界贸易组织
ITO	International Trade Organization	国际贸易组织
FAO	Food and Agriculture Organization	世界粮农组织
ILO	International Labour Organization	国际劳工组织
EU	European Union	欧洲联盟
NAFTA	North American Free Trade Area	北美自由贸易区
GATT	General Agreement on Tariffs and Trade 1994	关税与贸易总协定
GATS	General Agreement on Trade in Services	服务贸易总协定
DSU	Dispute Settlement Understanding	争端解决的谅解
DSB	Dispute Settlement Body	争端解决机构
UNCTAD	United Nations Conference on Trade and Development	联合国贸易和发展会议
EU	European Union	欧洲联盟
IMF	International Monetary Fund	国际货币基金组织
OECD	Organization for Economic Co-operation and Development	经济合作与发展组织

续表

缩略语	英文全称	中文全称
DSB	Dispute Settlement Body	WTO 争端解决机构
AB	Appellate Body	WTO 上诉机构
CMO	Common Market Organization	香蕉共同体组织
MFN	Most-Favoured Nation	最惠国待遇
LDCs	Least Developed Countries	最不发达国家
SCM	Agreement on Subsidies and Countervailing Measures	补贴与反补贴措施协定
SPS	Agreement on the Application of Sanitary and Phytosanitary Measures	实施卫生与植物卫生措施协定
TBT	Agreement on Technical Barriers to Trade	技术性贸易壁垒协定
AOA	Agreement on Agriculture	农业协定
TFA	Trade Facilitation Agreement	贸易便利化协议
AVE	Ad Valorem Equivalents	从价税等值
TPP	Trans-Pacific Partnership Agreement	跨太平洋伙伴关系协定
TTIP	Transatlantic Trade and Investment Partnership	跨大西洋贸易与投资伙伴关系协定
TISA	Trade in Service Agreement	国际服务贸易协定
RCEP	Regional Com-prehensive Economic Partnership	区域全面经济伙伴关系协定
FLO	Fairtrade Labelling Organizations International	国际公平贸易标签组织
IFTA	International Fair Trade Association	国际公平贸易协会
NEWs	Network of European Worldshops	欧洲世界商店联线
EFTA	European Fair Trade Association	欧洲公平贸易协会
NICs	Newly-Industrializing Countries	新兴工业化国家
USTR	Office of the United States Trade Representative	美国贸易代表办公室
NTBs	Non-Tariff Barriers	非关税壁垒
MFN	Most-Favored-Nation Treatment	最惠国待遇原则
NT	National Treatment	国民待遇原则

续表

缩略语	英文全称	中文全称
SDT	Special and Differential Treatment	特殊差别待遇原则
PPMs	Processes and Production Methods	生产过程和生产方法
MES	Market Economy Status	市场经济地位
CAP	Common Agricultural Policy	共同农业政策
BWIs	Bretton Woods Institutions	布莱顿森林体系
HKMD	Hong Kong Ministerial Declaration	香港部长宣言
ISDS	Investor-State Dispute Settlement	投资者—国家争端解决
CPTPP	Comprehensive Progressive Trans-Pacific Partnership	全面与进步跨太平洋伙伴关系协定
USMCA	United States-Mexico-Canada Agreement	美国—墨西哥—加拿大协定

目录

绪 论

一、选题理由与研究意义

(一)选题背景与理由

马克思在《资本论》一书中论及大工业与农业的关系时认为,大工业在消灭农业领域中旧社会的堡垒——“农民”并以雇佣工人取而代之的方面发挥了革命性作用。[①] 马克思的预见在当前正在变为现实。全球化正呈现出这一趋势,即农业生产和农产品贸易被现代工业化手段重新塑造,而置身于农产品全球产业链中的众多主体特别是农民,其权益保护问题亦变得异常的突出和敏感。无论发达国家还是发展中国家,均对农业实施不同程度的特别支持和保护。这就决定了农产品贸易是国际贸易中最为重要且最具争议性的贸易形态。农业事关一国的社会稳定、粮食安全、农民生计、农村治理和经济结构配置,因此无论是在发达国家还是发展中国家均在一定程度上被施以特殊保护。各国对于本国的农业生产和农产品出口毫无例外地实施一系列补贴与其他政策

---

① 参见中共中央马克思恩格斯列宁斯大林著作编译局编译:《马克思恩格斯全集》(第5卷),人民出版社2009年版,第578页。

支持,而在农产品的市场准入方面又施加诸多限制,这导致农产品领域的贸易摩擦日益增多。可以预见在不久的将来,农产品贸易摩擦将成为所有贸易形式中争议最多且最难解决的领域。而且,现有的国际贸易规则尽管奉行贸易自由化的主流价值,但贸易保护主义如影随形。围绕贸易自由化的一系列多边贸易规则又以利益为导向,公平价值的缺失问题是当前贸易规则面临的最大问题,这以全球性农产品多边贸易规则和各国国内农业贸易立法的表现最为突出。

公平贸易理论是国际贸易法中历久弥新的重要理论,对它的研究在不同时期具有不同的意义。而农产品贸易又涉及国别农产品贸易政策以及以世界贸易组织(World Trade Organization,WTO)为代表的农产品多边贸易规则,这些单边、双边与多边纪律目前均不成熟,充斥着贸易保护主义,缺乏公平性。而由发达国家构建的反倾销、反补贴等所谓公平贸易政策本身就具有维护贸易公平和实施保护主义的二重性,亦备受公平价值之拷问。因此,本书的研究命题是:随着贸易摩擦的逐年增多,国际农产品贸易正在面临的贸易保护主义问题将更加突出,未来国际农产品贸易应在全球贸易治理的框架下,通过国内法与国际法相联动的"宪政的国际法"(International Law of Constitutionalism)①制度安排,渐进式推进农产品全球贸易治理法律体系朝着托马斯·弗兰克(Thomas M. Franck)确立的程序公平(形式公平)与实质公平(社会公平)二者并举的方向前进,其最终目标是实现国际农产品贸易领域的全球分配正义。

---

① 变动不居的国际秩序与国内秩序的二元互动迫切需要构建一个由社会各个层面的权威结构组成的,既扎根于民族国家内部又超越民族国家界限的新全球治理体系。因此在全球治理和全球宪政的双重联系与互动下,作为全球治理重要手段的国际法正呈现出通过合作、共存与宪政的国际法三方面内容齐头并进的共时性发展趋势。陈喜峰副教授据此将当代国际法划分为共存的国际法、合作的国际法和宪政的国际法三种类型,而且认为三者之间在内容上具有递进性与共时性的特点。与合作和共存的国际法不同,在规范层面来说,宪政的国际法确立了个人在国际法中的地位,调整的主体超越了传统的国际法主体;在功能层面来说,宪政的国际法还厘定了个人基本权利与国家主权权力二元关系的法律边界;在价值层面来说,宪政的国际法所关注的价值超越了国际法主体之间的平等互利、主权平等等价值,将个人的价值与人类共通的价值作为本源性和终极性价值置于重要地位。详见陈喜峰:《宪政的国际法:全球治理的宪政转向》,载《暨南学报》(哲学社会科学版)2013 年第 1 期。

如同没有绝对的自由一样，贸易中也不会有绝对的公平，公平贸易本身就会有很多不公平之处，各国只能通过公平化的贸易规则安排，力促农产品贸易无限接近理想的公平状态。强调公平贸易，应强调其“诉求的动态性”，即强调“公平贸易是一个动态的发展过程，而不仅仅局限于一种形式。不同国家在不同的发展阶段，对公平贸易内涵的诉求都是不尽相同的”。① 而强调国际农产品公平贸易的法律治理，即强调一个通过国际、国内法律的运行与解释、司法与准司法裁决的执行以及国际治理体系的完善来推动国际农产品贸易朝着更加公平、均衡方向发展的一个动态的实现过程。这一过程复杂而漫长，随着在哈贝马斯商谈正义指导下的双边、多边国际贸易谈判进程的推动，各国国内农业法律政策、贸易壁垒规则的创制、修正、废止与完善，同时随着相关国际法规范、国内法规范的相互交叉、彼此影响与耦合。因此，势必要通过对国际关系中的“复合相互依赖”理论，以及贸易民主化理论、WTO 宪政理论的深刻考察与反思，深入结合对当前国际贸易实践中既有成案（包括国别的贸易救济调查、WTO 争端解决程序中的专家组报告、上诉机构的裁决）的考证，从形而上的价值，到形而中的规范，再到形而下的事实，在循环往复中进行法律诠释，通过解构与重构，方能探寻出国际农产品公平贸易法律治理的思路、路径和建议。

在全球积极倡导贸易自由化，特别是持右派理论的学者强调“发展中国家应该立即无条件地接收自由贸易”②的形势下，国际贸易领域当前存在严重的贸易规则失衡问题，这以极具脆弱性的农产品贸易领域的众多公平价值缺陷最为典型。现有的国别贸易政策、国际贸易多边与双边谈判过程，或是已达成的多边贸易的既有成果中都存在公平价值阙如问题，农业与农产品贸易领域更凸显这一问题。

本书将立足于国际法（农产品多边规则）、国内法（农产品国别贸易政策与不公平政府行为）两个层面，从农产品贸易与救济体系的法律规制出发，通过厘清公平的法律价值以及公平贸易的含义，全面、系统地研究

---

① 王世春：《论公平贸易》，商务印书馆 2006 年版，第 16 页。

② Joseph E. Stiglitz, Andrew Charlton, *Fair Trade for All: How Trade Can Promote Development*, Oxford University Press, 2007, p. 35.

农产品全球多边贸易规范与发达经济体的单边贸易立法和政府行为的公平价值缺陷,进而为国际农产品公平贸易的法律治理寻找进路。我们欲追求的公平贸易并不是西方发达国家现有的以邻为壑、高筑贸易壁垒、以自我利益为唯一导向的摇摆不定的所谓"公平贸易",而应是通过对话、协商与谈判,逐步实现贸易治理中公平价值的各项硬性指标,进而形成以公平价值为导向的农产品全球治理机制。符合实质正义的农产品公平贸易是在贸易自由化基础上对现有的法律治理实施的一种矫正,或者说是程序公平的正当性要素与实质公平的衡平要素融入国内农业制度体系和农产品全球贸易治理体系的一种贸易状态。

(二)本课题的研究意义

1.理论意义

其一,本书立足于国际贸易领域最为重要、最为封闭、最具摩擦和争议、开放性最低、谈判最为艰难的农产品贸易领域,从公平贸易这一具有价值偏向性的贸易形态出发,将对全球化、贸易保护主义、自由贸易理论、公平贸易理论的基本内涵进行分析和比较,对当前国际经济法学界以及经济学界争议较大的公平贸易理论展开探讨。本书赞成全球化背景下的贸易自由化,认为全球化能有效促进农产品贸易的增长,因为其有助于在全球产业链的整合中促进农业现代化;但不主张以追求最大化利润为目标、违背环境和劳工标准的过度扩张的贸易自由化;也反对西方发达国家一百年来着力促进的所谓公平贸易理论,因该理论有很多缺陷,一系列的公平贸易立法如2010年美国众议院通过的《公平贸易货币改革法案》最新修正案本身就具有很强的贸易保护主义性质。本书将从国内法、国际法两个层面全面梳理当前国际农产品多边贸易规则与主要经济体的相关法律政策,归纳其不公平性的表现形式与特征,并通过宪政的国际法全球贸易治理路径实现符合全球分配正义的农产品公平贸易之结果。防止与祛除贸易保护主义,矫正农产品贸易扭曲,实现贸易民主化与便利化。因此,本书倡导的农产品公平贸易是一个动态的制度化变迁。

其二,本书立足于一个核心(农产品全球贸易治理)、两个层面(国际法规范层面、国内法规范层面)、三个视角(贸易自由化、贸易保护主义和公平贸易),运用自由贸易理论、公平贸易理论,通过综合使用规范分析法、实证分析法、法律诠释学方法等,全面、深入剖析当前国际农产品贸易规则以及救济体系的公平价值缺陷问题。

其三,本书将引入杰克逊、彼德斯曼和凯斯等著名的国际法先驱对WTO宪政化理论的主张和倡导,适用其问题分析进路,通过倡导"非歧视性市场准入""规则导向性政策制定""透明政策制定""正当程序""对较不发达国家的非互惠和优惠待遇""问责机制与协商程序""贸易民主化"等理念,将其各自划入程序公平和实质公平的涵盖要素之中,促进农产品全球贸易治理在符合程序正义与实质正义相统合价值理念指导下的渐进式制度变迁。

其四,本书以国际农产品这一极具代表性的贸易形式为基础,研究其全球贸易治理的宪政的国际法路径问题。笔者既反对过度的自由主义扩张,同时也不赞成西方发达国家以邻为壑、高筑贸易壁垒、以自我利益为唯一导向的摇摆不定的所谓"公平贸易",而是提倡农产品全球贸易治理宪政的国际法路径。该路径通过法律手段的全球贸易治理导向全球分配正义这一核心价值。在制度演进中践行罗尔斯的复数正义理论、哈贝马斯商谈理论与程序主义民主模式,最大化地促进生产者与消费者的福利等。本书最后在制度建构方面提出通过亚地方的、地方的、国家的、区域的和国际的"五层楼"治理模型,渐进式地促进符合全球分配正义的制度演进,促进农产品公平贸易法治的动态演进。

2. 实践意义

其一,发达国家农产品补贴制度种类繁多,发展中国家补贴较少,反映在多边贸易规则之中,以《农业协定》(Agreement on Agriculture,AOA)为代表的WTO农产品多边贸易规则过于偏袒占据农业优势的发达国家,使该领域的贸易扭曲最为严重。启动于2001年、规模最大、历时最长的多哈回合谈判至今未有过多实质性进展,与发达国家和发展中国家之间的农产品博弈紧密相关。在中国农产品对欧美等发达国家和地区逆差的形势下,系统、深入研究和分析农产品的公平贸易问题将为我国未来农业政策的修订完善、对外农产品贸易战略的选择都起到重要的参考和借鉴作用。

其二,本书的研究有助于为政府实务部门选择未来的农业支持政策(如农业补贴安排)、市场准入安排、农业发展策略,以及在帮助贸易救济调查部门,进一步明确责任主体、构建预警体系、协调应诉,以及主动启动对外国农产品贸易救济调查等方面均起到重要的参考作用。

其三,本书的研究从贸易保护主义、自由贸易理论以及公平贸易理论的视角出发权衡和解读当前的农产品国际规范与国别贸易法律与政策,以及正在进行的区域贸易谈判的角逐(如区域自由贸易协定、应否加入《跨太平洋伙伴关系协定》谈判的考量)等均有重大的参考价值。考察自由贸易区与多边贸易规则的关系,能够帮助政府有关部门权衡利弊,选择合适的问题解决之道。

其四,本书的研究紧密结合了当前风起云涌的区域贸易谈判,从区域国际立法合作推进的视角来设定国际农产品公平贸易的发展进路,具有两个方面的重要意义。一方面,这一研究思路对于多哈回合农产品贸易自由化谈判的进路有重要的参考与推进作用,而且可能为未来全球农产品贸易自由化谈判找到重要突破口;另一方面,对于全球多边农产品贸易规则以及国内农产品贸易法律政策的考察,也有助于我们在区域农产品谈判以及区域贸易协定制定过程中进一步明确如何规划与设定农产品贸易政策,防止贸易扭曲,摒弃贸易保护主义。

二、研究现状

(一)公平贸易研究现状

1. 关于公平的概念、特点界定

关于“公平”二字,中国古代史书亦有所述。《史记》认为:“《索隐》案:德成衡,衡则能平物,故有德公平者,先成形于衡。”①

罗尔斯(2011)②通过分析概括洛克、卢梭、康德等代表性思想家的契

---

① 《史记·卷二十七·天官书第五》。

② 参见[美]约翰·罗尔斯:《作为公平的正义:正义新论》,姚大志译,中国社会科学出版社 2011 年版。

约论,提出了影响深远的“公平的正义”理论,设想在公平的原初状态之下各方同意了正义原则,目的在于达成公平之契约,追求公平之结果。罗尔斯为了论证这一理论,假定了订立契约的“原初状态”,进而在无知之幕(the veil of ignorance)下通过推理作出对正义原则的选择。罗尔斯为各方设定了自由原则、公平的机会平等原则和差别原则,这一“复数正义”理念是按照“词典式序列”排列的,其中第一个原则中的自由原则优先于第二个原则,而第二个原则中的公平的机会平等原则又优先于差别原则。刘志云教授(2005)通过对罗尔斯复数正义理论的分析,认为该理论要应用于国际社会,其核心是建立一种能使“公平、有效和富有生产力的社会合作体系能够得以持续维持、世代相继”的社会政治经济制度结构。因此在贯彻“程序正义”(“分配正义”)的同时,要适当兼顾“实质正义”,而这种“实质正义”包含两种意思,第一,构建制度上的特殊与差别待遇;第二,构建一种公平竞争机制,意在补偿竞争起点不足的弱势方,同时实质性的公平竞争环境之营造,以达到间接矫正不平等形势之目的。①

彼得·斯坦、约翰·香德(2004)②对公平与公平程序进行了深入研究,认为平等乃是法律所应始终坚持的价值观。他们立足于对亚里士多德有关“分配正义”与“矫正正义”的区分,指出公平原则为法律制定与适用中的程序和法律裁决建立了独特的标准。公平的程序有赖于基本自由之保护。笔者同时认为,分清法律程序之标准乃通过法律的手段实现公平之前提条件。此外,笔者还探讨了公平的法律和公平的判决等问题。

如上有关公平的法哲学研究文献较多,有很多经典文献都可以进行引证,目前学界欠缺对其应用于农产品贸易治理的论述,本文将对此进行深入研究。

2. 关于公平贸易、公平贸易运动的分析

近现代意义上的“公平贸易”的理念源于西方。具体来讲,“公平贸

① 参见刘志云:《国际经济法律自由化原理研究》,厦门大学出版社 2005 年版,第 285 ~ 286 页。

② 参见[英]彼得·斯坦、约翰·香德:《西方社会的法律价值》,王献平译,中国法制出版社 2004 年版,第 85 ~ 120 页。

易”是从英文“fair trade”翻译而来，又可译为“公平交易”，它是美国的学者最早从“自由贸易”理论中推导出的一个概念，而其成为立法的标志则是《1988 年美国贸易和竞争综合法案》的出台。具体包括多边贸易关系的公平性、国际贸易规则的公平性、国际贸易主体的公平性，以及国际贸易行为的公平性。[①] 王世春（2006）将公平贸易的内涵划分为四个层次，分别是：第一，公平贸易规则。主要体现为在 WTO 促进公平原则基础上形成的《反倾销协议》《补贴与反补贴措施协定》《保障措施协定》等这些明确成员方政府在制定与实施国际贸易规范方面权利与义务的一系列维护公平贸易的协定，其目的就在于“抵制低价倾销以及获得出口补贴等攫取市场份额的‘不公平’贸易行为”。第二，公平贸易政策。是指国家在国际贸易关系中基于公平贸易规则，共同履行国际法义务，相互给予互惠或对等待遇。第三，不公平贸易行为。特指违背对等、公平与互惠原则的贸易往来。包括由倾销、补贴以及出口激增造成的企业竞争的“不公平”。第四，公平贸易措施。指各成员方政府为抵消其他成员方不公平贸易行为而采取的反倾销、反补贴和保障措施。[②]

20 世纪后半叶，公平贸易发展成为资本主义社会的一场声势浩大的运动。这场运动意在促进被边缘化的生产者与劳工的紧密合作，扭转资本家和劳工的对立局面，使这些弱势群体在全球市场中扮演更为积极的角色，进一步改变由自由贸易带来的全球经济体系的失衡状态，以促进国际贸易的公平性。曲如晓、赵方荣（2009）对国际公平贸易运动进行了全面阐述和系统论证，公平贸易被划分为四个阶段。[③] 一个由 20 多个团体会员、贸易商、生产者协会与专家组成的国际公平贸易标签组织（Fair Trade Labelling Organizations International）在 1997 年正式宣告成立，该组织致力于审查和制定公平贸易标准，发展与促进公平贸易业务，给生产者创造利用公平贸易认证的机会，维护公平贸易商标之权利，以促进发展中

---

① 详见黄进：《公平贸易公平吗?》，载《大经贸》2001 年第 6 期。

② 参见王世春：《论公平贸易》，商务印书馆 2006 年版，第 16 ~ 21 页。

③ 参见曲如晓、赵方荣：《国际公平贸易运动：一个南北贸易的新潮流》，载《国际贸易问题》2009 年第 10 期。

国家的永续发展,维护弱势的生产者和劳动者权益。该组织在 2004 年 1 月分别立为国际公平贸易标签组织(FLO International)和公平贸易认证组织(FLO - CERT)两个组织。[①] 1998 年,统一的公平贸易集团 FINE (FLO,IFTA,NEWS & EFTA)宣告成立,旗下收编国际公平贸易标签组织(Fair Trade Labelling Organizations International,FLO)、国际公平贸易协会(International Fair Trade Association,IFTA)、欧洲世界商店联线(Network of European Worldshops,NEWS)与欧洲公平贸易协会(European Fair Trade Association,EFTA)。[②] 针对自 1988 年经认证的公平贸易产品首次在荷兰被引进以来其销售获得了巨大的增长,达里尔 · 里德(Darryl Reed)(2008)从全球价值链的角度出发,探讨了经认证的公平贸易产品销售增长的原因,认为部分原因是参与公平贸易的企业越来越多,同时也随着公平贸易实践的巨大改变;笔者运用不同公平贸易价值链变体的区分检视了在企业参与增多的公平贸易实践中产生的一些关键的规范性问题。[③]

当前的公平贸易运动主张在世贸组织框架下进行国际贸易体系的革新,如要求发达国家取消农业补贴以降低对发展中国家农产品市场造成的破坏性影响。另外,鼓励消费者选择贴有公平贸易标识的产品,进而向生产者施压,从而减少贫穷,维护生产者与劳工的利益。

3. 关于公平贸易原则与公平贸易规则的认识与批判

邓志能(2001)认为,“公平贸易原则”(Principle of Fair Trade)又称“公平竞争原则”(Principle of Fair Competition),是针对出口贸易而言的。其基本含义是,每个成员和出口贸易经营者不得以不公平或扭曲贸易竞争的方式开展国际贸易。而公平贸易原则的例外则指的是,一成员可以

---

① 参见维基百科“国际公平贸易标签组织”词条,载 http://zh. wikipedia. org/wiki/國際公平貿易標籤組織,2015 年 3 月 5 日访问。

② See Murray,D. & Raynolds,L.,“Alternative trade in bananas: Obstacles and opportunities for progressive social change in the global economy”,*Agriculture and Human Values* 17,2000,pp. 65 - 74. See Cathy Farnworth and Michael Goodman,“Growing Ethical Networks: the Fair Trade Market for Raw and Processed Agricultural Products”,*Background Paper: For the World Development Report* 2008,p. 26.

③ See Darryl Reed,“What do Corporations have to do with Fair Trade? Positive and Normative Analysis from a Value Chain Perspective”,*Journal of Business Ethics*,Vol. 86,2008,pp. 3 - 26.

在某些情况下为了维系正常的国际贸易秩序，可以实施被关税与贸易总协定（General Agreement on Tariffs and Trade1994，GATT）/WTO 赋予合法地位但本身又具有扭曲贸易性质的措施限制进出口。在此意义上的公平贸易原则的例外则包括反补贴、反倾销、反规避、保障措施、确保国际收支平衡之报账、幼稚工业保护、为人类健康和国家安全的理由而实施的限制等。除此之外，《与贸易有关的知识产权协定》、《服务贸易总协定》（General Agreement on Trade in Services，GATS）和《农业协定》亦存在相关例外规定。在众多例外之中，反倾销与反补贴是两个重要的例外。[①]马述忠、陈敏（2008）认为，WTO 将公平贸易作为一项基本原则予以维护，但是学者们，特别是国内的学者们由于没有准确区分公平贸易政策的不同内涵，因此很多人认为公平贸易政策是贸易保护主义的手段，应予抛弃。[②]

学者对于 WTO 规则体系的公平性提出了质疑。如约翰逊（1967）认为，发达国家所采取的歧视性贸易政策对发展中国家的诸如农产品原料、产成品、劳动密集型产品以及技术不成熟产品等具有相对优势领域的产品造成了沉重的贸易壁垒，这种不公正待遇显而易见，尽管发达国家在最惠国原则中一再宣称它们绝不会对发展中国家进行歧视。[③] 也有学者对作为公平贸易救济手段的反倾销、反补贴、保障措施等的公平性提出了批评。诺贝尔经济学奖获得者、世界银行前首席经济学家约瑟夫·斯蒂格利茨（Joseph E. Stiglitz）对国别的贸易救济法此类所谓“公平贸易法”自身的公平性提出了较为尖锐的批评，他指斥公平贸易法保护了效率低下的进口竞争，对消费者和出口商施加了重担，因此自身就是不公平的。[④]

---

① 参见邓志能编：《WTO 例外规则——WTO 规则主要漏洞及其争端案例与对策》，广西民族出版社 2001 年版，第 49 页。

② 参见马述忠、陈敏：《对华农产品不公平政府行为及救济体系研究》，浙江大学出版社 2008 年版，第 49 页。

③ See Johnson，H. G.，*Economic Policy toward Less Developed Countries*，Brookings Institution，1967，p. 79.

④ 参见廖秀健：《美国对华反倾销法经济学研究——以农产品反倾销为例》，湖南人民出版社 2009 年版，第 186 页。

王世春(2006)认为,现实实践中一些国家经常为了自身利益之考量,“以维护公平贸易为名,行非公平贸易之实”,滥用世贸规则。因此,公平贸易环境的打造既要依靠国家采取行之有效的公平贸易措施和符合多边纪律的公平贸易政策,也需要企业为了维护市场秩序而主动放弃非公平贸易行为。李春林(2014)①对公平贸易理论进行了较为直白的批判,认为公平贸易这一概念其实是贸易保护主义挂在嘴边的陈词滥调,公平贸易具有的三个鲜明特征,首先是它具有明显的单边主义性质,其次它体现出强烈的国家战略性,最后它具有双重标准性,三种特性的深刻结合则使发达国家推行贸易保护主义战略,遏制他国崛起。总之,公平贸易有着浓厚的贸易保护主义底蕴,其鲜明特征就是为一些国家推行贸易保护主义提供理论支持。

总之,关于公平理论的研究文献较多,研究的视角遍布经济学、哲学、法学等各大领域。且一些文献也研究了 WTO 多边规则以及国内规则中的公平性问题。如上文献的缺点是:首先,零星地出现在各个领域,而在国际农产品贸易领域的公平性问题目前鲜有文献作出系统性阐释和梳理;其次,对于“公平”“公平性”“公平贸易”在法律规则中的价值内涵则缺乏深入的挖掘和探讨,没有一个较为确定的含义和界定,所有的围绕法律规则的公平性问题的探讨都难以引向深入。本书的研究拟在此方面作出改进。

(二)自由贸易与公平贸易关系研究现状

全球范围内关于自由贸易理论的研究浩若星辰,研究视角亦是遍布各大领域。张宗斌(1997)探讨了传统自由贸易理论向新自由贸易理论的演变,并探讨了中国贸易自由化的进程。② 安瓦尔·谢克(Anwar Shaikh)(2007)探讨了贸易自由化相关理论、自由贸易的标准问题、传统的竞争优势理论、贸易自由化与历史记录、竞争优势理论远景下的历史与

① 参见李春林:《贸易与劳工标准联结的国际政治经济与法律分析》,法律出版社 2014 年版,第 138 ~ 140 页。

② 参见张宗斌:《自由贸易理论与中国贸易自由化》,载《世界经济与政治》1997 年第 7 期。

政策。[①]

安瓦尔·谢克(2007)[②]系统论述了全球化与自由贸易,全球化与经济发展,全球化、性别和非同等,全球化、资本流动性和竞争等问题;并对旨在提倡减少全球贫困、主张不受限制的国际贸易与资本流动的新自由主义(neoliberalism)理论的影响进行了探讨。在立足于区域贸易的视角对自由贸易问题进行探讨的文献主要表现在:阿丽德娜·艾斯特维斯(Ariadna Estévez)(2008)[③]从社会政治的角度深入探讨了墨西哥的人权与自由贸易的关系问题。拉齐恩·萨丽(Razeen Sally)(2008)[④]立足于自由贸易理论的边界,深入探讨了全球化的未来愿景以及亚洲在其中扮演的愈加重要的角色。阿丽德娜·艾斯特维斯[⑤]还以墨西哥农业危机为视角研究了自由贸易与人权的关系问题,笔者分别阐述了新自由主义的悖论:保守的经济变革和民主政治的崛起、人权话语在墨西哥的出现、向民主话语的疲惫过渡;反自由贸易与人权话语的斗争,以及构建自由贸易与人权话语的世界观、身份的构建以及与人权话语的特殊议程等问题。

有西方学者提出了不一样的见解,他们认为,"公平贸易"(Fair trade)从根本上来说是不公平的,而"自由贸易"(Free trade)才是未来。[⑥]如马克·西德维尔(Marc Sidwell)(2008)认为,"公平贸易的出发点无疑是好的,它的支持者也真诚地认为购买公平贸易产品有利于帮助发展中国家减少贫穷。不幸的是,更为周密的调查揭示出的情况并非如此。冷静地去分析,我们发现很难得出公平贸易更好的结论,事实上,它甚至可能具有

---

① See Anwar Shaikh, "Globalization and the myth of free trade", in Anwar Shaikh, eds., *Globalization and the Myths of Free Trade: History, theory and empirical evidence*, Routledge, 2007, pp. 50 – 67.

② See Anwar Shaikh, *Globalization and the Myths of Free Trade: History, Theory and Empirical Evidence*, Routledge, 2007, pp. 1 – 305.

③ See Ariadna Estévez, *Human Rights and Free Trade in Mexico: A Discursive and Sociopolitical Perspective*, Palgrave Macmillan, 2008.

④ See Razeen Sally, *New frontiers in free trade: globalization's future and Asia's rising role*, CATO Institute, 2008.

⑤ See Ariadna Estévez, *Human Rights and Free Trade in Mexico: A Discursive and Sociopolitical Perspective*, Palgrave Macmillan, 2008.

⑥ See Marc Sidwell, *Unfair Trade*, Adam Smith Research Trust 2007, pp. 18 – 24.

破坏性”;“最重要的是,自由贸易才是公平的,因为自由贸易给了穷人通过经济增长和发展获得更好生活的最大希望。自由贸易不满足于仅仅维持穷人;相反,它为穷人和他们的孩子提供了一个更舒适、繁荣的存在的希望,使其从繁重的工作和农业劳动的汗水中得到释放。……从根本上说,公平贸易并不公平,而自由贸易才是未来”。[①]

何志鹏(2011)认为,在公平贸易者的眼中,自由贸易并不如它的倡导者所设想得那么完美。若自由贸易存在于一个不平等的历史背景中,其贸易体系则是弱肉强食,最终将“形成根植于自由市场经济和殖民式的全球化”。而公平贸易作为自由贸易的替代模式,为了确保被边缘化了的生产者或劳工的利益(尤其是发展中国家),它将提供更为公平的贸易条件,并将国际贸易的更大公平性作为其追逐目标,使生产者与消费者和谐共进,如此将会发展出一个和谐健康、永续发展的国际贸易体系。其中,公平贸易的最低要求是在贸易中实现强者不歧视弱者。[②] 也有文献立足于一国的某一行业来针对性地探讨自由贸易与公平贸易的关系问题,例如,休·鸪戴(Hugh Goodday)(2014)[③]从公平贸易与自由贸易的互动视角出发研究了北美自由贸易区框架下美国电子监管体制中公平贸易与自由贸易的相互作用及其法律规制问题。

丹尼尔·志就(Daniel W. Drezner)(2006)深入研究了在自由贸易与公平贸易之间博弈的美国贸易战略选择。认为美国需要清晰定位自己贸易政策的导向,即在自由贸易导向和公平贸易导向中作出选择。自由贸易导向提供了一套更加清晰的经济政策,旨在通过最大化地减少美国出口与进口中的诸多贸易壁垒促进美国的贸易增长、抑制通货膨胀,重塑美国对其他国家的经济领导,但要完成该目标,最优方法是通过一个由WTO实施的雄心勃勃的多边贸易议程,而次优选择是继续寻求与日本、

---

① Marc Sidwell, *Unfair Trade*, Adam Smith Research Trust 2007, pp. 12 – 23.

② 参见何志鹏:《以自由促进发展:国际经济法治的价值尺度》,载《法治研究》2011 年第 2 期。

③ See Hugh Goodday, “Reciprocity: Fair Trade of Free Trade? Challenging American Electricity Regulation under NAFTA”, *Dalhousie Journal of Legal Studies*, Vol. 23, 2014, pp. 130 – 148.

印度、韩国以及欧盟等重要贸易伙伴订立自由贸易协定。公平贸易导向提供了一套更受欢迎的政策,其目标是调节贸易的增长以最小化社会成本,但由于几乎任何形式的贸易壁垒都可以基于公平被提倡,因此它很容易被特别利益要求所劫持;而且在国际上,这样的政策将被视为美国经济领导地位的落败,降低进口还会刺激其他国家构筑更高的贸易壁垒来对抗美国的出口。[①] 李春林(2014)立足于贸易与劳工标准联结的视角对公平贸易之理论依据从"探底竞争论""社会倾销论""政府补贴论"逐一进行了驳斥和批判,并指出公平贸易的保护主义本质,认为贸易保护主义历经从传统贸易保护主义——关税壁垒,到新贸易保护主义——非关税壁垒,再到隐形保护主义——社会壁垒的改头换面,而社会壁垒则体现在与贸易有关的环境或劳工标准问题上。[②]

总之,自由贸易与公平贸易相互独立,被认为是一国贸易政策的两个不同导向,目前大多数的文献研究的是非此即彼的二选一的问题。一些文献尽管指出了公平贸易理论存在的问题并进行了批判。但就从法律的角度或者国际法的角度阐释如何在贸易自由化的过程中促进公平贸易的文献较少。

(三)贸易保护主义研究现状

关于传统贸易保护主义的演变以及在世界各国的具体表现问题,让-皮埃尔·多尔穆瓦(Jean-Pierre Dormois)和佩德罗·兰斯(Pedro Lains)(2006)合作编写的《传统贸易保护主义(1815~1914)》一书进行了集中展现。[③] 其中,约翰·文森特·奈(John Vincent Nye)评估了19世纪保护主义的强度;道格拉斯·欧文(Douglas A. Irwin)分析了19世纪英国和法国的自由贸易和保护主义;安东尼奥·特纳·洪吉托(Antonio Tena Junguito)评估了在19世纪欧洲贸易政策中保护主义者的关税集中度;约

---

① See Daniel W. Drezner, *U. S. Trade Strategy: Free Versus Fair*, the Council on Foreign Relations, Inc. ,2006.

② 参见李春林:《贸易与劳工标准联结的国际政治经济与法律分析》,法律出版社2014年版,第156~189页。

③ See Jean-Pierre Dormois, Pedro Lains, *Classical Trade Protectionism* (1815 - 1914), Routledge,2006.

翰·文森特·奈以道格拉斯·欧文对自由贸易的观点为基础,探讨了保护主义的特殊性;乔凡尼·费德里克(Giovanni Federico)探讨了贸易保护以及印度的经济发展;佩德罗·兰斯分析了保护主义与葡萄牙的工业化问题;安东尼奥·特纳·洪吉托分析了1875～1930年西班牙的保护主义;比阿特丽斯·德汀格(Béatrice Dedinger)探讨了1850～1913年从一个实质上的自由贸易形式向实质上保护主义的转变,杰姆斯·福尔曼－派克(James Foreman- Peck)(2006)探讨了后19世纪欧洲经济发展的模式。

新贸易保护主义于20世纪70年代兴起于美国等发达国家。而关于新贸易保护主义理论,张宁军(2005)[①]、王佃凯(2008)[②]分别系统地梳理了新贸易保护主义的特征演变、理论依据、原因与趋势。李轩(2007)认为,新贸易保护主义立基于新福利经济学、环境优先新贸易保护论、地区主义新贸易保护理论、国际劳动力价格均等化等新贸易保护理论,与传统贸易保护理论大相径庭。这种新贸易保护主义打着人本主义的旗帜,常"借公平贸易为由,行贸易保护之实"。致力于削弱竞争对手的国际竞争力,而具体手段表现为通过反倾销以征收高额反倾销税、通过技术性贸易壁垒以削弱发展中国家高附加值产品的竞争力、通过施加劳工标准降低发展中国家劳动密集型产业的出口竞争力。[③] 此外,赵瑾(2005)[④]、秦法萍、郭立(2006)[⑤]认为,新贸易保护主义的主要特点表现为使用"两反一保"措施、技术壁垒、绿色壁垒,以及滥用世贸规则和利用区域贸易手段,在保护方式、动机和目的、关注焦点等方面形成十大突出特征。肖黎(2011)[⑥]认为,新贸易保护主义"是一种以管理贸易理论为指导的贸易保护主义",除了具备传统贸易保护主义特点之外,它对国际贸易发展的影

---

① 参见张宁军:《新贸易保护主义的特征演变及其理论依据》,载《当代财经》2005年第1期。

② 参见王佃凯:《新贸易保护主义发展的特点、原因与趋势》,载《首都经济贸易大学学报》2008年第4期。

③ 参见李轩:《西方新贸易保护主义理论述评》,载《当代经济研究》2007年第5期。

④ 参见赵瑾:《当代全球新贸易保护主义的十大特点》,载《世界经济》2005年第3期。

⑤ 参见秦法萍、郭立:《对当代新贸易保护主义的主要特点的思考》,载《前沿》2006年第10期。

⑥ 参见肖黎:《新贸易保护主义对我国出口贸易的影响及应对策略探讨》,载《特区经济》2011年第2期。

响更是不可小觑，笔者进一步探讨了应对策略。张文平(2010)[①]则立足于中、美轮胎特保案的具体分析，阐述了新贸易保护主义的演变，以及针对后金融危机时代下的新贸易保护主义中国的应对策略。张丽娟、朱培香(2007)则更进一步阐述了制度性贸易保护的理论依据、实现途径，认为制度性贸易保护将发展成为未来发达国家实施贸易保护的主要形式。[②] 蒋永宏(2013)认为，新贸易保护主义是当下贸易保护的主流，它是在多边贸易机制对关税与配额等加强约束情形下形成的，由于它的隐蔽性和复杂性特征，对其进行的理论研究相较新贸易保护主义的实践较为落后。新贸易保护主义以"公平贸易"为政策导向，其标志是美国《1974年贸易改革法》的颁布，旨在推行一些以环境保护、人类健康和公共利益为中心的非关税措施，故新贸易保护主义是动态发展的过程，以开放的心态进行贸易保护。它甚至影响了美国的"301 条款"和技术性贸易壁垒体系的建立。[③] 笔者进一步就美国新贸易保护主义的演变、原因和特点以及目标指向进行了分析论证，并探讨了该理论对国内经济的影响以及对中国的启示。王莉(2014)[④]就中国应对新贸易保护主义从坚持互利共赢的开放战略、加快自由贸易区建设等角度提出了具体策略。

关于贸易保护主义，有人比较乐观也有人比较悲观。欧洲国际政治经济中心主任拉齐恩·萨丽(Razeen Sally)(2008)认为："乐观主义者会在全球化的觉醒中期待自由贸易的更进一步发展。但是另有人会是更加悲观的，或者至少听起来是一个警示。他们会说，保护主义无处不在。可以肯定地说，保护主义的阴影仍将笼罩到本世纪中叶，它与自由贸易之间的战斗将继续肆虐。这是来自于经济史和思想史的一个明显的教训。"[⑤]

---

① 参见张文平：《后金融危机时代下的新贸易保护主义及中国外贸的策略选择——以中、美轮胎特保案为例》，载《特区经济》2010 年第 9 期。

② 参见张丽娟、朱培香：《剖析美国制度性贸易保护》，载《山东大学学报》(哲学社会科学版)2007 年第 3 期。

③ 参见蒋永宏：《美国新贸易保护主义对其国内经济的影响研究》，辽宁大学 2013 年国际贸易学系博士学位论文，第 1 ~ 11 页。

④ 参见王莉：《中国应对新贸易保护主义的策略研究》，载《云南财经大学学报》2014 年第 2 期。

⑤ Razeen Sally, *New Frontiers in Free Trade: Globalization's Future and Asia's Rising Role*, Cato Institute, 2008, p. 115.

当然,另有学者从中立的立场出发,认为并非所有的贸易保护主义都是坏事,在特定时期有其积极作用。刘志云教授(2005)认为,尽管新自由主义者倡导自由贸易才是通向经济增长的路径,但长期的历史经验表明,贸易保护主义并非十恶不赦,包括美国、英国、日本、德国、韩国以及中国台湾地区恰恰在政府通过补贴等对国内弱小产业的保护主义政策使其实现经济持续增长和完成从经济落后向现代化转型方面,是十足的贸易保护主义者。[①] 张夏准(Ha-Joon Chang)(2007)表达了跟刘志云同样的观点,他认为,事实上当前所有的发达国家都没有践行自由贸易(和自由放任主义的产业政策),而是通过关税、补贴以及其他措施提高他们的国内产业。特别值得注意的是,关于英国和美国的"真实的"与"想象的"贸易政策历史的差距是十分巨大的,它们通常被认为通过自由贸易已然抵达世界经济顶峰,而其他国家坚持过时的重商主义政策。但一些细微的事实表明,这两个国家在他们发展的初始阶段事实上通常是干涉主义贸易以及产业政策措施的先驱和发烧友。[②]

总之,关于贸易保护主义,中外学者从不同的视角研究了其起源、历史、类型以及它与自由贸易的关系,而且有为数不少的学者对公平贸易本身的保护主义性质进行了较为深刻的阐述,但就国际农产品的贸易保护主义问题,目前尚缺乏专门的系统性研究。

(四)农产品多边贸易规则公平价值研究现状

1. WTO 多边贸易规则与谈判中的公平价值问题

约瑟夫·斯蒂格利茨(2008)认为,我们正在着手发展一套国际法治(international rule of law),然而已经发展出来的很多所谓"法律",如 WTO 调整国际贸易的一系列规则是非常不公平的。[③] 胡北平所著的《世

---

① 参见刘志云:《国际经济法律自由化原理研究》,厦门大学出版社 2005 年版,第 285 ~ 286 页。

② Ha-Joon Chang, Kicking away the ladder: the "real" history of free trade, in Anwar Shaikh, eds., *Globalization and the Myths of Free Trade: History, Theory and Empirical Evidence*, Routledge, 2007, p. 23.

③ See Narcís Serra, Joseph E. Stiglitz, *The Washington Consensus Reconsidered: Towards a New Global Governance*, Oxford University Press Inc., 2008, p. 309.

界贸易组织规则体系的公平性分析》(2008)较为系统地阐释了 WTO 规则的公平性问题,全书共六章,第一章分析公平理论,第二章论证了 WTO 体制与全球化进程中发展中国家利益分配公平性,第三章对 WTO 决策机制的公平性进行了考察,第四章则分析了 WTO 规则内容的公平性,第五章讨论了 WTO 的执行有关的公平问题,第六章对 WTO 多哈回合谈判的改革议程进行了阐述。①

曾文革(2012)认为,与过往的农业谈判相比,发展中国家对多哈农业谈判具有较高的积极性,因其把“实现贸易公平及争取特殊和差别待遇”作为谈判的中心目标,但发展中国家之间也因各自对公平贸易及差别待遇的理解不一致,因此其内部也存在巨大的分歧,另外谈判过程中表现出集团化现象。②

何燕华(2014)全面分析了多哈回合农产品市场准入谈判面临的主要困境,认为多哈回合谈判中关于农产品削减方面采取弹性方法,对一般产品通过分层削减模式进行削减,而对敏感产品则以包括配额外降税、扩大配额量等组合方法在内的特别弹性方法进行削减。但有关降税幅度和弹性待遇等问题仍存在如下分歧:第一,谈判各方争议的焦点在敏感产品占关税税目的比例、敏感产品关税降幅和敏感产品关税配额等;由于敏感产品选择上的不确定性,使其存在被滥用的风险。第二,为保障农产品贸易的实质公平、保护发展中国家的贫困农户和国内粮食安全的“特别产品”(Special Products,SP),草案规定发展中成员可在最多 12% 的税目范围内指定,除了不需要削减的 5% 部分,整体的削减幅度应达到 11%,而对新加入成员设定了更大的削减比例,发展中国家成员对此持保留意见;农产品特殊保障机制(Special Safeguard Mechanism,SSM)上存在的主要分歧包括:SSM 适用于特定成员的灵活性问题、数量触发机制问题,以及由数量触发导致的临时关税水平问题。第三,针对发达国家关税上限(Tariff Cap)的例外规定存有争议;涉及技术层面的如何实施,以及如何

---

① 参见胡北平:《世界贸易组织规则体系的公平性分析》,中国金融出版社 2008 年版。

② 参见曾文革:《WTO 农产品特殊保障机制(SSM)研究》,武汉大学出版社 2012 年版,第 138~147 页。

处理草案104段至108段与附录N关税简化(Tariff Simplification)相互之间的关系上分歧甚大。[①]

2. 农产品反倾销、反补贴规则的公平价值问题

来自中国贸易救济信息网的数据显示,从1995~2013年,WTO成员启动的贸易救济调查共计5125次,其中包括47个成员启动的4519起反倾销调查、21个成员启动的335起反补贴调查,以及49个成员启动的271起保障措施调查,三种调查的占比分别是88.2%、6.5%、5.3%。[②] 关于农产品反倾销,根据王晰(2014)的考察,1989~2012年,来自全球20个WTO成员共发起269起农产品反倾销,尽管发起国的数量达不到47个成员的一半,案件数量也仅为全部反倾销案件的4.87%,但是农产品的反倾销与工业品的反倾销差异明显,主要表现为农产品反倾销具有鲜明的品种集中趋势。[③]

反倾销、反补贴措施作为国际贸易领域最常用的救济措施,其产生本身是为了维护公平贸易,但有可能走向反面。莫利纽兹(Molyneux)和坎迪·托马斯(Candido Tomás)(2001)认为,作为贸易保护工具的市场准入和反补贴、反倾销,既可以作为政府扶持国内产业的手段,也可能威胁国际贸易体系,进而形成一种贸易壁垒。而且此类不公平贸易手段却是由自由贸易思想演变而来的,这颇具讽刺意味,因为反倾销抑或是反补贴其在程序上和实体上都偏向于贸易保护主义。[④] 再如,李清亮、海闻(2011)认为,反倾销政策的形成是"基于公平贸易",其流行则是补充替

① 参见何燕华:《多哈回合农产品市场准入谈判困境及中国策略选择》,载《社科纵横》2014年第1期。

② 参见《1995~2013年全球贸易救济调查年度走势》独家数据,载"中国贸易救济信息网"官方微信。

③ 参见王晰:《农产品反倾销的异质性:理论与实践分析》,载《上海经济研究》2014年第10期。

④ See Molyneux, Candido Tomás, *Domestic Structures and International Trade: The Unfair Trade Instruments of the United States and the European Union*, Hart Publishing, 2001, pp. 14-16. 转引自于蕾:《国际贸易保护主义中的对华反补贴问题研究》,上海社会科学院出版社2013年版,第9页。

代关税工具的选择。[1] 有关贸易救济措施本身亦面临公平化问题的深刻考验，贸易救济措施本身可能沦为贸易保护主义的工具的论说。如于蕾(2013)认为，尽管《补贴与反补贴措施协定》(Agreement on Subsidies and Countervailing Measures, SCM)以维护自由贸易和贸易公平为初衷，但由于其存在实施方面的先天缺陷，可能被一些国家利用，演变成贸易保护主义的重要工具。而且经贸易实践证明，反补贴调查程序只要提起，即使最终未征收反补贴税，也会对国际贸易的正常开展产生负面影响。[2] 王世春(2006)认为，在WTO体制中，反倾销与反补贴为针对不公平贸易的补救措施；而保障措施则是一成员方在未遭遇不公平贸易情形下使用的一般贸易救济措施。《反倾销协议》、SCM和《保障措施协定》则为防止成员方滥用"两反一保"作出了一系列限定，但现实却事与愿违，"两反一保"事实上已不再单纯是贸易救济措施，更成为一些国家进口当局开展贸易保护主义的政策工具。在此意义上讲，贸易救济措施本身正面临着背离公平贸易原则的窘境。[3]

南-阿克·莱克皇甫(Nam-Ake Lekfuangfu, 2008)[4]集中研究了反倾销这一合法贸易工具背后的公平性问题，笔者首先阐述了一般国际法背景中公平的含义，然后讨论了在GATT以及WTO框架中公平性的发展问题；接下来讨论了在《反倾销协定》中公平性的存在，特别对其充分性进行了考察；就此而言，笔者考察了当前WTO反倾销基本规范遭遇实体上与程序上公平性的缺乏；笔者为《反倾销协定》中公平性的建立开出的药方是将更多公平性的观念整合到《反倾销协定》以及整个WTO体系之中。

西南政法大学法籍留学生符勇(Dr. PHO Daniel)的博士学位论文

---

① 参见李清亮、海闻：《从维护公平贸易到变相贸易保护——世界反倾销的兴起与发展》，载《国际经济评论》2011年第3期。

② 参见于蕾：《国际贸易保护主义中的对华反补贴问题研究》，上海社会科学院出版社2013年版，第31页。

③ 参见王世春：《论公平贸易》，商务印书馆2006年版，第203页。

④ Nam-Ake Lekfuangfu, "Rethinking the WTO Anti-Dumping Agreement from A Fairness Perspective", *Cambridge Student Law Review*, Vol. 4, 2008, pp. 300-313.

《反倾销法与公平贸易研究》(2003)①立足于竞争法的视角对反倾销进行了考证,笔者紧密围绕如何使反倾销法的制定和执行达到公平贸易的效果展开了较为深入的探讨,笔者先后考证了倾销行为的本质、反倾销法的立法目的、反倾销政策的执行:是配合贸易政策抑或是防止不公平竞争、基于竞争与互易视角的倾销行为分类、倾销行为的可责性,以及中国因应欧盟反倾销的对策问题。

董瑾、周芙蓉(2004)分析了 SCM 存在滥用的风险,且在成员方实施过程中存在发达国家的运用反补贴措施的优势明显等问题,并提出了中国的应对之策。② 单一(2009)关于农产品补贴的法律问题从三个方面进行研究,分别是:(1)《农业协定》对农产品补贴的约束。认为农业补贴会对资源配置和市场竞争条件造成很大的扭曲,农业补贴政策尽管会保护本国农业生产,但其外溢效应很可能将危及其他国家的贸易利益,进而引发公平贸易之争。第一,GATT 1947 第 6 条、第 16 条对初级产品的例外规定,使各缔约方实施农产品补贴合法化,而不必担心反倾销、反补贴调查;GATT 1947 第 20 条“一般例外条款”则又使农产品贸易一直未被纳入 GATT 1947 的框架之中,而来自成员方的贸易摩擦则使 GATT 的有效性与公正性备受诟病。第二,《农业协定》对出口补贴纪律约束较少。在多哈回合谈判中有成员就曾建议农业出口补贴置于 SCM 的禁止性补贴范围,当时遭到发达经济体的反对。据此,WTO 框架下的补贴规则除了按照补贴的性质划分为禁止性补贴、可诉的补贴和不可诉的补贴之外,还可以依照补贴涉及的产业性质将其划分为农产品出口补贴和非农产品出口补贴,后者还应包括货物贸易与服务贸易的出口补贴。另外笔者认为,WTO 成员若通过各类国内政策对农民与农产品实施过度的支持措施,可能会引起贸易扭曲效应,这也是“造成国际农产品贸易不公平竞争的原因之一”。(2)“和平条款”的终止。认为“和平条款”终止适用会影响某些农

---

① [法]Dr. PHO Daniel:《反倾销法与公平贸易研究》,西南政法大学 2013 年博士学位论文。

② 参见董瑾、周芙蓉:《“补贴与反补贴”问题与“公平贸易”分析》,载《北京理工大学学报》(社会科学版)2004 年第 1 期。

业补贴措施的可诉性,但并不会影响农业补贴措施的“合法性”。(3)多哈农业谈判暂停。认为暂停的主要原因是农业和非农产品市场准入问题上存有分歧,而次要原因是决策与谈判规则上的低效率。①

胡北平(2008)在阐述《反倾销协定》的缺陷与不公平时认为:现行反倾销法本身存在非中立性。《反倾销协定》区别对待出口国与进口国的相关产业,对倾销与损害的判定标准采纳了美国的建议,使进口国主管当局在认定倾销过程中的自由裁量权过高。导致的结果是很容易得出倾销的肯定性结论,而且轻易抬高倾销幅度,对出口国产业明显不公平。②

李思恒(2005)从如下方面总结了现存的《农业协定》的局限性:第一,关税峰值问题。因国际价格与成员方保护价之间具有较大差别,导致很多成员方关税化后的关税水平远高于当时的关税水平,出现峰值。第二,关税等值问题。一些“非关税措施”通过关税等值手段纳入原有关税之后,通常会使此前使用非关税措施的成员拥有较高的关税水平。第三,关税减让承诺问题。因《农业协定》采取算数平均数来简单核算关税减让,这造成的结果是一些国家为了规避重要农产品的关税削减而仅对次要农产品进行削减。第四,市场准入机会与关税配额分配问题。协议使准入配额的提供方与主要出口方更容易直接分配配额,可能会对其他成员方造成歧视性的排斥,进而出现违背公平与正义的“灰色地带”。③

董瑾、周芙蓉(2004)研究了“补贴与反补贴”问题与“公平贸易”的关系,认为过度与不合理的补贴以及对反补贴措施的滥用影响了国际贸易的公平性,SCM的出台是在国际层面对其进行的规制,但各国的措施出现了新特点,中国应完善应对策略。多米尼克·科庞(Dominic Coppens)(2014)立足于平衡性政策空间与法律限制的视角,系统地研究了WTO补贴纪律以及补贴与反补贴措施问题,笔者首先从补贴的法律纪律以及

---

① 参见单一:《WTO框架下补贴与反补贴法律制度与实务》,法律出版社2009年版,第366~405页。

② 胡北平:《世界贸易组织规则体系的公平性分析》,中国金融出版社2008年版,第159~160页。

③ 参见李思恒:《从乌拉圭回合〈农业协定〉到多哈回合〈农产品框架协议〉》,载《中国粮食经济》2005年第11期。

反补贴措施的实施角度入手分析，紧接着围绕 WTO 出口信用支持纪律进行了案例研究，然后进一步就补贴纪律以及反补贴措施的实施进行了规范性分析；笔者分别就非农产品与农产品中的出口信用支持纪律进行研究，深入讨论了这些行为过程中的公平性问题。①

3. 关于农产品保障措施的阐释

胡北平(2008)认为，与反倾销、反补贴不同，保障措施因涉及面广，故并非只针对"不公平贸易"。因此，一般保障措施对于进口产品数量的迅猛增长要求达到对国内产业形成严重损害或威胁的程度。从实践中的运用情况来看，对保障措施运用最多的真正"受益人"反而是发达国家。一系列数据表明一国援引保障条款的可能性与其经济实力和贸易地位呈正相关关系，经济实力更为强大的发达国家比弱国在援引保障措施条款方面更能做到"随心所欲"，因此保障措施条款主要成为发达国家实行贸易保护主义的盾牌。②

系统研究农产品保障措施的著作是曾文革所著《WTO 农产品特殊保障机制(SSM)研究》一书，③该书共分为六章，第一章阐述了 WTO 体制下的农产品贸易自由化与保障措施，第二章介绍了从 WTO 农产品特殊保障措施(Special Safeguard, SSG)到 WTO 的 SSM，第三章分析了 WTO 主要成员方的农产品特殊保障措施相关成案对 SSM 构建的借鉴与启示，第四章概括了 SSM 议题的谈判格局与争论焦点，第五章阐释了 SSM 议题谈判困境的突破及其发展趋势，第六章提出了中国与 SSM 的关系。

曾文革、王热(2011)通过研究认为 WTO 一般保障措施(safeguard, SG)、SSG 两种机制由于其内在缺陷，难以确保农产品的公平贸易。而在多哈回合谈判中由发达国家普遍倡导的 SSM 则是符合确保农产品贸易实质公平的重要手段。只是目前该机制还未成型，尚未成为正式的多边

---

① See Dominic Coppens, *WTO Disciplines on Subsidies and Countervailing Measures: Balancing Policy Space and Legal Constraints*, Cambridge University Press, 2014.

② 参见胡北平：《世界贸易组织规则体系的公平性分析》，中国金融出版社 2008 年版，第 150～151 页。

③ 参见曾文革：《WTO 农产品特殊保障机制(SSM)研究》，武汉大学出版社 2012 年版。

贸易规则。

总之,对农产品保障措施作专题研究的文献比较少,尤其对其公平性的考量更是不足。

(五)区域贸易协定影响和冲击与应对研究现状

大卫·林奇(David A. Lynch)(2010)认为,很少有自由贸易协定特别放弃使用贸易救济措施的权利。事实上,仅有欧盟特别不准许其成员国相互之间使用反倾销、反补贴与保障措施三种贸易救济措施。一项最新的研究成果呈现出这样的结果:即有74个自由贸易协定被作为样本进行了研究,仅有13个特别禁止三种贸易救济措施中至少一种救济措施的使用,其中有9个自由贸易协定禁止使用反倾销,6个禁止反补贴,以及5个禁止保障措施。①

何力教授(2011)通过系统分析《跨太平洋战略性经济合作协定》(*Trans-Pacific Strategic Economic Partnership Agreement*,TPP)这种不同于一般区域经济一体化的"跨洲跨区域的广域一体化"模式。认为这一最早在APEC框架下发展起来的经济一体化的四国协定,由于2009年美国的高调宣布参加而备受瞩目。该协定对缔约方施加"全领域无例外自由化",即在货物贸易中实现工业品、农产品、纺织品和服装的"零关税"是其重要亮点,有可能影响未来世界经济发展的进程,一旦付诸实施对中国冲击非常大。它不附条件、无例外的"零关税"安排将使中国农业与农产品失去最后的保护屏障。当然,取得日本这种存在强大农业保护主义倾向的缔约方同意殊非易事。日本若要克服国内的农业保护主义势力,全面实施贸易自由化,向区域范围内的其他成员开放市场,则有如"第三次开国"。即使谈判成功,"零关税"化的实现也是通过第一附件中规定的分期、分阶段撤销关税的货物清单这种"过渡期"来推进的。TPP一旦谈判成功,对中国的负面影响将是极大的,为此,笔者提出的应对策略是:第一,树立广域经济一体化的新理念;第二,对TPP变消极应对为主动出

① See David A. Lynch, *Trade and Globalization: An Introduction to Regional Trade Agreements*, Plymouth: Rowman & Littlefield Publishers, Inc., 2010, p. 42.

击,这样可能间接形成中美日自由贸易区;第三,调整贸易体制与法制,以抵消其消极影响。[①]

张建(2014)对日本外贸战略动向以及是否参加 TPP 谈判进行了深入分析和研究,认为日本在 21 世纪初的外贸战略实现了由重视多边体制向积极发展双边与区域自由贸易的模式转换。2013 年 3 月以来启动的中日韩、RCEP、日欧以及 TPP 的四大自由贸易协定的谈判标志着日本向自由贸易协定框架的重大转变。日本想借此掌握制定国际贸易新规则的主动权、平衡地缘政治利益冲突、促进农产品出口与改善国内农业结构。但在谈判中各方存在广泛分歧,日本的政界、学术界和民间都有不同的主张和争议。集中体现在传统农业部门与产业资本之间的经济利益对立,而分歧的关键词可以概括为三个,即"出口"、"农业"和"规则",其中"农业"问题障碍最大。原因在于 TPP 要在 10 年内原则上实现 100%"零关税",但日本国会已通过决议要确保农产品"重要五领域"的谈判例外。这成为日本参与 TPP 谈判中利益博弈的焦点,因此进展缓慢,但也取得了一系列成果。随着日本国内农业改革的进一步推进以及国内利益的调整,将会为中国的农业造成更大的压力,中国应做好战略准备。[②]

(六)公平贸易进路研究现状

国内外学者关于贸易公平化的进路,均从不同的角度提出了不同的主张和建议。

1. 贸易治理中的正义价值问题

何志鹏教授(2011)认为,要形成国际经济领域的良法和善治,必须要有明确的价值目标。而全球经济自由化尽管存在弊端和问题,但它同时也是任何其他路径与方案难以替代的。正确的方法是以自由促动发展,并以发展引领自由。应认清和厘定国际经济自由化的合理界限,并与其他思想进行融合和引申,以市场竞争透明度的构建、正视竞争主体差别

---

① 参见何力:《TPP 与中国的经济一体化法动向和对策》,载《政法论丛》2011 年第 3 期。

② 参见张建:《日本自贸协定战略动向与 TPP 问题分析》,载《国际观察》2014 年第 5 期。

性等方式弥补其不足,发扬其积极作用,才能获得更为稳定和公正的结果。①

黄志雄(2006)对全球分配正义学说进行了认真分析和阐述,笔者首先区分了"公平"(equity)、"公正"(fairness)和"平等"(equality)三词的含义和区别,并指出"平等者应得到平等对待,不平等者宜加以不同处理"(equals should be treated equally and unequals unequally)是根本的正义原则之一。其次,笔者对罗尔斯的分配正义中的"正当的不平等"与"不正当的不平等"进行了区别,并阐述了罗尔斯的正义理论在国际社会的可适用性。由于国与国的相互依存关系以及国际社会连带关系的拓展,全球分配正义不仅可以实现而且为经济、道德与法律所必需。最后,全球分配正义的实现亟须推进体现对发展中国家的普惠制和"补偿性不平等"的国际发展法之进程。②

2. 从解释学重构角度探讨农产品公平贸易进路

曼彻斯特大学法学院国际经济法教授阿西·库雷希(Asif H. Qureshi)(2006)研究了 WTO 协定的解释问题及其远景,分别探讨了 WTO 框架中解释的国家之维、WTO 协定中的解释例外、以发展的目标解释 WTO 协定、解释的外部问题、解释贸易救济协定。③ 该文献最值得称道的是笔者就《反倾销协定》、SCM 与《保障措施协定》的解释问题从多维度、多视角进行了深入探讨。瑞典隆德大学的乌尔夫·林德福尔克(Ulf Linderfalk)(2007)系统研究了国际条约的体系化解释规则,其分别从运用传统语言(通常意义)、运用条约文本的语境、运用《维也纳条约法公约》第 31 条 2(A)、2(B)列明要素的语境、运用《维也纳条约法公约》第 31 条第 3 款列明的要素的语境、运用目的与宗旨、运用解释的辅助手段等多个方面深入探讨国际条约的解释方法,并探讨了不同解释方法之

---

① 参见何志鹏:《以自由促进发展:国际经济法治的价值尺度》,载《法制研究》2011 年第 2 期。

② 参见黄志雄:《WTO 体制内的发展问题与国际发展法研究》,武汉大学出版社 2006 年版,第 2 ~ 12 页。

③ See Asif H. Qureshi, *Interpreting WTO Agreements: Problems and Perspectives*, Cambridge University Press, 2006.

间的关系，关于用两种或者更多语言进行验证条约解释的特别规则等问题。[①] 这些解释方法对于农产品多边贸易条约的解释具有重要的指导作用，只有坚持科学、规范的解释方法，才能完善农产品多边贸易规则，保证其公平价值。

彼得斯曼（E. U. Petersmann）（2013）[②]探讨了国际贸易中多层司法治理的法治与正义理念问题。认为多层司法治理的实现须做到以下方面：创新国内司法机构与国际司法机构协调与合作的体制机制，强化国际经济法解释过程中对更多权利本位的运用，通过共通的法治与正义理念的贯穿，维护国际贸易司法治理中的一致性。

在国内贸易政策公平化的转向上，陈利强、茅友生（2011）认为，可称为"自由贸易大宪章"的《1934 年互惠贸易协定法》对美国贸易政策制定进行了重构，是 20 世纪美国贸易自由化的开先河之举，同时也深刻影响了美国贸易自由化及多边贸易体制的产生和发展。[③]

（七）研究现状小结

综上所述，国内外有关农产品公平贸易问题的文献研究给我们呈现出了波澜壮阔的景貌。各领域都有相应的成果出现，但总体的特点是：

第一，研究比较琐碎，各文献均偏安一隅，目前尚未出现系统研究全球治理框架下农产品公平贸易的著作。尽管有公平贸易的著作，也有 WTO 法律体系公平性研究的著作，也有对华农产品不公平贸易政府行为的研究著作。但或者立基于 WTO 多边规则视角，或者概括性地分析全领域的公平性，或者仅从内国农产品政府行为这一视角进行研究，或者仅研究农产品的反倾销、补贴与反补贴、保障措施规则。

第二，现有文献对农产品贸易的研究多为国际贸易学、经济学等学科

---

① See Ulf Linderfalk, *On the Interpretation of Treaties: The Modern International Law as Expressed in the* 1969 *Vienna Convention on the Law of Treaties*, Dordrecht: Springer, 2007, pp. 1 – 410.

② 参见［德］E. U. Petersmann：《国际贸易中多层司法治理的法治与正义理念》，王朝恩译，载《东方法学》2013 年第 5 期。

③ 参见陈利强、茅友生：《美国贸易政策制定的宪政体制论》，载《法律科学》（西北政法大学学报）2011 年第 2 期。

人士的研究,主要集中在对贸易摩擦之张力分析,以及贸易救济措施之概率的实证分析,产业分布状况分析,对称性比较分析,利益分析,经济损益分析,实施影响(包括对出口国、进口国、多边贸易体制)的实证分析,或者对经济效应(如转移效应、跨越效应、激发效应和报复效应)的分析,而较少从制度完善和规则发展的角度进行研究。而且运用法律上的公平正义理论研究农产品贸易的著作尚未出现。

第三,在农产品公平贸易制度建构方面尚付阙如。对于全球化以及治理探讨的文献有之,对于自由化、宪法化、民主化问题探讨的文献有之,对世贸组织宪法化探讨的文献有之,对农业可持续发展探讨的文献有之,分别对农业反倾销、反补贴甚至保障措施研究的文献亦有之,但目前国内外尚无文献专门针对公平价值极为缺失的农产品贸易领域进行全球贸易治理体系中的研究。本书的研究将不仅立足于农产品全球治理的框架,而且运用托马斯·弗兰克关于国际法和国际制度中的程序公平和实质公平的区分为主要价值指引,运用宪政的国际法进路为其确立基本路径。真正做到了价值、规范与事实的统一,联结了国别的农业立法、多边协定以及农产品贸易的全球实践。

三、本书研究框架与研究方法

(一)本书研究框架

本书从经济全球化特别是农业全球化的内涵和影响出发,揭示经济全球化背景下的农业存在进一步扭曲和发生不公平贸易的可能,进而探讨农产品贸易保护主义的主要形态。作为一种理论和政策,公平贸易随着贸易实践的发展延展出两个向度:一是将关注的目标定位在贸易自身所能体现的全球分配正义向度;二是与一些发达国家推崇的劳工、环境等价值相联结的贸易保护主义向度。国际农产品贸易领域往往会出现借“公平贸易”之名行贸易保护主义之实的情况。正因为此,它具有被滥用的重大风险,公平贸易如果被单边主义应用则会变作重要的贸易保护主义工具,这又是对国际农产品公平贸易体制的重大破坏。为此,笔者运用托马斯·弗兰克所提出的程序方面的公平(正当性)与实质性方面的公平(衡平)的二分法,分别考证国际多边贸易规则中的公平价值,以及国别农业贸易立法、与农产品有关的贸易救济法律体系,以及其他与农产品有关的贸易保护手段的公平价值。最后针对如上问题,笔者深入考察公平的内涵特别是罗尔斯复数正义理论,提出将农产品公平贸易纳入全球贸易治理的框架进行分析的制度完善路径。指出农产品公平贸易的最终实现是以全球分配正义为依归、以"公平价值导向"为指引的法治完善过程,而这一路径便是促进农产品全球贸易治理体系宪政的国际法路径。最后,笔者针对前文所规划的农产品公平贸易的制度愿景,提出了具体的具有针对性的中国农业政策与农产品公平贸易的完善路径。

(二)本书研究方法

本书研究过程中根据分析论证的需要,拟采用的研究方法概括起来包括如下几种。

1. 规范分析法

规范分析法是法学研究中不可或缺的基本研究方法,而且为法学研究所特有,被认为是区分法学研究与其他学科研究的重要标志。谢晖教授进一步将规范分析法划分为价值实证方法、社会实证方法和规范实证方法。价值实证方法致力于在法律规范和判例中查找价值要素对法律的影响,在合法与非法之间作出界定。社会实证方法致力于阐释法律对事实的调整及其效果。而规范实证方法则致力于对法律的权利与义务进行技术性辩解与阐释。[①] 本书作为法学理论的研究,也将主要运用规范分析方法展开研究。

2. 案例分析法

本书的研究将立足于诸多农产品贸易救济的案例,然后通过对案例的解读和解释,深入分析论证 WTO 以及各国农业贸易政策的规范本身。本书将对如下农产品案例作重点解读和阐释:吉邦公司胜诉美国蘑菇反倾销案、我国企业上诉美国苹果汁反倾销案、法国小麦与面粉补贴案、欧

---

① 详见谢晖:《论规范分析的三种实证方法》,载《江海学刊》2008 年第 5 期;谢晖:《论规范分析方法》,载《中国法学》2009 年第 2 期。

共体食糖出口退款案、欧共体面粉出口补贴案、美国海外销售公司案、欧共体食堂补贴案、加拿大乳品案、加拿大影响牛奶进口和奶制品出口第二次裁决执行措施案、美国高地棉花补贴案、墨西哥牛肉和大米反倾销案、韩国影响新鲜和冷冻牛肉进口措施案、中国对美国白羽肉鸡产品反补贴案。

3. 制度经济学方法

本书将使用制度变迁的方法分析长期以来国际贸易中存在的“亲贸易保护主义倾向”(pro-protectionism bias),以及分析从GATT1947到WTO,到当今的多哈回合谈判所存在的违反公平贸易原则的规则与制度,揭示其存在的背景以及评估其发展趋势。同时,本书在研究有关农产品贸易以及贸易救济公平化的进路时,将使用制度变迁中的制度供给、交易费用理论,来探讨在推动这一贸易公平化过程中如何最大化地减少制度变迁过程中的“摩擦成本”,如何寻求在公平贸易和自由贸易之间寻找到合理的平衡。

4. 法律诠释学方法

“诠释学”通常被作为“释义学”和“解释学”的同义词。而法律诠释学是法哲学的一种“显世”之道,从罗马法肇始。试图在法律规范与个案之间寻找某种联系,其目的在于补充法学理论体系之缺漏,而非简单地理解和阐释现有法律文本。① 而将诠释学的理论体系引入法学研究的人是美国乔治城大学的埃斯克里奇(Eskridge)教授。概括来说,法律诠释学方法指的是在法律的一般性与案件的个别性之间的差异中进行创造性的活动,其解释是在事实与规范之间循环往复,进行批判性思考的方法。

法律诠释学的方法在本书写作中的应用就体现在,传统的解释方法只追求对法律规范应用于法律事实的“确定性”和“规范性”进行诠释,而由于当前广泛存在的既有农产品贸易与救济法制缺乏公平性价值,如果仅仅按照此类法律文本进行解释,显然是抛开了法律之外的农产品贸易

① 参见谢晖:《法律的意义追问——诠释学视野中的法哲学》,商务印书馆2003年版,洪汉鼎序。

规则向公平化变迁的事实，也忽略了解释者的公平正义立场。而法律诠释学方法的应用将法律的解释过程看作一个动态的过程，解释者不断探求在事实与规范中寻求对应关系。它使解释结论的推导或确认过程避免了传统方法的单向性，而呈现出多向的互动过程。在对 WTO 争端解决成案的理解与解释上，本书将立足于案情事实，但又不拘泥于法律文本，而通过“德沃金所要求的建构性诠释的运作，也就是根据一个经过合理重构的法律秩序的总体来对单个案件进行诠释”。[①] 其结果是，它将进一步释放笔者在解释过程中的创造性。

① [德]哈贝马斯：《在事实与规范之间：关于法律和民主法治国的商谈理论》(修订译本)，童世骏译，生活·读书·新知三联书店 2003 年版，第 307 页。关于“建构性诠释”方法的理论可参见刘翀：《德沃金的建构性解释与反思平衡》，载《河南科技大学学报》(社会科学版)2014 年第 1 期；同时参见季卫东：《法律体系的多远与整合——与德沃金教授商榷解释方法论问题》，载《清华法学》2012 年第 1 期。

第一章　农产品公平贸易的全球化背景与价值衡量

国际农产品贸易是国际贸易中最为重要且最具争议性的贸易形态。农产品贸易与普通工业品贸易不同，它事关一国的社会稳定、粮食安全、农民生计、农村治理和经济结构配置，因此农业生产与农产品贸易无论是在发达国家还是在发展中国家都得到了特殊保护。全球化是一个"涵盖性术语"(umbrella term)，用来描述人口、商品、服务和创意跨越国界的流动。[①] 全球化对世界农业生产和国际农产品贸易形成了多方面的冲击，全球化加速了农业生产、贸易与消费等各环节生产要素的跨国界流动。全球化也为各国农业政策以及双边、多边农产品贸易规则塑造了新的景貌。由于全球范围内的诸多经济体均在农产品出口方面实施一系列的补贴、支持与其他保护主义政策，而又在农产品的市场准入方面施加诸多限制，这导致农产品领域的贸易摩擦日益增多。从历史上看，

---

① See Jeffrey L. Dunoff, Joel P. Trachtman, "A Functional Approach to International Constitutionalization", in Jeffrey L. Dunoff, Joel P. Trachtman, eds., *Ruling the World? Constitutionalism, International Law, and Global Governance*, Cambridge University Press, 2009, pp. 3 – 36.

农产品贸易争议是十分频繁的,最严重时可能引发国家之间的政治对抗甚至战争。可以预见,在不久的将来,农产品贸易摩擦将成为所有贸易形式中争议最多,且最难应对的领域。全球化时代各国继续进行的高农业保护政策也引发了农产品这一国际公共物品的全球治理危机。因此,有必要假定一套国际农产品公平贸易价值衡量的具体标准。从法律的视角出发,寻找真正符合全球分配正义的农产品公平贸易价值体系。

第一节　全球化与全球公共物品的治理危机

全球化已成为正在发生的事实,尽管人们对全球化存在诸多质疑和批评,但全球化对于贸易自由化起到了至关重要的推动作用。GATT 1947 的订立与实施正式开启了"经济全球化工程"。这一工程在随后近半个世纪的良好运行以及 1995 年 WTO 成立以来的深入推进,使促进贸易自由化和保障人权已成为共识。因而,促进贸易自由化也已成为 GATT 协定和 WTO 的核心宗旨,但经济全球化与自由贸易理论是什么关系?由全球化所推动的贸易自由化是不是完全契合当前的形势?经济全球化有没有负面作用?或者说,贸易自由化有没有真正解决贸易公平性问题?越来越多的国际农产品贸易摩擦状况及其具体成因是什么?诸如此类的重要和基础性问题都需要进行进一步的阐释。在当前贸易形势下,围绕农产品市场准入、出口竞争和国内支持等议题的谈判在多哈回合谈判中紧锣密鼓地进行着,且已经取得了阶段性成果。因此,笔者有必要结合全球化框架下的自由贸易理论的演变、悖论、价值缺陷等进行考察,并分析农产品贸易摩擦的内涵与成因,阐释贸易自由化与贸易保护主义两者之间的二律背反,进而寻求化解之道。

一、全球化与农业全球化的基本界定

(一)全球化的基本描述

"全球化"是一个较为复杂的问题,尽管它耳熟能详,我们都本能地

知道或至少自认为理解该词的含义，因为“全球化”一词大体表达了世界各地的人对于自身所处时代的现实感受。如果全球化被简单地定义为在世界上不同国家之间的贸易，那么全球化产生于公元前2世纪“丝绸之路”①开始之时。彼时罗马贵族的妇女十分青睐丝绸，丝绸成为当时罗马帝国最为时尚的消费品，尽管一度引起了很大争议并遭受联合抵制，但没能阻挡丝绸贸易成为当时最为繁荣的跨国贸易形式。② 西方著名学者、加拿大多伦多大学社会系教授贡德·弗兰克(Andre Gunder Frank)在《白银资本：重视经济全球化中的东方》一书中提出这样的看法，即整体的世界体系并非开始于资本主义，而是开始于很早以前，它的存在远非500年，准确地说应该是5000年。他对1640年前后的世界历史进行了系统研究，得出结论是：世界体系的中心在东方而不是西方。③ 美国北卡罗来纳大学副教务长、原农业历史学会会长彼得·考克莱尼斯(Peter A. Coclanis)的论证也是别出心裁，他一方面赞成马克思和恩格斯有关资本主义对全球一体化的积极影响。另一方面他进一步指出：全球化问题有着悠久的历史；当前所推进的工业和服务业领域的全球化，更像是对彼时农业全球化的一种复兴。④ 根据彼得·考克莱尼斯的观点，全球化萌芽时期的形态就是农业全球化。当然，将产生于公元前2世纪的“丝绸之路”视为现代意义上的全球化是比较牵强的，因为全球化的定义包含了技术从地球的一端向其他地方的分享和交流，还有文化在开展贸易的国家

---

① 古代“丝绸之路”具体来说包括“陆上丝绸之路”和“海上丝绸之路”两条路线。其中“陆上丝绸之路”形成于公元前2世纪至公元1世纪。从甘肃敦煌起兵分两路，经新疆，到中亚、西亚，通向地中海各国，最终送到大秦(古代中国对罗马帝国和近东地区的称呼)。古代“海上丝绸之路”其实是“陶瓷之路”，约在秦汉时期发轫，在三国与隋朝发展，在唐朝进一步繁荣，在明清时期发生转变。起点为中国福建泉州，经广州、合浦直抵泰国，南至印度尼西亚，西至孟加拉，再到斯里兰卡、印度，到达巴基斯坦，然后兵分两条路，从西北方向经霍尔木兹海峡直抵土耳其，从西南方向经阿曼北至埃及，南至索马里和肯尼亚。

② Natalie Goldstein, *Global Issues: Globalization and Free Trade*, Infobase Publishing, 2007, pp. 3 – 4.

③ [美]彼得·考克莱尼斯：《农业的全球化：大米贸易的警示》，陈意新译，载《史学理论研究》2001年第1期。

④ 同上。

之间彼此发生的影响。[1] 而当时的丝绸贸易显然远远没有达到此种程度。因此，真正意义上的全球化起源应追溯到 15 世纪，这与当时令人惊叹的航海技术的进步紧密相关。远洋船舶的出现使得欧洲的探险家扬帆起航，去寻找未知的领域和探索可以建立殖民地的新大陆。欧洲列强随之对世界上拥有丰富自然资源、可以培育本国经济引擎的地区进行殖民统治以满足其帝国君主的贪婪。[2] 因此，全球化一开始便与西方老殖民国家的经济掠夺密切相关。

最早使用“全球的”(global)一词的学者一般认为是马歇尔·麦克卢汉(Marshall McLuhan)，他于 1962 年出版的《古腾堡星系：活版印刷人的诞生》(*The Gutenberg Galaxy*: *The Making of Typographic Man*)[3]一书中创造性地使用了“地球村”(global village)[4]一词，主要用以描述通信技术的突飞猛进带给全球民众的共同时空观念。而“全球化”(globalization)一词被学术界广泛使用的时间大约在 20 世纪 80 年代晚期，彼时较为普遍的政治、经济与文化驱动力超越国界的现象广泛存在并得到普遍认可。当代全球化理论先驱罗兰·罗伯森(Roland Robertson)指出，“全球化这个概念不仅指世界的压缩，也体现了人们对世界一体化的意识在加强”。时至今日，全球化已发展出三个维度，一是贸易与跨国经济活动的增长，二是网络通信速度与频率的加快，三是因相互接触而引起的文化族群之间的相互抵触关系。[5] 在德国当代著名哲学家、理论社会学家、法兰克福学派代表人物尤尔根·哈贝马斯(Jürgen Habermas)眼中，全球化预示着贸易与生产、商品、时尚、金融、新闻媒介、计算机程序和通讯网络、运输体系、移民潮和由规模化技术、环境毁坏和传染病造成的风险和有组织犯罪

---

① Natalie Goldstein, *Global Issues*: *Globalization and Free Trade*, Infobase Publishing, 2007, p. 4.

② Ibid. , p. 6.

③ Marshall Mcluhan, *The Gutenberg Galaxy*: *the making of typographic man*, the University of Toronto Press, 1962, p. 31.

④ See McLuhan, Marshall, *Understanding Media*, Gingko Press, 1964, 2003, p. 6; and see McLuhan, Marshall. *Letters of Marshall McLuhan*, Oxford University Press, 1987, p. 254.

⑤ [挪]埃里克森：《全球化的关键概念》，周云水、张劲夫、叶远飘译，译林出版社 2012 年版，第 5 ~ 9 页。

以及恐怖主义的全球性扩散的累积性进程。①

那么,现代意义上的全球化究竟是什么样态?笔者十分认同经济学家约翰·格雷(John Gray)给出的回答,他认为现代意义上的全球化并非是一个事实或结构,用他的话说毋宁说是一个过程:一个"去本土化"的过程;"非局部化"意味着本地事务以及本地关系网络因全球化的能效散播而受到破坏。他以服装的批量生产为例说明了这一点,在全球化的背景中同一款衣物很可能在几个不同的国家制作完成。如棉花或羊毛等原材料在甲国被生产出来后被运送到乙国织布,而织出来的布匹则又被运送到丙国,裁剪成面料小样,这些面料小样则又会被运送到丁国被缝制成成型的衣物。直到此时最终产品才会被投放到市场上进行销售。这完全改变了衣服被能工巧匠或者一些小工厂生产出来之后再售往其他国家的传统贸易形式。这意味着全球化"以这样的方式连接了遥远的现实,即本地的事情很可能被很多英里以外发生的事情所塑造;反之亦然"。② 因此,全球化问题目前已不仅是一个话题,或者说是要不要选择的问题,它的发展和推进已不可逆转。

当前,除了极个别国家依然在实施封闭的国家治理体系,世界上绝大多数国家都已融入全球化进程。全球化深刻地改变了各国民众的生产方式、生活方式。人们生活在如马歇尔·麦克卢汉所称的"地球村"中,过着大体类似的生活。如穿着跨国公司设计的各类品牌和款式的服装,使用全球同步发布的电子产品(如苹果智能手机),同步走进电影院欣赏好莱坞出品并在全球发行的电影,甚至接受着趋同化的法律制度。全球化也引起了世界经济结构的深层次变革。跨国公司在全球化背景中重新整合、优化和配置其产业链的各个环节与资源,世界各国也更愿利用全球化去推动发展本国更具比较优势的产业。

(二)全球化的要素与范围

如果将上述观点和理念进行一个概括,全球化呈现给我们的似乎是

---

① Jürgen Habermas, *The Divided West*, in Ciaran Cronin, eds. & Trans., Polity, 2006, p. 175.

② Natalie Goldstein, *Global Issues: Globalization and Free Trade*, Infobase Publishing, 2007, pp. 4–5.

这样一个美妙图景：即全球化意味着国与国之间发生更加紧密的经济联系，国家通过各自发挥比较优势在全球范围内调整产业结构、互通有无、共享收益，做到你中有我、我中有你。全球化为世界经济带来更为合理的布局、更加高效的生产以及更加广泛的资源与信息流通。全球化使生活方式更加便捷、文化交流更加普遍，国与国之间、人与人之间的联系更加紧密。全球化使自由、法治、公平、人权等价值理念得到更加广泛的关注、认同、普及与传播。当然，尽管通常我们都乐于从生产、贸易等经济视角来阐述全球化问题，但全球化远不止这些内容。全球化其实包含了更加深刻的内涵和外延。美国普渡大学社会学教授瓦伦丁·穆哈达姆（Valentine M. Moghadam）给全球化的定义是："全球化是一个在越来越多的跨国和全球形态中包含资本、人口、组织、运动、观念以及话语流动性的复杂经济、政治、文化和地理的进程。"①法社会学家、美国南卡罗来纳州立大学社会学系副教授马修·戴弗雷姆（Mathieu Deflem）认为，当代"全球化"已经成为描述最近及正在发生的社会发展状况的独特术语，"全球化"的概念在形式上纳入了跨越国境和其他边界的、相互依赖性日益增强的结构和过程。②

因此，全球化是全方位的，至少应包括政治全球化、经济全球化③、文化全球化和法律全球化。④ 其中经济全球化最为引人注目，其他全球化类型的存在是具有颇多争议的。当然，我们通常意义所言的全球化指的

---

① Valentine M. Moghadam, *Globalization and Social Movements Islamism, Feminism, and the Global Justice Movement*, Rowman & Littlefield Publishers, Inc., 2008, Preface p. ix.

② ［美］马修·戴弗雷姆：《法社会学讲义：学术脉络与理论体系》，郭星华、邢朝国、梁坤译，北京大学出版社2010年版，第250页。

③ 何志鹏教授进一步将经济全球化划分为生产全球化、直接投资全球化、贸易全球化和金融全球化。以其中的贸易全球化为例，何志鹏认为其浪潮大体始于1830年，到1880年达到巅峰；并认为，世界贸易的飞速发展以及贸易全球化的深层次发展，"是世界经济全球化最显著的标志，也是衡量世界经济全球化发展进程的重要尺度"。参见何志鹏：《全球经济的法律调控》，清华大学出版社2006年版，第21~29页。

④ 刘志云教授对法律全球化在国际关系学的视角中进行了研究和解读，认为法律全球化的内涵是：它既是各个国家国内立法层面的相互融合、彼此协调、逐渐趋同，又是国际层面的立法领域不断增多、深度逐步加强、影响继续扩大的一种演进过程或发展趋势，而"国际条约之效力优先于国内法原则"之理念的广泛认同确保了国内法与国际法两者的统一。参见刘志云：《当代国际法的发展：一种从国际关系理论视角的分析》，法律出版社2010年版，第477页。

就是经济全球化,或者说经济全球化是全球化的主要内容。但是,全球化的确赋予了除经济之外的其他各个领域以新的内涵和外延。以政治而言,在当今时代任何一国政府不再会采取孤立的发展政策,他们比任何时候都重视国与国之间的联系与合作。因为很多跨国性或者国际公共空间的事务处理已无法仅仅通过国内治理即可完成,国际治理也是十分重要的治理路径。而且,国内治理与国际治理的联动机制也越来越受到重视。贸易、货币金融、环境保护、人权保障、网络安全、反恐等诸多领域莫不如此。因此,全球化应该是一个涉及诸多领域的综合性概念,是各个因素之间彼此影响、相互促进的过程。

(三)农业全球化的基本特征及其影响

如果说经济全球化可以再进一步缩小范围的话,我们还可以从中划分出“农业全球化”“金融全球化”“货币全球化”等概念。“农业全球化”也称“农业国际化”,意味着将农业的生产、运输、销售、消费各环节纳入全球化的视角中进行考量。因此,农业全球化一般是指“包括农产品生产、交换、分配和消费等各环节在内的整个农业在生产过程日益超出国境而在国际范围内展开”的形态。[①] 当然,由于农业部门的独特性,即农业生产的低效性、弱质性与生物特性,我们在思考农业全球化时不应该简单地套用工业全球化的内涵。最早探讨农业全球化的是“新农业国际化学派”的巴金(Barkin)和桑德森(Sanderson)等人。该学派认为农业国际化的特征包括:第一,农业国际化越来越受到贸易、生产和金融的资本回路在全球维度中的驱动。第二,农产品国际化的进程是通过重新建构资本移动和农产品消费模式以及推动饮食的跨国标准化,深刻实现空间重置与生产专业化。第三,农业、农工业(agro-industry)、运输和通信业的技术变迁使得粮食系统工业化、生产条件同质化、生产过程跨国片段化以及全球农业外包化成为可能。第四,由于第三世界农业越来越依赖国际经济与技术力量,第三世界国家的自主性受到削弱。第五,农业国际化引起农

---

① 张学鹏、卢平:《中国农业产业化组织模式研究》,中国社会科学出版社2011年版,第46页。

村社会功能的进一步弱化。[①]

有学者立足于宏观视角，对农业国际化的层面进行了划分，认为：农业国际化的第一个层面是农产品贸易自由化和农产品消费的国际化。一方面，农业国际化表现为农业国际贸易规模的不断扩大，这归功于农产品贸易自由化。另一方面，农产品贸易自由化促进了农产品市场的国际化，其结果是带来了各国农产品消费的国际化。第二个层面是农业生产活动的国际化。首先，农业生产要素的跨国流动带来了以国际专业化分工为表现形式的农业生产的国际化；其次，农业要素市场呈现自由化；最后，国际性农业生产组织的产生及其在农业生产中的作用加强，成为农业生产国际化发展的高级形态。第三个层面是农业收益分配的国际化。在农业国际化形势下，各国势必要削减对本国农业的保护，农业收益的分配和再分配向世界范围扩展，从而使得在农业生产上具有比较优势的国家获得农业收益的增长，而对于不具有农业生产比有优势的国家，农业国际化意味着其农业收益的减少，甚至引起农业生产者的破败。[②] 因此，农业全球化亦是一个系统过程，它意味着农业经济运行体制的一体化。未来的农业全球化将会朝着这三个层面迈进，这一过程随着全球农业结构的深刻变革。如果运用得当，会使农业生产与农产品贸易获得较好的发展，进一步促进贸易自由化。但若运用不当，国内农业生产和农产品贸易将会受到打击或破坏。

总之，农业全球化将会为各国国内的农业生产以及农产品贸易带来先进的科学、技术和管理方式，而这些新要素的引入势必为农业生产和农产品贸易带来新的发展机遇，但也会引起新的挑战。落后的农业生产势必在未来的农产品贸易的角逐中失去比较优势，使得一国的农业市场为外国农产品所占据，进而影响国内农业安全和国家的农业主导优势。在20世纪80年代，墨西哥由于实施的进口替代战略的挫败引发了国内较

---

① 刘昭吟：《在全球化中绽放——从蝴蝶兰跨界商品链探讨台湾出口农业的全球化》，台湾大学2005年博士学位论文，第5页。

② 参见郭剑雄：《开放条件下的中国农业发展》，中国社会科学出版社2004年版，第85～87页。

为严重的债务危机,在各方压力下开始了新自由主义经济改革。采取的具体政策包括:大幅度降低农产品关税和大范围取消进口限制,全面开放外国农产品进口和外资准入,充分发挥市场的作用。但这一举措却为其带来了灾难性后果:其农业被外资所控制,农业生产无法满足内需,很多农民被迫放弃农业生产、进入贫民窟。拉丁美洲一些国家和菲律宾也先后实施了与墨西哥大体相同的农业外放型政策,最后均得到了惨痛的教训。

随着各国农业的不断融合,农业全球化呈现给我们的是国家之间通过参与国际分工、竞争与合作,充分发挥比较优势,进而实现资源与产品在国际、国内的双向流动,最终实现农业资源在全球范围内优化配置的过程。① 农业全球化带来了农业生产与农产品贸易的深刻转型,但导致的治理危机与公平性不足值得引起重视。

二、全球化引起的农产品治理危机与公平追问

(一)经济全球化对公平与全球治理的消极影响

如前所述,经济全球化的起源不仅出现在资本主义时期,其可以追溯到更早。但经济全球化的发展成为非常重要的现象并深刻影响国际经济结构的变革则是20世纪中叶的事情,因为经济全球化在任何时候都不能离开具有决定性作用的资本的跨国界流动。李春林博士将经济全球化称为由国际社会创建的“经济全球化工程”,他认为该工程就好比一辆汽车,资本主义是发动机,科学技术是车轮,而人类所设计的制度本身则是决定汽车行进的方向盘。而“经济全球化工程”正式启动的标志性事件是1947年《关税与贸易总协定》的订立和生效,因为当时达成了这样一个共识,即各国必须约束主权,通过遏制贸易保护主义以推行自由贸易。为此GATT顺利完成了三大基本转向,分别是经济开放性的转向、国际问题的多边主义转向,和争端解决的“规则导向”转向,为此演变出相应的三

---

① 余欣荣主编:《深入学习贯彻党的十八大精神农业农村有关重大问题研究》,中国农业出版社2013年版,第208页。

大原则，即开放性原则、多边合作原则和“规则导向”的争端解决原则。[①]

从20世纪70年代早期至90年代晚期世界经济大发展的时期可被称为“全球化时代”，刚好错开20世纪40年代晚期至70年代的“资本主义的黄金时代”。[②] 尽管全球化与资本主义两者并不具有必然的联系，但至少我们可以推论出：全球化时代的来临并未帮助资本主义延续其黄金时代，这看起来十分吊诡却实属事实，究其原因是全球化一如既往地导致全球经济的非均衡性发展。已有证据证明在20世纪最后1/4的时间里各国经济上的不公平性得以加剧，在富国和穷国之间、在各国内部的富人和穷人之间以及在全世界的富人和穷人之间的收入差距均在持续扩大，收入分配进一步恶化。[③] 因此，尽管经济全球化已经成为触手可及的事实，而且深刻地改变了世界各国的生产方式、贸易结构或生活方式，但经济全球化所招致的批评从未停止。因为已经有十分具体、权威的实证数据证明其带来的消极影响。有数据显示，到21世纪初叶，已有80多个国家的人均收入低于10年前甚至更早，富国与穷国之间的差距变得越发糟糕。最富有的5个国家和最贫穷的5个国家人口的收入比在1960年为30∶1，1990年为60∶1，到1997年则上升至74∶1；拥有19%全球人口的经济合作与发展组织（Organization for Economic Co-operation and Development，OECD）国家却包揽了71%的世界贸易、58%的外国直接投资，以及91%的互联网用户。[④] 国际发展研究中心理事会主席戈登·史密斯（Gordon Smith）和卡耐基国际和平基金会外交政策编辑莫伊塞斯·纳伊姆（Moisés Naím）合作出版的研究报告《蚀变状态：全球化、主权与治理》详细披露了全球化引起的问题。报告认为，全球化带来的成本和

---

① 李春林：《贸易与劳工标准联结的国际政治经济与法律分析》，法律出版社2014年版，第5~9页。

② Deepak Nayyar，“Globalization and Free Trade：Theory，History，and Reality”，in Anwar Shaikh，eds.，*Globalization and the Myths of Free Trade：History，Theory and Empirical Evidence*，Routledge，2007，p. 77.

③ Ibid.

④ Gordon Smith，Moisés Naím，*Altered States：Globalization，Sovereignty，and Governance*，The International Development Research Centre，2000.

收益的显著不均匀分布在很大程度上会加剧国家内部以及国家之间财富、消费以及权力的不平等,尽管全球化引起国家间不言自明的相互依存,但这种相互依存是明显不对称的,一些国家则比另一些国家变得更为脆弱。① 全球化不仅加剧了国家之间的收入差距,更为可怕的是,全球化在一定程度上瓦解了一些国家内部的治理基础。

（二）农业全球化加剧了农产品贸易扭曲

农业全球化既是未来趋势,同时亦工程浩大。从法律的视角来讲,农业全球化可能包含农产品贸易的全球化、农业技术咨询的全球化、农业生产资本的全球化、农业生产过程的全球化、农业生产者服务的全球化,故其法律关系纵横交错。仅在 WTO 框架体系中,农业全球化可能跨越商品贸易、服务贸易、技术贸易、与贸易有关的投资措施、与贸易有关的知识产权、动植物卫生检验检疫、技术性贸易壁垒等诸多领域。因此,历次多轮贸易谈判中,农业一直是最为复杂的议题。当然,理想状态的农业全球化特征是农产品的市场准入、国内支持和出口竞争均体现公平的制度安排。而且只有参与充分竞争,农产品的贸易自由化以及可能的公平贸易才是现实之路。农业全球化要求农业生产与农产品贸易在未来的多边博弈中走向更加开放、便利、自由的局面,农产品贸易的规模将逐步增大,更加一体化的、反映各国农业生产比较优势的全球农业市场正在形成。但是,由于农业的特殊性,传统治理模式下的农产品贸易扭曲更加严重,反映在农产品贸易中的保护主义仍将持续存在。从全球范围来看,当前的重要农产品特别是食用农产品供给主要依靠各国国内自给自足的生产,贸易对全球粮食供给量的贡献仅占 15% 的比例。农产品贸易的扭曲造成全球范围内的粮食配给出现供大于求和粮食短缺并存的局面。然而,农业全球化并不能解决贸易公平性问题,而且农业全球化本身可能助长这种不公平。发达的经济体与发展中经济体在农业生产结构方面存在巨大差距。如不能在未来的多边规则安排中着力解决这种差距所带来的实

① Gordon Smith, Moisés Naím, *Altered States: Globalization, Sovereignty, and Governance*, The International Development Research Centre, 2000.

际问题,并以一种更加公平的策略作出多边安排,那么未来的农业全球化本身就是一个伪命题。农业全球化或者农产品贸易自由化要从深层次解决公平性问题。

(三)农产品作为公共物品亟待公平的全球治理

1. 农产品的公共物品属性

所谓"公共物品",对应的英文名称有"public goods"和"collective goods",是产生于经济学领域的一个概念。对公共物品作出最为权威界定的是美国诺贝尔经济学奖第一人保罗·萨缪尔森(Paul A. Samuelson),其在《纯公共支出理论》一文中认为,公共物品是这样一类生活必需品,即一方面,公共物品是所有人共同需要的,具有非排他性;另一方面,一些人的消费并不会减少其他人同样消费该物品的供给或增加其成本,即具有非竞争性。① 因此,公共产品的基本特征包括非可分离效用、非竞争性消费和非别除性利益。

因此,有学者认为,农产品具有公共物品属性。首先,农产品是生活必需品,任何人每天都要直接或间接地消费;其次,消费者享受农产品质量安全的益处并不排斥其他消费者享受同样的好处;最后,农产品对于所有消费者具有大体相同的质量安全效用。因此,不会有太多私权主体提供这种公共物品的质量安全保障,因此需要政府或其主导的公共机构进行供给。② 当然,也有学者认为"粮食"(food)是公共物品。③ 粮食和农产品是有区别的,粮食指的是"可食用农产品",而农产品的范围更广。

当然,挪威的一些学者持相反的观点,认为农产品是"私人产品"(private goods),是连接农业生产的公共物品(如食品安全)的一个要素。而农业生产则为食品安全、环境保护和偏远地区的种群维持等公共物品

---

① See Paul A. Samuelson, "The Pure Theory of Public Expenditure", *The Review of Economics and Statistics*, Vol. 36, No. 4 (Nov., 1954), pp. 387 – 389.

② 参见任大鹏:《农产品质量安全法律制度研究》,社会科学文献出版社 2009 年版,第 184 ~ 185 页。

③ 中国政法大学蔡拓教授和其学生杨昊将关涉国家生存的粮食、气候变化与关涉发展的能源、金融体系均界定为公共物品。参见蔡拓、杨昊:《国际公共物品的供给:中国的选择与实践》,载《世界经济与政治》2012 年第 10 期。

的发展产生了积极贡献。①

总之,农产品或者被认为是公共物品,或者被认为是与公共物品有重大关联的特殊产品。农产品及其上游的农业生产,都与国际公共物品紧密关联。而国际公共物品影响全人类的发展。农产品的贸易所影响的国际公共物品在供需上的不平衡可能会引发劫贫济富的所谓"反罗宾汉效应"。② 因此,如何通过农产品全球贸易治理促进公平贸易亦十分重要。

2. 全球化带来农产品贸易治理中的公平问题

对全球化的深入阐述使我们认识到,尽管全球化带给了全世界无尽的便利,但全球化使得经济、社会、政治、文化、法律均面临深刻挑战,并引发这些制度深层次的变革,全球化影响世界上的每一个国家的每一个角落的人口。但是全球化带来的负面影响,从根本上说就是公平性问题。尤其在贸易领域,经济全球化的深入推进以及 WTO 的产生,引起了自由贸易与劳工保护、环境保护的持久争论。③ 由于传统的国际制度安排均是基于民族国家,因此构建其上的现代国际法内含价值对立与权利义务不相称问题。全球化则更进一步加剧了国家价值与非国家价值之间的并存与冲突,以及国家之间的权利和义务与个人之间的权利和义务两者间的相互隔离。随着全球化趋势的日益加快,传统民族国家深受挑战。德国当代著名哲学家、法兰克福学派第二代领袖尤尔根·哈贝马斯对此提出了"世界经济秩序"和"世界性的强制互助的意思"等主张,试图解决全球化与民族国家的融洽性问题。④ 然而,这一问题在当下似乎悬而未决,期待国际治理实践的发展以及理论上的成熟。

总而言之,经济全球化带来了国际公共领域中的治理难题。经济全球化本身并不能解决国际社会以及国内社会两个层面的公平性问题,相

---

① See Rolf Jens Brunstad, Ivar Gaasland, Erling Vardal, Agriculture as a Provider of Public Goods: A Case Study for Norway, *Agricultural Economics*, Vol. 13, 1995, pp. 39 – 49.

② 蔡拓、杨昊:《国际公共物品的供给:中国的选择与实践》,载《世界经济与政治》2012 年第 10 期。

③ 参见李春林:《国际法上的贸易与人权问题研究》,武汉大学出版社 2007 年版,第 25 页。

④ 参见[德]哈贝马斯:《超越民族国家? ——论经济全球化的后果问题》,载贝克、哈贝马斯编:《全球化与政治》,王学东等译,中央编译出版社 2000 年版,第 80 页。

反全球化可能恶化或者加剧这种不公平。作为与各国国内经济支柱的农业生产与农产品贸易在经济全球化的进程中更是面临公平性的空前考量。因此，经济全球化特别是农业全球化是一个非常重要的问题，它与世界农业关系密切。未来农业全球化将深刻影响全球经济变革，并最终影响全球农产品贸易。因此，农业全球化的概念、特点及其未来影响有必要对其作出深入梳理，只有弄清楚农业全球化的具体问题，我们才能找到国际农产品领域贸易摩擦的特点与农产品公平贸易的实现路径。

第二节　农产品贸易摩擦的形式、特征与公平性缺位

无疑，WTO 的创立加速了经济全球化的进程，多边贸易迅猛发展进而带来了世界经济的普遍繁荣，但由于公平价值的缺失以及各国的不均衡发展，又引起了形形色色的贸易摩擦。[①] 而贸易摩擦又是一个含义复杂的词汇。贸易摩擦尽管从形式上看反映的是国家之间的经济对抗，但这种对抗可能与贸易有关也可能以金融作为工具，反映出复杂、多变、诡谲的利益较量与博弈，严重情形下可能引发战争。贸易摩擦的处理结果会影响出口国、进口国的国内进出口企业、产品生产者、销售商、消费者，甚至劳动工人、农民等各类主体的利益。欧共体和其他经济体之间长达几十年的“香蕉战”深刻反映出这一点。具有高保护性和封闭性的农产品领域的贸易摩擦更深刻、全面地体现出国际贸易中的公平价值缺陷。

一、贸易摩擦理论的基本阐述

（一）贸易摩擦的概念

所谓“贸易摩擦”（trade frictions），又称“贸易战”（trade war），是“经济战”的一种表现形式。国内最早阐述“经济战”概念的学者是王厚双，

---

① 朱元：《国际贸易与国际劳工标准》，载莫世健、史晓丽主编：《WTO 与公平贸易：现实问题和中国的对策》，人民法院出版社 2006 年版，第 321 页。

他认为经济战从本质上说就是国家为各自的政治、经济与军事等拓展更大的发展空间，围绕增加出口和限制进口而发生的对抗状态。[①] 而在 WTO 文件中，在语义上与“贸易摩擦”对等的词是“贸易争端”（trade dispute），是指国际贸易中的一成员方政府在另一成员方政府采取关税和非关税措施限制或阻止其产品出口时，提出反对交涉并要求对方停止实施贸易壁垒或者补偿损失的行为和过程。[②] 帅建林博士在总结赵瑾、尹翔硕、苗迎春、王雪峰、赵晓等多位学者观点的基础上，将贸易摩擦分为四类，分别是：(1)产品摩擦，指的是贸易两方在包括初级产品、资本密集型产品、劳动密集型产品等有形产品，以及投资、服务等无形产品的贸易中发生的争端。(2)制度摩擦，指的是贸易双方在贸易制度与贸易政策上的不协调引发的争端。(3)战略摩擦，指的是贸易双方由于国际利益、国家主权意识、安全意识、战略目标与规划的差异等客观因素引发的贸易争端。(4)文化摩擦，指的是贸易双方由于在思想观念、行为风尚，以及整体文化价值观与世界观上的不同而产生的贸易争端。[③] 从农产品贸易摩擦的现实情况来看，几乎涉及以上摩擦的全部类型。是故，农产品贸易摩擦最集中地体现了贸易摩擦的多样性，也是主体最为繁多、客体最为全面、内容最为复杂、影响最为深远的贸易摩擦领域。这与农产品贸易的高风险性、高封闭性、高保护性，以及规则的付之阙如密切相关。

（二）贸易摩擦的极端形式与世贸组织争端解决机制的功能

1. 贸易摩擦最为极端形式——战争

贸易摩擦是十分复杂的，国与国的贸易摩擦发展到最极端的表现就是战争。黑格尔对此做过哲学上的论述，他认为，国家权利往往由其特殊意志来实现，并不依赖于普遍意志。一旦特殊意志之间不能达成协议，就会演化为战争。[④] 第一次世界大战的爆发其中很重要的原因便是国家之间的贸易摩擦，表现为各国之间的意志特别是经济意志的难以调和。在

---

① 参见王厚双：《贸易战：离中国有多远》，经济日报出版社 2002 年版，第 7 页。

② 参见帅建林：《中美贸易摩擦治理研究》，西南财经大学出版社 2013 年版，第 20 页。

③ 同上书，第 20 ~ 22 页。

④ 参见［德］黑格尔：《法哲学原理》，范扬、张企泰译，商务印书馆 1996 年版，第 348 页。

19 世纪末至 20 世纪初叶，欧洲的大多数强国相继卷入了关税战与海外市场的国际竞争。以关税战为例，德国与俄国之间(1879～1894 年)、意大利与法国之间(1888～1889 年)、奥地利与塞尔维亚之间(1906～1910 年)均相继爆发。而以德、英两国海外市场的国际竞争为例，从 1870～1914 年，英国的工业产量由 31.8% 锐减至 14%，而德国的工业产量则从 13.2% 上升至 14.3%，略超英国的比例。两国为此开始角力，叫嚣增强海军力量以保护商船运输和商船航线。① 第一次世界大战的爆发与欧洲列强之间在经济上的竞争、割裂密切关联。“一战”以后，1929～1933 年在资本主义世界又一次爆发政治、经济的全面危机，由于 20 世纪 20 年代美国的经济繁荣十分不稳定，少数垄断组织和资本家控制国家的经济命脉，国民收入分配严重不公、贫富差距进一步拉大。随着 1929 年 10 月 24 日美国纽约股票交易所出现股票抛售狂潮，一场规模空前的经济危机全面爆发，导致银行倒闭、市场萧条、农产品价格下跌、农民收入递减、失业激增。美国发生的这场经济危机随即向其他资本主义国家蔓延，并最终演变为世界性的经济危机。长达 4 年的经济危机使得国际贸易额减少 2/3，工业生产产值下降 1/3 以上。最后各国为了各自求生存，开始以邻为壑，高筑关税壁垒，推行贸易保护主义。德国、日本、意大利等国的国内法西斯势力乘机兴风作浪，使得社会动荡不安。主要资本主义国家为了改善本国经济，加强在世界范围内的争夺，殖民掠夺日盛。由于资本主义国家间的矛盾与日俱增，最终引起了第二次世界大战的爆发。② 因此，贸易摩擦具有形态多样化和成因复杂化的特征。贸易摩擦达到最为激烈的程度可能引发战争，而战争则为贸易摩擦最为激烈的状态。当国与国之间以贸易摩擦为主的经济摩擦变得异常突出并难以得到疏导和规制的情况下，很可能演化为激烈的政治对抗。因此也有人说，战争也是国家之间

---

① 参见[德]斯塔夫里阿诺斯：《全球通史：从史前史到 21 世纪》(第 7 版修订版)，吴象婴等译，北京大学出版社 2006 年版，第 644～645 页。

② 参见赵登明：《简明中外通史》(上)，吉林出版集团、吉林文史出版社 2012 年版，第 430～432 页。

寻求全球正义的极端方式。[①]

2. 争端解决机制对于解决贸易争端的促进作用及其形势

为了防止战争的爆发、确保人类的永久和平，"二战"以后成立的联合国、国际货币基金组织、国际复兴开发银行以及GATT，无不在各领域通过多边安排，协调国家之间的冲突，解决国家之间的争端，取得了举世瞩目的成就。1995年1月1日成立的WTO在促进贸易自由化方面功勋卓著。根据《关于争端解决规则与程序的谅解》(Dispute Settlement Understanding, DSU)建立的争端解决机构(Dispute Settlement Body, DSB)致力于成员间贸易争端的解决。为了体现争议解决的权威性以及确保判例的可接受性，世贸组织还创新性地构建了专事"法律审"、类似于国内二审程序的常设性上诉机构(Appellate Body, AB)，专设7名任期4年的专家成员，负责针对不服专家组报告的成员方上诉案件进行法律上的终局性裁决。由于WTO覆盖了世界上绝大多数经济体，当前的绝大多数贸易摩擦案件都能在WTO框架下得到解决。

随着实践的发展，国际贸易摩擦无论是从主体方面还是客体方面都发生了很大变化，故国际贸易摩擦兼具隐蔽性、一般性、全面性等特征。传统的反倾销、反补贴和保障措施等贸易救济的发起国主要是美国、欧盟、加拿大和澳大利亚这四个发达国家(经济体)，而被告则主要是发展中国家。以反补贴为例，权威性统计数据显示，1995～2013年WTO成员启动的335起反补贴调查中共涉及45个国家(地区)，其中中国被诉76起，位列各国(经济体)之首，占同期反补贴案件总数的22.7%；紧随其后的是印度(61起)、韩国(20起)、印度尼西亚(18起)、美国(15起)。[②] 总之，贸易摩擦从主体来看，表现为：第一，主要由发达的经济体发起；第二，贸易争端的主要被调查国是以中国为代表的发展中国家；第三，发展中国家相互之间的贸易摩擦数量正逐年攀升。而从客体来看，贸易摩擦面临

---

① 参见艾四林、王贵贤、马超：《民主、正义与全球化：哈贝马斯政治哲学研究》，北京大学出版社2010年版，第107～109页。

② 参见孙铭、杨仕辉：《反补贴争端解决动态博弈模型与经验分析》，载《亚太经济》2015年第5期。

的形势是:第一,贸易摩擦的客体正在突破传统的货物贸易,向服务贸易、与贸易有关的知识产权等领域扩展;第二,在货物贸易领域,农产品贸易摩擦逐渐增多;第三,贸易摩擦的争议正在从关税措施向非关税措施领域蔓延。

二、"香蕉战"折射的农产品贸易摩擦局势

(一)"香蕉战"案情分析

1."第一香蕉案"(Banana - Ⅰ)案情分析

截至目前,世界上持续最长时间的贸易战就是在农产品领域集中开打的。除了围绕荷尔蒙牛肉和转基因产品的争端之外,最为著名的莫过于涉及欧盟、美国以及拉美各国的长达 15 年的"香蕉战"(banana wars)。[①] 1975 年 2 月 28 日,"非加太国家"[②]与欧共体在洛美签订了《欧洲经济共同体—非洲、加勒比和太平洋地区(国家)洛美协定》(以下简称第一个《洛美协定》)。根据该协定,为了实现非加太国家的总体目标,欧共体不仅给予非加太国家以发展性财政援助,而且对其实施非对等、非互惠的特惠贸易政策以及市场准入优惠。欧共体对来自"非加太国家"的 99.5% 的农产品和其全部工业品实施不限制数量的免关税待遇。随后,1979 年 10 月 31 日缔结第二个《洛美协定》,1984 年 12 月 8 日缔结第三个《洛美协定》,1989 年 12 月 15 日缔结第四个《洛美协定》,2000 年 2 月 3 日缔结第五个《洛美协定》。[③] 为了进一步促进非加太国家出口产品的竞争能力,几个《洛美协定》先后决定对香蕉、糖、牛肉、朗姆酒等大宗产品作出特殊安排,进一步加大财政援助,制定出单项协议作为总协定的附

---

① See T. E. Josling, T. G. Taylor, *Banana wars: the anatomy of a trade dispute*, CABI Publishing, 2003.

② "非加太国家"的全称是"非洲、加勒比海与太平洋地区的发展中国家"(Africa, the Caribbean and Pacific, ACP countries),当时有 46 个国家参与缔结《洛美协定》。

③ See Stephen Kingah, "The Revised Cotonou Agreement between the European Community and the African, Caribbean and Pacific States: Innovations on Security, Political Dialogue, Transparency, Money and Social Responsibility", *Journal of African Law*, Vol. 50, No. 1 (2006), pp. 59 - 71.

件。此后,这一实践被认为是南北合作的典范,而这种特惠待遇体制的安排被认为是改变形式平等、确保更高层次的实质平等的重大举措。当然,这一特惠体制也存在缺陷,主要表现在特惠待遇的实施对象是限定了的,对象普遍性的缺乏也是另一种形式的歧视。在欧共体、美国两大经济体之间爆发、辐射多个国家的旷日持久的"香蕉战"却是这种缺陷的集中展现,这一贸易摩擦的影响十分深远。

"二战"以后,欧洲的香蕉市场有两大进口产地。法国、西班牙和英国的进口香蕉的主要产地是其海外殖民地,如英国鼓励小规模家庭种植的牙买加、圣卢西亚岛的香蕉生产,而法国则优先进口来自于喀麦隆和象牙海岸的香蕉。德国由于生产香蕉海外殖民地的缺乏,转而对香蕉实行自由贸易政策。20 世纪 50 年代中期,欧共体与"非加太国家"的几个前殖民地成员实施"零关税"等优惠贸易措施,以提高其市场竞争力。到 20 世纪 80 年代末期,香蕉产量的增加导致其价格下滑。欧共体在此情况下非但没有开放市场,而且对成员国市场上的香蕉原产地在非加太地区的香蕉公司给予补贴,并给予充足的配额。同时以 250 万吨的配额数量限制向其他国家的香蕉进口,对超过配额的部分课征 225% 的进口关税。到 20 世纪 90 年代,欧共体香蕉市场供货来源分为三部分,分别是:(1)来自欧共体内部及其海外领土的香蕉,占比 21%;(2)来自中美洲和南美洲国家的香蕉("美元香蕉"),占比 61%;(3)来自"非加太国家"(《洛美协定》受惠国)的香蕉,占比 18%。包括哥斯达黎加、危地马拉在内的拉美五国共同指控欧共体香蕉进口体制违反 GATT 相关规则。专家组于 1993 年 6 月 3 日作出裁定,认定欧共体的配额体系不符合 GATT 第 1 条和第 11 条之规定,违反了最惠国待遇原则和一般禁止数量限制原则。但由于欧共体利用关贸总协定争端解决程序中有关专家组报告须经包括败诉方在内的全体通过的漏洞,钳制"第一香蕉案"的专家组裁决未获得通过。

2. "第二香蕉案"(Bananas – Ⅱ)案情分析

此后,欧共体理事会通过了"EEC 第 404/93 号规则",规则自 1993 年 7 月 1 日起生效。根据规则,欧共体成员国重新规范国内的香蕉进口监管体系,并且成立"香蕉"共同体组织(Common Market Organization,CMO)

以构建统一的香蕉市场。同时规则继续维持欧共体对非加太国家的特惠措施,并合理分配不同产地香蕉的配额。这一新政使美国政府和企业始料未及,美国国内以奇迹达(Chiquita Brands International)为代表的香蕉经营公司损失惨重。[①] 中美洲各国随即先后诉诸 GATT 争端解决机制,指控欧共体进口的分销机制与配额、关税等措施存在歧视。欧共体在重压下表示与申诉国进行和解,并与非加太国家共同向理事会申请根据 GATT 第25条第5款授予其豁免权。最后缔约方全体大会授权欧共体进行最惠国待遇义务的豁免,条件是《洛美协定》签字国须每年向 GATT 提交报告,一旦有其他国家提出异议,欧共体有义务就有关优惠待遇争议进行磋商以解决纠纷。此为"第二香蕉案"。

3."第三香蕉案"(Bananas – Ⅲ)案情分析

第一、第二香蕉案均未能从根本上改变欧共体的香蕉进口体制,而且从欧共体到欧盟逐渐完善的香蕉管理体制带来的结构性改变伤害了一部分国家的利益。所以在 WTO 成立后不久,美国即联合墨西哥、危地马拉、厄瓜多尔和洪都拉斯于 1996 年 2 月援引 GATT 1994 第 23 条、DSU 第 4 条、《进口许可程序协议》第 6 条、GATS 第 23 条、《与贸易有关的投资措施协议》第 8 条和《农业协定》第 19 条,要求欧共体就香蕉进口、销售和分销制度问题与其展开磋商。由于各方在磋商中并未达成一致意见,经申诉方提出申请,1996 年 5 月 8 日案件的专家组得以建立。1997 年 5 月 22 日向成员发布报告,裁定欧共体香蕉进口制度违反了 GATT 第 1 条第 1 款、第 3 条第 4 款、第 10 条第 3 款和第 13 条第 1 款,同时违反了《进口许可程序协议》第 1 条第 3 款,以及 GATS 第 2 条、第 17 条。欧共体不同意专家组的裁定,遂上诉至上诉机构,上诉机构于 1997 年 9 月 9 日作出裁决,专家组报告中的大部分结论得以维持。对于裁决的执行,由于双方未达成一致,因此根据 DSU 第 21 条第 3 款(c)项再次成立由原专家组成员组成的仲裁庭,裁决结果要求欧共体在 1997 年 9 月 25 日至 1999 年 1 月 1 日的修改有关香蕉进口规则。随后欧共体理事会发布 1637/98 号、

① 参见柯炳生:《美国与欧盟香蕉贸易战背景》,载《世界农业》2000 年第 7 期。

2362/98 号规则，就有些不合理的规范进行了修正。但仍坚持关税配额的核心地位，一些歧视性的条款得以继续存留。此为“第三香蕉案”。

在此期间，由于欧盟的香蕉进口、销售与分销制度关系欧盟的生存与发展，也被指责不符合 WTO 相关规定。欧盟为此穷尽 WTO 相关规则，采取拖延战略，如首先质疑美国向 WTO 投诉欧盟香蕉贸易政策的适格性，否定 GATS 适用于其香蕉进口体制。而美国等五方则采取了积极进攻型战略，比如积极拓宽能够适用于欧共体香蕉进口体制的 WTO 相关规则，例如，将规则从GATT 1994、GATS 扩展到《农业协定》《与贸易有关的投资措施协定》《进口许可程序协定》等。专家小组与上诉机构最后做出对欧共体不利的报告。美国在 1999 年 4 月获准对欧共体实施贸易报复，金额高达年均 1.914 亿美元；欧共体也对美国根据 1974 年贸易法第 301 条款采取的报复的合法性提出了质疑。①

4. “第四香蕉案”(Bananas – Ⅳ)案情分析

1998 年 12 月 18 日，“第四香蕉案”再次开战。出于对欧共体所作的与 WTO 规则不一致的政策修正的不满，作为“世界最大香蕉生产国”的厄瓜多尔依照 DSU 第 21 条第 5 款，请求召集专家组原班人马再次审查欧共体实施 DSB 措施的相符性。指责欧共体违反了 GATT 第 1 条与第 13 条，同时违反 GATS 第 2 条和第 17 条。1999 年 4 月 12 日专家组报告面世，裁定欧共体的实施措施与其 WTO 义务不完全一致，该报告于 5 月 6 日在争端解决机构通过。厄瓜多尔随即于同年 11 月提出对欧贸易报复的授权申请，欧共体据此提请仲裁。2000 年 3 月 24 日公布的仲裁报告裁定厄瓜多尔的利益损失水平是每年 2.16 亿美元，厄瓜多尔有权在货物、服务和知识产权三个领域对欧共体实施交叉报复。其中厄瓜多尔首先只能在前两个领域实施报复，但若实施的报复不能达到仲裁员裁定的层次，则有权在知识产权领域实施报复。这也成为多边贸易体制产生 60

---

① 参见余敏友、左海聪、黄志雄：《WTO 争端解决机制概论》，上海人民出版社 2001 年版，第 257 ~ 280 页。

余年来发展中国家首次获得授权对发达国家进行贸易报复。[①]

（二）"香蕉战"揭示的农产品贸易摩擦的特征与不足

整个旷日持久的香蕉战所展示的贸易摩擦的特点是：

其一，所涉主体广泛。香蕉案涉及 WTO 近 1/3 的成员，共涉及 6 个当事方（其中仅欧共体一方就代表 15 个成员国）、20 个第三方。[②] 当然，香蕉战是在国家和国际组织之间展开的，这也反映出另一个问题：表现为国际规则和制度之争的传统农产品贸易之争在很大程度上忽视了非国家行为体、私人、企业、农业生产者或消费者的参与。其利益能否通过国家一级的主体得到有效保护，则是未定之数。这也是对农产品未来治理体系提出的严峻挑战。

其二，农产品贸易争端几乎涉及世界贸易组织的全领域。除了货物贸易领域，也涉及服务贸易、与贸易有关的知识产权、与贸易有关的投资措施等领域。

其三，涉及的文件庞杂、篇幅大，而且跨越实体法与程序法的各类问题。在实体法方面，香蕉战涉及 GATT 各项条款、《农业协定》，以及服务贸易、知识产权、投资措施等多个领域的协定；在程序法方面，不仅涉及 GATT 到 WTO 体制两套争端解决程序从成立专家组到上诉机构作出裁决的全部程序，而且涉及裁决执行机制中的诸如仲裁、贸易报复等问题。

其四，涉及 WTO 协定适用冲突时的解释问题。在香蕉案中，专家小组和上诉机构的裁定认为，《农业协定》相较GATT 1994，前者是特别法而后者则是一般法。如二者在适用上发生冲突，则《农业协定》优先适用；若《农业协定》未作规定，则适用GATT 1994的一般规定。[③] 此外，双方就 DSU 第 21 条第 5 款与第 22 条适用的先后顺序发生分歧，最后双方通过磋商达成协议解决了问题。案件的专家组与上诉机构认允了该做法。是故，

---

① 详见傅星国：《WTO 争端解决中〈交叉报复〉的案例分析》，载《国际经济合作》2009 年第 7 期。

② 参见韩立余编著：《WTO 案例及评析（1995 ~ 1999）》（上卷），中国人民大学出版社 2001 年版，第 128 页。

③ 参见余敏友、左海聪、黄志雄：《WTO 争端解决机制概论》，上海人民出版社 2001 年版，第 273 页。

争议双方就 WTO 文件协商一致的解释被认为是习惯国际法形成的重要步骤。①

其五,香蕉案对 WTO 争端解决机制的执行规则形成了一定的挑战。欧盟在香蕉案中所采取的拖延策略也深刻暴露出 WTO 报告在执行方面的缺陷和困扰。

其六,香蕉战触碰 WTO 多边贸易体制的公平性问题。从根本上讲,香蕉战反映的是从欧共体到欧盟的农业一体化治理过程中单边性的贸易保护主义法律体制的公平价值问题。这也使发展中国家在进行贸易博弈过程中面临多边贸易体制的有效性和执行力不足的问题。

三、农产品贸易摩擦的成因分析

在经济全球化的背景下,农产品贸易摩擦近年来逐步升温。因农产品的出口涉及较多的 WTO 协定,如《实施卫生与植物卫生措施协定》(以下简称《SPS 协定》)、《技术性贸易壁垒协定》(以下简称《TBT 协定》)。这些协定所确立的"合规性贸易壁垒"为一些发达国家设定纷繁复杂的技术性贸易壁垒创造了条件。此外,各国为了完善人类健康和动植物生命与健康、保护环境,也出台了大量技术性要求、标准与规范。据统计显示,仅韩国制定的有关农产品进口的限制性条款和标准就有近万种之多。因此,农产品领域的贸易摩擦更为棘手和复杂。

有学者通过对中日农产品贸易摩擦的分析,认为贸易摩擦应该从宏观经济和微观经济学两个层面进行考察。在微观经济学层面以完全经济竞争为先决条件,认为在一个充分竞争的市场中,国家之间是不存在贸易摩擦的,但是如果存在诸如两国间经济扭曲这种市场失灵的情况,则将引发贸易摩擦。而使用宏观经济平衡方程,例如,运用外部经常收支平衡和国内财政收支平衡理论的关系来解释,我们可以得出的结论是:贸易摩擦存在很多国内触发因素,包括国际投资活动以及政府财政收支活动。因此,我们应关注国内因素以缓解国际贸易摩擦。贸易摩擦从根本上来说,

---

① 参见张幼文编著:《世界经济学》,上海经济大学出版社 2006 年版,第 288 页。

一是由国际经济发展的不平衡,二是由国家在世界市场中试图进入或者占领第三国市场的激烈竞争所致。①

由此可以看到,农产品贸易是摩擦最为激烈的贸易领域,其特征和影响概括起来表现为:

1. 农产品贸易关涉领域复杂,跨越国内法与国际法的传统疆域。因农业的弱质性和战略性决定了农产品贸易摩擦涉及 WTO 多边规则,以及各国国内农业补贴政策、农产品贸易立法、关税制度、市场准入制度、进出口配额制度、非关税壁垒、国内贸易救济制度等各方面的程序性和实体性规定。

2. 农产品贸易摩擦具有很强的政治性,会引起国家之间的矛盾甚至政治对抗。正因为如此,实行全面的市场准入和包容性贸易的《跨太平洋伙伴关系协定》(*Trans- Pacific Partnership Agreement*, TPP)因可能打破国家间农产品贸易的实质公平以及高标准化的争端解决机制可能造成对国家主权的挑战而备受诟病。

3. 农产品贸易摩擦中充斥着贸易保护主义,而且极具非平衡性。这种非平衡型表现在:发达国家与发展中国家之间进行农产品贸易保护的非平衡性。发达国家由于农业科技的领先地位以及国内高标准的农业支持,使其农产品出口具有比较优势。所以,一方面发达国家尽可能实施一系列农产品市场准入制度,以限制外国农产品进入其国内市场;另一方面,发达国家尽可能通过国内支持和出口激励政策,以开辟海外农产品市场。这种不平衡的二元价值理念,将进一步扭曲国际农产品贸易。

四、农产品贸易摩擦将在相关领域全面爆发

未来,农业领域的贸易摩擦将会越来越多,原因在于:首先,随着世界农业科技的进步,农产品将成为世界商品贸易的重要增长点;其次,农产品贸易自由化谈判也使农产品贸易总量在逐年加大;最后,农产品多边贸

---

① See Jie Lin, Yunfeng Wu, "Sino-Japanese Agricultural Trade Friction Analysis and China's Countermeasures", *Business and Management Research*, Vol. 2, No. 4, 2013, p. 38.

易规则发展趋缓引起的统一性不足极易引起农产品贸易摩擦。近年来，中国、印度均逐年加大农业补贴，这引起了已经实施削减农业补贴计划的美国和欧盟的不满。2015年2月，美国贸易代表办公室在官网发布了名为《美国对大量中国出口补贴项目发起挑战：中国为包括纺织品、农产品、化工产品以及先进材料与金属在内的七个产业设定了不公平利润》的文章，美国贸易代表迈克尔·弗罗曼(Michael Froman)宣布美国已经就中国的“示范基地公共服务平台”补贴计划通过WTO争端解决机制提起与中国政府的磋商请求，指责中国通过该平台向总共7个经济部门以及涵盖在平台内被称为“示范基地”的超过150个产业集群的几十个次级部门提供禁止性的出口补贴，被认为损害了美国的贸易。例如，中国是加州第三大农产品贸易伙伴，年贸易总额达到14亿美元，但是中国政府为水果、蔬菜和家禽提供的出口补贴将对加州的贸易产生重大影响。[①] 其实，美国在此问题上明显地表现出双重标准。据克里斯·爱德华兹(Chris Edwards)2009年的研究数据，美国农业部每年分别为农民和农地所有者分配100亿美元和300亿美元的现金补贴，其中超过90%的农业补贴给予了种植小麦、玉米、大豆、水稻和棉花五种作物的农民。超过80万的农民和土地所有者获得了补贴，但支付却向最大的生产商严重倾斜。[②]

在关贸总协定时期，由于多数农产品被划分到初级产品之类，因此并未很清晰地区分农产品贸易和工业制成品贸易。因此在前四轮谈判中并未涉及农产品问题，直到第五轮狄龙回合才首次将农产品贸易提上议事日程。但由于农产品关系国家大计，各国基于国家安全的考虑，并且均给予本国农业生产以各种形式的优惠和补贴，因此在该领域的谈判进展缓慢。但由于农产品科技含量的逐步提高和各国国内支持政策与补贴措施的千差万别引起的农产品贸易失衡，到20世纪80年代欧盟

---

① See "United States Launches Challenge to Extensive Chinese Export Subsidy Program: Chinese Program Unfairly Benefits Seven Industries, Including Textiles, Agriculture, Chemicals, and Advanced Materials and Metals", Accessed July 17. 2015. https://ustr. gov/about-us/policy-offices/press-office/press-releases/2015/february/united-states-launches-challenge#.

② See Chris Edwards, "Agricultural Subsidies", Accessed July 17. 2015. http://www. downsizinggovernment. org/agriculture/subsidies.

农产品贸易摩擦不断增多。

大凡国际事务的处理,无不体现出诸国际行为体[①]广泛的矛盾与冲突、博弈与调和。因此,农产品领域的贸易摩擦并不必然是坏事。首先,农产品的摩擦本身就揭示出农产品在各国经济活动中的战略重要性,这一国际分歧由来已久;其次,农产品贸易摩擦反映出国际行为体围绕农业生产与农产品贸易的价值诉求,以及对全球分配正义的主张。农产品贸易也是未来国际贸易新的增长点。但如何保障农产品贸易的公平性是最值得注意的,因为围绕农产品贸易的全球治理体系更加复杂。法律遵行过程中出现的问题势必要通过对法律的适用和完善来解决,诸如通过缔约措施(包括缔结条约、修订条约)、条约解释、法律续造等方法。

据学者统计,GATT/WTO 争端解决机制下有较多的同时涉及农产品与环境问题的案例相继出现。[②] 这些农产品贸易摩擦案件的出现都体现出了贸易与环境问题的深度结合。而且,农产品贸易摩擦所涉及的范围十分广泛,除了体现传统产品贸易壁垒的一般特性外,更是反映出诸多贸易主体围绕贸易与环境、贸易与人权、贸易与知识产权等问题的全面交锋。

第三节　农产品公平贸易的保护主义向度与具体形态

由于农产品贸易的开放性不足,加之因发达国家在农业生产中更强的技术优势,共同造成发达国家与发展中国家之间在农产品贸易中的极度贸易扭曲和失衡。因此,农产品贸易领域的保护主义更加突出。而传统的贸易自由化只会加剧这种扭曲,由发达国家所倡导的所谓公平贸易理论具有先天的不公平性,对反倾销、反补贴、保障措施等公平性贸易政

---

① 从国际关系的角度来看,国际行为体应包括国家行为体和非国家行为体,非国家行为体又包括国际组织、亚国家机构、非政府组织、跨国公司、政党团体、跨国联盟等。

② 这样的案例主要包括:1982 年加拿大诉美国“禁止进口金枪鱼及其制品案”,1988 年美国诉加拿大“影响未加工的鲱鱼和鲑鱼出口案”,1991 年墨西哥诉美国“限制金枪鱼进口案”,1994 年欧共体诉美国“限制金枪鱼进口案”,1997 年印度等国诉美国“禁止进口虾及虾制品案”。参见李威:《论 WTO/DSB 贸易与环境争端的新发展》,载《世界贸易组织动态与研究》2012 年第 4 期。

策的滥用使得这种公平贸易充斥着贸易保护主义色彩。美国著名经济学家贾格迪什·巴格沃蒂(Jagdish Bhagwati)就曾表达了“公平”对自由贸易带来破坏的担心,他认为,“公平”的暗中滋长可能使自由贸易的发展面临威胁。一国对公平的关注可能引起出口方面的贸易保护主义。以美国为例,由于将农业和服务业的贸易自由化提上日程,使其最终实施最惠国待遇等非歧视性原则,进而产生“在瓦解新部门旧的贸易壁垒的同时,也阻止了老部门新贸易壁垒的产生”的社会福利效应。另外,美国在早期打开国外市场大门时还有一个显著特点是,采取具有双边侵略性的合作态度。即采取蓄意的、挑衅性的不公平手段,在这一过程中会时常不自觉地运用贸易保护主义。[①] 这种所谓的公平贸易,仅是打着“公平”旗号的贸易保护主义,与关注贸易本身公平的精神相去甚远。例如,反倾销、反补贴、保障措施调查,以及美国的301调查、337调查,无不打着公平贸易的幌子,实施实质上的贸易保护主义政策。因此,现行的公平贸易理论和政策,是与贸易保护主义紧密相关的。

一、国际农产品公平贸易中的保护主义向度

农产品贸易保护手段十分繁多,如反倾销、反补贴、保障措施。再如,将环境条款、劳工条款与农产品贸易相挂钩,或者在国内法中援引各类国际标准、企业标准、公平贸易标签、低碳产品标签认证等。因此,实践中主要由发达国家普遍实施的具有保护主义特征的贸易行为与贸易政策,大多数打着“公平贸易”的旗号。在实践中,有“公平贸易政策”“公平贸易行为”“公平贸易立法”“公平贸易运动”“公平贸易救济措施”等诸多概念,反映出“公平贸易”并不确定的内涵与外延。塔夫茨大学的丹尼尔·志(Daniel W. Drezner)就说过,几乎任何形式的贸易壁垒都可以基于公平的名义提倡,特殊的利益需求都可能随时“劫持”这一政策导向。[②] 由

---

① 参见[美]贾格迪什·巴格沃蒂:《贸易保护主义》,王世华、常蕊、郑葵方译,中国人民大学出版社2013年版,第68页、第104~105页。

② See Daniel W. Drezner, *U. S. Trade Strategy: Free Versus Fair*, the Council on Foreign Relations, Inc., 2006, pp. 1-4.

于各大经济体出于贸易保护主义的考虑，单边化地实施很多以公平贸易为名义的各类立法、政策和政府行为，这使公平贸易在现实中发展出贸易保护主义的向度。

现有的国际贸易规则过度倡导贸易自由化，而围绕贸易自由化的一系列多边贸易规则又以利益为导向，公平价值缺失问题是当前国际贸易规则面临的最大问题。农产品贸易规则尤甚。世界著名经济学家约瑟夫·斯蒂格利茨（Joseph E. Stiglitz）对贸易自由化表达了自己的忧虑。他认为，在WTO等多边贸易体系中致力于通过开放市场促进商品和服务的自由流动一度被视为解决发展问题的重要手段，但事实上贸易自由化本身并不能真正解决贫困和公平性问题。[①] 例如，根据《北美自由贸易协定》（North America Free Trade Agreement，NAFTA）成立的北美自由贸易区（North American Free Trade Area）尽管大大地促进了区域范围内三国之间的贸易自由化，区域贸易自由化、一体化的制度安排使得各方各取所需，最大化地配置了资源与市场，但贸易自由化并没有解决墨西哥的农业问题，相反引发了举世瞩目的“墨西哥农业危机”，使墨西哥国内的农业雪上加霜。[②]其中很重要的原因在于这些多边协定并没有解决公平性问题。除了允许发达的工业化国家对发展中国家的商品征收4倍于发达国家同类产品的关税税率以外，在发展中国家迫于压力逐步放弃对其幼稚产业扶植的补贴同时，发达国家却可以继续对本国的农业实施巨额补贴，以此压低农产品价格进而形成竞争优势，进一步降低了发展中国家人口的生活水平。[③]

总之，国际农产品贸易领域充满着冲突、竞争与对抗，尽管它是未来发展中最具潜力的行业。当前的农产品贸易集中地展现了世界各国特别是发达国家与发展中国家之间围绕贸易自由化、贸易保护主义和公平贸易进行的深度冲突和博弈，多哈回合谈判的举步维艰、一系列区域自由贸易协定

---

① See Joseph E. Stiglitz, *Making Globalization Work*, W. W. Norton & Company, Inc., 2006, pp. 15 – 16.

② See Ariadna Estévez, *Human Rights and Free Trade in Mexico: A Discursive and Sociopolitical Perspective*, Palgrave Macmillan, 2008, pp. 33 – 54.

③ See Joseph E. Stiglitz, *Making Globalization Work*, W. W. Norton & Company, Inc., 2006, pp. 15 – 16.

的难产均与此有关。农产品事关一国的农业安全,也事关一国由第一产业所主导的国民经济的总体安全,因此农产品向来是敏感领域。有关农产品公平贸易的研究不仅要分析现有公平贸易理论的历史变迁,同时也要在国际治理的视域中探讨促进贸易规则迈向实质公平的可能性。

二、贸易保护主义的理论变迁及其未来影响

贸易保护主义由来已久,从自由贸易理论产生以降,自由贸易主义者与贸易保护主义者展开了两个多世纪的持久论战。最后自由贸易主义者胜出,自由贸易遂成为全球普遍认可和遵循的重要贸易形态,而且也成为WTO多边规则的重要指针。但是贸易保护主义并没有从此消失,而是不停变换着形态与自由贸易如影随形,发达国家更是贸易保护主义的"孵化地"。以美国为例,在其政治场域中四处弥漫着贸易保护主义的戾气。因此"自由贸易"在美国从未真正付诸实现,只能说是"更为自由的贸易"。故WTO也未沿袭自由贸易的说法,而是采取折中的方案,取名"贸易自由化"(trade liberalization)。这一理念在遵行以自由贸易为原则的同时允许不同程度、不同形式的贸易保护,自1934年以来美国就开始实施以此种理念为指导的所谓"贸易自由化政策"(liberal trade policy)。[①] 受其影响,WTO的宗旨是贸易自由化而非自由贸易主义。

(一)传统贸易保护主义理论的主要阶段

贸易保护主义可追溯至15世纪末,彼时西欧封建社会开始瓦解。随着农业生产技术的不断进步以及资本主义生产关系的产生,剩余商品以及封建主对奢侈消费的需求与日俱增。处于东西方文明交汇处的地中海沿岸一些地区的商业资本推动国际贸易不断向前发展,而国际贸易的不断发展也对商业资本的集聚施加反作用力。以黄金、白银等贵金属为代表的货币日益彰显出重要性,以商业资本为代表的新兴资产阶级对国家提出要求,希望对其商业活动进行保护和协助,此时迫切需要一种理论来

---

① 参见陈利强、茅友生:《美国贸易政策制定的宪政体制论》,载《法律科学》(西北政法大学学报)2011年第2期。

论证时下经济政策的诉求，“重商主义”（Mercantilism）理论应运而生。因此，贸易保护主义的历史可以归结为三个阶段。

1. 早期重商主义阶段（15 世纪至 16 世纪中叶）

在该阶段，金银复本位制占据了金融体系的重要位置，以商业资本为代表的新兴资产阶级对国家提出要求，希望对其商业活动进行保护和协助。[①] 以约翰·海尔斯（John Hales）和威廉·斯塔福德（William Stafford）、安徒安·孟克列钦（Antoine de Montchretien）为代表的“货币差额论”（Balance of money）学派主张在每一宗贸易中严格确保出超、赚取金银，马克思将其称为“重金主义”（Bullionism）。受这一观念体系之影响，英国、葡萄牙、西班牙着手储藏和控制金银的流出入并垄断经营，并颁布法令强制外国商人将销售货物赚取的金银用以购买当地的产品。如英国爱德华四世于 1478 年将金银的输出确定为重大罪行。[②]

2. 晚期重商主义阶段（16 世纪下半叶至 17 世纪中叶）

该阶段的代表人物是英国的托马斯·孟（Thomas Mun）、法国的让·巴蒂斯特·柯尔培尔（Jean Baptiste Colbert）、意大利的安东尼·塞拉（Anthony Sierra）等人，它们的理论被称为“贸易差额论”（Balance of trade），马克思将其称为“重工主义”（Industrialism）。这一思想的系统阐述体现在托马斯·孟于 1664 年出版的《英国得自对外贸易的财富》一书，该书对早期重商主义的“货币差额论”提出批评，其观点概括起来主要有以下两点：第一，国家积累财富和利润的主要途径是保持贸易顺差，但金银财富不能简单储存起来，国家应允许货币的输出输入，因为国内金银货币的过多积累可能会引起国内商品价格的上涨以及商品出口数量的下降，最终影响贸易顺差。第二，最好的解决方法是促进金银货币的流通，只有货币源源不断地流通起来，才能产生持久的利润增量，货币与贸易是相互促进的关系。[③] 在晚期重商主义理论影响下，17 世纪几乎所有国家都实施如下政

① 参见李晓蓉编著：《西方经济学说史》，北京大学出版社 2014 年版，第 29 ~ 30 页。

② 参见薛岱、任丽萍主编：《国际贸易》，北京大学出版社 2006 年版，第 37 页。

③ 参见［英］托马斯·孟：《英国得自对外贸易的财富》，袁南宇译，商务印书馆 1959 年版，第 4 ~ 13 页。

策:第一,最大限度地攫取黄金和白银;第二,有限发展对外贸易;第三,国家对用于出口产品的生产给予特别投入;第四,提倡生育,为工厂提供大量劳动力;第五,国家随时监督生产和贸易的各个过程,并随时予以干涉。① 晚期重商主义总体上来说是一种"奖出罚入"的贸易发展理念。

3. 幼稚工业保护理论阶段(18 世纪末至 19 世纪初)

该理论最早为美国政治家亚历山大·汉密尔顿(Alexander Hanmilton)在其 1791 年发表的《制造业报告》中提出,他倡导征收保护性关税的重要性。而最令人瞩目的论述是德国经济学家弗里德里希·李斯特(Friedrich List)于 1841 年发表的《政治经济学的国民体系》一书的观点,该书集中阐述了幼稚产业保护思想。1815 年,英国人在一场震动世界的拿破仑战争中取得最终胜利,再一次证明了自由贸易政策的正确性,英国开始推行全方位的自由贸易政策。为了应对英国自由贸易规则的不利影响,德籍经济学家提出新的理论。他根据国民经济的完成程度将其发展划分为原始未开化时期、畜牧时期、农业时期、农工业时期和农工商业时期 5 个阶段,不同的贸易阶段对应不同的贸易政策。

未开化时期应首先在发达的城市和国家实行自由贸易。农业时期应当促进农产品的无限制的出口。尽管在农工业时期的工业有一定程度的发展,但尚无能力与外国产品进行竞争,故应进一步解放生产力,对外征收保护性关税,但对本国的幼稚产业特别是大宗消费品实施保护,使其免受外国工业品的冲击。最后,农工业时期,因国内工业品竞争能力的增强,可转而实行自由贸易政策,以分享自由贸易带来的利益最大化。而由李斯特所倡导的贸易保护主义手段则是关税制度,他强调这一制度设计应体现出的特点是:差别关税、有选择性保护并可适时作出调整。

(二)新贸易保护主义理论的现实与趋势

自 20 世纪 70 年代以来,西方发达国家在经济全球化的背景中不断遭受来自新兴工业化国家的持续经济增长对其国内经济环境带来的冲击。为了应对这一激烈竞争的局势,这些国家转而在关税壁垒之外采取

① 参见[美]房龙:《人类的故事》(下),金盾出版社 2014 年版,第 71 ~ 76 页。

一种方式更为隐秘、手段更为灵活多变的贸易保护措施，这些保护措施主要表现为技术贸易壁垒、知识产权保护、反倾销和反补贴等公平贸易政策。这一贸易保护主义形态被称为“新贸易保护主义”。由于 WTO 多边贸易规则的安排，无论是发达国家还是发展中国家均有逐步削减关税的义务。故通过关税措施开展贸易保护因具有明显的违法性，已经不再作为贸易保护主义的主要手段。因此，新贸易保护主义的主要手段是实施非关税壁垒（Non-Tariff Barriers，NTBs）。非关税壁垒是与关税壁垒相对应的概念，是指除关税壁垒以外的限制进口的一切贸易壁垒的统称。非关税壁垒从大的方面可以划分为直接和间接两大类，前者顾名思义是由于进口国通过干预，或者进行产品的数量限制，或者施加压力逼迫出口国限制出口，从而形成的贸易壁垒形式。主要类型包括进口配额、进口许可证和自动出口配额等。而间接非关税壁垒指的是进口国以间接立法的方式限制进口，从而形成的贸易壁垒形式。主要包括进口押金制、进出口国家垄断、最低进口限价、歧视性政府采购、技术法规、技术标准、合格评定程序、包装及标签要求等。据不完全统计，非关税壁垒有 2000 余种，而且以间接非关税壁垒居多。

可以预见，贸易保护主义还将持续下去，而且正呈现出从发达国家向发展中国家迅速蔓延的态势。根据 WTO 的统计数据显示，2014 年 WTO 的 22 个成员启动的共计 236 起反倾销调查中，作为发展中国家的印度以 38 起雄踞首位，占同期反倾销调查总数的 16.1%，紧随其后的是发展中国家巴西，共计 35 起，占比 13.8%。在 2014 年的 11 个 WTO 成员发起的共计 23 起保障措施调查中，印度以 7 起再次位列第一，占比 30.43%，而紧随其后的并列第二名的印度尼西亚和土耳其，并列第三名的埃及和突尼斯均为发展中国家。[①] 由此可以看出，发展中国家未来很可能成为利用贸易救济措施实施贸易保护主义的中坚力量。欧洲国际政治经济中心主任拉吉恩·萨利（Razeen Sally）十分肯定地认为，贸易保护主义的阴影仍将继续

① 参见《世贸组织统计 2014 年全球近 1/3 贸易救济调查指向中国》，载 http://www.xcmg.com/gpmy/gongping-detail-28289.htm，2015 年 10 月 16 日访问。

笼罩至本世纪中叶,它与自由贸易之间的战斗仍将继续肆虐,因为这是从经济史和思想史中得出的确切教训。①

三、农产品贸易保护主义的形态与公平贸易的纠葛

概括起来,农产品领域遭遇的贸易保护手段主要包括如下方面。

(一)保护性农产品公平贸易立法框架

所谓保护性的农产品贸易立法框架,是指主要发达国家通过包括公平贸易法案、"两反一保"法案在内的、对农产品实施"奖出罚入"式鼓励或限制措施的各类策略性法律规范创制活动的总体。公平贸易政策于19世纪80年代最早起源于英国。颁行于1894年的《威尔逊法案》对补贴后的进口产品开征平衡税。1903年,人类历史上首部反倾销成文法案在加拿大产生,美国和西欧紧随其后,各自出台反倾销法案。概括起来,围绕农产品贸易的保护性立法框架主要包括:第一,各国的农产品反倾销、反补贴、保障措施等公平贸易立法。如美国《1916年岁入法》(*Revenue Act* 1916)、《1930年关税法》第七篇B章、《1979年贸易协定法》、2000年"伯德修正案"等。第二,农业补贴和国内支持立法。如美国《1933年农业调整法》《1996年联邦农业完善与调整法》《2014年新农业法案》;日本《1991年协同农业普及事业指南》《1995年关于主要粮食供需平衡及价格稳定的法律》《1997年大米流通法》《1999年食品、农业、农村基本法》。第三,农产品质量安全相关技术性法律规范。如美国《2009年食品安全加强法案》、欧盟《食品安全规程》、日本《食品安全基本法》等。

(二)保护性农产品公平贸易政策

根据实施的不同权源,公平贸易政策或者以多边规则为基础,或者以单边规则为基础。② 而保护性农产品公平贸易政策显然属于基于单边规则的公平贸易政策。该类政策早期主要为发达国家和经济体普遍应用,

---

① See Razeen Sally, *New Frontiers in Free Trade: Globalization's Future and Asia's Rising Role*, Cato Institute, 2008, p. 115.

② 参见刘力:《重新认识公平贸易政策的性质与意义》,载《国际贸易问题》1999年第3期。

现在呈现向发展中国家蔓延的态势。值得注意的现象是，WTO多边框架下通过反倾销、反补贴规则安排，授予成员方针对其他成员方国内企业的倾销或政府补贴的不正当竞争行为实施补救措施，但此类“公平贸易手段”却存在被滥用的重大风险。如最初被美国、欧盟等发达国家经济体出于贸易保护的动机进行滥用，逐渐演变成贸易保护主义的重要工具，沦为不折不扣的间接非关税壁垒的重要形式。这种非关税贸易壁垒具有形式合法性特征，掩盖了其实质不公平性。然而，公平贸易手段本身并不公平，这一“二律背反”值得注意。

（三）保护性农产品“技术性贸易壁垒”

所谓“技术性贸易壁垒”，是指国家为了构建健康良好的公共秩序、维护人体健康和动植物卫生、促进生态平衡、确保环境质量安全等，通过立法为国际贸易设定的一系列技术性措施（含技术法规与标准、检验检疫措施、合格评定程序、绿色技术壁垒、信息技术措施、包装要求等），以阻止外国产品自由进入本国市场的行为。其中，“绿色贸易壁垒”简称“绿色壁垒”，通常也被称为“环境贸易壁垒”，是指在国际贸易领域，“进口国为保护生态环境、人类及动植物健康，通过制定一系列技术性标准和法规，对来自国外的产品或服务加以限制或禁止的贸易保护措施”。[①] 绿色贸易壁垒的类型大致包括环境关税制度、环境配额制度、环境许可证制度、环境贸易制裁、环境成本内在化制度、环境技术标准、环境检验检疫制度、环境包装和标签制度、环境标志和认证制度等。

近年来，中国出口产品几乎在各行业都频繁遭受来自西方发达国家甚至一些发展中国家的贸易壁垒，损失惨重。尤其在农产品领域，各大经济体设定了多种类型的较为苛刻的技术性贸易壁垒形式。以有机农业为例，欧洲议会1991年颁布的《有机农产品法案》将有机农业的生产与流通纳入监控操作程序，其中对有机农业及有机农产品的生产、加工、检验、认证和消费的全过程作出了细致规定，要求进口至欧盟的有机农产品必须遵循欧盟的有机农业标准。在该法案框架下，欧盟已经形成很多民间的

---

① 朱京安：《我国绿色贸易壁垒的制度缺陷及法律对策初探》，载《法学杂志》2006年第3期。

“质量检测认证机构”依既有标准开展有机农产品的审查、检查与认证工作。只有通过这些机构认证的产品,才可以顺利进入欧盟有机食品市场。农产品领域技术壁垒的复杂性还在于,不同国家的各类农产品可能分别遭遇不同类型的技术壁垒,发达国家或经济体针对不同类型农产品的各种标准、法令、指令琳琅满目、应接不暇。如美国在2015年7月9日发布G/SPS/N/USA/2617/Add.1通报,美国动植物卫生检验局修订了某些动物、肉类以及其他动物产品的进口要求,只有当来自于巴西马托格罗索州等14个地区的冷藏或冷冻的生鲜牛肉制品符合美国所指定的条件时,才能出口到美国。[①] 为了推动区域立法路径的一致性,遭遇挫折的《跨太平洋伙伴关系协定》还对有机农产品拟定了专门的附件。

(四)保护性农产品“蓝色壁垒”

自20世纪80年代以来,随着贸易自由化的不断向前推进,一些发展中国家的低劳动成本产品大量涌进发达国家并获得较强的市场竞争力,加之发达国家国内失业率的增高,诸多工会等社会机构开始呼吁对这种行为实施制裁,贸易保护主义的呼声不断高涨,“蓝色壁垒”随即产生。所谓“蓝色壁垒”(blue trade barriers),指的是在经济全球化形势下出现的一种以蓝领劳动者的劳动环境和生存权利为基础,以SA8000社会责任体系为核心标准的新型贸易保护措施。[②] 有时也被称为“社会壁垒”,这一壁垒由《经济、社会与文化权利国际公约》、《男女同工同酬公约》与《儿童权利公约》中所具有的有关劳动标准、劳动待遇、劳工权利和劳动者社会保障等社会条款演变而来,因此其实质上是国际贸易与国际劳工标准挂钩的结果。

近年来,发达经济体在国内法律和政策中提倡的SA8000认证,直接将贸易商的生产过程与劳工权益相联结,力促出口产品的生产企业将劳动者的工作环境、工作时间和最低工资标准与国际相接轨。我国出口

---

① See Committee on Sanitary and Phytosanitary Measures, “G/SPS/N/USA/2617/Add. 1”, Accessed July 9, 2015. https://docs. wto. org/imrd/directdoc. asp? DDFDocuments/t/G/SPS/NUSA2617A1. DOC.

② 参见王性玉:《蓝色壁垒对我国的影响与对策研究》,载《经济管理》2006年第16期。同时参见苟克宁:《蓝色贸易壁垒的辩证审视与理性应对》,载《东岳论丛》2012年第9期。

产品中，纺织品、运动器材、家具、成衣、日用五金、玩具、鞋类相继遭遇发达国家“蓝色壁垒”的限制，在很大程度上妨碍了我国产品的出口贸易。尽管目前鲜有农产品遭遇“蓝色壁垒”，但随着农业生产技术的提高，我国农产品出口规模不断增大，加之中国的农业人口较多且并未构建现代化的农业生产体系，未来农产品领域更容易遭遇各国设置的蓝色壁垒。

第四节　国际农产品公平贸易的价值动因、目标与衡量

鉴于公平贸易在实践中的贸易保护主义向度对农产品贸易造成的实质性扭曲，我们有必要假定一套公平贸易价值衡量的具体标准，并通过重点考察国际农产品多边贸易规则体系的公平价值、外国农产品贸易法制与政府行为的公平价值，寻找国际农产品公平贸易的公平性价值源头以及法律治理的进路。公平贸易的提法由来已久，主要原因就在于公平贸易由西方发达国家所主导，由于过多地附加劳工标准、环境保护标准等非贸易要素，导致公平贸易在现实中被过度滥用。因此，在本节，有必要就农产品全球治理框架中公平贸易的价值动因与目标作出考察，并确定其具体的衡量指标，以期为后文的进一步推衍奠定坚实基础。

一、价值与法律价值的概念与内涵

本书集中讨论公平贸易问题，当前的公平贸易理论主要讨论的是经济学中的价值。本书在农产品全球贸易治理框架中讨论的价值又主要是法的价值。那么何为“价值”？何为“法的价值”？有必要首先作出一个较为确定的阐释。

“价值”一词属于哲学与社会科学领域的一个范畴，也广泛地应用于生活。作为表征关系的范畴，价值反映主体人与客体物两者间围绕需求与满足的对应关系；作为表征意义的范畴，一方面价值反映主体对客体的

主观偏好,另一方面反映客体对主体的客观积极意义。[①] 因此,价值总体上描述的是客体属性满足于主观需求之程度。本书有关农产品全球治理的公平价值主要讨论法的价值问题,即讨论法律中的公平价值的基本内涵。法的价值指的是作为主体的人对于作为客体的法的规范体系"重视、珍视的形状、属性和作用"。法的价值范畴具体包含的含义是:(1)法的价值以符合作为本体的人的需要为出发点,并不受制于法律,法的价值也反映出主客体之间的需求与满足的关系。(2)法的价值也集中体现为自由、公平、秩序等具有正面意义的内容为人所重视与珍惜的意义。(3)法的价值不仅反映了法对于现行实在法的重视,还体现在法所提供的价值分析和价值判断方法对于更加符合人类需要的应然法的追求。[②]

因此,价值是形而上的,规范是形而中的,事实则是形而下的。法的规范源于对法律事实的抽象和调整,法律事实的变化对法律规范形成冲击进而影响法律规范的变动,法的价值将为形而中的规范确立目标和发展理念上的指引。本书的研究将在法律价值、法律规范与法律事实三者之间循环往复,通过法律诠释学的方法进行论证。只有如此,才能真正为农产品公平贸易找到符合全球分配正义的发展方向和演化路径。

二、国际农产品公平贸易的价值动因与价值理想

如前所述,在贸易自由化的基础上倡导公平贸易是可能的,只是需要用公平的法治理念来矫正现行公平贸易政策和理论中存在的扭曲和偏私。正如斯蒂格利茨所说,贸易不是一种一方的获益以其他方的受损为代价的"零和博弈"(zero-sum game),贸易应当是或者至少是每一方都可以成为赢家的"正和博弈"(positive-sum game)。[③] 公平的贸易就是要保障贸易关系中的诸多主体都能在实质公平、等价有偿、诚实守信的环境中参与竞争和分配,因此有必要就公平贸易的基本价值作出重构,以最大化

---

① 参见沈仲衡:《价值衡量法律思维方法论》,暨南大学出版社2014年版,第74页。

② 参见陈景辉、王锴、李红勃:《理论法学》,中国政法大学出版社2014年版,第17~18页。

③ See Joseph E. Stiglitz, *Making Globalization Work*, W. W. Norton & Company, Inc., 2006, p. 99.

地实现全球分配正义。

(一)国际农产品公平贸易的价值动因

国际农产品实现公平贸易是必要的,而且是紧迫的,其主要动力表现在以下几方面:

第一,农产品领域遭遇的绿色壁垒最为突出,合规性贸易壁垒的复杂性和隐蔽性使农产品贸易领域成为滋生贸易保护主义的现实“温床”。当前,农产品特别是食用农产品所遭遇的绿色贸易壁垒最为突出,例如,我国近年来出口到美国、欧盟的禽肉、畜肉、大蒜、茶叶、蜂蜜、香料、坚果、蔬菜、瓜果、水产品相继遭遇绿色法规、绿色标准、绿色包装要求、绿色食品认证、绿色检验检疫等各类绿色壁垒,标准复杂、品类繁多且极具隐蔽性。因此,农产品贸易中存在大量的绿色壁垒的威胁。

第二,农产品贸易联结国家、进出口商、生产者、消费者等诸多主体,传统的以民族国家为治理基础的国际法难以应对全球化背景中国际贸易的价值诉求。实际上,当前国际贸易的发展对全球贸易治理从国际法和国内法两个层面提出了更加多元化的价值诉求。

第三,由国际公平贸易组织所认证的公平贸易已经成了全球增长最快的贸易形式,尽管其当前的发展因与劳工、环境保护等要素相结合而产生了新的面向,甚至可能演变成新贸易保护主义的重要工具。但是,这种公平贸易所追求的价值初衷却是关注贸易本身的内在公平问题,因此这种公平贸易的认证在一定程度上确实有利于维护农业生产者的利益,为弱势群体创造就业机会,并有利于保护环境,最大限度地保障了全球分配正义之实现。

第四,风起云涌的反倾销、反补贴等国别“公平贸易政策”已演变为贸易保护主义的重要工具,因此“公平贸易政策”中的公平价值已出现严重的变异,需要以新的公平价值予以矫正。而单纯的公平价值却变动不居,因此迫切需要对公平的价值衡量、目标导向均作出全面的匡正。最终实现在全球贸易治理的框架下,以国际贸易规则宪法化的制度安排,寻找符合全球分配正义的国际农产品公平贸易路径。

总之,基于以上主要原因,农产品亟待推进公平贸易的转型和更替。

农产品公平贸易的实现将昭示国际贸易发展的未来前景,也反映出农产品贸易法律治理的价值归宿。

(二)国际农产品公平贸易的价值目标

如前所述,当前的多边贸易规范以及各国的对外贸易政策均体现出一定程度的贸易保护主义,而且以民族国家为出发点的国际贸易关系很容易出现价值分离和割裂。而当前的国际农产品贸易是不公平贸易的代表性领域。因为,国际法学界较为统一权威的见解是,公平具有程序公平(形式公平)和实质公平(社会公平)的区分。程序公平是从一些特殊要素中凝练出来的,通常被视为指导性的原则。[①] 当前的多边贸易体制更多地体现为一种程序公平,即符合或者基本符合正当性要求,但这种表现为正当性的程序公平呈现出一种不稳定的状态,甚至这种公平经常被一些国家用作贸易保护主义的手段,成为不公平贸易的吊诡局面。因此,我们欲追求的公平贸易并不是西方发达国家现有的以邻为壑、高筑贸易壁垒、以自我利益为导向的摇摆不定的所谓公平贸易,而应是通过民主对话、民主商谈,逐步满足公平贸易的各项硬性指标,以期无限抵近全球分配正义的公平贸易。如符合罗尔斯所构建的复数正义理论,并以衡平的手段去实现有关农产品这一国际公共物品的分配正义;具备可持续发现的理念、互惠共赢的意愿,进而构建以公平价值为导向[②]、以宪政的国际法为进路的农产品全球治理法律机制。这是本书所倡导的"新公平观"的核心内涵。

因此,本书所要构建的"新公平观"是从全球贸易治理的法律价值层面而言的。这种公平价值超越了传统的国与国之间的正义,而立足于"全

---

① 参见[英]彼得·斯坦、约翰·香德:《西方社会的法律价值》,王献平译,中国法制出版社2004年版,第107页。

② 车丕照教授将国际经济秩序的演变划分为三个阶段,即从"实力导向"到"规则导向"再到"公平价值导向"的递进过程。认为"实力导向"的国际经济秩序更多体现强国的意志,而"规则导向"的国际经济秩序将贸易争端方的目光吸引到规则上来,因而增加了秩序的确定性与可预见性,但缺陷是规则导向的秩序并不见得公平、合理;而"公平价值导向"的国际经济秩序才是确保其成为"良法善治"的必要途径。参见车丕照:《国际经济秩序"导向"分析》,载《政法论丛》2016年第1期。

球市民社会”的高度，定义多元主体间的分配正义。[①] 这种“新公平观”应该分别体现在主体间公平、程序性公平、利益分配公平三个方面。而且，这种全球贸易治理框架下的“新公平观”最终体现为规则之治（或称“法律治理”），也因而是一种“良治”。而要达到国际良治，必须是在国际公共空间通过构建共同的规则以行使共同的权力，进而通过求同存异获得一致的利益和共识，进而达到国际良治之目标。正如著名思想家霍布斯所言，法律立基于对共同权力的界分，不公正是对法律而言的，否则将失去存在的价值。[②] 因此，超越国际法与国内法范畴的农产品全球贸易治理宪政的国际法路径应是实现农产品公平贸易的最终选择。

三、国际农产品公平贸易价值衡量的具体标准

由全球化所引起的先进国家与落后国家间越来越多的、显而易见的鸿沟更加彰显出强调与之相关的“公平”概念的紧迫性，当前的国际社会亟须构建一套更加公平和自由的贸易体系。[③] 因此，在这一背景之下阐释农产品的国际与国内贸易规则的价值重构，以及分析多边贸易规则与国内农业规范相连接的全球贸易治理机制的公平价值，则十分必要。为此，有必要事先假定一种贯穿于本书全过程的理论预设，进而通过对具体规则、制度的分析论证，证立当下理论则是本书整个论证框架的前提和核心。笔者认为，有关国际农产品公平贸易的衡量标准须满足如下几个理论评定标准（见图 1.1）。

1. 从演进理念来看，未来农产品是否继续奉行贸易自由化的基本原则和精神

美国当代著名哲学家、伦理学家约翰·罗尔斯（John Rawls）的“复数正义理论”所确立的正义公式之中，“自由原则”作为第一个正义原则，具

---

① 参见刘志云：《论全球治理与国际法》，载《厦门大学学报》（哲学社会科学版）2013 年第 5 期。

② 参见［英］霍布斯：《利维坦》，黎思复、黎廷弼译，商务印书馆 1985 年版，第 96 页。

③ See Nam-Ake Lekfuangfu, “Rethinking the WTO Anti-Dumping Agreement from A Fairness Perspective”, *Cambridge Student Law Review*, Vol. 4, 2008, p. 300.

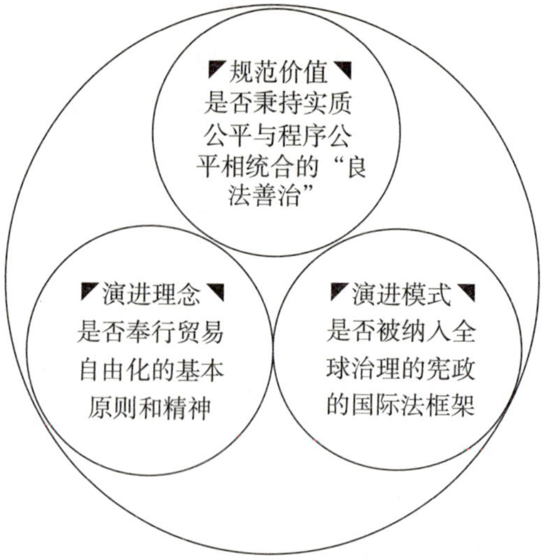

图 1.1　国际农产品公平贸易价值衡量评定标准

有优先的价值。本书将在后面的论述中求证这一原则在国际农产品贸易体系中的优先性。自由原则贯穿于国际贸易体系中,便是对自由贸易理论的倡导。自由贸易犹如一条江河,川流不息、奔腾不止,而贸易保护主义则好比江河中的泥沙与暗涌,总是如影随形、气象峥嵘。而多边贸易规则恰似沿途的大型堤坝,负责整合、疏浚、规整,它是江河治理的总枢纽,它的权威性、有效性、开放性、多边性、体系性、正当性、成规则性是治理成败的关键。其基本进路则是通过对非歧视原则、透明度原则、公平竞争原则的贯彻,推进各个国家在多边框架中全面削减关税、降低贸易壁垒、扩大市场准入,并且将相关原则、规则渗透到服务贸易、知识产权、投资等各个领域。

因此,真正意义上的农产品公平贸易能且只能在多边贸易规范所确定的贸易自由化框架下,通过在国际正义目标指引下的全球贸易治理予以实现。

2. 从演进模式来看,未来农产品是否被纳入全球治理的宪政的国际法框架之中

经济全球化的发展催生了“全球市民社会”,同时重新划定了政治权

力的界限，一些跨国实体的相继产生从功能、含义等多个方面对国际法和国际政治发生影响。来自“全球市民社会”和非政府组织等方面的压力使传统“威斯特伐利亚体系”下具有绝对性的单一民族国家被注入更多的权利内涵。① 这使传统的以民族国家为基本出发点的治理模式捉襟见肘，全球化的发展也衍生出了国际公共空间的治理可能。

当前的农产品贸易已经反映出了国家、非政府组织、亚国家机构、农场主、农产品贸易企业、农业生产者、食品消费者等各类主体之间的全面紧张关系。在这一情势下，单纯依赖国与国之间的条约规制或者单边国内法的规制，都很难将农产品贸易引向一个更加公平的状态。因此，农产品贸易势必要放到国际公共空间的治理之中，而罗尔斯的复数正义理论到底能否扩而广之到全球正义，中间则又可能引起贸易民主的问题。农产品贸易被纳入贸易民主的商谈政治当中，在公平价值导向下的宪政的国际法框架中谋求法律治理之道则成为必然。在这一宪政的国际法制度安排中，能否很好地实现农产品国内法治与国际法治的良性互动，亦十分重要。根据杰克逊教授的理论，一个贸易宪法化框架的前提也便是一个“良治”的美好前提，它使我们确认一个经济体贸易规则在宪制框架中进行制度的良性安排，其市场准入政策、补贴规则、公平贸易政策均不仅仅服务于本国的政策，也应考虑对农产品全球贸易治理体系的潜在影响。

近年来，学界已产生“全球治理”的理念和逻辑，而全球贸易治理应在国际法的约束下进行。全球贸易治理的理念落实于国际法之中，就涉及如何通过国际多边规则进行法律治理的问题。这一治理框架一定是在一个多边的框架之中推进，并且在一切谈判缔约的程序中，要解决谈判成员的权利不对称、信息不对称的状况，并且要保证整个谈判过程的透明度、公开性和自愿性。而且要实现程序公平和实质公平的良好结合。更重要的是，随着国际法被赋予新的内涵和功能，能否在未来的农产品全球

---

① See Veronica Raffo, Chandra Lekha Sriram, Peter Spiro and Thomas Biersteker, “Introduction: International Law and International Politics: Old Divides, New Developments”, in Thomas J. Biersteker, Peter J. Spiro, Chandra Lekha Sriram, and Veronica Raffo, eds., *International Law and International Relations: Bridging Theory and Practice*, Routledge, 2007, p. 1.

贸易治理中实现国际法与国内法的联结,即通过宪政的国际法进路,从而保障国际贸易的收益平等地惠及除国家之外的非国家行为体,也是考验农产品公平贸易治理成效的重要指针。

3. 从规范价值来看,未来农产品是否能实现程序公平与实质公平统合的"良法善治"

要论证国际治理的框架问题,就导向了国际治理的价值问题。在法律制度的诸多价值之中,公平正义是其首要的价值,因此国际治理的根本价值就是要追求国际公平与正义。托马斯·弗兰克从"公平是正当性和分配正义这两个独立变量的混合体"的理念出发,认为国际法上公平的判定标准通常包含两点:(1)程序方面的公平——正当性(legitimacy),即指规则依照参与者认为的一种权利和满意的程序制定和实施的程度;(2)实质性方面的公平——衡平(equity),即指规则满足于参与者在其相互之间有关成本和收益合理分配的期许程度。[①] 托马斯·弗兰克眼中的程序公平指的是正当性,而实质公平则被其视为通过衡平而实现的分配正义。弗兰克为正当性确立了必须具备的要素,分别是确定性(determinacy)、安全性(security)、一致性(consistency)和形式有效性(symbolic validation)。[②] 确定性指的是法律规则清楚明确、具有可预见性;安全性指的是法律规则准确可靠、方便当事人履行;一致性指的是法律规则与规则之间连续、稳定、前后一致;形式有效性指的是法律为共同体成员设定的义务具有特定的规范性指向,具有形式上的可操作性和可执行性。弗兰克认为,取得公平的重要标准就是看正当性结果,但正当性只是提供了程序公平,而程序公平本身并不能产生公平的结果。因此,公平正义的最终实现,还需要对实质公平的维护。罗尔斯在其《政治自由主义》一书中罗列了五种程序的价值,分别是公平、平等、公开性(不排除任何人和任何相关信息)、非强制性,以及全体一致。罗尔斯认为这五种价

---

① See Thomas M. Franck, *Fairness in International Law and Institutions*, Oxford University Press, 1995, pp. 26 – 27.

② Ibid., p. 736.

值作为程序的一部分,为公正或理想结果所必需。①

因此,笔者认为未来国际农产品贸易法律治理的价值体现在程序公平与实质公平二者的统合,未来在程序公平和实质公平的兼顾程度体现了农产品公平贸易的水平和层次。具体来讲,国际社会所应努力搭建的是一种实质上的公平竞争机制,该机制应从制度上着力体现特殊与差别待遇,其意在为竞争起点不足的国际社会或国际市场中的弱势主体作出弥补,进而在一定程度上实现对结果不平等的间接矫正。② 程序公平与实质公平的统合也是良法善治之前提。张文显教授将人类社会的公共治理模式分为两个革命性的阶段,第一阶段为从人治到法治的形式革命,第二阶段为从以法而治(依法而治)到良法善治(governance of good law)的实质革命,以强调法律中的权利保护和人本主义精神消解法律之恶,进而统合程序与实质两种形式的正义。③ 当前国际农产品贸易摩擦的实质是国际法"碎片化"(不成体系性)、价值阙如问题在农产品贸易中的投射。因此,能否在未来的全球农业法治中体现良法善治,则是判断农产品贸易是否公平的重要标尺。

本章小结

2004 年 6 月 18 日,联合国贸发会议通过的《圣保罗共识》声称成员国达成的一致结论是:世界经济的增长与发展受益于全球化和国家间的相互依存,全球化为发展中国家创造了新的经济前景,如为其产品的销售开拓了更加广阔的海外市场,促进了技术、知识等生产要素的跨国界交易等。但全球化只是让一部分适应这些变化的国家受益,许多发展中国家

---

① 参见[美]约翰·罗尔斯:《政治自由主义》,万俊人译,译林出版社 2000 年版,第 452~453 页。

② 参见刘志云:《国际经济法律自由化原理研究》,厦门大学出版社 2005 年版,第 321 页。

③ 参见张文显:《和谐精神的导入与中国法治的转型——从以法而治到良法善治》,载《吉林大学社会科学学报》2010 年第 3 期。

特别是最不发达国家仍然处于全球化背景下世界经济的边缘地位，究其原因是全球化的效益和成本的十分不平衡。[①] 全球化重塑了农业产业链，而由于各国对农业实施封闭的、高保护的政策，使农产品贸易发展极不平衡，且有不断集中之趋势。跨国公司越来越多地通过纵向一体化的方式控制大宗农产品供应链，进而操纵农产品的定价，逐步获得了全球农产品市场的垄断地位。当前，跨国公司控制50% ~60%份额的国际货物贸易、60% ~70%份额的国际技术贸易、90%份额的国际投资，它们在全球范围内进行产业分工和布局，使国际贸易的结构发生由产业间贸易向产业内贸易和企业内贸易的演变，进而提升了服务贸易和中间品贸易的比重。[②] 有关数据显示，目前有80%的全球粮食交易量被Archer Daniels Mildland、Bunge、Cargill和Louis Dreyfus（俗称ABCD）四大农业跨国公司所控制。[③] 因此，全球化中的农业问题更加棘手。贸易保护主义和农业看起来十分般配，这引起世界市场的被扭曲和动荡不安。[④] 而这一情势至今没有得到缓解，而且还有加剧之势。

在20世纪八九十年代，联合国所认定的"最不发达国家"仅有25个，但到了2011年这一数目增长至48个。在全球经济迅猛增长的今天，这些拥有着全世界8.8亿人口的国家，却成为国际共同体中最贫穷和最弱势的部分。[⑤] 全球化在一定程度上加剧了这种贫穷，农业技术落后、粮食短缺、经济发展举步维艰。这与作为全球化重要组成部分的国际贸易内部所存在的深层次扭曲和不公平密切相关。

尽管农产品贸易自由化一直以来是各国努力的方向，但农产品贸易

---

① 参见黄志雄：《WTO体制内的发展问题与国际发展法研究》，武汉大学出版社2006年版，第288页。

② 参见于津平：《国际贸易新格局与全球贸易治理》，载《南开学报》（哲学社会科学版）2012年第1期。

③ 参见陈伟：《中国农业企业海外市场进入模式研究》，中国农业出版社2012年版，第119页。

④ See Tim Josling, "Protectionism in Agriculture: Slow Progress towards Freer Trade in Agricultural Products", *Open Economies Review*, 1993, Volume 4, Issue 2, p. 221.

⑤ See "Programme of Action for the Least Developed Countries for the Decade 2011 - 2020", in the Fourth United Nations Conference on the Least Developed Countries, Istanbul, 9 - 13 May 2011.

中遍布保护主义。农产品贸易争端案件占国际贸易争端案件总数的15.6%。农产品贸易摩擦集中地体现了当前国际贸易摩擦的特征、趋势，并且引起了各国对于现有农产品多边规则的公平性和有效性的质疑，同时各国基于农业保护与农产品贸易所实施的公平贸易政策本身的公平性也深值怀疑，而传统的“威斯特伐利亚体系”下的以民族国家为基础的国际贸易制度体系以及为广大发达国家所普遍奉行的单边性农产品贸易规则都面临着体系混乱、运行乏力、结果不公平的价值追问，因此也集中地引发了学术界对于当前全球贸易治理体系的深度思考。在全球多边贸易谈判步履蹒跚、区域多边安排风起云涌的时期，农产品贸易多边规则体系的未来走向将深刻昭示未来贸易自由化的坎坷前景。这一贸易自由化是否真正体现和践行亚当·斯密等的自由经济学理论，并真正通过差别化的制度安排，使广大发展中国家和最不发达国家获得公平、永续的发展，同时兼顾世界各国与农产品贸易有关的农业生产者、农产品出口商、消费者等多元主体的切身利益维护，促进公平正义的国家间秩序以及保障人权的现实需要，都是值得关注的重要命题。

未来的农产品公平贸易势必要纳入以国际法为中心的全球贸易治理体系之中，使其真正体现程序正义、实质正义的价值取向。这种进路反对个别国家特别是发达国家单边性的、歧视性的贸易政策和内国立法，同时通过多边主义的制度安排，达至多边规则本身体现实质正义和程序正义的双重要求。因此，本书所设想的有关国际农产品公平贸易的价值衡量标准，须满足如下几个理论评定标准：首先，从演进理念来看，未来农产品是否继续奉行贸易自由化的基本原则和精神；其次，从演进模式来看，未来农产品是否被纳入全球治理的宪政的国际法框架之中；最后，从规范价值来看，未来农产品是否能实现程序公平与实质公平统合的“良法善治”。

第二章　农产品自由贸易的缺陷与公平贸易的法律价值

笔者在第一章提出了农产品公平贸易的基本理论假设。认为未来的农产品公平贸易有必要纳入以国际法为基本手段的多边贸易治理体系之中,使其真正体现分配正义、衡平的公平的价值取向。这种进路反对个别国家特别是发达国家单边性、歧视性的贸易政策和内国立法。同时通过多边主义的制度安排,达至多边规则本身体现实质公平和程序公平的双重要求。WTO 的规则体系在国际贸易治理中取得的成就是显著的。一方面,它开启了自由主义国际经济秩序,在一定程度上去除了单边主义的影响;另一方面,它的现有安排促进了农产品的公平贸易,在与农产品相关的多边协定中广泛存在的“特殊和差别待遇”等条款是体现实质公平的关键要素。但 WTO 有关农产品贸易规则的现有安排也仅是锁定现有谈判成果的过渡性安排,其内在的缺陷依然十分明显。上文较为全面地论述了经济全球化以及农业全球化的有关问题。那么,全球化与自由贸易到底有何关系?自由贸易对于农产品到底会产生促进或者抑制作用?国家应该实行农产品的全面自由贸易,还是应进行公平贸易?这些问题都值得进一步的思考和论证。

第一节　自由贸易理论体系中农产品贸易协定的公平价值缺陷

农产品贸易是整个货物贸易领域中最为特殊的领域，因农业生产的弱质性、基础性决定了农业生产与农产品贸易谈判向来被各国视为具有战略性的领域，其封闭性由来已久。然而，由于农业生产技术的巨大国别差异，国际农产品贸易在全球经济中的调剂余缺功能不可或缺，其对于丰富世界范围内民众的生活与食品来源具有重要的功能，也是发达国家着力开拓的重要贸易增长点。未来全球农业竞争主要围绕农业生产规模以及由农业科技推动下的生产效率上的"比较优势"展开。因此，经济全球化背景下各国逐步开放农产品市场、降低贸易壁垒、推进农产品贸易自由化又是不可逆转的世界性潮流。但是，制度的转型与经济的发展并不是同步的，农产品多边贸易规则的安排总是步履蹒跚。例如，多哈回合农业议题的谈判进展缓慢，很重要的原因是：主要成员方就美国农业补贴的削减规模、欧盟农产品关税的范围和幅度难以达成协议。此外，许多发展中国家也在寻求农产品领域的特殊和差别待遇，也破坏了谈判的气氛。①

一、自由贸易理论的不公平扩散加剧了国家间的不平衡

自由贸易理论在17世纪后期开始萌芽。在众多自由贸易理论家的推动下，西方发达国家均在工业发展的特定阶段采取自由贸易政策，进一步推动了经济发展。国际贸易学界和国际经济法学界的很多学者认为英国古典经济学家亚当·斯密（Adam Smith）是最早提出自由贸易

① See Philip G. Pardey, "Agricultural Globalization: Is It Good or Bad for Developing Economies? Discussion Paper", *American Journal of Agricultural Economics*, Vol. 88, No. 5, Proceedings Issue (Dec., 2006), pp. 1235 – 1236.

理论的人。笔者的考证结论是,早在17世纪的尼古拉·巴尔本(Nicholas Barbon)在1690年发表的《贸易论》一书中就已经阐述了其自由贸易的思想。尼古拉·巴尔本是在批判重商主义理论与实践的过程中阐明其自由贸易理论的。他在该书的开篇就阐述了贸易的重要性,批判了反对发展贸易人士的看法。同时指出了托马斯·孟(Thomas Mun)《贸易论》作品的片面性,认为过去对贸易的批判大多立基于自身利益,只是对一些特定贸易部门进行论述,而没有着眼于贸易的整体。巴尔本对贸易的界定是为他人生产和出售货物。此外,巴尔本对禁止外国商品输入的重商主义政策进行了批判,倡导自由贸易、反对干预和限制贸易。认为任何国家的这种做法都会引起其他国家对等的贸易保护,其结果是伤害了国际贸易。在论及促进贸易的主要原因方面,巴尔本认为,对贸易促进贡献最大的莫过于人们的日常吃穿打扮以及房屋装潢之开支。[①] 亚当·斯密所处的时代时逢英国工场手工业蓬勃发展并向机器大工业过渡,英国生产的工业制成品物美价廉、具有很强的竞争优势。亚当·斯密在1776年3月9日出版的《国富论》(*The Wealth of Nations*)一书中深入阐述了其经济自由主义思想,主张限制政府管控经济,用市场机制来调剂余缺。此外,亚当·斯密创立了"绝对成本学说",主张每个国家应专门生产成本绝对小于别国的商品,选择对自己更为有利的国际分工模式以促进国际贸易,这样会取得彼此有利的效果。但亚当·斯密"绝对成本学说"的缺陷就在于没能回答当一个国家各类产品的劳动生产率均高于或均低于另一国时是否应开展国际贸易的问题。[②] 这一理论缺陷被随后的大卫·李嘉图(David Ricardo)的"比较成本学说"成功弥补。大卫·李嘉图跟亚当·斯密的共同之处在于均赞成国际分工和自由贸易,而不同点在于李嘉图立足于生产成本的相对差别,A国相较B国在生产所有商品均处于绝对优势情况下,A、B两国依然可能存在国际分工

---

① 参见[英]托马斯·孟、尼古拉·巴尔本、达德利·诺斯:《贸易论(三种)》,顾维群、刘漠云、陈国雄、吴衡康译,商务印书馆1982年版,第53、63、74、75、79页。

② 参见张宗斌:《自由贸易理论与中国贸易自由化》,载《世界经济与政治》1997年第7期。

上的互补性，因此具备开展双边贸易的条件。[①] 概言之，自由贸易或者贸易自由化理论是争议较大的焦点问题。

安瓦尔·谢克(Anwar Shaikh)系统论述了全球化与自由贸易，全球化与经济发展，全球化、性别与非同等，全球化、资本流动性与竞争等问题。并对旨在提倡减少全球贫困、主张不受限制的国际贸易与资本流动的新自由主义(Neoliberalism)理论的影响进行了探讨。他对新自由主义者所推崇的“古典比较优势理论”提出了批判。指出从1820年到1992年，之所以富国与穷国的人均GDP比例从3∶1上升到72∶1，是因为全球化加剧了国家之间的贫富差距。尽管在形式上表现为等价交换，但在实质上是一种通过国际贸易的剥削关系。[②] 然而，真正的自由贸易理论并没有实际存在过，只能说发达国家在漫长的资本主义经济发展过程中一度采取相对的自由贸易政策。

二、体现贸易自由化的农产品多边协定存在公平价值缺陷

概言之，经济全球化主要体现在贸易自由化和投资国际化两个方面。[③] 农产品贸易自由化一直以来是各国努力的方向。“二战”后，发达国家经历了长达25年左右的贸易自由化，期间在关贸总协定框架下持续多轮的谈判，使关税被削减到更低的水平，随后贸易保护主义威胁又重新抬头。[④] 在这一时期，农产品贸易自由化的进程从未停止，且日盛一日。但由于受贸易保护主义的影响，国际农产品贸易较非农产品贸易，其开放程度有限、自由化水平低、发展不均衡、贸易规则滞后，故农产品问题向来是国际

---

① 参见胡俊杰：《微观交叉经济学新论》，中国经济出版社2013年版，第53页。关于自由贸易理论的阐述，详见 Deepak Nayyar, “Globalization and Free Trade: Theory, History, and Reality”, in Anwar Shaikh, eds., *Globalization and the Myths of Free Trade: History, Theory and empirical evidence*, Routledge, 2007, pp. 70 – 72。

② See Anwar Shaikh, *Globalization and the Myths of Free Trade: History, Theory and Empirical Evidence*, Routledge, 2007, pp. 1 – 305.

③ 参见朱元：《国际贸易与国际劳工标准》，载莫世健、史晓丽主编：《WTO与公平贸易：现实问题和中国的对策》，人民法院出版社2006年版，第327页。

④ 参见[美]贾格迪什·巴格沃蒂：《贸易保护主义》，王世华、常蕊、郑葵方译，中国人民大学出版社2013年版，第4页。

贸易规制面临的重要命题。关贸总协定时期制定的规则几乎适用于所有出口产品,唯独不适用于农产品和纺织品,原因就在于这两个项目能够使发展中国家获得更多的利润,故围绕这两个项目的条款被作了人为的分离,开放程度甚低。[①] 乌拉圭回合谈判达成的“一揽子”多边协定改变了世界贸易的格局,在促进贸易自由化方面作出了重大贡献。其中《农业协定》的达成意味着由国内农业政策转向可实施的贸易规则具有重大意义;而且同等重要的是,它们推动的规则类型以及政策的改变对于个别国家有着深远的影响。[②]

然而,WTO 体系中的一系列多边文件所组成的贸易法律体系早在 20 世纪 60 年代起就备受质疑。乔治敦大学法律中心约翰·杰克逊(John H. Jakson)教授认为:“发达国家的贸易政策对欠发达国家构成歧视,尽管它们在最惠国待遇原则中形式上宣称他们不会对这些国家进行歧视……这些具有歧视性的贸易政策对那些欠发达国家所拥有明显比较优势的产品设置了最严重的贸易壁垒,例如初级农产品和农产品现货半成品,以及劳动密集型、技术不成熟零售商品。”[③]最为典型的例子就是 SCM 将关涉发展中国家重大利益的农产品补贴排除在其调整范围之外,实质上取消了发展中国家具有出口优势的初级产品应享受的待遇。WTO“一揽子”协议中共有 4 个附件,除了规定有强制性内容的前 3 个附件,附件 4 是一些供成员方选择的“诸边协定”,这被认为是对乌拉圭回合“一揽子接受”原则最为重大和明确的背离。乌拉圭回合时尚存 4 个文本,然而随后不久,其中 2 个与农业有关的文本(《国际奶制品协议》《国际牛肉协议》)因参加方太少而寿终正寝。[④]

---

① See Joseph E. Stiglitz, Andrew Charlton, *Fair Trade for All: How Trade Can Promote Development*, Oxford University Press, 2007, p. 44.

② See Tim Josling, "Protectionism in Agriculture: Slow Progress towards Freer Trade in Agricultural Products", *Open Economies Review*, 1993, Volume 4, Issue 2, p. 226.

③ John H. Johnson, *Economic Policies toward Less Developed Countries*, Brookings Institution, 1967, p. 79.

④ See John H. Johnson, *Sovereignty, The WTO and Changing Fundamentals of International Law*, Cambridge University Press, 2006, pp. 105 – 106.

综上所述,当前的自由贸易理论是不完善的,主要以实现经济上的利益最大化为目的,而忽视了对贸易本身的公平性考量。而当前实践贸易自由化理论的世界贸易组织,其一系列与农产品有关的多边协定存在较为严重的公平性缺陷。发展到后来,在资本主义世界发生了由自由贸易向公平贸易的过渡,或者贸易政策处于两可之间。公平贸易是具有价值偏向性的一种贸易形态,本身也有着复杂的内涵和不同的理解。公平贸易逐渐成为与劳工标准、安全标准、环境标准等诸多社会性因素相连接的国际贸易形态,而且这一形态被一些发达国家以立法、行政命令和对外政策的形式进行推广。公平贸易与内涵各不相同且具有较强政治性的人权问题在一定程度上的挂钩,使公平贸易在实质上更多地体现一些发达国家单边主义的价值标准。这使农产品的公平贸易更加诡谲多变。

第二节　农产品公平贸易体系中的法律价值及其基本类型

在全球经贸博弈中,真正意义上的自由贸易从未实现过,而贸易保护主义则随着时间的推移以各种形态改头换面,与贸易自由化的过程如影随形。因此,贸易自由化和贸易保护主义向来维持着此消彼长的关系。在"二战"后60年的时间里,美国的贸易政策发生了从自由贸易向公平贸易的转向,其中前30年美国支持自由贸易,而在后30年里美国开始奉行公平贸易。[①] 作为一种政策和理论,公平贸易自一开始就关注贸易本身的公平性问题。后来,发达国家开始关注贸易对象国内的劳工待遇标准问题,逐渐将对贸易对象国内劳工待遇标准公平性的关注与对贸易本身公平性的关注相结合,公平贸易进而成为其联结战略的理论支柱,这最终导致公平贸易获得了日益浓厚的贸易保护属性。[②] 因此,当前的公平贸易出现了两个向度:一是贸易自身以追求全球分配正义的公平性向度;

---

① 参见李春林:《贸易与劳工标准联结的国际政治经济与法律分析》,法律出版社2014年版,第133页。

② 同上书,第12页。

二是以贸易为基础、联结劳工标准的保护主义向度。因此,公平贸易呈现出复杂的形态,有关公平贸易理论和政策的发展需要对其作出深入爬梳,同时公平贸易的理想图景应重新进行构筑。从制度建构的角度来讲,农产品公平贸易的实现势必要在全球治理的框架中具体思考如何通过宪政的国际法之制度演进策略,在国际公平与正义的目标指引下予以推进。为此,我们有必要考查真正意义上的公平贸易,并进一步思考其发展进路。

一、公平贸易的理论缘起与公平贸易运动的消极影响

(一)公平贸易的产生及其内涵

如前所述,全球化全面而深入地推动了自由贸易,但是自由贸易并不意味着贸易本身是公平的。换言之,自由贸易并未体现公平的价值理念,因此后来出现了公平贸易的提法。近现代意义上的"公平贸易"理念来源于西方。具体来讲,"公平贸易"是从英文"fair trade"翻译而来,又可译为"公平交易""权衡交易",它最早是美国学界从"自由贸易"理论中演绎出的一个概念。"二战"后在欧洲草根阶层中兴起一阵由一些个人和团体倡导的公平贸易行动之风;公平贸易行动也几乎在同一时期在美国产生,但并未得到迅速和普遍的接受。① 尽管"公平贸易"这一词在全球学术界和实务界都有较为广泛的使用,但至少可以将其划分为广义和狭义两种类型。广义的公平贸易指的是各类与多边贸易规则所确定的公平价值理念相联系的经济、法律的理论、政策、规则、措施的整体,而与之相背反的贸易形态被认为是不公平贸易。狭义的公平贸易仅指由国际公平贸易组织所倡导和认证的一种新型的贸易形式。"公平贸易集团"②为狭义

---

① See Paulette L. Stenzel, "Mainstreaming Fair Trade and Resulting Turmoil: Where Should the Movement Go from Here?", *William & Mary Environmental Law and Policy Review*, Vol. 37, 2013, p. 619.

② 公平贸易集团(FINE)成立于1998年,是由国际公平贸易标签组织(Fairtrade Labelling Organizations International, FLO)、国际公平贸易协会(International Fair Trade Association, IFTA)、欧洲世界商店联线(Network of European Worldshops, NEWs)和欧洲公平贸易协会(European Fair Trade Association, EFTA)共同组成的,从各自英文首字母取一字而得名。

的公平贸易作出了如下定义:"公平贸易是一个基于对话、透明度及互相尊重的贸易伙伴关系,旨在探求国际贸易的更大公平性,以提供更公平的贸易条件及确保那些被边缘化的劳工及生产者的权益(特别是南半球)为基础,致力于永续发展,公平贸易组织(由消费者所支持)则积极地参与支持生产者(尤其是落后国家的农业生产者)、认知提升及旨在改变传统国际贸易习惯的专案等活动。"①一般认为,狭义的公平贸易具有三个方面的要素:第一,另类交易网络的组织形式;第二,公平贸易标识的产品通过被授权的传统贸易商和零售商出售;第三,基于运动的公平贸易促进手段改变了用户的购买习惯以及传统的交易规则。②

与公平贸易相关的概念还有"公平贸易政策""公平贸易行为""公平贸易手段"等概念。"公平贸易政策"的产生较晚,其标志是《1988 年美国贸易和竞争综合法案》,该法案被认为是美国实现从自由贸易政策过渡到公平贸易政策的"转向标"。有学者进一步将公平贸易政策区分为广义和狭义两个类型,广义的公平贸易政策指的是贸易国在有关国际规则的框架下开展贸易制度安排,互相开放市场,实行互惠、对等的贸易自由化,减少贸易保护。若有国家违反这一原则,则构成不公平贸易行为,会激起其他国家使用公平贸易政策进行制裁、报复等反措施。公平贸易政策在狭义上一般是指以反倾销、反补贴为代表的某经济体调查当局依法针对他国企业或政府的不公平贸易行为的反制手段。③ 根据实施标准之不

① The FINE's definition is: "Fair Trade is a trading partnership, based on dialogue, transparency and respect, that seeks greater equity in international trade. It contributes to sustainable development by offering better trading conditions to, and securing the rights of, marginalized producers and workers-especially in the south. Fair Trade Organisations (backed by consumers) are engaged actively in supporting producers, awareness raising and in campaigning for changes in the rules and practices of conventional international trade." See Murray, D. & Raynolds, L. "Alternative Trade in Bananas: Obstacles and Opportunities for Progressive Social Change in the Global Economy", *Agriculture and Human Values* 17, 2000, pp. 65 – 74. See Cathy Farnworth and Michael Goodman, "Growing Ethical Networks: The Fair Trade Market for Raw and Processed Agricultural Products", *Background Paper: For the World Development Report* 2008, p. 26.

② See John Wilkinson, "Fair Trade: Dynamic and Dilemmas of a Market: Oriented Global Social Movement", *Journal of Consumer Policy* (2007) 30, pp. 219 – 239.

③ 参见刘力:《重新认识公平贸易政策的性质和意义》,载《国际贸易问题》1999 年第 3 期。

同,可以分为以国际规则为基础的公平贸易政策和以单边规则为基础的公平贸易政策两类。前者的实施以是否遵守国际通行的贸易规则为标准;而后者的实施仅依据各国国内的法律和政策为标准,尽管其名义上是惩罚不公平贸易行为,无论其结果是否公平,都应划归贸易保护主义的范畴。① 由此可以看出,由于所依据的标准不同,公平贸易政策具有两个向度。故在 WTO 多边贸易体制中,公平贸易被作为一项基本原则予以维护。我国的很多学者对此普遍持否定态度,原因在于他们更多地将公平贸易政策视为贸易保护主义手段,而忽视了其公平的向度。② 因此,公平贸易政策体现的是公平的价值还是一种贸易保护主义的单边价值,端赖国家在实践中基于何种目的、以何种方式使用它。

可以说,公平贸易最初就是作为自由贸易的替代模式出现的,因为自由贸易无法解决贸易本身的公平性问题。很多研究表明,自由贸易可能催生弱肉强食的贸易体系,也可能进一步加剧国家之间的利益鸿沟,而且对于促进劳工保护十分不利。公平贸易的出现旨在追求国际贸易更大的公平性,改造传统的国际贸易习惯,特别是保障被边缘化的产品生产者以及劳工的利益、促进产品的生产者与消费者的和谐共进,进而推动健康的国际贸易体系的形成,以实现永续发展。③ 因此,无论是从初衷抑或是从所包含的价值来看,公平贸易作为一种理论和政策,其关注的目标是贸易本身的公平性。但是在实践中,公平贸易近年来出现了与劳工标准的联结,成为发达国家借以威胁发展中国家的重要手段。这使公平贸易一方面偏离了作为程序公平的正当性价值,更偏离了实质公平的分配正义。因此,当前的公平贸易理论或者制度的产生与发展,在很大程度上基于发达国家的一厢情愿。甚至在以美国为代表的资本主义世界里,自由贸易与公平贸易之争由来已久,至今仍在进行着非此即彼的博弈,似乎两者之

---

① 参见刘力:《重新认识公平贸易政策的性质和意义》,载《国际贸易问题》1999 年第 3 期。

② 参见马述忠、陈敏:《对华农产品不公平政府行为及救济体系研究》,浙江大学出版社 2008 年版,第 49 页。

③ 参见何志鹏、孙璐:《贸易公平与国际法治:WTO 多哈回合反思》,载《东方法学》2011 年第 2 期。

间水火不容。

综上所述，公平贸易有着复杂的概念分歧，在实践中也是任意使用的。公平贸易本身内含公平性、互惠性与对等性等价值属性。[①] 因此，公平贸易是一种具有价值偏向性的贸易形态。公平贸易之所以在发展中国家甚至发达国家都备受诟病，其根本原因在于其作为理论和政策，被一些国家进行了过多工具化应用，使之偏离了本身应有的功能和价值。关于公平贸易内涵的基本界定，笔者赞成黄进教授的说法，即公平贸易至少应包括多边贸易关系的公平性、国际贸易规则的公平性、国际贸易主体的公平性，以及国际贸易行为的公平性几个方面。[②] 因此，关于公平贸易含义的界定与区分十分必要，只有准确认定公平贸易的实质内涵，才能辨明其存在的价值，明确其作用和意义，为进一步的纠偏找到可行的途径。唯有如此，方能使其发展成果助力于公平公正的全球贸易治理。

（二）公平贸易运动及其对农产品贸易的影响

公平贸易最初作为一种慈善和团结的混合体大体始于20世纪40年代后期，旨在改革产品价值分配极不公平的传统贸易模式，提高发展中国家包括咖啡种植者在内的农业生产者的收入和生活水平，提升其产出回报率。公平贸易这一模式在长达30年的时间里一直处于边缘地位，但在20世纪80年代开始又变得形势向好，并逐渐演变成一场制度化的运动，成为产品发展的主流形态。被标签、认证支持的公平贸易产品在传统消费网络中登堂入室，其目标是将发展理念注入占主导地位的政治话语之中。[③] 20世纪后半叶，一场声势浩大的公平贸易运动在资本主义社会爆发。一些国家政府或者非政府组织试图通过促进被边缘化的生产者及劳工的紧密合作，改变资本家与劳工的对立状态，使这些弱势群体在全球市场中扮演更为积极的角色，从而进一步改变由自由贸易带来的全球经济体系的失衡状态，以促进真正意义上的公平

---

① 参见王世春：《论公平贸易》，商务印书馆2006年版，第21页。

② 参见黄进：《公平贸易公平吗？》，载《大经贸》2001年第6期。

③ See John Wilkinson, "Fair Trade: Dynamic and Dilemmas of a Market: Oriented Global Social Movement", *Journal of Consumer Policy* (2007) 30, pp. 219 - 220.

贸易。

当前的公平贸易运动倡导改革WTO等多边框架下的国际贸易纪律,如倡导发达国家废除国内出口补贴,减少向发展中国家倾销农产品造成的破坏;另外鼓励消费者选择性地购买贴有公平贸易标识的产品,进而向生产者施压,从而减少贫穷、维护生产者与劳工的利益。有学者将公平贸易运动划分为4个发展阶段,分别是:第一阶段(20世纪四五十年代),即带有宗教色彩的、捐助形式的公平贸易阶段。第二阶段(20世纪六七十年代),基于学生激进主义和反对新帝国主义运动的世界商店形式的团结贸易阶段。第三阶段(20世纪80年代),以产品种类的扩大与公平贸易标签的引进为特点的现代意义上的公平贸易阶段。第四阶段(20世纪90年代至今),即以贸易额高速增长以及公平贸易组织大规模联盟为特点的公平贸易阶段。[①]

1997年,一个由20多个团体会员、贸易商、生产者协会与专家组成的国际公平贸易标签组织正式成立,该组织致力于审查和订定公平贸易标准,发展与促进公平贸易业务,给生产者创造利用公平贸易认证的机会,维护公平贸易商标的权利,以促进发展中国家的永续发展,维护弱势的生产者和劳动者权益。该组织在2004年1月起分立为两个组织,即国际公平贸易标签组织与公平贸易认证组织(FLO-CERT)。[②] 1998年,“公平贸易集团”FINE宣告成立。目前,“Fair Trade”统一认证标识已在欧洲的13个国家中被采用,销往这些国家的农产品都受到这一认证的限制。

公平贸易自产生以来就存在很大争议,其发展也是步履维艰。到公平贸易产生几十年后的今天,其在欧美市场所占的份额也仅占0.5%~5%。而且,公平贸易在世界各国的发展并不平衡,在一些国家公平贸易被认为大大促进了贸易的发展。以荷兰为例,自从公平贸易产品于1988

① 参见曲如晓、赵方荣:《国际公平贸易运动:一个南北贸易的新潮流》,载《国际贸易问题》2009年第10期。

② 参见维基百科“国际公平贸易标签组织”词条,载http://zh.wikipedia.org/wiki/國際公平貿易標籤組織,2015年3月5日访问。

年首次被引入荷兰市场,它的销售获得了迅速的增长。[①] 由于农业生产的弱质性、低效性和亟待保护性,公平贸易自一开始就与农产品存在千丝万缕的联系。咖啡豆是第一个获得"Fair Trade"标识认证的农产品,此后该认证标识的范围被扩展到茶叶、香蕉、棉花、大米、食糖、蜂蜜等几乎全部的农产品,甚至一些服装、玩具和手工制品也开始引入这种认证。目前,被公平贸易所认证的产品有12,000多个。以咖啡为例,据统计,美国在1998年公平贸易创立伊始就认证了76,000磅(1b,一磅为0.4536千克)的咖啡;到2013年,其认证的咖啡更是达到1.54亿磅;截至目前,美国公平贸易认证的咖啡已超过10亿磅。[②] 其运作特点是,通过调查生产产品的农民收入情况,符合条件的农产品被授予公平贸易标签,然后准许在欧洲某些国家的超市、商店进行流通,标签方便消费者知悉。因此可以预料,随着公平贸易的不断向前发展,农产品贸易受到的冲击会越来越大。有学者经过考证将国际公平贸易组织对我国农产品出口的影响概括为三点:第一,公平贸易组织的审批制度大幅抬高了我国农副产品出口企业的生产成本;第二,由于标榜贸易公平性,其灵活多变的技术标准以及苛刻的审查政策阻碍了农产品的自由贸易,使公平贸易组织事实上沦为欧美国家实施农产品贸易保护主义的工具;第三,公平贸易组织的认证体系会导致经认证的企业和未经认证企业之间的不公平竞争,长此以往,会引起地区和企业发展上的不平衡。[③]

尽管有人批评这种形式的公平贸易形态为农民提供了一种最低价格的保证,是对农民的一种补贴,从根本上扭曲了市场而且还可能鼓励生产过剩。[④] 但公平贸易认证所标示的内容除了产品的经济效益之外还增加

---

① See Darryl Reed, "What do Corporations have to do with Fair Trade? Positive and Normative Analysis from a Value Chain Perspective", *Journal of Business Ethics*, Vol. 86, 2008, pp. 3 - 26.

② 公平贸易:从一个疯狂的咖啡概念到全球可持续发展趋势,载 http://www.thinker360.com/page/4168,2015年11月20日访问。

③ 刘宇:《国际公平贸易组织对中国农产品出口的影响及对策》,载《科技创新与应用》2013年第1期。

④ [英]迈克尔·斯卡平克:《"公平贸易"公平吗?》,何黎译,载 http://www.ftchinese.com/story/001035715,2015年11月10日访问。

了旨在促进公平的价值要素,因此其先进性亦是显而易见的。因此,全面否定公平贸易的做法是不合时宜的。实际上,公平贸易在当前农业全球化的背景下正在重塑全球产业链,与对贸易施加直接压力的环境保护、劳工标准相比,公平贸易更多致力于推动商业规则内部的革新。农产品领域更加自由、公平的贸易规则的建立更是需要公平贸易的武装与助推。

二、公平贸易基于贸易治理法律体系中的公平价值

(一)"公平"的概念及其内涵分析

尽管"公平"为人们所常用,但这一词具有深刻而复杂的内涵。古往今来,无数思想家都对公平问题进行了研究,但见仁见智。根据世界著名经济学家阿马蒂亚·森(Amartya Sen)的观点,英文单词"公平"(fair)源自日耳曼语,是由古高地德语 fagar 演变为古英语 faeger,最早应用于美学,指的是"令人愉悦的"或"吸引人的",而演变出"平等"(equitable)意思后很久才出现在中古英语之中的。[①] 中国古代史书对于"公平"二字亦有所述。管子说:"天公平而无私,故美恶莫不覆;地公平而无私,故小大莫不载。"[②]《史记》有言:"《索隐》案:德成衡,衡则能平物,故有德公平者,先成形于衡。"[③]《汉书》中说:"师古曰:'辅,助也。以巧诋助法,言不公平也。'"[④]这些史料上所说的"公平"大体是指合乎情理、无偏私的意思。因此,在古代中国要讲究公平,确立标准十分重要,只有有德的权威人士以一定的标准居中权衡,方能保证公平。

而有关国与国之间通商的公平性问题,在《清史稿》中有这样的记载:1879 年吏部左侍郎崇厚前往俄国商议归还伊犁和移交白彦虎等事项,崇厚在俄国的威胁恐吓下签署了臭名昭著的《里瓦几亚条约》(又名《利伐第亚条约》),答应了俄国提出的三项苛刻要求:第一是通商,要承

---

① See Amartya Sen, *The Idea of Justice*, The Belknap Press of Harvard University Press, 2009, p. 72.

② 《管子·形势解》。

③ 《史记·卷二十七·天官书第五》。

④ 《汉书·张汤传》。

诺给予俄国商人在蒙古和新疆地区的商业活动以免税待遇；第二是重新划分边界；第三是赔款，总数合计银两280万两。恭亲王奕䜣等认为崇厚所定条款损失甚大，请皇帝下令李鸿章、左宗棠、沈葆桢、金顺、锡纶等人逐条核定，李鸿章、张之洞等人极力反对，在诸多奏请之中有这样的说法，“改议之道：一在治崇厚以违训越权之罪；一在请谕旨将俄人不公平，臣民公议不原之故，布告中外，行文各国，使评曲直；一在据理力争，使知使臣画押，未奉御批示覆，不足为据；一在设新疆、吉林、天津之防，以作战备”。① 此案中，清代的皇帝和官员均对这种不公平性的条约产生了愤怒，但事实上很难有真正的公平，在落后挨打的殖民时期，国与国之间更无公平可言。闭关锁国的清末，清政府被迫打开国门，一切贸易政策的权变皆为无奈之举。当时的对外贸易政策在中外国与国的层面上已经失去基本的公平。鸦片贸易更是以戕害中国民众的身体健康为代价的赤裸裸的殖民掠夺。

《辞海》是这样解释“公平”含义的，“作为伦理学范畴，含有从公正的角度出发平等地对待每一个与之相关的对象的意义。在经济伦理学中，指社会成员的财富分配相对均衡化”。② 阿玛蒂亚·森也认为，公平可以被广义地理解为“中立性”，即其核心是应当力求避免在评价时的偏见，同样要注意其他人的利益和关切，特别要注意避免受我们自身的既得利益、优先事项、偏好、成见的影响。③ 在很多情况下，“公平”和“法律”可等而视之，如许多国家的法院被称为“公平之宫”，但“公平”在法律上通常被视为一种应予始终遵循的价值观。彼得·斯坦和约翰·香德更是将“公平”与“社会秩序”、“个人自由”并列为西方传统中不可或缺的三个基本法律价值。④ 《辞海》还提及罗尔斯对公平的定义。那么罗尔斯是如何定义公平的呢？

---

① 《清史稿·邦交志一·俄罗斯》。

② 夏征农、陈至立主编：《辞海》（第六版缩印本），上海辞书出版社2010年版，第596页。

③ See Amartya Sen, *The Idea of Justice*, The Belknap Press of Harvard University Press, 2009, p. 54.

④ ［英］彼得·斯坦、约翰·香德：《西方社会的法律价值》，王献平译，中国法制出版社2004年版，第2～9页。

(二)罗尔斯复数正义理论的基本构造及其应用

罗尔斯是在继承与批判康德、洛克、卢梭等思想家社会契约论的基础上发展了其正义理论的,为此他提出了抽象意义上的“公平的正义”理论。他的正义原则在内容上立基于在公平的“原初状态”[①]中大家的一致同意,而在形式或程序层面则体现为稳定性、权威性、透明度等基本要素。因此,罗尔斯所追求的正义目标是达到公平的契约并产生公平的结果。他的论证脉络是首先假定了订立契约的一种“原初状态”,进而在“无知之幕”的遮蔽下推理出正义原则的最佳选择。为此他构建了一套类似“词典式序列”的复数正义理论体系。其复数正义理论的体系结构、优先次序、价值目标如图 2.1 所示:

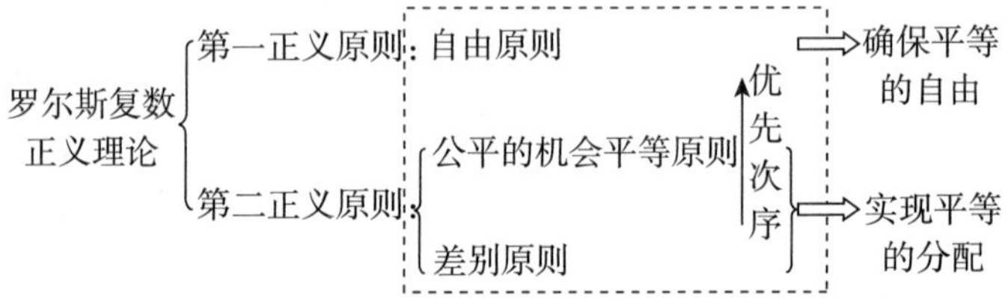

图 2.1　罗尔斯复数正义理论“词典式序列”图示[②]

在这一公平理论体系中,公平的机会平等原则作为一种程序公平主要用来修正被其置于极端优先地位的自由原则。差别原则这一理念在更深的层面上涉及休谟所言的“对等性”(reciprocity),罗尔斯进一步光大了休谟的契约“对等性”思想,认为“对等性”揭示了契约的稳定性与约束性,一个完备的契约势必包含互惠条款与一方违约后的处罚条款与补救

---

① 罗尔斯认为,在平等正义中,与平等的“原初状态”(original position)相对应的是传统社会契约论中的“自然状态”(state of nature)。它并不是非文明之初的原始状况,故不可将其看作一种实际的历史状态,而应将其视为“一种用来达到某种确定的正义观的纯粹假设的状态”。因为罗尔斯认为,在一种“无知之幕”(veil of ignorance)的安排下,所有人的处境都大体相似,不会有人设计出有利于自身特殊情况的原则,故此种情形下正义原则的选择才不会受制于自然的境遇或社会环境中的偶然因素,正义的原则最后是“公平的协议或契约的结果”。“原初状态”可以被看作“恰当的最初状况”(status quo)。参见[美]约翰·罗尔斯:《正义论》(修订版),何怀宏、何包钢、廖申白译,中国社会科学出版社 2009 年版,第 10 页。

② 本图的制作主要根据罗尔斯复数正义理论的基本架构完成,详见刘志云:《国际经济法律自由化原理研究》,厦门大学出版社 2005 年版,第 296 ~ 301 页。

条款。

罗尔斯试图解决契约对于促进良序社会的可能性问题，认为契约突破了人的自然秉赋，"强调正义的人为性，更强调基本社会结构的可造性"。[①] 其实，罗尔斯在论证差别原则时也考虑到贸易协定的制定问题。他指出："在我们制定贸易协议的同时应该兼顾社会与经济公平的原则，这样才能使弱势群体获得最大的收益。"[②]因此，罗尔斯的"作为公平的正义"将平等与正义等而视之，[③]一方面做好对程序正义的维护，另一方面也应适当兼顾实质正义，进而建构一种有利于社会经济合作的基本制度结构。[④] 因此，罗尔斯所确立的复数正义原则如果运用到国内农业法规与国际层面的双边与多边贸易协定的制定、完善，则具有重要的指导意义。只是这一理论在由基于主权的民族国家内部向国际社会扩展上具有一定的难度以及难以自洽的地方，需要其他理论的补正。

（三）法律中的公平、衡平与矫正正义

与"公平"（fairness）一词紧密相关的词是"衡平"（equity），在某些情况下，衡平就是作为公平的同义词来使用的。古希腊哲学家亚里士多德最早使用衡平（epieikeia）的概念以指明法律的可变通性与可补救性，因此衡平是补救法律缺陷之用的。衡平原则在古希腊哲学家那里就被确立为重要的法律原则。在法国，1804 年《民法典》及相关法律除了视衡平为公正的方法，还使用衡平来特定化一些改变法律规则效力的一般原则；在法律的形成阶段，其用于协助完成新旧规则的更替。[⑤] 在英国，衡平法自

---

① 据权威考证，很多国内学者将"reciprocity"误译为"互惠性""相互性"，或者将"justice as reciprocity"误译为"互惠正义"，更为准确的翻译应该是"对等性"，而将其翻译为"互惠性"之后就会带来截然不同的理解。罗尔斯的"reciprocity"一词的使用来源于休谟，他之所以设计这一概念主要是用来解决"囚徒困境"的。参见张国清：《罗尔斯难题：正义原则的误读与批评》，载《中国社会科学》2013 年第 10 期。

② Joseph E. Stiglitz, Andrew Charlton, *Fair Trade for All: How Trade Can Promote Development*, Oxford University Press, 2007, p. 81.

③ 参见杨通进：《世界主义者对罗尔斯国际正义理论的反思与批评》，载《世界哲学》2012 年第 6 期。

④ 参见刘志云：《国际经济法律自由化原理研究》，厦门大学出版社 2005 年版，第 296 页。

⑤ 参见［英］彼得·斯坦、约翰·香德：《西方社会的法律价值》，王献平译，中国法制出版社 2004 年版，第 140 ~ 141 页。

14 世纪末开始成为一种法律类型，与普通法并行前进，并专门用于弥补普通法之不足，其基本原则是公平合理。衡平法代表了平等（equity delegate equality），当普通法与衡平法出现不一致时，衡平法作为依归。尽管 20 世纪 70 年代经历司法改革的英国不再将衡平法作为独立的法律原则，但其本身所内含的公平合理的原则至今仍在普通法系有着广泛的影响。衡平是用来实现个案正义的，因此衡平的推导成为“个案正义的技艺”，它力求平衡某种法律价值与个案的公平实现，尽可能保持一般正义和个案公平之间的张力。① 从本质上讲，衡平并非法外之法，而是根植于广泛的法律体系之中，世界上绝大多数法律体系内部事实上都已确立衡平法。在 20 世纪，衡平在国际条约法、国际环境法以及国际经济新秩序的斗争中都起到了至关重要的作用，联合国国际法院在领土争端等案件的审理中明确将衡平纳入一般法律原则来考量。衡平的程序价值通常在于实现其与实体法的平衡与内在协调。因此，衡平在国际法院审判程序中正发挥着用以弥补法律缺陷、解释法律、使个别案件超越现行法适用等矫正正义的功能。②

如前文第一章所述，托马斯·弗兰克（Thomas Franck）将国际法和国际制度中的公平区分为程序方面的公平——正当性（Legitimacy）和实质性方面的公平——衡平（Equity）两方面。因此，国际法中的衡平是指实质性方面的公平。在国际贸易的制度安排中，衡平也有广阔的应用空间。或者说，国际贸易规则要实现公平，则需要擅用衡平的手段。斯蒂文·兰诺维克（Steven M. Suranovic）将国际贸易法中的公平区分为两大类、七个公平原则。第一类：平等性公平（Equality Fairness），这是基于个人和团体平等的概念所作的划分。具体包括：非歧视性公平（Nor-Discrimination Fairness）、分配的公平（Distributional Fairness）、黄金规则的公平（Golden-Rule Fairness）。第二类：对等性公平（Reciprocity Fairness）。对等性公平则又包括积极的对等公平（Positive Reciprocity Fairness）、消极的对等公

---

① 参见王洪：《制定法推理与判例法推理》，中国政法大学出版社 2013 年版，第 280 ~ 284 页。

② 参见师帅：《国际矫正正义之衡平略论》，北京大学 2007 年硕士学位论文，第 13 页。

平(Negative Reciprocity Fairness)、隐私公平(Privacy Fairness)、最大利益公平(Maximum Benefit Fairness)。[①] 显然,斯蒂文·兰诺维克对国际贸易法中的公平划分不厌其详,十分可贵,但过于细致的归类却容易将具体问题复杂化。相比较而言,托马斯·弗兰克提出的作为正当性的"程序公平"(也称"形式公平")与作为衡平的"实质公平"(也称"社会公平"或"结果公平")的划分因其指向清晰、涵盖清楚,被学界广泛认同,这也是本书所遵循的关于公平的基本框架。

在 WTO 实践中,发达国家与发展中国家间所确立的非互惠的普遍优惠制则是典型的衡平。普惠制的待遇形式是发展中国家在国际舞台上长期以来据理力争的结果,这一原则最早在 1964 年联合国贸易与发展会议上被提出,后面被引入 GATT 的谈判程序,直至 1978 年 GATT 以决议的形式正式授权发达国家对发展中国家实行非对等的优惠以及发展中国家相互之间给予优惠,进而从制度层面上正式实现了由传统的平等互利的国际分工向衡平互惠的国际分工的转变。因此,国际贸易领域衡平的核心便是,敦促各个国家认真考虑并承认国家在国际经济交往中的合理差距,并通过差异化的、非对等性的制度安排,如通过资金、技术、管理等各方面的援助,减轻发展中国家特别是最不发达国家的经济负担、提高其参与国际经贸活动的能力,进而弥补机会平等原则的本质缺陷。这也符合罗尔斯复数正义理论中的"差别原则"。普惠制有利于国际贸易规则最大化地抵近全球分配正义,或者说实施普惠制的本质原因就是对全球分配正义的期许,因为分配正义为国际社会中的弱势团体提供收益和偏好。[②] 此外,WTO 体制中的"反向协商一致原则"也深刻体现了对衡平原则的运用。衡平在国际经济决策中主要是通过制度安排与协商机制来实现。

---

① See Steven M. Suranovic, "A Positive Analysis of Fairness with Applications to International Trade", *The World Economy*, March 2000, Volume 23, Issue 3, pp. 283 - 307.

② See Nam-Ake Lekfuangfu, "Rethinking the WTO Anti-Dumping Agreement from A Fairness Perspective", *Cambridge Student Law Review*, Vol. 4, 2008, pp. 302 - 303.

三、贸易的价值联结与全球治理中公平价值的实现路径

(一)贸易的价值联结与罗尔斯正义理论的应用谱系

1. 贸易中价值联结的历史趋势

当前的全球化深刻影响了传统贸易结构的转轨。在此过程中,类型多样的非关税贸易壁垒伴随着贸易保护主义的声浪此起彼伏。作为经济全球化最重要组成部分的国际贸易,势必要被纳入全球化治理的轨道。而这里的根本问题就在于解决治理的价值问题。正如斯蒂格利茨所说:"全球化革新中最艰巨的挑战是如何使全球化变得更为民主,而检验其成效的重要标尺就是能在多大程度上确保此类更为宽泛的价值观能够超越简单的企业利益。"①那么,国际贸易治理中所谓"宽泛的价值"又指的是什么呢?对于这一问题,罗尔斯在《正义论》的篇首就给出了答案,那就是正义。正义对社会制度而言,是第一位次的价值。② 然而,正是由于正义价值的模糊性,使各主要经济体在现实贸易实践中常打着正义的旗号,行贸易保护主义之实。

当前在全球性多边框架中,也仅知识产权保护问题被明确联结到贸易之上,而其他诸如劳工标准的问题则在全球贸易治理之中甚少提及。③但这一趋势正在发生改变,区域经济一体化的立法之中已越来越多地体现出这一价值,这一影响其实已经渗透到了国内立法、政策与国际条约之中。如2015年10月5日达成协定、2016年2月4日正式签署的TPP,全文充斥着贸易之外的价值因素。如在缔约方监管一致性中对商业主体享有开放、公平、可预期监管环境的强调,在政府采购中对投标者获得公平和无偏见对待的强调,在竞争政策中对缔约方在区域内享有公平竞争方面共同利益的强调。TPP第十九章特别规定了劳工问题,强调各方要在

---

① See Joseph E. Stiglitz, *Making Globalization Work*, W. W. Norton & Company, Inc., 2006, p. 132.

② See John Rawls, *A Theory of Justice*, the Belknap Press of Harvard University Press, 1971, p. 3.

③ See Joseph E. Stiglitz, *Making Globalization Work*, W. W. Norton & Company, Inc., 2006, p. 131.

各自的法律和实践中保障核心劳工的结社自由权、集体谈判权,不得强迫劳动,禁止使用童工,要求各方以法律监管保障劳工最低工资、工时和职业健康与安全;各方同意不得为了吸引贸易或投资而实施减损基本劳工权利的法律。2015 年 10 月 10 日,在 TPP 正式获美国批准生效前,美国时任总统奥巴马发表了题为《书写全球经济的规则》的演讲,声称一些国家的高税款和高贸易壁垒使美国的员工处于劣势,TPP 将能帮助美国的商品和服务削减 18,000 项税款,这将有助于为美国的农场主、牧场主、制造业者和小企业主打造更加公平的竞争环境,帮助他们将更多的产品销售到国外。同时,他认为过去的贸易规则并不总能兑现承诺,因为其对一些国家形成倾斜,导致美国总是不能进行"公平贸易"。而 TPP 作为新的贸易倡议将打破这一点,它设定了包括工作时间限制、禁止童工和强迫劳动在内的史上最为严苛的劳工标准,同时设定了史上最高的环境标准。如果奉行这一游戏规则,美国将书写全球经济贸易规则,而不是由中国书写。奥巴马在演讲中不无偏见地指责中国在过去 20 年里持续向美国销售商品和吸引企业来华投资,并"封闭自己的市场",使美国"处于劣势地位"。因此,TPP 对中国的指向性十分明显。其中最为值得注意的是,美国当时所要引领的新的全球贸易规则贯穿了众多贸易之外的价值。按照何志鹏教授的说法,TPP 以"新的多边国际贸易体制的探路者"的角色,已然"促动了国际法的规范增益",作为又一个"WTO + ",可能成为国际经济制度的新典范。当然,TPP 也在一定程度上加剧了国际法的体系分化。①

不知是形势所迫下的不约而同,还是各方默契之中的有意安排,欧盟委员会在 2015 年 10 月 4 日同一天公布了名为《为所有人的贸易:走向更负责的贸易与投资政策》的贸易与投资新战略,包含了有效性、透明度和价值观三个基本原则,也体现出欧盟贸易与价值联结的新转向,强调欧盟价值观的传播。该文件共分为七部分,分别是引言、第一章"贸易和投资

---

① 参见何志鹏:《国际经济法治格局的研判与应对:兼论 TPP 的中国立场》,载《当代法学》2016 年第 1 期。

是经济增长和就业创造的强大引擎”、第二章“应对新的经济现实以及践行承诺的有效政策”、第三章“一套更为透明的贸易和投资政策”、第四章“一套基于价值观的贸易和投资政策”、第五章“一套塑造全球化的前瞻性谈判项目”，以及结论。[①] 未来欧盟与其他国家的贸易与投资协定的谈判与缔结，都要受该文件的指引。

2016 年 2 月 4 日，12 国在奥克兰正式签署 TPP 协定。尽管 TPP 为美国前任总统奥巴马所力推，但新任总统唐纳德·特朗普在 2016 年 11 月 21 日通过媒体公布其“百日行动计划”，宣称退出 TPP；2017 年 1 月 23 日，特朗普上台后签署的第一道总统令即正式宣布美国退出 TPP，这标志着新时期美国贸易政策的重大调整。2017 年 5 月，美国亚利桑那州共和党参议员约翰·麦凯恩(John McCain)批评特朗普的这一行为是“重大的战略失误”，认为美国政府未来可能对这一所谓错误作出纠正。[②] 美国退出 TPP 后，11 个启动 TPP 的亚太国家于 2017 年 11 月 11 日发布联合声明，决定以新协议所达成的基础性共识为依托，将原协定更名为《全面与进步的跨太平洋伙伴关系协定》(*Comprehensive Progressive Trans-Pacific Partnership*，CPTPP)；2018 年 3 月 8 日，由 11 国代表在圣地亚哥进行协定签署，2018 年 12 月 30 日 CPTPP 正式生效。新协定相比旧协定冻结了约 20 项内容，其中 11 项与知识产权有关。尽管美国没有参加 CPTPP，但由美国主导重启谈判、旨在取代《北美自由贸易协定》(*North American Free Trade Agreement*，NAFTA)的《美国—墨西哥—加拿大协定》(*United States-Mexico-Canada Agreement*，以下简称《美墨加协定》或 USMCA)已由三国领导人于 2018 年 11 月 30 日在阿根廷首都布宜诺斯艾利斯正式签署。2019 年 6 月 7 日墨西哥议会参议院率先以 114 票对 4 票表决通过了该协定。2020 年 1 月 7 日，美国国会参议院财务委员会则以 25 票赞

---

① See European Commission, *Trade for All: Towards A More Responsible Trade and Investment Policy*, European Union, 2015.

② See JORDAIN CARNEY, McCain: Trump's withdrawal from TPP a 'serious mistake', http://thehill.com/blogs/floor-action/senate/315666-mccain-trump-withdrawing-from-tpp-a-serious-mistake, last visited on 2017-05-10.

成、3 票反对通过《美墨加协定》修订版，但这并非全参议院的表决，全院表决日期尚不确定；加拿大国会预计在 2020 年 1 月下旬通过协定。[①]《美墨加协定》修订版对劳工和环保规定部分进行了较大幅度的修订，特别是强化了监管规则与执行力。美国特朗普总统认为《美墨加协定》修订版"将是美国有史以来达成最好、最重要的贸易协议"。[②] 2019 年 12 月 19 日，美国国会众议院以 385 票赞成、41 票反对通过了《美墨加协定》修订版。[③] 因此可以预见，《美墨加协定》修订版的生效将为期不远。《美墨加协定》作为美国贸易代表口中的"范式转换模板"，在保留了《北美自由贸易协定》基本框架的基础上，大量借鉴了 TPP 的规则。[④]《美墨加协定》第 23 条十分细致地规定了"劳工"问题；第 24 条则又事无巨细地规定了"环境"问题。总之，从 TPP 到欧盟的贸易与投资新战略再到 CPTPP 和 USMCA，我们从中可以看出，贸易的价值联结已经成为国际贸易发展的必然趋势，而且这种价值联结被纳入由宪政的国际法推动的全球贸易治理框架亦是未来的发展趋势。

2. 罗尔斯正义理论的应用谱系

那么，全球治理中的价值到底应该是什么呢？何种价值才是全球治理法律体系中迫切需要的价值？传统的不甚一致的公平价值显然不能很透彻地解释这一点。一些经济学家也尝试通过实质性的指标来解读和阐述这一公平价值。如斯蒂格利茨认为，要实现法律上的公平即要实现发达工业化国家向发展中国家提供法律援助，协助他们有效应对各类型非关税壁垒，以争取应得的利益。[⑤] 其实，国际贸易规则的公

---

① 《美国国会参议院财务委员会通过美墨加协定》，http://finance.eastmoney.com/a/202001081349948328.html，2020 年 1 月 9 日访问。

② "5 key differences between NAFTA and Trump's USMCA deal", https://wqad.com/2019/12/10/5-key-differences-between-nafta-and-trumps-usmca-deal/, last visited on 2019 - 12 - 25.

③ Bob Sims, "The US House of Representatives passes USMCA", https://www.meatpoultry.com/articles/22374-the-us-house-of-representatives-passes-usmca, 2019 - 12 - 25.

④ 张小波、李成：《论〈美国—墨西哥—加拿大协定〉背景、新变化及对中国的影响》，载《社会科学》2019 年第 5 期。

⑤ See Joseph E. Stiglitz, *Making Globalization Work*, W. W. Norton & Company, Inc., 2006, p. 128.

平性价值安排远非如此简单。

罗尔斯的正义学说是一套高超的政治哲学和道德哲学,他认为公平是正义的核心,并为此确立了一套评定公式。罗尔斯的"作为公平的正义"理论将公平置于其正义理论的核心,并将公平作为实现正义的重要途径。在罗尔斯的正义体系中,两大正义原则的选择意味着确保选择正确的制度以及所有人采取适当的实际行动,使得个人与社会心理状态完全地依赖一种政治伦理。① 与别的理论家一样,罗尔斯正义理论的提出主要是在国内层面的应用而言的,因此他所设想的一些基本原则也基本仅适用于各"人民"之间的政治关系。② 进言之,罗尔斯的"作为公平的正义"理论是建构在社会契约方法基础之上的,他的这一理论的实现势必要通过主权国家和社会契约一起来完成。但依赖于主权国家的社会契约方法被局限在单个国家的范围内,使全球正义在罗尔斯这里很难有实现的可能。对此有学者指出,罗尔斯将其对正义理论的研究先验地划入一个民族国家的框架之中,在一个封闭的社会结构体系中探讨如何通过强制性的社会制度进行正义的实现问题。③

当然,罗尔斯晚年的观点发生了改变。他在1999年出版的《万民法》一书中作出了将复数正义理论推广到国际法的努力。为此他使用"万民法"的概念,认为其是"运用于国际法与实践之原则与准则中权利与正义的一种特殊政治总念"。④ 紧接着,罗尔斯在其《作为公平的正义:正义新论》一书中,将正义由里到外区分为三个层次:第一层次是局部正义,该原则直接应用于机构与团体;第二层次是国内正义,该原则应用于社会基本结构;第三个层次则是全球正义,该原则应用于国际法。而他提出的"作为公平的正义"被应用于基本结构的正义,意即国内正义。以此为基础,

---

① See Amartya Sen, *The Idea of Justice*, the Belknap Press of Harvard University Press, 2009, p. 69.

② 参见黄志雄:《WTO体制内的发展问题与国际发展法研究》,武汉大学出版社2006年版,第5~6页。

③ 参见姚璐、徐立恒、张国桐:《论全球正义——关于正义问题及实现路径的分析》,载《太平洋学报》2015年第3期。

④ [美]约翰·罗尔斯:《万民法》,张晓辉等译,吉林人民出版社2001年版,第3页。

它向内作用于局部正义(local justice),向外作用于万民法(law of people)。[①] 因此,无论如何罗尔斯将其正义理论应用到国际层面作出了努力,也采取了较为审慎的态度。

3. 罗尔斯正义理论在国际层面的扩展障碍与哈贝马斯的商谈理论运用

罗尔斯的复数正义理论因其较强的指导性和可适用性,被很多人广泛而深入地研究。其实,罗尔斯本人对其复数正义理论扩展到国际层面心存芥蒂,因为这种推而广之所面临的最大障碍就在于其所要求的"正义环境"不够成熟,但"国际社会"这一空间又是现实存在的。如查尔斯·贝茨(Charles R. Beitz)认为,随着国际关系与国内社会在一定程度上的愈加趋同化发展,只要能证明"国际社会"这一抽象的空间是切实存在的,则罗尔斯的复数正义就有应用于国际层面的可能性;而且他认为,罗尔斯的复数正义理论的应用有助于促进资源的跨国界交换和移转,从而有助于在一定程度上减少不公平或不公正。[②] 当然,对贝茨来说,要证明罗尔斯正义理论在国际层面的可适用性,首先要在国际层面寻找罗尔斯正义理论适用的条件——"正义的环境"。[③] 当然,贝茨面临的最大困境就在于此,这也是他的推理遭受质疑的焦点。托马斯·博格(Thomas Pogge)等人也在试图将罗尔斯的初始状态进行全球性扩展时,遭遇初始状态的策略几乎没有选择余地的窘境,除非去找寻一个巨大的全球社会契约。也就是说,按照罗尔斯正义理论的步骤进行全球正义的构建,则需要一个世界政府。[④] 显然,为了将罗尔斯正义理论在国际层面扩展而构建一个凌驾于国家体系之上的世界政府是不现实的,也是短期之内不可能实现的"海市蜃楼"。

---

① 参见[美]约翰·罗尔斯:《作为公平的正义——正义新论》,姚大志译,上海三联书店2002年版,第19页。

② 参见刘志云:《国际经济法律自由化原理研究》,厦门大学出版社2005年版,第302~303页。

③ 刘志云:《国际经济法律自由化原理研究》,厦门大学出版社2005年版,第303页。

④ See Amartya Sen, *The Idea of Justice*, the Belknap Press of Harvard University Press, 2009, p. 71.

其实,绕开世界政府这一虚幻的理论假设,罗尔斯的正义论也是成立的。因为晚近以来跨国性的"新社会运动"催生了"跨国市民社会"(transnational civil society),进而促进国内经济活动和国际经济活动的相互影响。[①] 这为国际法与国内法的联结创造了可能,同时也为民主商谈建构国际治理结构提供了可能。全球化促进了民主政治理念的变迁,如何通过商谈正义和程序民主模式实现民族国家向国际政治体系的跨越则又成为一个值得思考的问题。

(二)全球贸易治理框架中国际贸易法中公平价值的实现路径

程序正义与实质正义:全球贸易治理体系中分配正义的价值保障。分配正义是罗尔斯正义理论的核心,并且他对此有着"实质正义"、"程序正义"和"形式正义"的划分。"分配正义"一般当作中性语来认识,哈耶克眼中的"分配正义"一词与"社会正义""实质正义"是同义词。[②] 托马斯·弗兰克也将实质性和结果性的公平视为"分配正义",而将程序公平看作"正当性"。[③] 在实现正义的目的方面,罗尔斯和哈贝马斯均依赖不同的进路,但不约而同地将自己的理论扩展到国际领域,因此治理的价值指向了全球正义。而关于全球正义的分类,刘志云教授认为一般可被分为"程序正义"和"实质正义"两类。所谓"程序正义",又名"形式正义",指的是为社会公众普遍尊重某些程序,不考虑行为的后果,仅依照某些普遍的规则而行动。而"实质正义",又称"社会正义",是一种将分配的原则与追求的某种社会机制的特定结果相挂钩的目的论理论,它通过确立一定的分配标准以追求社会体制或环境的正当性与合理性。[④] 哈贝马斯认为罗尔斯的"作为公平的正义"理论实质上是一种实质正义,这不仅是因为其"原初状态"的设计保留有"善"的内容,而且其正义理论所追寻的结果也具有实质性意义。罗尔斯在其《政治自由主义》一书中回应了哈贝马斯的质疑,认为程序正义

---

① 参见刘志云:《国际经济法律自由化原理研究》,厦门大学出版社 2005 年版,第 311 页。

② 刘志云:《国际经济法律自由化原理研究》,厦门大学出版社 2005 年版,第 320 页。

③ Thomas M. Franck, *Fairness in International Law and Institutions*, Oxford University Press, 1995, p. 7.

④ 详见刘志云:《国际经济法律自由化原理研究》,厦门大学出版社 2005 年版,第 291 ~ 292 页。

(或公平)需要依赖实质正义(或公平)这一其可能结果的正义。[①] 总之,罗尔斯的正义理论试图将自由和平等进行统合,既要做到程序正义,又要符合实质正义,这是一种合作型的社会经济构成。[②]

从结果来看,正义理论应用的最终目的是要实现"全球分配正义"[③]。"全球分配正义"为国际关系学界所广为使用,具体指在国际体系之中,在国家,以及政府间国际组织、非政府组织(NGOs)、亚国家机构、跨国公司、政党团体、跨国联盟和个人等非国家行为体之间实现的分配正义。"全球分配正义"最根本的是要规范主权国家的行为,将国家行为纳入国际治理体系之内。而要实现全球分配正义,就是要促进公平化的全球治理过程。[④]

当然,"正义"(justice)和"公平"(fairness)是含义不同但又关系紧密的两个词汇,有着不同的指向。在汉语语境中,"公平"指不偏不倚的普遍的平等,而社会公平则是人人平等之于社会共同体,具体包括作为起点上公平的"权利公平"、作为过程中公平的"机会公平"和作为结果的公平的"分配公平"。而"正义"通常指社会应得,核心是社会成员在其贡献(或损害)与其回报(或惩戒)之间的对等性。由此可以看出,公平着眼于利益均衡,有利于减少差距、维系平衡;而正义着眼于利益对等,有利于激发竞争、惩恶扬善。[⑤] 在中国语境中,两个词经常不作区分,或者有时候"正义"本身就有"公平"的意思,也因此有的国内学者将"justice"一词译为"公正"(公平

---

① 参见艾四林、王贵贤、马超:《民主、正义与全球化:哈贝马斯政治哲学研究》,北京大学出版社 2010 年版,第 94、95 页。王贵贤博士在对罗尔斯和哈贝马斯有关程序正义和实质正义的对比性研究中,参考的文献包括:Jürgen Habermas,"Reconciliation through the Public Use of Reason: Remarks on John Rawls's Political Liberalism",*The Journal of Philosophy*,Vol,XCⅡ,No. 3,March,1995;[美]罗尔斯:《政治自由主义》,万俊人译,译林出版社 2000 年版,第 448、449 页。

② 参见刘志云:《国际经济法律自由化原理研究》,厦门大学出版社 2005 年版,第 296 页。

③ "全球分配正义"(global distributive justice)是对"国际分配正义"(international distributive justice)的广义理解。从狭义进行理解,国际分配正义仅指"国家间的分配正义"。"全球分配正义"的有效实现需要"国家间分配正义"的支撑和促进。详见赵川川:《全球化与国际分配正义》,载《徐州师范大学学报》(哲学社会科学版)2009 年第 4 期。

④ 参见刘志云:《论全球治理与国际法》,载《厦门大学学报》(哲学社会科学版)2013 年第 5 期。

⑤ 参见韩跃红:《普世伦理视域中的公平与正义》,载《哲学研究》2007 年第 12 期。

和正义的合称)。罗尔斯创立的“公平的正义”理论实际上将公平内化在正义之中,也正因此,社会正义实际上包含了公平和正义两个词的内涵。[①] 在政治伦理与法律价值的层面来说,公平、正义两词通常可以混合使用。也正因此,国际法和国际机构中的价值可以划分为程序正义(公平)或实质正义(公平)。为了统一行文并契合本研究的标题,笔者全书的行文将统一使用程序公平和实质公平的划分。

概言之,全球分配正义是实现财富和利益在不同国家及其公民之间公平分配,进而推动在发展中国家与发达国家之间产生国际发展法的核心动力。[②] 当然,要真正实现国际贸易法治中的公平并最终实现全球分配正义,还是要通过法律的基本路径。而此处的法律则内涵丰富,既包括以民主商谈理论和程序主义民主模式的全球缔约行为,也包括贸易谈判以及争端解决中对于法律规则和程序的遵守,更包括国内立法中有效执行贸易规则、祛除保护主义、加强人权保障、构建司法救济体系等一系列法律行动。从根本上来讲,就是要通过法律安排完善贸易治理,通过程序公平与实质公平的共同强调,最终实现全球分配正义。

四、托马斯·弗兰克公平二分法在农产品全球贸易治理中的可适用性

公平贸易是一种具有价值偏向性的贸易形态。而价值则又是十分抽象、深奥、玄妙和模糊的哲学术语,如果不为其确立标准,则这种贸易形态注定是凌乱的,因而也是容易被随意解释和滥用的。这也就解释了为什么公平贸易被发达国家滥用,一度成为贸易保护主义者挂在嘴边的“陈词滥调”的原因。[③] 因此,笔者认为,所谓农产品的公平贸易,应置于农产品全球贸易治理的框架中予以评定。而农产品全球贸易治理最根本的是依赖国际法,因此,农产品的公平贸易中的“公平”即要体现国际法的公平价值。

---

① 参见韩跃红:《普世伦理视域中的公平与正义》,载《哲学研究》2007 年第 12 期。

② 参见黄志雄:《WTO 体制内的发展问题与国际发展法研究》,武汉大学出版社 2006 年版,第 12 页。

③ 李春林博士总结了公平贸易三个方面的鲜明特征:(1)体现出明显的单边主义性质;(2)体现出强烈的国家战略性;(3)体现出标准的双重性。参见李春林:《贸易与劳工标准联结的国际政治经济与法律分析》,法律出版社 2014 年版,第 138 ~ 140 页。

而托马斯·弗兰克则为国际法和国际制度确立了基本的公平标准,即程序公平和实质公平的二分法。故农产品公平贸易与托马斯·弗兰克关于程序公平和实质公平的二分法具有内在的关联,或者说这种二分法能够作为农产品公平贸易是否体现全球分配正义的重要标准。

托马斯·弗兰克认为,偏好稳定和秩序的正当性(程序性的恰当的过程)与注重变动的分配正义(实质性的)是"公平"(fairness)的两个方面。[①] 据此,她将国际法和国际制度中的公平划分为"作为程序公平的正当性"(legitimacy as procedural fairness)和"作为公平的分配正义"(distributive justice as fairness)两种类型。正当性是公平的关键要素,表达出对秩序的偏好,它提供一个根深蒂固的信念,即一个公平的规则体系应牢牢地扎根于这些规则如何被制定、解释和应用的形式化框架之中。与正当性的不同之处在于,分配正义作为评价法律的后果性影响,其根植于法律体系赖以运作的共同体的道德价值。[②] 托马斯·弗兰克所作的这一划分在整个国际法体系中具有广阔的应用前景,不仅是在国际司法实践领域,而且在国际环境法、国际经济法中均有很强的指导价值。

当然,对托马斯·弗兰克有关程序公平和实质公平两种公平类型各自的要素进行确定,并进一步应用于国际农产品法律体系则十分必要。笔者为此立基于托马斯·弗兰克的理论,并结合罗尔斯、哈贝马斯等人的学说。为"正当性"(legitimacy)设定了透明度、权威性、安全性、确定性、一致性、形式有效性和可责性7个核心要素;为确保"分配正义"的"衡平"(equity)则设定了罗尔斯"复数正义"、哈贝马斯商谈正义、"公民本位"下多元主体参与的贸易民主、WTO"司法宪法化"、特殊与差别待遇、对等原则、反向协商一致原则等核心要素。这为下文第三章对于国际农产品多边治理法律体系的公平价值缺陷、第四章对于主要经济体农产品治理法律体系的公平价值缺陷的考察,提供了客观的

---

① See Thomas M. Franck, *Fairness in International Law and Institutions*, Oxford University Press, 1995, pp. 7-9.

② Ibid.

评定标准。

如图2.2所示,笔者根据托马斯·弗兰克的观点,即农产品全球贸易治理体系中的法律价值基本的公平应区分为程序公平和实质公平。下文第五章第一节、第二节将根据这一设定,构建农产品全球贸易治理的宪政的国际法框架,并设定国际农产品公平贸易的实现路径。

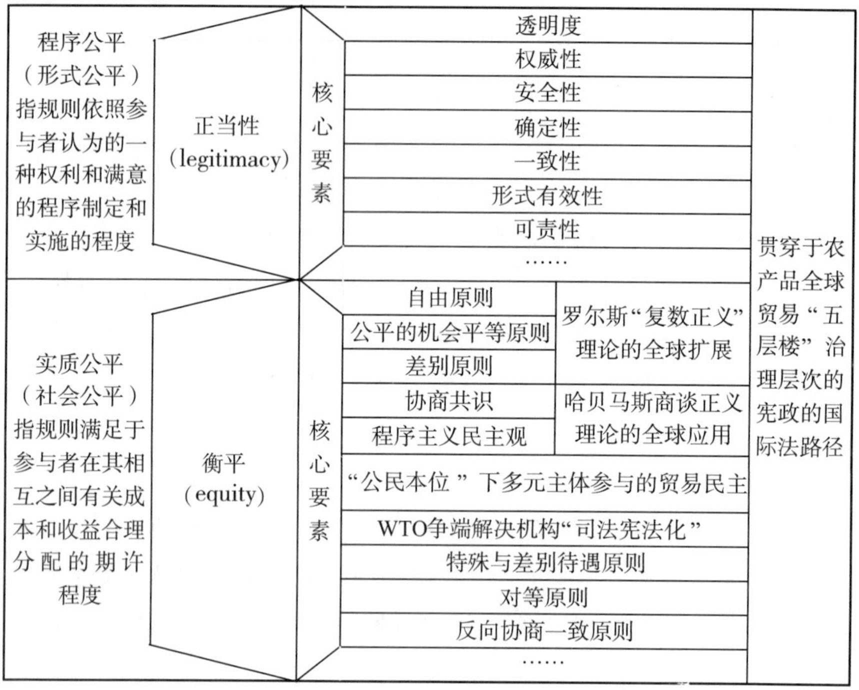

图2.2　农产品贸易规则中的公平价值要素示意

第三节　农产品多边治理法律体系公平价值的当前成就

从GATT到WTO,一系列与农产品有关的多边贸易规则在促进贸易自由化方面成就斐然,其最广泛地囊括了世界上绝大多数国家,最大化地平衡了发达国家、发展中国家的利益。著名国际经济法学家黛博拉·凯斯(Deborah Z. Cass)认为,WTO存在的合理性与重要性并不在于其扮演开放市场或帮助抑制"特殊利益"的立法者角色,其重要性在于成功地将全球化转向由跨国参与的新形式,转向全球民主的新形式。① 当前,世贸组织的一系列涵盖协定总体上体现出法的公平价值,特别是符合了程序公平的要求。但是,公平是一个相对的概念,如果公平被作为幌子予以单边化地推行,那么所谓公平贸易政策就变成了贸易保护主义的政策工具,这可能违背实质公平。因此,单纯讨论公平贸易,而不从法律价值上讨论贸易规则体系中的公平及其实现方式,则该公平贸易没有实质意义。农产品全球贸易治理则又指向了全球公平(或全球正义),而全球公平则又分为程序公平和实质公平两部分。全球贸易治理体系中的公平要体现程序公平和实质公平的有机结合,二者不可偏废。当前 WTO 框架下的多边贸易安排主要是乌拉圭回合最终达成的一系列多边文件,最大化地实现了程序公平的正当性要求,但程序公平由于主张绝对的平等且在主体间自由地设定和分配权利义务,其结果可能会导致实质的不公平。而实质公平则是对程序公平的矫正,它是在坚持平等原则的前提下具体分析社会关系,根据主体的身份与禀赋的差异进行利益和责任的分配。这正是对罗尔斯第二个正义原则第二部分"差别原则"的贯彻。现有的多边贸易规则很多符合程序公平之要求,但缺乏实质公平之考量。对此,有必要首先从两种公平价值出发,对 WTO 框架中的农产品多边贸易规则的公平性成就展开抽丝剥茧的分析与阐释,并指出其总体法律治理上的缺陷,以期在下文作出更加具体、细致的考证,并为通过法律的农产品全球治理的机制构建奠定基础。

一、农产品多边贸易法治中的自由主义秩序与公平性期待

(一)自由主义国际经济秩序的开启为公平贸易奠定基础

两次世界大战期间,全球性的经济萧条和国家间激烈的贸易战使得国际经济秩序颇为混乱,因此世界亟待构建更为稳定的国际经济秩序。

---

① See Deborah Z. Cass, *The Constitutionalization of the World Trade Organization: Legitimacy, Democracy, and Community in the International Trading System*, Oxford University Press, 2005, p. 240.

"二战"期间,因美英建立了较为紧密的伙伴关系,在密筹之下,44 国参与的布雷顿森林会议在 1944 年 7 月成功举行。由此开启的"布雷顿森林体系"确立了贸易自由化、资本自由化以及外汇自由化为主体内容的多边经济制度。从本质上说,布雷顿森林会议构建了一个"包含自由主义国际经济秩序的制度框架"。作为布雷顿森林体系的重要补充,GATT 1947 的临时适用为国际贸易提供了多边主义与非歧视性政策,有利于使成员方在多边框架下发挥自身的比较优势。1944 年国际复兴开放银行(以下简称世界银行)得以建立,以帮助欧洲国家和日本的战后重建,并将资源引向发展中国家,进一步巩固了自由主义的基础。① 总之,国际货币基金组织、世界银行与 GATT1947 这"三驾马车"为自由主义国际经济秩序的建立与发展贡献了重要力量。

如果从全球最具影响力的社会思潮出发,可以将国际贸易理论划分为自由主义贸易理论、民族主义贸易理论和马克思主义贸易理论三大流派。其中自由主义的贸易理论是正统经济学的重要分支,最早可追溯至亚当·斯密创立的以国际分工学说为基础的"绝对优势论"(the theory of absolute advantage)。该流派以后为大卫·李嘉图提出的更为完善的"比较优势论"所发扬光大,之后瑞典经济学家赫克歇尔(Eli Heckscher)和其弟子贝蒂·俄林(Bertil Ohlin)的要素/资源禀赋论(factor/resources endowment theory)、波斯纳(Michael V. Posner)的"模仿滞后假说"(Imitation lag hypothesis)、雷蒙德·弗农(Raymond Vernon)的"产品周期论"则从不同角度和侧面拓展了自由主义贸易理论的思想深度。② 总之,自由主义贸易学派认为,自由贸易无疑是最优选择,专业化和国际分工推动了各国劳动生产率的提高,进而为本国和世界积累了财富,而且增加了各种消费的可能性。③

---

① 参见[美]贾格迪什·巴格沃蒂:《贸易保护主义》,王世华、常蕊、郑葵方译,中国人民大学出版社 2013 年版,第 2 页。

② 参见李滨:《国际政治经济学——全球视野下的市场与国家》,南京大学出版社 2008 年版,第 114 ~ 125 页。

③ 参见[美]吉尔平:《国际关系政治经济学》(第 2 版),杨宇光等译,上海人民出版社 2011 年版,第 167 页。

事实上,自由主义国际贸易理论至今仍对国际经济秩序发生着重大影响。以美国为例,由于受到传统保护主义以及人权保护运动的影响,美国的贸易出现自由贸易和公平贸易两种截然不同的价值导向。且从其贸易发展趋势来看,美国试图在这两种导向中作出价值选择。自由贸易导向主张通过最大化地减少美国进出口中的诸多贸易壁垒,促进对外贸易的扩张,尽可能地为美国的消费者、美国的经济和美国的对外政策创造更多的利益,甚至为世界其他国家创造贸易的增长空间。在以自由贸易为导向的贸易政策中,尽管由 WTO 所实施的雄心勃勃的多边贸易议程这一最优方案踯躅难行,但寻求与重要贸易伙伴订定自由贸易协定的次优方案却展现出巨大的发展前景。[①] 自由贸易导向的最优实现途径则是利用 WTO 的多边贸易议程,而次优选择则是与日本、印度、韩国和欧盟等重要经济体订立自由贸易协定。而公平贸易导向则认为无节制的贸易扩张可能刺激那些以违反劳工标准与环境政策方式生产的产品的进口,更加自由的贸易并不会得到美国公众和国会的支持,因此不太倡导恢复多哈回合多边议程,并主张更加有力地执行贸易规则。[②] 但美国目前也尽力避免在自由贸易和公平贸易两种导向之间作出非此即彼的选择,而是以更为务实的态度,平衡各方的权益诉求。但总体来说,“二战”后的60 年里,美国的贸易政策发生了从自由贸易向公平贸易的转向,其中前30 年美国支持自由贸易,而到后30 年里美国偏向于奉行公平贸易。[③]

事实证明,多边贸易体系主要受自由贸易的促动,农产品贸易也受益于这一点。世界权威国际关系学家、新自由制度主义理论的集大成者罗伯特·基欧汉(Robert O. Keohane)认为,关贸总协定乌拉圭回合谈判前所未有地将农业和诸多服务业部门置于多边协定的覆盖之下,将会导致

---

① See Daniel W. Drezner, *U. S. Trade Strategy*: *Free Versus Fair*, the Council on Foreign Relations, Inc. ,2006, pp. 1 –4.

② Ibid.

③ 参见李春林:《贸易与劳工标准联结的国际政治经济与法律分析》,法律出版社 2014 年版,第 133 页。

世界贸易自由化的实质性发展。[①] 法兰西学院院士、索邦大学荣修教授雷蒙德·布东(Raymond Boudon)亦认为,发展中国家与发达国家相互之间的农产品贸易非常有利于发展中国家的农业发展,发达国家与发展中国家的不平等的进一步加剧并不是因为其奉行了自由贸易政策,而恰恰是因为他们背离了这一点。[②]

1964 年至 1967 年的关贸总协定第六回合即肯尼迪回合曾试图将农产品逐步纳入多边贸易的框架之中,并曾一度将农产品确定为重点议题,但由于美国、欧共体等农产品贸易大国的分歧过大,导致谈判未取得实质性进展。到乌拉圭回合谈判,农业议题成为重要内容,主要涉及通过减少贸易壁垒促进市场准入、降低农产品的国内支持和削减农产品的出口补贴三个方面的内容。在该回合谈判中达成的《农业协定》标志着农业首次进入多边贸易体系的监管框架之中,具有十分重要的意义。《农业协定》从整体上将农产品扭转到贸易自由化的框架之中,但其自身也存在诸多局限性,譬如存在对国内支持和市场准入的削减力度不足、为发达成员方实施农业保护政策预留了广阔空间、发达国家的高补贴和高关税依然存在等问题。

《农业协定》第 20 条则将农业确定为从 2000 年启动的新一轮谈判的既定议程。2001 年 11 月,WTO 第四届部长级会议发表的《多哈发展议程》进一步明确了农业谈判的目标,多哈回合谈判由此拉开序幕。当前多哈回合中巴厘岛部长会议"一揽子"协定的达成,特别是《贸易便利化协定》[③]被诸多国家的签署都为进一步促进贸易自由化作出了重要贡献。在多哈回合谈判中,农业谈判成为核心议题。总之,未来农业全球化的实

---

① 参见[美]罗伯特·基欧汉:《局部全球化世界中的自由主义、权力与治理》,门洪华译,北京大学出版社 2004 年版,第 219 页。

② 参见[法]布东:《为何知识分子不热衷自由主义》,周晖译,生活·读书·新知三联书店 2012 年版,第 55 页。

③ 关于《贸易便利化协定》所确立的贸易便利化制度的主要内容,及其在"丝绸之路经济带"中十八国范围内的差异性比较以及我国的应对策略,详见胡晓红:《论贸易便利化制度差异性及我国的对策:以部分"丝绸之路经济带"国家为视角》,载《南京大学学报》(哲学·人文科学·社会科学)2015 年第 6 期。

现,都要通过不遗余力的贸易自由化来逐步推进,农产品公平贸易最终也将在自由主义国际经济秩序的不断稳步推进中实现。

（二）单边主义国际贸易秩序的去除与公平价值的守望

GATT 以来的多轮贸易谈判都是围绕着单边主义与多边主义的博弈进行的,而对国际贸易造成最大扭曲作用的便是单边主义贸易政策。这些多边谈判尽可能地通过多边主义的制度安排限制成员方的单边主义行动。但是在现实的规则运行过程中,多边主义框架也会被以单边主义方式滥用。从经济利益的角度考量,发达国家为了追逐国民福利的最大化,通常会诉诸单边主义的行动。最典型的单边主义政策工具就是启动各类贸易壁垒的调查,臭名昭著的美国“301 条款”便是单边主义贸易政策的产物。[①] 反倾销、反补贴以及一些非关税的技术性壁垒措施本质上为 WTO 多边协定所允许,通常被认为是“公平贸易”的政策,如果被一些崇尚本国利益至上的发达国家在贸易保护主义理念的引导下进行“不公平”的实施,那么这种公平贸易政策事实上会演变为贸易保护主义政策。自 20 世纪 90 年代以来,发达经济体开始更加广泛地启动反倾销、反补贴以及各类技术性贸易壁垒调查,再一次祭起贸易保护主义大旗。这使所谓的“公平贸易政策”滑向公平的另一端。[②] 由此可以看出,已然订定了的多边贸易规则所形成的形式正当性不足以保障多边贸易规则完全符合公平与正义之要求,因此尚须具有矫正程序公平的另一类公平即实质公平的出现和发展。因此,立基于单边主义的、缺乏实质公平的公平价值是一种简单的价值,自身会产生价值偏离问题。

GATT 被认为是在世界范围内构建了一个巴格沃蒂所称的“契约式机构”,该机构摒弃了单边主义,在很大程度上推进了成员方权利与义务的对等,在完全互惠的价值指引下促进了“缔约方市场准入义务的广泛平衡”。GATT 所确立的非歧视原则和互惠原则已然为建立在分配正义的

---

① 参见刘靖华:《对外贸易壁垒调查的行政法研究》,合肥工业大学出版社 2012 年版,第 62～65 页。

② 参见褚霞:《贸易救济性质研究》,法律出版社 2015 年版,第 94～102 页。

公平之上的过程公平和正当性的公平奠定了基础。[①] 当然,这远未达到真正意义上的程序公平和实质公平的结合。GATT 另一为人称道的成就便是吸收了一种与完全互惠相关但又有区别的“第一差别互惠”(first-difference reciprocity),营造了一种“公平的竞争环境”。[②] 而差别原则又是罗尔斯复数正义论中的重要部分。是故,只有多边主义的机制才能最大化地体现法律的公平性价值。事实上,世贸体制是当前发展中国家寻求共识与协作、推进自由贸易的不二平台。[③] WTO 将公平竞争原则置于基本原则的地位,这种相对公平的多边贸易法律体系为经济全球化的发展起到了十分重要的促进作用。

因此,自由主义国际经济秩序十分重要,但同样重要的是其需要公平价值的矫正,否则单纯强调自由主义,反而从反面破除了自由主义。而实质公平则有赖于国际贸易的诸多主体在多边规则的对话与博弈中平衡相互之间的利益,进而实现相互间的分配正义。如果一国过分倡导“奖出惩入”的自由贸易政策,可能会刺激其他国家构筑更高的贸易壁垒进行对抗,任何类型的全球贸易战都将最终破坏出口国的经济、减损国内劳工利益。[④] 因此,任何国家所采取的任何形式的单边的、武断的贸易政策都可能因激发贸易伙伴激烈的对抗和摩擦而破坏贸易自由化的最终实现,从根本上扭曲了贸易本身。国际农产品贸易完全可以实现正和博弈,这也是农产品公平贸易所追逐的目标,而和谐、有序、公平的农产品国际贸易法律秩序,需要各国通过多边合作,消弭分歧、强化程序公平与实质公平的结合,最终方能实现这一美好前景。

---

① Nam-Ake Lekfuangfu, “Rethinking the WTO Anti-Dumping Agreement from A Fairness Perspective”, *Cambridge Student Law Review*, Vol. 4, 2008, p. 304.

② [美]贾格迪什·巴格沃蒂:《贸易保护主义》,王世华、常蕊、郑葵方译,中国人民大学出版社 2013 年版,第 30～31 页。

③ 参见程大为:《全球贸易治理中多边主义、诸边主义和大区域主义的比较与选择》,载《经济纵横》2014 年第 4 期。

④ See Daniel W. Drezner, *U. S. Trade Strategy: Free Versus Fair*, the Council on Foreign Relations, Inc., 2006, p. 2.

二、WTO 多边贸易规则对农产品公平贸易的当前贡献

（一）GATT/WTO 多边体系中体现的实质公平的要素

在 GATT 框架下多个回合的多边贸易谈判中，发展中国家与发达国家之间在发展程度上有较大差异。因此，为了确保实质公平，自 GATT1947 建立之初，WTO 体系中的多边协定就采取对发展中国家给予特殊和差别待遇（Special and Differential Treatment，以下简称 SDT 或 S&D）的制度安排。这一安排充分考虑到发展中国家的特殊情况和需要，给予其优惠照顾，允许发展中国家成员基于正当的理由作出与多边协定相冲突的行为。WTO 机制中的这种对发展中国家实施“特殊与差别待遇”和建立专门机构对发展中国家提供技术援助等规则被认为是符合实质正义的重要因素。① “特殊与差别待遇”作为一个术语最早出现在 1973 年《东京回合宣言》中。素有“WTO 宪章”之称的《马拉喀什建立世界贸易组织协定》（*Marrakesh Agreement Establishing the World Trade Organization*，以下简称《马拉喀什协定》）明确了对发展中国家的特殊与差别待遇，但规定较为抽象，需要其附件下的各个具体多边协定予以细化明确。

据统计，WTO 中有 17 个左右的多边协定订有特殊和差别待遇条款。WTO 秘书处在 2000 年 10 月发布的一份报告中将 WTO 多边协定中的特殊与差别待遇条款划分为 6 种类型，程大伟为此制作了表格。根据该表的统计结果，关于特殊与差别待遇条款总数目的情况是：与农产品贸易关系紧密的几个协议中，特殊与差别待遇条款的数据如下：《农业协定》共计 14 处、《关于粮食净进口发展中国家的决定》共计 5 处、《实施卫生与植物卫生措施协定》共计 5 处、《技术性贸易壁垒协定》共计 16 处、SCM 共计 16 处、《关于争端解决规则与程序的谅解》共计 11 处。其中，（1）“旨在增进发展中国家参加世界贸易的机会的规定”条款：《农业协

---

① 参见黄志雄：《WTO 体制内的发展问题与国际发展法研究》，武汉大学出版社 2006 年版，第 149 页。

定》1 处；(2)“关于 WTO 成员应该维护发展中国家成员利益的规定”条款：《关于粮食净进口发展中国家的决定》4 处、《实施卫生与植物卫生措施协定》2 处、《技术性贸易壁垒协定》6 处、《反倾销协定》1 处、SCM 1 处、《保障措施协定》1 处、《关于争端解决规则与程序的谅解》7 处；(3)“关于发展中国家在作出承诺、采取行动及运用政策手段上可具有一定灵活性的规定”条款：《农业协定》9 处、《技术性贸易壁垒协定》1 处、SCM 8 处、《关于争端解决规则与程序的谅解》1 处；(4)“关于发展中国家履行义务的过渡期规定”条款：《农业协定》1 处、《实施卫生与植物卫生措施协定》2 处、《技术性贸易壁垒协定》1 处、SCM 6 处、《保障措施协定》1 处；(5)“向发展中国家提供技术援助的规定”条款：《技术性贸易壁垒协定》7 处、《关于争端解决规则与程序的谅解》1 处；(6)“专门适用于最不发达国家的规定”条款：《农业协定》3 处、《关于粮食净进口发展中国家的决定》1 处、《实施卫生与植物卫生措施协定》1 处、《技术性贸易壁垒协定》1 处、《关于争端解决规则与程序的谅解》2 处。[①] 下面仅就最具代表性的实体性协定《农业协定》和程序性协定《关于争端解决规则与程序的谅解》中的特殊与差别待遇条款作一阐释。

(二)《农业协定》体现的公平贸易诉求

WTO 成立以来，尽管《农业协定》开宗明义地倡导建立的“一个公平的、以市场为导向的农产品贸易体制”的宗旨自乌拉圭回合中期审议时就被确定为长期目标，但农业问题一直是历次贸易谈判中最为棘手的焦点问题。据统计，早在 1986 年 8 月，经济合作与发展组织成员国提供的农业补贴总额占所有成员国农业生产总值的 51%；14 年后这些国家大都在乌拉圭回合中签署了《农业协定》，彼时这些国家的补贴总额仍然高达 3110 亿美元，占生产总值的比例仍然达到 48%。[②] 也就是说，农产品领域多边协定的达成也是妥协的结果，《农业协定》存在大量的模糊性条款，回避了一些难以解决的尖锐问题。

---

① 参见程大为：《WTO 体系的矛盾分析》，中国人民大学出版社 2009 年版，第 97 页。

② See OECD, *Agricultural Trade and Poverty: Making Policy Analysis Count*, OECD, 2003.

尽管如此,《农业协定》仍然是 WTO 框架下对部分农业问题达成一致的较能体现公平价值的制度安排。通读此文,字里行间都渗透出自由、公平的价值理念。《农业协定》在前言中即申明:发达国家成员在实施其市场准入承诺时,将充分考虑发展中国家的特殊需要和条件,对发展中国家成员包括给予热带农产品贸易全面自由化等在内的、对其有特殊利益的农产品以更大程度地改进市场准入的机会与条件。各方应以公平的方式推进改革议程,并对发展中成员以非互惠的普惠待遇,力求改革方略的施行不得损害最不发达国家的粮食净进口。WTO 在《农业协定》缔结时,成员方注意并承认彼此在履行协定之纪律时存在的巨大差异,为了促进农业的稳定发展,协定对发展中国家的纪律约束放松要求,给予其更加灵活的特殊和差别待遇安排。如《农业协定》在第 6 条第 2 款明确,发展中成员方政府实施的作为国家发展计划组成部分的农村发展与农业援助政策应免于减让。具体包括三个方面:第一,农业可普遍获得的投资补贴;第二,弱势的生产者群体可获取的农业福利支助;第三,鼓励生产者停止种植非法麻醉作物所作的国内支持。《农业协定》第 9 条"出口补贴承诺"部分第 2 款(b)项(iv)目部分,关于需要削减的出口补贴在实施期结束时,发展中国家可享受发达国家的要求更为宽松的待遇,即出口补贴的预算金额与补贴数目应小于或等于基期的 64 个和 86 个百分点,比发达国家的要求更为宽松。且第 9 条第 4 款规定,发展中成员免于削减以降低农产品出口营销费用为目的的补贴以及政府支持下的出口装运优惠性运费安排。只要这些补贴的实施目的不是为了规避出口削减承诺。《农业协定》第 15 条专门设置了"特殊和差别待遇"条款,明确允许发展中国家成员在不超过 10 年的时间内拥有灵活实施削减承诺之权利,而最不发达国家无须承担任何削减义务。

《农业协定》中的针对农业生产和农产品贸易所作的具体的特殊与差别待遇安排,正是体现了协定在构建"一个公平的、以市场为导向的农产品贸易体制"的巨大努力,不仅满足了程序正义的正当性要求,而且部分实现了实质正义的衡平价值。但是,即使 WTO 的成员方全面贯彻了已在农产品领域达成了特殊与差别待遇安排,以国际贸易治理的视角观之,也不完全是公平的。这是因为,首先,基于对 WTO 特殊和差别待遇而实施的普惠制是发达国家在符合其发展目标情形下单方面给予的,通常都会以接受国承担一些与贸易无关的义务为前提。其次,从实践经验来看,发展中国家并未从普惠制中真正获益。再次,普惠制的受惠者往往会使自身的工业与农业多样化受到损害,进而产生对外的依赖性。最后,即使普惠制实施到位,如果不能很好地结合国内法中的平衡原则,即忽视了国际法与国内法的联结,那么更多差别待遇的获得也仅仅证明其在管辖权上的特权。这也就意味着,为 WTO 所赋予的特殊与差别待遇很可能成为国内少数特殊利益集团的特别福利。① 因此,对实质公平的强调,也不能忽略程序公平的正当性约束。

(三)WTO 争端解决机制所体现的公平贸易诉求

WTO 成立以来,最为引人瞩目的程序性规范就是其构建的一套强有力的争端解决机制,这一机制的制度安排在很大程度上对于平等、公正地解决成员方的贸易争端起到了不可替代的重要作用。WTO 争端解决机制旨在保护 DSU 适用范围内所有多边涵盖协议项下的权利义务,通过解释国际公法的惯例来澄清权责,以维系多边规则的稳定发展,有效防止成员方之间在多边协定下权利义务的失衡。WTO 争端解决机制设定了公平合法性原则作为指导性原则。为了防止实力强的成员方迫使弱小成员方接受不公平的争议解决条件,DSU 在第 3 条第 5 款要求包括仲裁裁决在内的根据适用协定提起的磋商和其他所有争端解决办法均应符合这些协定。不得减损或破坏成员基于协定的正当权益,也不得对适用协定的目标实现造成阻碍。

在 WTO 裁决执行机制方面,DSB 授权进行贸易报复或交叉报复的作用很大程度上维护了发展中成员或者弱势成员方的利益,尽管交叉报复为美国所首倡。WTO 框架中的"报复"一词是一种形象化的指称。具体来讲,报复制度是 WTO 争端解决机构接到一成员投诉另一成员不遵

① 参见陈辉庭:《世界贸易体制的变革:经济全球化背景下国际法与国内法的联结》,社会科学文献出版社 2014 年版,第 204~206 页。

守争端解决机构的建议和裁定后，授权终止减让其在 WTO 项下义务的一种反措施。[①] 概括起来，报复表现为如下几个特点：首先，它是 WTO 框架下"针对持续不遵守行为的最后一招"；其次，它是投诉方在准司法体制调控下合法的对等给付；再次，它具有临时性；最后，它具有一对一的双边特征。[②] 而 WTO 框架下的"交叉报复"指的是在 WTO 管辖的货物贸易、服务贸易和知识产权保护三大领域中，被诉方违反任何一个协定造成损害后，DSB 所授权的报复将不再局限于违法所涉协定领域部门，而是可以在其他两大领域内进行报复。具体划分为跨越不同部门的同一协定项下的交叉报复和跨越不同协定的交叉报复两类。也正因此，交叉报复超越了货物贸易的范畴，向知识产权和服务贸易领域伸展。WTO 自成立以来，DSB 授权过交叉报复的案件屈指可数，即仅有厄瓜多尔、安提瓜和巴西在不同时期针对美国的申请过交叉报复。而且，三个案件中有两个发生在农产品领域。交叉报复使安提瓜这样的小国可以对 GDP 总量是自己 14 万倍的美国，厄瓜多尔对 GDP 总量是自己 4 倍的欧共体有权和有机会申请实施报复。因此从形式上看，交叉报复体现出了 WTO 成员方权利义务的公平性，在一定程度上满足程序公平和实质公平的基本要求。当然，现实中这些申请交叉报复的案件没有一例真正付诸实施，可操作性不强。

概括起来，当前 WTO 所创立的多边贸易框架搭建了一个较为公平的贸易平台，其很多规则、制度设计的初衷是为了促进更加公平的贸易自由化。当然，现有规则的这种公平性更多地体现为程序公平，其实质意义上的实质公平缺失依然是根本性的。剑桥大学阿姆瑞塔·纳利卡（Amrita Narlikar）教授认为，WTO 对于公平性对话的重视不足，特别是对分配正义的厘定受到了很多非政府组织的非议。[③] 以多边规则中体现的

---

① 参见胡建国：《WTO 争端解决裁决执行机制研究》，人民出版社 2011 年版，第 262 ~ 265 页。

② 同上。

③ See Amrita Narlikar, "Fairness in International Trade Negotiations: Developing Countries in the GATT and WTO", *World Economy*, Vol. 29 (8), 2006, pp. 1005 – 1029.

特殊与差别待遇为例，也有为数不少的学者对此嗤之以鼻。如美国学者约翰·马德莱(John Madeley)认为，发展中国家根据乌拉圭回合协定可以享有“特殊与差别待遇”，但事实证明这并无任何价值。[①] 伯纳德·霍克曼(Bernard Hoekman)和米歇尔·科特基(Michel Kostecki)进一步指出，在WTO涵盖协定中有97个特殊与差别待遇条款，其中大部分不具有法律约束力，实为“尽最大努力”式的承诺。[②]

再以争端解决程序为例，除了美国虾类贸易争端中尼日利亚作为第三方在上诉程序启动之前同美国交涉，以及在欧洲共同体香蕉争端中非加太国家作为第三方与欧洲共同体谈判以外，迄今很少有发达国家愿意参与WTO的上诉程序。也就是说，世贸组织的准司法救济满足了一定程度的正当性要求，体现了一定的程序公平。但是由于缺乏实践性，或者说受制于相差悬殊的大国力量的压制，使这一公平并未严格体现实质公平的衡平性要求，因此并未满足实质的公平，因此难以实现结果的正义。

三、当前农产品多边贸易治理法律体系的总体评价

(一)WTO多边规则对促进农产品公平贸易有突出贡献

如前所述，当前的农产品贸易制度总体来说体现出贸易自由化的倾向，但这并不能展现出公平贸易的全景。自由贸易是全球化的重要组成部分，自由贸易本身需要倡导，但由于自由贸易是无序的、以利益为导向的。因此，自由贸易本身并不能解决贸易的公平性的问题，必须使用法律上的公平价值作为指引。正如斯蒂格利茨所分析的那样，过去的贸易协定既不是自由的亦非公平的。它呈现出一种不对称性，它以一种非互惠的方式让发展中国家对来自发达国家的商品开放市场，这使许多微妙但在起作用的贸易壁垒得以继续留存。如此不对称的全球化将发展中国家置于一个不利的地位，这与置身于真正的自由和公平贸易机制的状况相

---

① 参见[美]约翰·马德莱:《贸易与粮食安全》，熊瑜好译，商务印书馆2005年版，第55页。

② See Bernard Hoekman and Michel Kostecki, *The Political Economy of the World Trading System: The WTO and Beyond*, 2nd edition, Oxford University Press, 2001, pp. 392 – 393.

比要糟糕得多。因此,要使贸易自由化有效地促进各方的永续发展,须公平地实施贸易自由化,并辅之以适当的政策、公平的贸易规则以及自由平等的主体参与。①

关贸总协定并非一劳永逸地清除了贸易限制,而是通过多个回合的谈判,逐渐实行一系列的关税减让措施,因此它在促进贸易自由化方面居功甚伟。在关税与贸易总协定时期,总共进行过八轮多边贸易谈判,具体可以分为三个阶段,分别是:(1)以进口关税削减为主的阶段(1947 年至 1967 年)。在这一阶段中,共进行过六轮贸易谈判。第一轮即 1947 年 4 月至 10 月的日内瓦回合(Geneva Round),第二轮为 1949 年 4 月至 10 月的安纳西回合(Annecy Round),第三轮是 1950 年 9 月至 1951 年 4 月的拖奎回合(Torquay Round),第四轮是 1956 年 1 月至 5 月的日内瓦回合(Geneva Round),第五轮是 1960 年 9 月至 1961 年 7 月的狄龙回合(Dillon Round),第六轮是 1964 年 5 月至 1967 年 6 月的肯尼迪回合(Kennedy Round)。六轮多边贸易谈判使得缔约方的数量从首轮 23 个增加到第六轮的 102 个;六轮谈判的工业品平均降幅达到 30.2%。(2)以非关税减让为主的阶段(1973 年至 1979 年)。该阶段的多边贸易谈判主要是指 1973 年 9 月至 1979 年 4 月的东京回合(Tokyo Round),包括 29 个非 GATT1947 成员在内的共计 99 个成员通过谈判,仅关税方面平均就达成下降 25% ~33% 的税收减让协议。而且在这一阶段中,为限制与消除各类非关税措施设定了多边纪律;明确了农产品贸易自由化的特点、方法与步骤;禁止对一切出口商品进行补贴,否则进口国有权征收反倾销税和反补贴税。总之,东京回合谈判的 11 项独立协议中,仅有 2 项全部与部分涉及关税问题,其余 6 项具体规定了反倾销、反补贴、政府采购、海关估价、进口许可程序等问题,此外还有 3 项则是有关民用飞机、牛肉和乳制品的协议。(3)综合解决多边体制根本问题的阶段(1986 年至 1994 年)。该阶段的多边贸易谈判指的是从 1986 年 9 月至 1994 年 4 月的乌

---

① See Joseph E. Stiglitz, *Making Globalization Work*, W. W. Norton & Company, Inc., 2006, pp. 62 – 63.

拉圭回合(Uruguay Round)。该轮谈判是集大成者,有125个成员方参加,“一揽子”达成了由《马拉喀什协定》统揽的10多个多边协定,领域涉及15个议题。并据此成立了WTO。

乔治·华盛顿大学国际经济法学教授斯蒂文·兰诺维克(Steven M. Suranovic)认为,通过对WTO规则的进一步验证我们可以发现,其对分配正义的承诺十分有限,且缺乏对于秩序与正当性的安排。当然,尽管WTO有关分配公平的条款十分稀少,比如不允许对于贸易自由化影响下工资受到缩减的发展中国家低技能工人增加保护等,但WTO所设计的一系列非歧视和互惠规则证明了其对于公平的过程、秩序和正当性的巨大贡献。[①]

(二)WTO多边贸易规则并未解决深层次的法律价值疏离

WTO没有完全解决的问题是,世界贸易的格局始终没有挣脱“威斯特伐利亚主权”(Westphalian Sovereignty)体系的束缚。正如基辛格在《世界秩序》一书中所说,世界秩序结构的一个重大缺陷在于,这个世界的政治组织和经济组织不同步。世界经济体系已经全球化,而世界政治结构还是以民族国家为基础。WTO成立之前的GATT因没有成立预想中的国际贸易组织(International Trade Organization,ITO),在临时适用议定书统揽下的GATT的相关规则因缺乏相应国内法体制的明确支持而具有天然的缺陷,各国在此框架下所做的严格遵守GATT义务的承诺也“只能沦为一种基于诚信和道义的政治性表述”。[②] 现有的WTO多边贸易规则并未解决深层次法律价值的疏离。如在环境保护、劳工标准、知识产权保护和投融资等关键问题领域并未实现超越国界的真正平等,因为自由贸易本身并不能解决公平性问题。

因此,对公平贸易的关注是自由贸易发展中更深层次的考量。公平贸易的定义十分不确定、内涵十分广阔。发展到后来,公平贸易对国际

---

① See Steven M. Suranovic, “A Positive Analysis of Fairness with Applications to International Trade”, *The World Economy*, Volume 23, Issue 3, 2000, pp. 283 – 307.

② 陈辉庭:《世界贸易体制的变革:经济全球化背景下国际法与国内法的联结》,社会科学文献出版社2014年版,第115页。

贸易的考量增加了很多劳工标准、安全标准、环境标准等社会性因素，从广义上说与人权问题进行了一定程度的挂钩。而且人权的定义向来不甚一致，具有较强的政治性。因此，公平贸易在实质上更多地体现一些发达国家将此类价值标准单边化推进的过程。因此只能说，现有的WTO多边贸易框架为农业全球化与农产品贸易走向公平贸易之路指明了基本的走向，尽管正在进行的多哈回合谈判在农产品贸易规则方面小有斩获，但前路仍然漫长。

当前，以农业为核心议题的多边谈判举步维艰，而TPP等区域贸易协定试图在这些领域中打破僵局，如TPP试图在货物和服务贸易的几乎全领域消除和削减关税和非关税壁垒，而且加入了劳工条款、环境条款。另外，一些双边贸易协定也试图解决在WTO多边贸易框架中难以解决的棘手问题。这都在一定程度上导致WTO在国际经济体系中正面临着被边缘化的风险。未来如何在自由贸易与贸易保护、单边主义与多边主义的博弈中找到更好的平衡点，则是国际贸易治理的重要任务。

本章小结

“公平”一词内涵丰富、形态多样，中国古代史料中呈现的“公平”大体是指合乎情理、无偏私的意思。“公平”有时候被看作法律的同义词，“公平”在法律上通常被视为一种应予始终遵循的价值观。与“正义”不同的是，“公平”着眼于利于均衡，而“正义”则强调利益对等。罗尔斯的“公平的正义”理论实际上将公平内化为正义的一部分。

有关“公平贸易”的理论和实践发展由来已久，其最早在一些发达国家内部产生，后来逐渐向国际层面渗透。具体而言，公平贸易有狭义和广义之分。狭义的公平贸易仅指由国际公平贸易组织所倡导和认证的一种新型的贸易形式，其根本宗旨在于促进可持续发展、减少贫穷，为那些在经济上处于弱势地位或在传统贸易中被边缘化的产品生产者创造更多的发展机会，故其核心价值理念都深具前瞻性和先进性；而广义的公平贸易指的是各类与多边贸易规则所确定的公平价值理念相联系的经济、法律的理论、政策、规则、措施的整体。因此,“公平贸易”的内涵十分丰富,其概念体系中既包含由经济学从分配正义视角赋予的特定含义,也包含一些国家或理论家从法律价值视角赋予的特定含义。在实践中,公平贸易近年来被发达经济体与劳工标准、环境保护等相联结并单边推行,成为发达国家借以威胁发展中国家的重要手段。因此,当前的公平贸易具有两个向度,一个是以追求贸易自身符合全球分配正义的公平性向度,另一个是以贸易为基础、联结劳工标准的保护主义向度。无论是从其初衷抑或是从其包含的价值来看,公平贸易作为一种理论和政策,其关注的首要目标应当是贸易本身的公平性。因为自由贸易本身并不能解决公平性问题,对公平贸易的关注是对自由贸易发展更深层次的价值矫正。

以发展的眼光观之,无论从近年美国所主导的 TPP 谈判还是欧盟的“贸易与投资新战略”,均反映出贸易中的价值联结已经成为国际贸易发展的必然趋势。未来将贸易与更深层次的可持续发展、环境保护、反腐败和劳工标准相联结将在大区域协定(Mega Deal)[①]中不可避免,并进一步影响多边贸易体系。因此从这个意义上讲,公平贸易已不是有和无的问题,而是应该如何进行价值纠偏的问题。摒除发达国家单边主义的公平贸易政策,关注贸易本身的公平以及多边主义的民主治理应当是未来发展的必然趋势。未来的公平贸易政策、理论不是要被束之高阁,而是应进行符合国际公平与正义的法治化改造。因此,我们有必要从公平价值的原初出发,思考符合正义标准的公平问题,以确立符合农产品全球贸易治理的公平价值指针。而关于公平问题,罗尔斯所确立的复数正义理论有重要的指导价值,只是在向国际层面扩展时遇到了困难,但具有这种可能性,而哈贝马斯的商谈正义对其具有重要的补充作用。而在通过国际法的全球治理体系之中,托马斯·弗兰克提出的作为正当性的“程序公平”(也称“形式公平”)与作为衡平的“实质公平”(也称“社会公平”

---

① “大区域协定”(Mega Deal)指的是 TPP、TTIP、RCEP 等为代表的洲际大区域协定,它是区域全球治理的新路径。详见程大为:《全球贸易治理中多边主义、诸边主义和大区域主义的比较与选择》,载《经济纵横》2014 年第 4 期。

或“结果公平”）的划分因其指向清晰、涵盖清楚，可以作为全球贸易治理公平价值的基本逻辑框架。

当前由 WTO 主导的多边贸易体系取得了引人瞩目的成就。主要体现为以 WTO 成立为主要标志的自由主义国际经济秩序的开启，以及单边主义国际贸易秩序的祛除，这对农产品多边贸易规则影响深远。与农业相关的《农业协定》《SPS 协定》《TBT 协定》中大量出现的“特殊和差别待遇”条款、非歧视原则和互惠原则在很大程度上体现了实质公平。作为程序法的 WTO 争端解决机制，搭建了一个较为公平的贸易平台，其很多规则、制度的设计为保障农产品的贸易自由化居功甚伟。但是，由于 WTO 多边贸易体系深受“威斯特伐利亚主权体系”的影响，并未解决深层次的法律价值疏离问题。

第三章　国际农产品多边治理法律体系的公平价值缺陷

公平贸易理论和实践的发展由来已久,最早在一些发达国家内部产生,后来逐渐向国际层面特别是WTO多边谈判领域扩展。GATT/WTO框架下的多轮多边贸易谈判对于降低贸易壁垒、促进贸易自由化居功甚伟,特别是在货物贸易领域实现了最为广泛的自由贸易。在世贸组织之前,农业并不受关贸总协定条款的约束。直到1986年开启的乌拉圭回合谈判首次将农业与服务业纳入谈判议题,并将农业问题作为核心内容。三大利益集团围绕农业问题展开了激烈交锋,但因存在巨大分歧,谈判于1992年搁浅。随后美国和欧共体的谈判代表在美国华盛顿进行谈判外的双边交涉,1992年11月下旬《布莱尔宫协定》的达成为1993年年底《农业协定》的签署铺平了道路。[①]WTO成立以来,《农业协定》与WTO其他协定(如GATT1994、SCM、《SPS协定》《TBT协定》)一道有效地促进了农产品的贸易自由化,并很好地促进了农产品贸易的民主参与度。故此,立足于形而上的价值指

① 参见王传丽等:《WTO农业协定与农产品贸易规则》,北京大学出版社2009年版,第14~18页。

导,从形而下的国际农产品贸易实践出发,诠释形而中的多边贸易规范则十分必要。这为进一步绘制未来国际农产品全球贸易治理的理想图景、构筑宪政的国际法治理框架、促进农产品多边贸易规则迈向公平与正义奠定了重要基础。而国际农产品公平贸易则又与新自由贸易主义全球化工程、贸易保护主义、公平贸易理论密切相关,因此需要我们从历史与现实、程序与实体的多个维度出发,寻找实现农产品公平贸易法律治理之路。

第一节　WTO 农产品补贴与反补贴规则的公平价值缺陷

补贴本质上属于经济学的概念,国家使用补贴作为贸易刺激政策的年代已十分久远,最早可追溯至 15 世纪。国家之间最早相互应付补贴的办法就是采取比别国更为有力的补贴措施,这曾一度引发国与国之间的补贴升级战。法学上的补贴问题亦十分复杂,英国著名国际法学家安德烈亚斯·洛文菲尔德(Andreas F. Lowenfeld)如是说:"在国际贸易法中,没有比补贴更具争议和更为复杂的问题。"①随着国际贸易理论的向前发展与国际贸易法的不断完善,反补贴的概念在 20 世纪开始产生。② 一些国家逐渐尝试围绕补贴的认定、反补贴措施与程序进行立法。1897 年,世界上第一部反补贴法在美国诞生。③ 在全球多边规则的构建方面,旨在筹建国际贸易组织的《哈瓦那宪章》第四章第三部分规定了 9 项补贴内容的条款,但各缔约方对补贴与反补贴的概念争议很大。当然,绝大多数缔约方认为补贴是需要被限制的,各方达成的 GATT1947 原则性地为补贴与反补贴(第 6、16 条)行为设定了纪律。④ 而全面规定补贴与反补

① Andreas F. Lowenfeld, *International Economic Law*, 2nd edition, Oxford University Press, 2008, p. 216.

② 参见单一:《WTO 框架下补贴与反补贴法律制度与实务》,法律出版社 2009 年版,第 18 页。

③ 参见黄东黎:《国际贸易法:经济、法律、案例》,法律出版社 2003 年版,第 638 页。

④ 参见单一:《WTO 框架下补贴与反补贴法律制度与实务》,法律出版社 2009 年版,第 39～40 页。

贴问题的多边文件是乌拉圭回合谈判达成的 SCM，它是 1979 年在东京回合谈判达成的《解释和适用关税与贸易总协定第六条、第十六条和第二十三条的协定》(*The Agreement on Interpretation and Application of Articles* Ⅵ，ⅩⅥ，*and* ⅩⅫ *of the GATT*，以下简称《补贴与反补贴守则》)基础上修改而来的。当然，SCM 将农产品的补贴与反补贴规则排除在外，真正调整农产品补贴的多边规范主要为 1993 年 12 月 15 日签署、1995 年 1 月 1 日“一揽子”生效的《农业协定》。由于农业问题向来是多边谈判中引发公平贸易争论最多、最难达成一致的领域，故《农业协定》仅为一项锁定有关农产品贸易自由化进程的过渡性安排，其最终目的是促进农产品贸易规则的统一化。[①] 因此，关于农产品补贴与反补贴多边规范的公平价值考察则有着十分重要的意义。

一、WTO 农产品反补贴规则“软化”安排的公平价值缺陷

(一)农产品反补贴规则游离于 SCM 之外

1979 年《补贴与反补贴守则》在对工业品补贴的限制方面取得了很大的成功，发达国家对工业品的补贴遭到全面禁止。而发展中成员尽管可以对其工业品出口实施补贴，但以不得损害其他成员的生产和交易为基本条件。而对于农产品，发达经济体则长期给予特殊保护。在乌拉圭回合谈判时，发达国家的农业补贴林立。在关贸总协定时期，关于农产品贸易体制有别于工业制成品贸易体制，主要表现在：(1)GATT 本件中对农产品贸易作出一些特殊安排；(2)GATT 成员在诸轮多边贸易谈判中依据个别成员方的请求作出特别安排；(3)GATT 未予明确、各成员方可擅自采取行动的“灰色区域”。[②] 尽管有关农业问题在早期的狄龙回合、肯尼迪回合和东京回合已成为重要谈判议题，但真正被纳入 WTO 多边框架并成为有拘束力的法律规范则是乌拉圭回合谈判达成的《农业协定》。作为一个多边协定，《农业协定》随着 1951 年 1 月 1 日 WTO 的成立而

---

① 参见龚宇：《WTO 农产品贸易法律制度研究》，厦门大学出版社 2005 年版，第 139 页。

② 程宝库：《论 GATT 国际农产品贸易体制的危机与出路》，载《南开经济研究》1992 年第 1 期。

“一揽子”生效,成为具有法律约束力的全球性多边法律文件。而且《农业协定》明确了其与 WTO 其他文件在适用中的关系问题,《农业协定》第 21 条同时明确 GATT 1994 和《马拉喀什协定》附件 1A 的多边文件均在恪守《农业协定》的前提下适用,此外也明确了《农业协定》的有限效力。事实上,后来的一系列农产品案件中都体现出这一点,如 SCM 相关条款也被援引,用来对《农业协定》有关条款作辅助性解释。

《农业协定》的积极意义就在于规范了 WTO 成员方的农业补贴行为,为出口补贴和国内支持确立了基础性的多边规范。通过非关税壁垒关税化(tariffication)的手段禁止非关税措施的适用,提高了透明度,能够有效地遏制贸易保护主义。但其缺点也是十分明显的,即它仅是一个过渡性的安排,“目的在于锁定相关领域的贸易自由化进程”。[①] 正因如此,农产品的补贴与反补贴规则与 SCM 的高标准形成强烈的反差。农产品的补贴与反补贴规则很难适用 SCM,或者说仅在解释和补正《农业协定》相关条款等十分有限的情形下予以适用。在后来的多哈回合谈判中,有发展中国家成员提出在 SCM 的禁止性补贴中纳入农产品出口补贴,因遭遇提供高标准保护的发达国家的不满而作罢。这使农产品贸易长期处于法外之地。依然保留高额的出口补贴,这成为发达国家在农产品领域继续实施扭曲性贸易保护主义政策的重要依据,这在很大程度上违背了程序公平的正当性要求,更是缺乏对实质公平的彰显。2014 年 8 月 31 日,在多哈回合框架下达成的《农业框架协议》中,发达国家作出最终取消出口补贴、大幅削减国内支持、实质性改进市场准入条件的承诺。协议确立了“分层削减”(tiered formula)的模式,越具扭曲性的国内支持越要进行幅度更大的削减,这有助于促动发达国家的扭曲性国内支持趋于更加平衡的状态。[②] 因此,体现出了成员方对衡平的公平在农产品贸易谈判中的运用。

基于多边规则之实践,WTO 框架之中的补贴可分为两大类型:其一,

---

① 龚宇:《WTO 农产品贸易法律制度研究》,厦门大学出版社 2005 年版,第 139 页。

② 参见李双元:《WTO 框架下青藏高原特色农业国际竞争力研究》,青海人民出版社 2008 年版,第 122 页。

根据性质与可制裁性划分为禁止性的、可诉讼的和不可诉讼的三类补贴形式。其二,根据补贴所涉产业性质划分为农产品补贴和非农产品出口补贴,而非农产品的补贴又包括货物贸易与服务贸易的出口补贴。[①] 因此,由农产品补贴规则的特殊安排造成的多边补贴规则的"二元主义"结构,使全球多边补贴与反补贴体系十分复杂。

(二)《农业协定》的"软约束"协议性质难以确保实质公平

"软约束"一词实为经济学的概念,科尔内(Kornai)最早创立"预算软约束"(Soft Budget Constraint,SBC)的概念。指的是计划经济体制下政府迫于无奈,追认企业亏损之事实,继续提供资金支持绩效差的国有企业的现象。这一称谓后来被引申到法律之中形成"法律软约束"概念,特指相关法律难以落实的情况。[②] 在国际条约中,"软约束"指的是国际条约难以执行到位之情势。WTO"一揽子"协定中的《农业协定》由于过度妥协而采取很多含糊其辞的法律表述,使协定本身多有歧义。这导致一些发达国家成员有意无意地背离其义务,违背了程序公平之正当性。尽管《农业协定》在一定程度上通过削减补贴和国内支持减少了农产品贸易的扭曲,并在一定程度上照顾了发展中国家的利益。但从执行效果上来看,《农业协定》的性质仅是一个"软约束"性质的协议,尤其是受到美国《2002 年农业安全与农村投资法案》的冲击,"软约束"的性质更是跃然纸上。该法的最大特点是绕开《农业协定》以达到加大农业投入之目的。在《1996 年农业法》的基础上,继续提高原有补贴对象农产品的直接支付率。它逆转了 1985 年以来市场化的路径,转而通过高补贴、高支持政策逐步构建一道农产品安全网。并通过政府支持加大拓展海外市场的力度,实施保护性的农产品对外贸易政策。这与其在《农业协定》项下的义务是相违背的,主要原因有如下两点:

第一,有关农业补贴的很多规则缺乏约束力。如"绿箱政策"指的是政府执行某项农业计划,以避免扭曲贸易、影响生产者的手段对农业提供

---

① 参见单一:《WTO 框架下补贴与反补贴法律制度与实务》,法律出版社 2009 年版,第 18 页。

② 参见丁卫:《秦窑法庭:基层司法的实践逻辑》,生活·读书·新知三联书店 2014 年版,第 266~267 页。

的免予削减的轻微支持。《农业协定》对“绿箱政策”侧重于界定其性质，而缺少对“绿箱政策”范围的数量限定，从而造成“绿箱政策”的上限与下限呈模糊不定之状态。从实践来看，《农业协定》生效之后诸多成员通过采取增加“绿箱政策”的方法来替代很多不能免于削减的、具有扭曲作用的“黄箱政策”。因此，实质上并未达到 WTO 的谈判目的。[①] 从这个意义上说，《农业协定》有关“绿箱政策”的规定仅满足了形式正当性，在一定程度上符合程序正义之要求。

第二，农业补贴政治化趋向严重，这使 WTO 农业多边协定的达成和促进都受制于政治格局的影响。农业补贴具有很强的政治性是众所周知的事实。美国国内围绕农业补贴的政治博弈却十分明显，比如因充斥着贸易保护主义因子而饱受诟病的《2002 年美国农业法案》的通过，深受美国国内农业势力集团的操控。尽管农业在美国的经济总额中无足轻重，但其政治权力大于其经济规模。例如，在美国参议院，以农业为主的州拥有两个议员，这和许多工业化以及人口众多的州所拥有的议员一样多。[②] 正是由这些发达国家国内农业权力操作下的强硬谈判实体的存在，制造了历次多轮农业谈判的流产，并使已达成协议存在很多违反实质公平的政策和纪律。

二、WTO 农产品补贴与反补贴实体规范的公平价值缺陷

（一）《农业协定》涵盖范围的有限性造成公平价值缺陷

《农业协定》总体上通过关税化和禁止使用非关税壁垒措施的手段来达到逐步削减农产品贸易壁垒之目的。关于农业补贴的问题，《农业协定》作出了不同于 SCM 的特别规定，表现在：《农业协定》并非一体禁止出口补贴，而是要求成员作减让承诺列入削减计划表，成员只受该表限制。因此，若要证明一成员存在出口补贴或者违反《农业协定》，确定出

---

① 参见吴喜梅：《WTO 框架下我国农业补贴法律体系的建构》，法律出版社 2013 年版，第 127～128 页。

② See David A. Lynch, *Trade and Globalization: An Introduction to Regional Trade Agreements*, Rowman & Littlefield Publishers, Inc., 2010, p. 44.

口补贴承诺以及削减承诺的具体内容是关键。

1933 年的《革新议程中具体拘束性承诺模式之构建》中详列了成员的出口补贴承诺,《农业协定》并未体现出这一点。成员要根据《革新议程中具体拘束性承诺模式之构建》所确立的削减计算方式和基期水平的确定指标来各自核算本国的出口补贴承诺,在得到认可后写进本国减让表。

《农业协定》在附件 1 中明确了受其调整的农产品范围,主要农产品均有涉及,但也排除了鱼类及纤维等产品,但总体来说,《农业协定》所调整的农产品范围是不完全的。SCM 尽管规定较为详细,但也仅规定了货物贸易,而农产品高水平保护的历史传统使得农产品并未纳入该协定的调整,所以大多数农产品被纳入具有特殊纪律的《农业协定》。此外,由于《农业协定》也排除了渔产品,这导致渔产品既非工业产品,亦非农产品的涵摄范围,因此渔产品在乌拉圭回合框架中既不受 SCM 的调整,也不受《农业协定》的规制。当然,多哈回合谈判中,渔产品的补贴规则得到了一定程度的澄清和完善。

概言之,《农业协定》仅是乌拉圭回合前期谈判成果的锁定性安排,很多规范都仅是初步的、笼统的、原则性的,其软约束性质十分明显。其一,下文将要述及,《农业协定》甚至对何为"农业补贴"都未作具体解释,也没有规定何为"农业生产者",这都将导致在农产品贸易摩擦中需要专家组或者上诉机构成员围绕这些概念作出进一步的解释和厘定。其二,《农业协定》对于"绿箱政策"的界定也不够明确,导致现实中发达国家玩弄"绿箱政策"于股掌之间。其三,《农业协定》对小麦、大米等敏感性主要农作物缺乏合理的制度安排,使很多将敏感农作物约束在较低关税水平的发展中国家的农业生产者深受全球商品价格下降之不利影响。[①] 其四,《农业协定》对于"粮食安全"问题存在疏漏,协定序言和附件 2 中尽管提到了"粮食安全"这一词,但并未给出解释,也没有作出任何形式的安排以方便发展中国家确保其粮食安全。多哈回合谈判中由"G33 集

---

① 参见王浩云、任勇:《WTO〈农业协定〉的主要缺陷及对多哈回合的展望》,载《经济师》2005 年第 8 期。

团”倡导，并在发达国家和发展中国家之间存在广泛争议的农产品特殊保障机制便与发展中国家通过市场准入安排确保其粮食安全紧密相关。

总之，由于《农业协定》涵盖范围的有限性，使很多制度安排既不满足程序公平上的正当性要求，也缺乏实质公平中的衡平要素。

（二）农业补贴的定义不清造成程序公平的不足

作为农业保护最为重要的方式之一，“农业补贴”指的是一国政府通过转移支付在农业生产、流通与贸易诸环节对相关市场主体进行的支持。通常可以将其分为两种类型：第一类是农业生产补贴，指的是对农业生产者进行包括粮食直补、农资综合补贴、农业保险补贴、农机购置补贴以及给予最低保护价收购政策等；第二类是农业支持服务，包括农业科技投入与推广、农业技术培训和农业技术设施投入等。[①] 然而，在《农业协定》第1条“术语定义”中并未提及“农业补贴”，甚至协定全文自始至终没有直接使用该术语。只是提及“综合支持量”“综合支持总量”“AMS”“总AMS”“预算支出”“支持等值”“出口补贴”等术语。因而，从解释学的角度我们只能认为“农业补贴”在该协定中是出口补贴与国内支持的统称。根据《农业协定》第1条第5款，“出口补贴”指的是以企业的出口业绩为基础给予协定所规定的诸多利益。但关于何为“视出口业绩”，载《农业协定》则语焉不详。在“美国—陆地棉补贴案”中，专家组认为，《农业协定》与《SCM协定》都使用了“视出口业绩”同样的术语，因此在用《SCM协定》中的“视出口业绩”来定义同样具有补贴性质的“出口补贴”当无疑义，故《SCM协定》中具体规定“视出口业绩”的构成要件也有必要应用于本案的确定。[②]

事实上，在后来的多哈回合谈判中，关于对SCM第3条第1款(a)项进行解释时，谈判代表就何为“事实上视出口业绩为补贴条件”展开了广泛的争论。澳大利亚于2003年4月开始提交的多个提案认为，由于“事

---

① 参见朱启臻编：《生存的基础：农业的社会学特性与政府责任》，社会科学文献出版社2013年版，第235～236页。

② 参见黄东黎：《世界贸易组织补贴规则的条约解释》，法律出版社2010年版，第270～271页。

实上视出口业绩为补贴条件”缺乏判别标准,导致个案判断不可预测。澳大利亚提出的建议是:第一,由于现行禁止性补贴条文并未适当考虑国内市场小或市场变化对补贴性质之影响,故接受补贴企业的出口倾向性不应作为单独因素来决定补贴性质;第二,SCM 应以例示清单的方式列举各种用以判断一项补贴是否以出口业绩为条件的因素。谈判各方并未足够重视澳大利亚的观点,各方还是倾向于对具体因素的考虑以个案来决定。①

总之,关于农业补贴的定义还将继续争论下去,希望通过更多判例的积累,进而引出对农业协定具体规范的进一步完善,这也是通过衡平的手段实现实质公平的重要途径。

(三)“肮脏的关税化”与削减程序违背实质公平

乌拉圭回合谈判中达成的《农业协定》对成员施加市场准入要求,成员必须取消一切数量限制和禁止措施,对原有的非关税措施依照等值保护的原则予以关税化,旨在建立国际农产品市场的“单一关税制度”。但是,协议并未确立一个统一的计算方法,而是将计算关税等值的方法交由各成员自主决定。其结果是各成员普遍选取对自己有利的数据、扩大一些敏感产品的关税等值水平。使得约束关税水平在关税化之后被过度注水,远高于进口允许的水平。首先,乌拉圭回合选择的关税化基期为 1986～1988 年的时间段,而该时期的农产品价格处于 20 世纪 80 年代的最低点,国际价格和国内保护价格之间的差额达到最高值,因此许多农产品关税化后的关税很高,出现了“肮脏的关税化”(Dirty Tariffication)现象。② 其次,由于《农业协定》没有就各成员方核实新关税水平问题建立严格的程序性框架,导致成员方普遍夸大关税等值,最夸张的结果是一些国家关税化后的关税水平甚至远高于非关税措施的保护程度,造成对实

---

① 参见宋和平主编:《多哈回合反倾销和反补贴规则谈判研究》,法律出版社 2011 年版,第 404～406 页。

② 参见胡北平:《世界贸易组织规则体系的公平性分析》,中国金融出版社 2008 年版,第 182～183 页;吴志华等:《中国粮食安全与成本优化研究》,中国农业出版社 2001 年版,第 73～74 页。

质公平的严重违背。最后,《农业协定》为各成员方所确立的减让承诺基于所有产品关税的简单算术平均数。因此,很多成员方通过大幅削减一些无关紧要产品的关税并保有重要产品的高关税,以此也能满足减让承诺之规定。这也是一种对实质公平的违背,难以保证在成员之间实现分配正义。

综上,尽管《农业协定》的执行为世界上大多数的经济体削减农产品关税与降低贸易壁垒确定了纪律,并在一定程度上实现了农产品的贸易自由化。但《农业协定》对成员方在非关税措施关税化的过程中确立的计算方式十分粗糙,仅仅满足了程序公平的基本要求。但由于缺乏协商一致、广泛共识以及多主体参与,因而也不符合实质公平的要求,从实施结果上看也证明了这一点。很多成员方的众多农产品关税依然维持较高的关税水平,美国、日本、加拿大尽管其重要农产品的关税基本保持在12% ~30%的幅度,但个别关税峰值最大达到350%的水平,这是与《农业协定》谈判的初衷相违背的。

(四)发达国家与发展中国家间权利与义务的失衡

从《农业协定》的条款分析,该协定存在大量的权利失衡性规定,概括起来有以下几个方面。[①]

1. 在规范国内支持标准时的权利义务失衡

首先,“黄箱政策”的实施过程明显缺乏公平性。《农业协定》允许基期综合支持总量超过微量支持水平的众多发达国家成员在遵守削减承诺情况下继续实施“黄箱政策”,而诸多发展中成员的“黄箱政策”却受制于微量水平。

其次,由欧盟主导的“蓝箱政策”增加了生产限制方案框架中的直接支付,这使欧美的已有补贴得以豁免。“蓝箱政策”制定的初衷主要是豁免为了限产进行的补贴,而限产主要是因为发达国家推行高额的农业补贴引发的农产品严重过剩。因此,“蓝箱政策”被认为是为发达国家量身定做的条款。《农业协定》允许“蓝箱政策”并免于削减,相当于认可了发

---

① 参见何菲:《WTO框架下农业补贴的合法性研究》,载《法制与社会》2010年第26期。

达国家在缓解国内高额补贴引起的农产品生产过剩的同时继续给予国内农业以高额补贴。2004 年 8 月 1 日达成的《多哈回合框架协议》制定了“新蓝箱”规则，即取消限产这一前提条件，增加了“蓝箱政策”的容量，进而使美国《2002 年农业法案》所实施的具有贸易扭曲作用的反周期补贴也被纳入“蓝箱政策”而免予削减。①

最后，“绿箱政策”的定义十分模糊，仅规定不对贸易发生扭曲作用、不影响生产或只有最小限度扭曲作用和影响的补贴免于削减。而且支持标准过于松散、范围过于宽泛，存在被 OECD 等发达国家滥用的可能。

总之，《农业协定》在规范国内支持标准上的权利义务失衡反映出程序正义之正当性不足，需要在未来谈判中予以补漏，同时也需要在 WTO 争端解决程序的司法实践中以法律解释的方式进行法律续造，进而实现实质公平。

2. 在规范出口补贴标准时的权利义务失衡

《农业协定》在设计出口补贴措施上，根据成员方在基期内有无对农产品提供补贴的情况，对进口国可否对农产品进行出口补贴进行了区别对待。使得在基期内已实施补贴的很多发达国家占尽先机。这便酿成发达国家与发展中国家之间权利与义务失衡的状况，这种从一开始就违背主体间平等原则的做法，实际上破坏了罗尔斯第二正义原则中的“公平的机会平等原则”，违背了程序公平的正当性，因而也无法通过衡平的方法来实现实质公平。鉴于这一安排是谈判各方长期妥协的结果，虽诚非所愿，却也是无奈之举。

（五）市场准入与关税配额分配中存有“灰色区域”

所谓“灰色区域”，指的是成员方通过规避《农业协定》有关市场准入和关税配额方面的义务而形成的一种事实状态。因为一些农产品关税化后存在税率过高进而变为禁止性关税。为此，WTO 成员须对最低市场准入作出如下承诺：对于关税化了的原使用非关税措施的农产品，若一成员

① 参见谭飞艳：《WTO〈农业协定〉与农产品的自由贸易之路——从美国 2002 年农业法看 WTO〈农业协定〉的执行》，载马海涛、李亮主编：《国际法学法理与实践》，中国法制出版社 2006 年版，第 263 页。

在基准期的进口总量占消费总量的比重不到 5%，则须在市场准入机会上作出底线承诺。而关税配额成为确保实现最低市场准入机会的手段。底线市场准入数量之下享受低税率优惠，而之上的则要缴纳高税率关税。

从实施效果来看，由于受高关税之约束，WTO 成员对重要产品的市场准入机会均作出有限承诺，而选择将配额分配至一些有较少需求的小类产品，进而引发关税配额事实上利用不足的问题。如在《农业协定》实施期间，大米、小麦、奶制品的市场准入量较之以前分别增加 107.6 万吨、80.7 万吨和 72.9 万吨。此外，对市场准入量或关税配额的分配可能会被其提供者与主要出口方以协议的形式直接分配，进而在国内层面引发新的贸易歧视。[①]《农业协定》有关市场准入与关税配额分配存在的“灰色区域”最终导致农产品贸易的扭曲，从本质上违背了程序公平的正当性要求，且进一步引出对实质公平价值的考问。

（六）“绿箱政策”适用标准过于灵活导致的公平价值缺陷

“绿箱政策”是指《农业协定》第 13 条（a）项和附件 2 所作的免于削减的国内支持措施的统称。《农业协定》中对于“绿箱政策”的设置存在的缺陷主要表现在：第一，“绿箱政策”的标准设置十分宽泛，这导致一些发达国家成员大玩“箱子游戏”，将一些对生产和贸易具有明显扭曲作用的“黄箱政策”纳入其中。如美国曾在其“绿箱政策”中纳入棉花直接补贴与生产灵活性合同支付补贴。为此被巴西诉至 WTO 争端解决机构，最后专家小组裁定美国的此种政策实为“黄箱政策”。第二，“绿箱政策”中没有充分考虑发展中国家成员的利益，特别是对于生产者直接支付类措施。[②]《农业协定》对于“绿箱政策”的设定标准聚焦于政策的实施类型但并未进行量化处理，有关“绿箱政策”的个别标准仅仅提供了符合逻辑的政策排序。即从扭曲作用来看，“绿箱政策”小于“蓝箱政策”，而“蓝箱政策”又小于“黄箱政策”，而具体的界限并不是十分清楚，没有附加时间

---

① 参见胡北平：《世界贸易组织规则体系的公平性分析》，中国金融出版社 2008 年版，第 184 页。

② 参见中国农业科学院农业经济与发展研究所编著：《中国农业政策分析与决策支持研究》（下），科学出版社 2007 年版，第 1056 页。

限制,且在实施细节上缺乏一定的透明度。①

总之,由于《农业协定》中"绿箱政策"政策的标准过于灵活,减损了法律规范的权威性和一致性,因而也是违背程序公平的。发达国家可以充分利用其发达的农业保护体系,任意游走于"黄箱政策"、"蓝箱政策"与"绿箱政策"之间,"绿箱政策"成为发达国家规避"黄箱政策"削减纪律的兜底性选择。因此,从现实结果上来看,《农业协定》"黄箱政策"的削减效果很差,很多资料已经证明了这一点,这明显不符合实质公平的要求。发展中国家由于农业生产落后,且国内农业支持政策不够发达,无法充分使用"绿箱政策"带来的贸易便利性。

三、WTO 农产品补贴与反补贴程序规范的公平价值缺陷

(一)削减补贴预算支出的任意性造成程序公平的缺陷

削减补贴预算支出本是《农业协定》在出口补贴领域对成员方设定的程序性纪律。《农业协定》对出口补贴作了区别对待,即对成员方现有的出口补贴予以允许,但对新的出口补贴则予以禁止。协定进一步对成员方在补贴预算支出和受补贴的产品数量方面设定了削减义务,但在相关条款的设定上则显得十分粗糙和模糊。具体表现在:(1)《农业协定》仅要求发达成员在 20 世纪 80 年代的基础上削减 36% 的补贴预算支出,发展中成员只须削减 24%,但并未就实施期内年度削减份额作具体约束。这实际上赋予成员根据市场变化灵活调整期间内年度补贴预算支出之权利,通过人为地在不同年份作出或大或小的安排,进而达到调节补贴多寡、变相促动本国农产品出口之目的。(2)因《农业协定》没有明确约定单位产品的出口补贴数量,从而赋予成员方在出口农产品领域跨种类调整补贴数量之权利。当外部价格上涨时压缩出口补贴;而当外部价格下滑时则加大出口补贴力度。在一定程度上实现了农产品国内市场与国际市场的隔离效果,进而攫取不公平利益。② 这反映出《农业协定》在削减补贴预算支出方面的程序公平之

① 参见王红霞:《准确把握:中国农业有效运用 WTO"绿箱"规则需关注的问题》,载《国际贸易》2005 年第 3 期。

② 参见张汉林等:《WTO 与农产品贸易争端》,上海人民出版社 2001 年版,第127 ~ 128页。

正当性缺失,至少违背了正当性意涵中的确定性和一致性两个要素。

(二)"和平条款"造成的公平价值缺陷

所谓"和平条款",是指《农业协定》第 13 条的"适当约束"(Due Restraint)条款。"和平条款"将免除削减承诺的国内支持补贴划分为两类,第一类是协定附件 2 设定的为发达国家广为采用的包括政府服务计划中的一般服务、用于确保粮食安全的公共储备、国内粮食援助、对生产者的直接支付、不挂钩的收入支持、结构调整援助在内的国内支持措施;第二类是协定第 6 条设定的发展中国家成员对农业普遍投入的投资补贴,与发展中国家成员对中低收入或资源贫乏生产者进行的农业收入补贴在内的国内支持承诺。"和平条款"的存在旨在明确GATT1994和 SCM 有关条款对《农业协定》项下国内支持和出口补贴的适用问题,长达 9 年适用期的"和平条款"的主要目的是防止实施期内农业改革过程中引起新的贸易争端。①

"和平条款"的主要内容是:一成员履行《农业协定》关于削减出口补贴义务或国内支持措施属"绿箱政策",那么:(1)为 SCM 所确立的若干救济手段不适用于此类措施;(2)其他成员在实施反补贴税时在应发起反补贴调查方面表现"适当的克制";(3)对并未违反《农业协定》、仅造成其他成员"利益的丧失或减损"而发起的指控应设定限制条件。② "和平条款"使发达国家特别是美国在从 1995 年 1 月 1 日至 2003 年 12 月 31 日长达 9 年的适用期间里在国内支持方面获得了多方面的豁免。以至于过了实施期后,美国和欧盟在多哈回合谈判中都将寻找"新和平条款"作为重要的谈判内容。因为如果缺乏和平条款,一旦出现世界市场价格大幅下跌,美国给予农民的反周期性和市场贷款支付一旦对其他成员造成严重损害,即使其补贴的实施符合"黄箱政策"总体贸易扭曲支持限度,该种补贴因具有可诉性将会受到 SCM 的直接限制。故美国在多哈回合谈判中甚至将"和平条款"作为任何农业补贴新交易的一部分,当然得到

① 参见张汉林等:《WTO 与农产品贸易争端》,上海人民出版社 2001 年版,第 121 ~ 122 页。

② 同上书,第 122 页。

了发展中国家的一致反对,盖因其违背了实质公平的要义。

(三)农产品补贴与反补贴谈判进展缓慢的公平价值缺陷

1. 多哈回合农产品出口补贴议题之进展

2001 年起多哈回合谈判正式启动,但在 2003 年 9 月因各方分歧甚大而陷入僵局。2004 年 8 月,WTO 总理事会因达成《多哈回合框架协议》而小有斩获。2005 年 12 月,香港部长会议重启多哈回合新一轮谈判,但未能就从价税当量的计算公式问题形成一致意见,使得谈判进展缓慢。在市场准入上仅明确将关税削减公式分为四层。2006 年 7 月,因各方未就农业和非农产品之市场准入等重要议题达成共识,世贸组织时任总干事拉米宣布多哈回合进入停滞状态。直到 2007 年 2 月,恢复后的多哈回合谈判继续就农业议题展开谈判,随着农业谈判模式草案修正稿的提出,各方的谈判在此基础上得以继续推进。在 2008 年 7 月召开的小型部长会议,经过多日的讨价还价,因依然未能就发展中成员农产品特殊保障机制的触发水平问题达成共识,从而使谈判又一次陷入困局。[①] 多哈回合谈判自启动以来,旨在通过建立一个基于政府承诺、且以市场为导向的贸易体系,进而达到加强市场准入、消除出口补贴以及减少国内支持之目的,其核心是促进农产品贸易自由化。[②]

2013 年 12 月 7 日,在印度尼西亚巴厘岛召开的世界贸易组织第九届部长级会议上,与会各国部长正式签署了 20 余年来的第一个多边贸易协定《巴厘部长宣言》(*Ministerial Declaration and Decisions*)。包括理事会普通事务、成长议程进度和工作愿景三部分,其中成长议程进度内含十份文本,合称为“巴厘‘一揽子’协定”。尽管仅是一个宣言性质的文件,但这被认为是对多哈回合谈判 12 年僵局的历史性突破。“巴黎‘一揽子’协定”的主要内容涵盖了启动于 2001 年多哈回合谈判的贸易便利化、农业和发展三大传

---

① 详见陈安:《南南联合自强五十年的国际经济立法反思:从万隆、多哈、坎昆到香港》,载《中国法学》2006 年第 2 期。同时参见何志鹏、孙璐:《贸易公平与国际法治:WTO 多哈回合反思》,载《东方法学》2011 年第 2 期。

② See Cody A. Thacker, “Agricultural Trade Liberalization in the Doha Round: The Search for a Modalities Draft”, *Georgia Journal of International and Comparative Law*, Vol. 33, 2005, p. 722.

统议题，会议就农业与棉花议题特别达成了《总服务：部长宣言草案》[①]《保障产品安全的公共储备：部长宣言草案》[②]《有关〈农业协定〉第2条关税配额管理体制条款的谅解：部长宣言草案》[③]《出口竞争：部长宣言草案》，[④]以及《棉花：部长宣言草案》。[⑤] 多哈回合在促进农产品公平贸易方面又迈出了重要一步。当然，多哈回合谈判离实质性削减扭曲贸易的国内农产品保护政策、实质性改善农产品市场准入与取消出口补贴并最终消除补贴的总体目标仍然相去甚远，但很多核心关切依然需要继续得到推进。

事实上，WTO框架下的多轮谈判均致力于贸易自由化的谈判，农业谈判更是希望通过多边安排，为现有的农产品市场准入、国内支持和出口竞争三大支柱性问题铺平道路。“巴黎‘一揽子’协定”明确提供一系列农业相关服务给发展中国家，同意发展中国家为保障粮食安全实施公共储粮。“巴黎‘一揽子’协定”成为WTO成立以来达成的首个全球贸易协定，为将来的多哈发展议程奠定了基础。协定也成为全球农业贸易治理的重要基石，其实施的普惠制安排为保证公平贸易起到了重要作用。按照杰克逊的说法，“WTO是一个能够汇集一些合作行动的优良场所，我们可以看到其正从本质上变成一个国际经济监管层次的政府。当然，这种前景的确会引起许多人的恐慌”。[⑥]

2. 区域贸易安排中反补贴等贸易救济规则对公平价值的影响

区域贸易谈判与反倾销、反补贴、保障措施（以下简称两反一保）这三类贸易救济是什么关系？是兼容的还是相斥的？美国明尼苏达圣玛丽大学社会科学系的大卫·林奇（David A. Lynch）教授选取了74个区域贸易协定作为样本进行实证研究。他得出的结论是：很少有区域贸易协定特别放弃使用“两反一保”贸易救济措施，74个区域贸易协定中仅有13

---

① WT/MIN(13)/W/12.

② WT/MIN(13)/W/10.

③ WT/MIN(13)/W/11.

④ WT/MIN(13)/W/12.

⑤ WT/MIN(13)/W/13.

⑥ John H. Jackson, “Sovereignly-Modern: A New Approach to an Outdated Concept”, *The American Journal of International Law*, Vol. 97, 2003, p. 799.

个协定禁止了至少一种贸易救济措施的使用,其中有9个区域贸易协定禁止使用反倾销,6个禁止反补贴,以及5个禁止保障措施。欧盟、欧洲经济区(仅包括农业和渔业)、欧洲自由贸易联盟(仅包括农业和渔业)、中国内地与香港双边自由贸易协定、中国内地与澳门自由双边贸易协定5个自由贸易协定已明确禁止了反补贴措施。此外,有47个区域贸易协定中,有一部分只字不提,以便成员之间可以相互实施反补贴措施;另一部分则特别允许成员之间可以提出与WTO规则相一致的反补贴措施。余下的22个区域贸易协定则制定了较为详细的反补贴措施条款,其中安第斯共同体、中美洲共同市场、加勒比共同体与共同市场、北美自由贸易区4个区域贸易协定明确设置一个国际性机构来实施反补贴措施调查以及监督各成员国内机构的调查活动。大卫·林奇认为,之所以在区域贸易机制中对反补贴措施作很小的限制,原因在于区域贸易协定难以遏制政府的补贴这一根本性问题。[①]

那么,2015年10月5日达成的TPP是如何规定反补贴问题的呢?该协定第6.8条规定了"反倾销和反补贴措施问题"。[②] 协定明确其不影响各成员根据WTO《反倾销协定》、SCM对彼此展开反倾销或反补贴指控,也不对成员在此方面赋予权利或增加责任。言外之意是,在反补贴方面TPP协定遵循和不干扰WTO协定在成员彼此之间的约定纪律。当然,为了确保成员方在遵守GATT1994、《1994年反倾销协定》和SCM前提下实施贸易救济程序的透明度与正当程序,TPP在附件中设定了"反倾销税和反补贴税相关程序"。

同样,很多区域贸易协定也不涉及农业问题,农业协定在各国历来是

---

① See David A. Lynch, *Trade and Globalization: An Introduction to Regional Trade Agreements*, Plymouth: Rowman & Littlefield Publishers, Inc., 2010, pp. 42 – 43.

② 《跨太平洋伙伴关系协定》第6.8条"反倾销税和反补贴税"规定如下:(1)缔约方保留其在1994年《关税与贸易总协定》第6条、《1994年反倾销协定》及《补贴与反补贴措施协定》下的权利与义务。(2)本协定不会对缔约方依1994年《关税与贸易总协定》第6条、《1994年反倾销协定》及《补贴与反补贴措施协定》实施程序或措施造成任何额外的权利或义务。(3)缔约方不得将本节或附件6-A(反倾销与反补贴相关程序)的任何事项诉诸第28章(争端解决)进行争端解决。

高保护的行业，而且蕴含大量的健康与卫生标准。在发达国家均受到不同程度的大量补贴，在发达国家中也是国民经济的重要组成部分，关涉就业、出口与食品安全，而在发达国家则受制于政治权力的博弈。① 与农产品有关的区域贸易协定对于补贴与反补贴规则的安排一般都不会超出 WTO 农产品补贴与反补贴措施范畴，或者直接援引了 WTO 的相关规则，或者不做任何安排。

总之，从当前来看，区域贸易协定对包括反补贴措施在内的贸易救济措施发生的可能影响总体来说较为正面。如 TPP 在遵照既有的贸易救济规则程序情形下，为了进一步强化透明度和正当程序，作出了更为细化的设计，这有利于促进区域内成员间实施贸易救济的程序公平。当然，由于受到区域范围内优惠安排的影响，有关农产品贸易的区域安排是否会引起区域内与区域外经济体之间农产品贸易的扭曲，以及有无可能引起更多的农产品贸易救济调查，并对公平价值产生哪些影响，有待后续的研判与评估。

第二节　WTO 农产品反倾销规则的公平价值缺陷

反倾销涉及 WTO 涵盖协定调整的所有产品，而农产品只是其中一种较为特殊的产品。关于农产品的反倾销规则与农产品的反补贴不同，WTO 规则并未作出特殊制度安排。因此，有学者可能会认为，既然农产品也是一种商品，专门探讨农产品的反倾销问题似乎没有多大必要，因为农产品反倾销所要阐明的问题，在其他普通工业品的反倾销中都会涉及。对此笔者认为，国内外无论是经济学界还是法学界对农产品反倾销进行特别研究十分普遍，这足以证明其有专题探讨的价值。而关于研究的面向，国内学界当前要么只作案例分析，要么主要致力于在理论上对我国农

---

① See David A. Lynch, *Trade and Globalization: An Introduction to Regional Trade Agreements*, Rowman & Littlefield Publishers, Inc., 2010, p. 44.

产品遭遇反倾销进行特征和内外部成因上的分析;而国外学界对农产品反倾销的案例分析主要探讨案件发生的市场背景与实施反倾销税的市场后果,在理论研究上则主要侧重于对农产品反倾销的主要趋势、新特点对倾销幅度影响之确定等方面。[①] 有学者从实证的角度考察了 1989 ~ 2012 年来全球 20 个 WTO 成员发起的共计 269 起农产品反倾销案件,认为尽管发起国的数量未达到总体样本(47 个成员)的一半,案件数量也仅为全部反倾销案件的 4.87% ,但是农产品的反倾销与工业品的反倾销差异明显,主要表现为农产品反倾销具有鲜明的品种集中趋势。[②] 以中国为例,在农产品领域近年来遭遇超过 15 个国家和地区提起的逾 50 起反倾销调查,品种主要集中在大蒜、浓缩大豆蛋白等蔬菜类,水果罐头、苹果汁、冷冻草莓等水果类,面粉,以及花生、禽肉、水产品等农产品上。事实上,农产品反倾销的结果非但会对产品的定价发生影响,而且会对贸易经营者、行业、行业上下游彼此间关系发生影响;在国际范围来看,可能影响农产品贸易的公平竞争环境以及贸易秩序。[③] 农产品反倾销引起贸易扭曲的最大危害是可能影响一国的粮食安全。因此,特别考察 WTO 框架中现有的反倾销法律规范对农产品全球贸易治理的公平价值影响,具有重要意义。那么,农产品的反倾销问题究竟有哪些特殊性? 何以独立经受公平价值之拷问? 均需要理论论证和诠释。具体而言,我们应从实体规范和程序规范两个视角来展开其公平价值考察。

一、WTO 农产品反倾销实体规范的公平价值缺陷

(一)反倾销的历史缘起与内涵上的公平

倾销是指一国的企业以低于正常价格的方式向国外销售产品,造成对进口国国内产业的实质损害或损害威胁,或实质上阻碍了进口成员国

① 参见马述忠、黄祖辉:《农产品反倾销国内外研究动态评述》,载《农业经济问题》2005 年第 3 期。

② 参见王晰:《农产品反倾销的异质性:理论与实践分析》,载《上海经济研究》2014 年第 10 期。

③ 参见马述忠、陈敏:《对华农产品不公平贸易政府行为及救济体系研究》,浙江大学出版社 2008 年版,第 151 页。

内同类产业的新建。GATT1947 第 6 条就开始允许成员方对来自其他成员方企业的倾销行为展开反倾销调查，一旦最后认定构成倾销，则可以征收反倾销税，以补偿由于倾销造成的损害。反倾销制度为后来的 1979 年的《反倾销守则》以及乌拉圭回合《关于实施 1994 年关税及贸易总协定第 6 条的协议》(以下简称《1994 年反倾销协定》)进一步发展和完善。反倾销制度被认为是在多边平台上建立的一种公平贸易措施。它的制定和实施目的就在于通过反倾销调查，抑制他国企业的不公平贸易做法。我们在探讨一种规则本身的公平性问题时，通常会从实体规范中的公平和程序规范中的公平两个视角进行考察。在农产品反倾销实体规范方面，随着多边贸易体制的推动，在国际贸易特别是出口贸易中形成了"公平贸易原则"(principle of fair trade)，又称"公平竞争原则"(principle of fair competition)，它也是 WTO 的基本原则，指的是各成员方为了在国际贸易各领域创建和保持公平、公开和透明的贸易环境，力求避免采取扭曲市场竞争的措施，克服不公平贸易行为。[1]

然而，WTO 在"一揽子"多边文件中大量使用了公平贸易原则的例外，即为了维护稳定、公平的竞争秩序，成员方可以在特定情形下使用多边体制允许的具有扭曲性的管制性贸易手段。概括起来，该原则的例外主要有反倾销、反补贴、GATT 第 19 款保障条款、GATT1994 第 18 条 A 节和 C 节"幼稚产业保护条款"、以保护人类健康及国家安全为由实施的限制等。还包括在 GATS、《与贸易有关的知识产权协定》和《农业协定》中存在的一些例外规定。[2] 因此，反倾销作为 WTO 框架中确立的公平贸易政策，其旨在促进公平竞争原则与互惠原则，防止贸易扭曲。

（二）《1994 年反倾销协议》条款的模糊性与抽象性

WTO 框架中有关反倾销现行有效的多边协定是在 1994 年达成，并于 1995 年 1 月 1 日颁布的《1994 年反倾销协定》。其中详细规定了

---

① 参见许立波编著：《世界贸易组织(WTO)概论》，东北财经大学出版社 2010 年版，第 77 页。

② 参见邓志能编著：《WTO 例外规则：WTO 规则主要漏洞及其争端案例与对策》，广西民族出版社 2001 年版，第 49 页。

WTO 体制下的反倾销法的实体与程序规范,为各国反倾销法律的建制提供了基本的理论框架。然而,《1994 年反倾销协定》在签署的时候是各主要竞争对手相互妥协和博弈的结果,因此《1994 年反倾销协定》在起草的时候,很多订定的条款存在模糊和模棱两可的问题。[①] 例如,协定对实质性损害并未给出确切的定义,只是规定了用以确定存在损害的原则以及有必要考量的相关经济因素。受其影响,美国、欧盟、墨西哥、澳大利亚、韩国、巴西、印度和南非等国(经济体)均在内部立法中对实质性损害问题作出模糊性规定,以给具体的个案留有充足的解释空间。如美国《1930 年关税法》如此定义实质性损害问题:"不是微不足道、不是非重大、非实质性或非重要的损害",这样的定义无胜于有。

(三)公共利益条款的设计存在公平价值缺陷

"公共利益"(public interest)一词遍布各国国内法律体系之中,但其概念与内涵却十分不确定。该词最早来源于古希腊的城邦价值体系。古今中外无数哲人都作出不同的认定。根据西塞罗"公益优先于私益"的主张,公共利益是"最高的法",具有无条件的优先性。社会功利主义学派则认为,公共利益并非超越个人利益,而是所有人个人利益的集合。而在各国的立法体例上,公共利益则又划分为列举式、概括式和列举与概括并举式三种界定方法。[②] 有学者将公共利益的特征概括为四点,即内容和主体的不确定性、开放性、非营利性和目的正当性。[③] 有国际法学者立足于国际投资法框架中的东道国公共利益视角,对公共利益进行了深入的考察,概括出公共利益的实体界定模式主要包括直接判定法、主体判定法、效果证明法、定性与定量相结合的方法、反面证伪法、类型化列举法六种具体方法。因此,公共利益首先是一种利益样态,而且随着时代的变迁而持续更新。且因公共利益内含公平正义的价值,其衡量难免流于主观

---

① See Nam-Ake Lekfuangfu, "Rethinking the WTO Anti-Dumping Agreement from A Fairness Perspective", *Cambridge Student Law Review*, Vol. 4, 2008, p. 308.

② 参见兰燕卓:《为了有序的城市:城市规划变更的行政法规制》,北京大学出版社 2014 年版,第 101~105 页。

③ 参见于力:《国有土地上房屋征收与补偿法律问题研究》,中国长安出版社 2014 年版,第 2~4 页。

的偏颇。①

反倾销法中引入公共利益条款意在协助进口国平衡国内产业、用户与消费者等市场主体的利益。《1994年反倾销协定》并未引入公共利益条款，但第6.12条、第9.1条两个条款则蕴含了对公共利益的默许，进而“形成了对公共利益间接的、有弹性的规定”，相当于赋予调查机关基于国家整体利益考虑决定是否采取反倾销措施以及成员方国内用户和消费者进行陈述提供法律依据。② 欧盟、加拿大等经济体的反倾销立法中均吸纳了公共利益条款。

反倾销为WTO所认可的合法贸易救济措施，是国际范围内通用的用以规范不正当竞争、稳定贸易秩序的重要贸易救济手段。反倾销中的利益相关方主要包括涉案产品的整个行业、原料提供商、外国产品生产单位、进口公司、出口公司、消费者。③ 反倾销最直接的目的是保护国内产业免受国外产品低价倾销造成损害或损害威胁，但反倾销这种所谓的公平贸易政策的实施本身就是一种“双刃剑”，这种用以保护本国国内产业利益的公平贸易政策在实施过程中很有可能会损害下游企业和消费者等群体的切身利益，甚至会损害整体的社会利益。因此，有必要在反倾销中做到权衡各方利益，清晰界定公共利益。然而，由于WTO多边反倾销规则的模糊规定，间接赋予成员方单方决定是否引入公共利益条款的权利，并且为其预留了巨大的发挥空间，这一方面不符合形式公平的正当性要求，另一方面从结果上看也难以满足实质公平之期许。

（四）反倾销中劳工标准规则的公平价值缺陷

现有的反倾销制度安排作为“合规性贸易壁垒”已经被成员方使用了几十年，其功能表面上看是保护本国国内产业、维护公平贸易，可从实践来看，更多地为发达国家所援引，发挥贸易保护主义功能。而且于

---

① 详见吴岚：《国际投资法视域下的东道国公共利益规则》，中国法制出版社2014年版，第23～31页。

② 参见宋和平主编：《多哈回合反倾销和反补贴规则谈判研究》，法律出版社2011年版，第261～262页。

③ 参见朱庆华：《反倾销、贸易保护与公共利益》，中国财政经济出版社2009年版，第240～241页。

反倾销调查国国内而言,反倾销措施对促进国内产业良性发展、减少贸易扭曲、维护弱势群体的利益几乎没有任何正面影响。于反倾销调查国而言,反倾销对国内生产工人帮助并不大。有实证数据表明,反倾销措施很难找到分配正义之理由,或者说反倾销难以帮助那些真正有需要的人,反倾销措施主要帮助了那些富人。其实比反倾销更为有效的主要有培训、援助、迁居或者提供稳定收入的项目等诸如此类的专门设计用以帮助穷人的措施。[①] 于反倾销被调查国而言,反倾销很可能伤及被调查国的产业,尤其是农业。一旦出口农产品被调查国认定构成倾销并施以惩罚性的高反倾销税,国内农业生产者将是直接受害的群体。在农业领域,一项对相关产品的反倾销措施将对农业从业者的工资总额发生"边际效应",[②]这一影响十分显著。[③] 而当前的《1994 年反倾销协定》却忽略了对劳工权益的保护,反倾销的目的是抑制进口产品由于低于正常价值的销售对本国国内产业造成的损害或者损害威胁,或阻碍本国同类产业的新建。但从结果来看,反倾销并没有对发起国国内产业的生产者尤其是劳工的利益作有效的维护。正是由于缺乏与之紧密相关的劳工权益条款,反倾销措施的启动尤其是对农产品的反倾销措施,其影响十分深远,会对发展中国家特别是最不发达国家农民的利益造成很大的损害。

二、WTO 农产品反倾销程序规范的公平价值缺陷

(一)信息披露与公开参与正当程序的公平价值缺陷

信息披露和公开参与均是反倾销制度中的程序性规范,具体指的是

① See Nam-Ake Lekfuangfu, "Rethinking the WTO Anti-Dumping Agreement from A Fairness Perspective", *Cambridge Student Law Review*, Vol. 4, 2008, p. 309.

② 所谓"边际效应"(marginal effect),亦称"边际贡献",通常指的是,随着消费者对某一单位消费品的逐次增加,尽管总效用在增加,但单位效用却发生逐渐递减的情况。此处的意思是指,随着一国在农产品领域实施反倾销措施案件数量的增多,农产品反倾销措施的使用越频繁,对农业工人工资增加的单位效用却在递减。

③ See Nam-Ake Lekfuangfu, "Rethinking the WTO Anti-Dumping Agreement from A Fairness Perspective", *Cambridge Student Law Review*, Vol. 4, 2008, p. 309.

形成程序。反倾销中的程序性规范本身也面临程序公平和实质公平的双重拷问。① 信息披露指反倾销主管当局(如美国的商务部和国际贸易委员会、欧盟的部长理事会和委员会、中国的商务部和海关总署)在反倾销行动的立案、调查、裁决(包括初裁、终裁)、实施反倾销措施以及行政复审的诸多环节中,向相关涉案方(如申请人、被申请人、出口国政府、其他利害关系人、世贸组织有关机构及公众)披露与反倾销案件相关的除机密性质信息以外一切信息的制度。

《1994 年反倾销协定》明确了反倾销主管机关应当披露的信息范围。根据该协定第 5. 5 条,反倾销调查机关在收到调查申请以及启动调查之前须通知其他成员政府。而信息披露包括公告、通知、报告、创建咨询点、对咨询之答复和听证会六种具体方式。该协定第 8. 6 条规定进口成员反倾销主管机关可要求承诺已被接受的任何出口商定期提供有关履行该承诺的信息。该协定第 14. 2 条也为代表第三国实施反倾销行动规定了信息披露纪律。WTO 反倾销规则中明确的另一个重要的程序性事项即是利害关系方的公开参与权,主要表现为《1994 年反倾销协定》第 6. 1 条原则性规定主管机关有向反倾销调查中的所有利害关系方通知所需信息的义务。而这参与权主要表现为利害关系方拥有提供证据之机会以及与主管机关会面并为自身利益进行辩护的机会。

在现实争端解决实践中,由于反倾销是由进口国主管当局发起的,主管当局为了保护本国产业利益的先入为主倾向,加之 WTO 反倾销规则并未设计出更加细致的、具有可操作性的信息披露与利害关系方的公开参与程序,事实上往往难以保障有效的信息披露和利害关系方的公开参与权。在农产品反倾销中,由于发展中国家农业落后,生产分散等原因,更难做到这一点。于一具体诉讼而言,程序公平表现为两个基本原则,第

① 需要做特别说明的是,本书贯穿全文的“程序公平”一词并不是指“程序法”上“程序”一词的含义。“程序公平”等同于“形式公平”,指的是“正当性”(legitimacy)的概念。罗尔斯将公平划分为三种类型,即“形式公平”、“程序公平”和“实质公平”,本处的“程序公平”应包含罗尔斯概念体系中的“形式公平”和“程序公平”两种含义。“实质公平”又称“衡平的公平”。详见第二章第二节对此所作的区分。

一个原则是“任何人都不应当成为自己案件的法官”,另一原则是“当事方有陈述和被倾听的权利”。[①] 而在反倾销调查程序中,无论是程序的启动还是调查的过程都是由进口国主管部门主导的。因此从这个意义上说,反倾销本身不符合程序正义的第一个原则,故反倾销制度的设计在程序正义方面是有缺陷的。再从实质正义考察,如反倾销协定作出的信息披露与利害关系方公开参与的规定在现实中被落实不力,则又有违实质公平。

总之,《1994年反倾销协定》为反倾销的各个环节都作出了信息披露的规定,这基本满足了程序公平之正当性要求,但由于赋予调查机关裁决关系本国切实利益的事项,则又难以做到实施过程中完全的公平公正,这也反映出世贸组织体制在实质公平方面的重大缺陷。

(二)“日落复审”规则的滥用导致的公平价值缺陷

“日落复审”又称“期终复审”或“到期复审”,是反倾销行政复审程序中的一种类型,属于程序法的范畴。“日落复审”最早为欧盟反倾销法所确立。《1994年反倾销协定》第11条第3款也采纳了“日落复审”制度,使其称为一项强制性的规定。具体指的是一成员方反倾销措施执行满5年之前的合理期间内,反倾销调查机关应当依申请或者依职权,就该案进行复审,以决定是否终止征收反倾销税的制度。“日落复审”的结果是决定继续维持原有反倾销措施、或者终止反倾销措施、或者延长与提高反倾销税率,目的在于规范反倾销发起国无限期征收反倾销税的行为,防止其刻意滥用反倾销救济措施。

自WTO成立以来,包括美国在内的很多WTO成员相继订定国内法,将“日落复审”规则纳入其中。但由于《1994年反倾销协定》关于“日落复审”条款的规定过于模糊,使各成员方国内立法有了很大的发挥空间。至今已在WTO各成员国内发展出极具差异性的纷繁复杂的制度,而且各自呈现出不同的歧视性,均在一定程度上违背了WTO“日落复审”规则的初衷,从而减损了多边规则的权威性和一致性。从“日

---

① 许亚文:《程序正义论》,山东人民出版社2004年版,第22页。

落复审”制度的实施效果来看，绝大多数“日落复审”案件都作出了肯定性裁决，而顺利终止反倾销措施的案件则如凤毛麟角。而且有些案件历经多次反复“日落复审”，依然不能顺利终止反倾销措施。如 2012 年 4 月，美国调查机关在对来自中国大蒜反倾销案的快速日落复审中，再一次作出肯定性结论，继续实施高达 370 多个百分点的高额反倾销措施。而该案的日落复审已经进行到第 4 次。[①] 其中隐藏的巨大不公平由此可见一斑。

造成这一情况的深层次原因就是《1994 年反倾销协定》关于“日落复审”的规定存在内在缺陷。有学者对此概括为 5 个方面：(1)“日落复审”启动规则不够明晰，协定缺乏对主管机关主动发起日落复审的必要性审查机制。(2)“日落复审”举证责任分配不够清楚。日落条款对举证规则并未明确责任承担主体，这使很多国家的国内法关于“日落复审”规则的设定普遍倾向于将举证责任落实在国外出口商身上，如美国国内法中的“快速复审”条款和“弃权条款”因给外国出口商施加更多的举证责任而备受质疑。(3)“日落复审”的申请期限与审理期限不够明朗。《1994 年反倾销协定》一方面没有明确申请期限的“合理期限”究竟为多久，使成员方在实际运用中维持 6 ~ 18 个月不等的时间；另一方面关于审理期限又要求“应迅速进行”，通常要求自复审启动之日起 12 个月内审结。但由于不是强制性规定，成员国通常会延迟期限，这会造成一些反倾销措施超过 5 年的实施期。(4)可能性审查方式不够客观。与初审程序不同，“日落复审”对未来倾销和损害事实发生的可能性作前瞻性预测，而这种可能性使各方制定出不同的“可能”和“不可能”判定标准。从实施结果来看，大多在一定程度上增加了终止倾销裁定的难度。(5)可能性考察因素没有统一的标准。在当前的可能性审查中，是否存在倾销事实并非必不可少的判断要素，但征税过程中的倾销幅度和进口量两个要素则更为重要，但大多数“日落复审”案件都

---

① 参见商务部进出口公平贸易局：《美国对华新鲜大蒜作出反倾销快速日落复审产业损害终裁》，载 http://www.njsmj.gov.cn/www/njcom/view_a3912041726122.htm，2015 年 12 月 21 日访问。

是基于进口量和倾销幅度的数量关系来裁决。①

正是由于现行反倾销规则关于日落复审规则的诸多非公平性，在多哈回合反倾销议题中，各方主张围绕日落复审规则从实施期限、举证责任等方面进行限制以改善其不足。比如，一些成员建议设定自动日落规则，即主张为反倾销措施设置一个实施期限的最长时间点，时间到期无须复审而自动停止反倾销措施。但因在发展中国家和发达国家之间争议过大依然僵持不下。②

总之，《1994 年反倾销协定》关于"日落复审"的规定是不完善的，且在执行程序、实施标准上留有过多的漏洞，为成员方的国内法留有过多的调整空间和个案的自由裁量权。因此，由于程序公平的正当性缺陷，导致实质公平的衡平标准难以体现。未来日落复审规则实质公平的实现势必要围绕明确证据规则、加强透明度、限定适用期限和调查机关的自由裁量权等核心问题开展工作。

（三）赋予主管机关过多的自由裁量权

尽管反倾销调查通常依申请启动，但一旦获准，调查旋即转化为进口国政府对外国出口企业的不对称行为。作为行政机关的反倾销调查当局不会是中立的而且也不可能做到中立。在接下来的程序中，同类产品范围的框定、调查抽样方法的选择、出口价格和正常价格的比较与调整、市场经济地位的核定、替代价格的选择、调查期限延长与否的决定等都由进口国当局自行决定。③ 这些重要环节的使用都成为进口国政府调查当局自由裁量的范围。陈玉祥博士将美国反倾销自由裁量权概括为裁决倾销的自由裁量权、裁决损害的自由裁量权、反倾销行政程序中的自由裁量权

---

① 参见刘芳、蒋娟：《世界贸易组织反倾销日落复审规则研究》，载《对外经贸实务》2011 年第 1 期。

② 参见袁澍阳：《多哈回合反倾销规则谈判中日落和日落复审议题研究》，载《商》2013 年第 4 期。

③ 田颖：《WTO 体制的缺陷导致国际贸易摩擦的诱发机制》，载《北方经济》2007 年第 7 期。

3 大类 14 种。[①] 可谓纷繁复杂。

例如,在“美国对华浓缩苹果汁反倾销案”中,美方认为中国市场上的苹果售价受政府干预,故要寻求第三国作为替代国同类产品的替代价格。美方起初将印度选为替代国。中方认为,由于受到印度政府补贴苹果生产商的影响,印度浓缩苹果汁的价格明显受到政府干涉,故中国主张使用土耳其作为替代国。但美方一意孤行,依然以印度作为替代国并作出终局裁定。中国于 2000 年 4 月 13 日就美国商务部的终裁裁决上诉至美国国际贸易法院。法院支持了原告的说法,认为印度既非苹果汁的主要生产地、其价格亦受政府干预,故不能作为替代国,遂将案件退回美国商务部。最后,美国商务部根据美国国际贸易法院的意见修正了反倾销税,转而选择中方主张的土耳其作为替代国,使用土耳其的市场价格重新计算市场价值。[②] 在农产品相关领域,“美国对华蜂蜜反倾销案”“美国对华蘑菇罐头反倾销案”均反映出美国商务部在替代价格问题上过大的自由裁量权。这一自由裁量权的行使与非市场经济地位问题相结合,加上有关替代价格的争论涉及每个生产要素,使案件更加扑朔迷离,时常导致对程序公平的背离。

2003 年 4 月,美国权威经济研究机构国家经济调查局发表了一份名为《美国反倾销调查中自由裁量权的演变》的研究报告,报告选取了 1980 ~ 2000 年 20 年间美国采取的反倾销措施进行研究。回归分析显示,美国商务部裁断的倾销幅度在 20 年间大幅攀升,与此同时美国国际贸易委员会作出肯定性损害裁定的比率也由 20 世纪 80 年代早期占反倾销调查案

---

① 裁决倾销的自由裁量权包括确定国外相似产品的立法授权、确定出口价格的自由裁量权、确定市场经济国家被诉产品正常价值的自由裁量权、确定非市场经济国家被诉产品正常价值的自由裁量权、裁决倾销幅度的自由裁量权;裁决损害的自由裁量权则包括确定国内产业的自由裁量权、裁决实质损害的自由裁量权、裁决实质损害威胁和实质阻碍产业建立的自由裁量权、损害累积评估的自由裁量权、裁决倾销与损害因果关系的自由裁量权;反倾销行政程序中的自由裁量权则又包括决定立案的自由裁量权、决定调查的自由裁量权、初裁和终裁的自由裁量权、行政复审裁决的自由裁量权。详见陈玉祥:《美国反倾销法自由裁量权问题研究》,武汉大学 2005 年博士学位论文。

② 参见路漫:《国外对华反倾销案替代国和替代价格的典型案件分析》(2005 年第 20 期),载 http://www.cacs.gov.cn/cacs/newfw/webzinedetails.aspx? webzineid = 2009,2015 年 12 月 5 日访问。

件总数的 45% 一路攀升至 2000 年的 60%。该研究机构综合美国商务部平均倾销幅度乘以国际贸易委员会肯定性损害裁定比率，得出的结论是：遭受美国反倾销指控的外国企业承担的反倾销税税率由 20 世纪 80 年代早期的 5% 上升至 30% 以上。造成这一结果的根本原因是美国调查机关过度使用自由裁量权。研究机构发现，在众多自由裁量权中，美国商务部根据“最佳可获事实”“非市场经济调查规则”等歧视性单边规则作出自由裁量决定是导致这一扭曲的两大主要原因。① 调查报告作出已经有 10 余年，然而这一问题至今未有改观，且有加剧之势。由于发展中国家的农业生产落后且未形成现代化的农业生产体系，对农业生产的过程控制以及对成本的核算均未设定科学的管理和核算标准。在农产品出口遭遇反倾销调查时，更容易遭受进口国特别是发达的进口成员调查机关的各类自由裁量。上述提及的几个关于替代价格的案件几乎都在农产品或食品领域发生，如果不予重视，不公平的自由裁量行为会让农产品出口国企业的市场雪上加霜。

总之，赋予调查机关过多的自由裁量权，容易使调查行为本身变成单边主义的贸易保护主义措施。单边主义和缺乏民主参与性、协商性等均是违背实质公平的主要因素。因此，自由裁量权规则体现的公平价值缺陷表现为对程序公平的破坏，以及实质公平的不足。

（四）农产品时间差与价格浮动对倾销认定的不利影响

农产品价格受制于社会需求、农业资源、生产成本、天气、自然灾害、价格预期、游资炒作等诸多短期不确定性因素的影响，再加上农产品有季节性波动之特征，通常会导致农产品在签订出口销售合同与销售两个时间点所形成的时间差里出现较大的价格变动，进而造成农产品的出口价格低于国内正常价值的情形。其结果是，合同中约定的预期价格没有考虑到时间差造成的价格变动之情势。收获的成本可能在合同约定的出口价格中发生上涨，则该行业的农产品势必要以低于其实际成本的价格进

① 参见胡国栋：《过度使用自由裁量权扭曲美国反倾销调查结论》，载《国际商报》2003 年 6 月 12 日，第 6 版。

行出口。这样做的结果是,农产品的出口很容易被认定为构成倾销。[①] 一些发达国家动不动启动农产品反倾销调查,对这些发展中国家所施加的不必要的反倾销措施完全阻止了发展中国家通过参与世界市场获取其所需,这不符合比较优势理论,也是对分配正义原则的破坏。[②] 农产品失去海外市场损害是多方面的。

因此,因农产品的特殊性,各国对于农产品反倾销应尽可能采取谦抑性立场,对那些由于农产品时间差和价格波动引起的出口价格低于正常价值之情况,应该排除在反倾销之外,否则是对实质公平的忽视。当然,对实质公平的追求还得仰仗各国的共同努力,如在多哈回合谈判中就相关问题达成一致,或者至少在双边以及区域贸易协定中明确该问题,以便作出更加科学、合理的特殊制度安排。

第三节　WTO 农产品保障措施规则的公平价值缺陷

保障措施(safeguard measure),也称"保障条款"(safeguard clause)、"免责条款"(escape measure),是 WTO 体制中除了反倾销、反补贴之外的第三种类型的贸易救济措施。三者的共同特征是均是政府行为,且用以矫正因外国不公平贸易或非正常进口引起的产业秩序失衡状态。与反倾销、反补贴针对的外国不公平贸易不同,保障措施针对的是正常的贸易,只是在一段时期因进口急剧增长对国内产业造成严重损害或构成威胁,进口国当局才启动的贸易救济措施。保障措施从本质上来说是一种例外条款,它允许缔约方在特殊情况下为了国内产业利益的考虑放弃承诺义务,因此它也是一种免责条款,起到"安全阀"的作用。《保障措施协定》所构建的保障措施制度也被称为一般保障措施

---

① See W. Kerrand L. Loppacher, "Anti-Dumping in the Doha Negotiations: Fairy Tales at the World Trade Organization", *Journal of World Trade*, Vol. 38, 2004, p. 214.

② See Nam-Ake Lekfuangfu, "Rethinking the WTO Anti-Dumping Agreement from A Fairness Perspective", *Cambridge Student Law Review*, Vol. 4, 2008, p. 310.

(Safeguard, SG)。而《农业协定》第 5 条创设了比 SG 更为宽松的农产品特殊保障措施(Special Safeguard, SSG)。农产品贸易很可能涉及以上两类保障措施。现有的农产品特殊保障措施无论在实体规范上还是在程序规范的设定上,都存在公平价值的缺陷。

一、WTO 农产品保障措施实体规范的公平价值缺陷

(一)农产品保障措施法条竞合引起 SSG 适用的减损

保障措施于 1942 年最早出现在美国—墨西哥双边贸易协定中,后来被 GATT1947 所吸纳,进入多边贸易体系,成为第 19 条“对某种产品的进口的紧急措施”,此后保障措施条款大量进入各国国内立法或国际条约。[①] 乌拉圭回合谈判在 GATT1947 的基础上作了进一步的完善,达成了形式更加规范、范围更加明确、实体与程序相结合,并具有强制执行力的《保障措施协定》。《保障措施协定》并未就农产品和纺织品作出特殊安排,而关于农产品和纺织品的保障措施则分别在《农业协定》与《纺织品与服装协定》作出了较为宽松的规定。SSG 的实施不同于 SG,主要表现在:(1)在适用对象上,一是它只针对“关税化”的产品,二是要求各成员的减让表中已标明 SSG。(2)在适用条件上,不同于 SG 要求的因进口产品数量激增对国内产业造成严重损害或严重损害威胁,只要进口产品在价格或者数量上达到触发水平即可。(3)在适用形式上,不同于 SG 选择使用增加关税、关税配额或数量限制等措施,SSG 只能采取附加关税一种形式。[②]

在实践中,农产品的保障措施会发生条约上的竞合,即同一个案件既符合《保障措施协定》规定的 SG 启动条件,也符合《农业协定》第 5 条规定的触发条件。此种情况赋予进口成员以选择权,即在《保障措施协定》和《农业协定》之间选择其中一种作为实施农产品保障措施的法律依据。

---

① 参见曾文革:《WTO 农产品特殊保障机制(SSM)研究》,武汉大学出版社 2012 年版,第 21 页。

② 参见潘莹:《农产品特别保障措施特点分析与发展中国家的对策》,载《对外经贸实务》2006 年第 6 期。

其中有两个原因使进口农产品成员倾向于选择《保障措施协定》而非《农业协定》第5条作为其调查依据。第一,《保障措施协定》的保护效果高于《农业协定》;第二,《农业协定》为SSG规定了有效期,而《保障措施协定》则永久适用。如1997年美国对小麦面筋保障措施案中,尽管小麦包含在美国保留SSG权利之产品类别中,但美国仍然选择了《保障措施协定》作为援引依据。[①] 在现实中,大多数成员要通过国内立法转化的方式履行WTO义务。从各国的保障措施立法来看,很少有国家的保障措施立法将两者进行区分,其后果是大大减损了《农业协定》第5条SSG的实施。因此,《农业协定》在SSG的制度安排上仅满足了程序公平的正当性要求,但缺乏实质公平。

《中华人民共和国保障措施条例》第2条规定:"进口产品数量增加,并对生产同类产品或者直接竞争产品的国内产业造成严重损害或者严重损害威胁的,依照本条例的规定进行调查,采取保障措施。"表明该条例调整的是一般保障措施。第6条第2款规定:"涉及农产品的保障措施国内产业损害调查,由国家经贸委会同农业部进行。"由此可以看出,农产品也受其调整。在实践中,我国在区域贸易协定或者双边贸易协定中作出农产品特殊保障措施之安排。例如,海关总署公告2015年第66号文件发布的《关于〈中华人民共和国政府和澳大利亚政府自由贸易协定〉项下进口农产品特殊保障措施实施办法的公告》,这进一步印证了我国的农产品特殊保障措施体现出了对等互惠的立法特征。对于与我国有互惠安排的国家,在农产品保障措施的选取方面我国会实施较为宽松的SSG。

(二)农产品特殊保障措施实施结果上缺乏实质公平

保障措施设定的初衷是为因绝大多数产业缺乏竞争力可能遭遇进口激增之冲击的发展中国家提供保护,但从实践来看,保障措施的使用主体和受益者却是发达国家。有学者通过实证研究得出的结论是:保障措施使用的概率与国家的经济实力、贸易地位呈正相关,发达国家更有可能发

---

① 详见曾文革、王热:《论实质公平理念下WTO农产品保障措施的变革》,载《农业经济问题》2011年第8期。

起保障措施调查,保障措施在一定程度上成为发达国家进行贸易保护的重要工具。[①] 农产品特殊保障条款是乌拉圭回合谈判达成的针对一些实施农产品进口关税化管理的国家设立的一类紧急措施,旨在防止一些国家因对进口农产品开展关税化管理而对国内市场形成冲击。《农业协定》第5条设定这一措施的主要目的在于避免发展中国家实施这一紧急措施时面临的严苛的实施条件和高昂的实施成本。其与SG最大的不同就在于SSG并不以造成同类产品的国内产业的严重损害或严重损害威胁为条件。

由于农业问题的极度敏感和发展中国家农业发展的弱质性,WTO一般保障措施无法满足发展中国家对于粮食安全、生存安全以及农村发展的未来关切。[②]《农业协定》所确立的SSG制度从形式上看更适合发展中国家保护国内农业,但从实践的角度来看并非如此。发展中国家很少实施SSG,SSG其实已沦为发达国家实施贸易保护的重要工具。有学者早在2006年针对SSG做了专题性的实证分析,结果显示:在1995年至2001年6年的时间里,有10个成员方采取的SSG共涉及658个农产品税目。[③] 在1997年至2004年,WTO收到的对农产品启动SSG的案件共计569件,其中由价格触发的412件,而由数量触发的157件。具体的国别分布是:发达成员中有112次的日本、107次的欧盟、81次的中国台湾地区、79次的美国、66次的波兰、43次的韩国、22次的巴巴多斯、11次的捷克、3次的瑞士和2次的匈牙利;而发展中成员有34次的菲律宾、5次的斯洛伐克、3次的哥斯达黎加,以及1次的尼加拉瓜。[④] 可以明显看出,美国、欧盟、日本、波兰、韩国等发达国家或东欧转型国家

---

① 参见胡北平:《世界贸易组织规则体系的公平性分析》,中国金融出版社2008年版,第151页。

② 参见曾文革、王热:《论实质公平理念下WTO农产品保障措施的变革》,载《农业经济问题》2011年第8期。

③ 参见曾文革:《WTO农产品特殊保障机制(SSM)研究》,武汉大学出版社2012年版,第38页。

④ 参见潘莹:《农产品特别保障措施特点分析与发展中国家的对策》,载《对外经贸实务》2006年第6期。

会频繁使用 SSG。

因此,现有的 SSG 仅从形式上满足了程序公平的正当性要求,但从现实结果来看则违背了实质公平原则。实质上造成了这一制度在发达国家和发展中国家的偏移,甚至成为发达国家进行贸易保护主义的工具。从 WTO 多哈回合谈判来看,大多数的发展中国家成员方主张废除 SSG,建立只适用于发展中国家成员方的农产品特殊保障机制(SSM),这反映出发达国家和发展中国家围绕农产品保障措施安排的规则完善展开的激烈交锋。

二、WTO 农产品保障措施程序规范的公平价值缺陷

(一)农产品特殊保障措施设置了严苛的触发程序

农产品特殊保障措施有着严格的触发条件要求。根据《农业协定》第 5 条第 1 款、第 5 款,SSG 的触发条件主要包括 3 点:(1)触发的前提条件。包括:①启动 SSG 要求实施国已完成农产品非关税措施的关税化。②要求启动 SSG 的农产品已在减让表中用“SSG”符号标明为减让对象。(2)数量触发。即农产品进入一成员的进口量在三种情况下符合触发水平:①产品的市场准入机会小于或等于 10% 时,基准触发水平则为 125%;②产品的市场准入机会大于 10% 但小于或等于 30% 时,基准触发水平则为 110%;③如产品的市场准入机会大于 30%,基准触发水平则为 105%。(3)价格触发。即农产品进入一成员国内的进口价格(以进口到岸价确定、以进口国货币表示)若低于该产品 1986 ~ 1988 年的平均参考价格时即可触发。

有学者就 SSG 对发展中国家的影响所做的专题研究表明,根据乌拉圭回合《农业协定》的实施经验,现行 SSG 机制被证明对发展中国家是毫无益处的。有两个方面的原因:其一,绝大多数发展中国家明显无权启动 SSG;其二,即使 SSG 可以使用,可用的工具十分有限。多哈回合的数据表明,仅有 22 个发展中国家有权启动 SSG。在 1994 年至 2004 年,仅有 6 个发展中国家使用了这一机制,这些国家在 1995 年至 2004 年的时间里仅仅触

发了163次 SSG。[①] 总之,正是由于 SSG 设置了苛刻的触发条件,并不适合发展中国家援引。这种程序性的要素设置,造成成员实体权利难以得到救济的窘境。正因为这种缺乏实质公平的制度安排,在后来的多哈回合谈判中,古巴和巴基斯坦两国关于触发价格提出了两种可行的选择,一是要么依据前 3 年的平均到岸价格核算,要么以近 6 年进口到岸价格中最低 3 年的数据取平均数进行核算;二是依据该产品在当年国内市场的平均价格核算。[②]

总之,从《农业协定》关于 SSG 的规定来看,尽管在一定程度上满足了程序公平,现实中因加剧了发展中国家与发达国家之间的贸易扭曲而违背了实质公平。因此,多哈回合谈判中围绕建立更加公平、合理的农产品特殊保障机制,考虑发展中国家保障农业安全的需要等问题进行了广泛的磋商和谈判。

(二)WTO 农产品特殊保障机制谈判的公平价值缺陷

1.《农业谈判框架协议》对 SSM 规则谈判进行授权

农产品领域贸易保护主义最为严重,故农产品的贸易自由化也是姗姗来迟。可以说,在 1988 年《加拿大—美国贸易协定》之前农业贸易自由化根本不是一个焦点问题,直到乌拉圭回合才变成谈判焦点。但是农产品贸易自由化的愿望却日渐高涨,乌拉圭回合谈判达成的《农业协定》锁定了这种期待,它在转化为国内法后在各成员国内实施,由《农业协定》推动的规则以及政策的转型对个别国家甚至对区域经济一体化的发展产生深远影响。[③] 鉴于《保障措施协定》确立的 SG 不足以保障农产品贸易的实质公平,现行《农业协定》确立的 SSG 又因发展中国家难以援引等造成的实质不公平,发展中国家期待通过多哈回合谈判建立新机制以解决

---

① See Parthapratim Pal, Deepika Wadhwa, "Commodity Price Volatility and Special Safeguard Mechanisms: A Proposal for the Doha Round", *Economic and Political Weekly*, Vol. 42, No. 5 (Feb. 3 - 9, 2007), pp. 417 - 427.

② 参见曾文革:《WTO 农产品特殊保障机制(SSM)研究》,武汉大学出版社 2012 年版,第 154 页。

③ See Tim Josling, *Protectionism in Agriculture: Slow Progress Towards Freer Trade in Agricultural Products*, Open Economies Review, Kluwer Academic Publishers, 1993, pp. 211 - 228.

这一公平性问题。

2004年8月1日，经过世界贸易组织147个成员方的艰苦谈判，最后达成《多哈回合框架协议》，这标志着多哈回合谈判取得阶段性进展。框架协议主要围绕国内支持、出口竞争和市场准入三项内容展开。美国、欧盟和日本等发达成员承诺最终取消出口补贴、实质性改善市场准入、大幅削减国内支持。各成员方同时就简化海关手续、逐步削减农产品和工业制成品的进口关税等措施进行商定。而且框架协议还对最不发达成员和新加入成员作出了较为灵活的待遇安排，如最不发达国家向发达国家出口工业制成品时，应取消全部的关税与配额。① 另外，最引人注目的是，《多哈回合框架协议》第42条允许发展中成员使用SSM，由此该规则获得正式谈判授权。当然，有关SSM很多实质性问题并未展开，因此只进行了简单的授权性规定，这已是一大进步，实质公平的衡平已然发挥作用。

2. SSM谈判的进步性与搁浅

对于全世界范围内拥有高比例人口，并依靠农业维持基本生活和食品安全的发展中国家和最不发达国家来说，农业扮演了一个十分特殊的角色。不像农业之于发达国家，农业之于发展中国家本质上在于满足自给自足的需要。在准备和授权进行多哈回合农业谈判以及在谈判过程中，发展中国家反复强调的一个事实就是有必要采取谨慎的办法以回应农业贸易自由化，以便其所承担的贸易自由化义务不会显著地影响依赖农业生存的人口。因此，发展中国家在谈判中积极寻求比发达国家更加宽松的关税削减承诺。除此之外，发展中国家同时主张给它们以一定的灵活性以满足他们对有关食品安全、生存安全和乡村发展的关切。发展中国家的这些努力在2001年的多哈授权、2004年7月的《多哈回合框架协议(草案)》以及2005年的《香港部长宣言》(Hong Kong Ministerial Declaration，HKMD)中均有所反映。②

---

① 参见《农业问题获突破 多哈回合谈判框架协议达成》，载《时代经贸》2004年第7期。

② See Parthapratim Pal, Deepika Wadhwa, "Commodity Price Volatility and Special Safeguard Mechanisms: A Proposal for the Doha Round", *Economic and Political Weekly*, Vol. 42, No. 5 (Feb. 3-9, 2007), pp. 417-427.

考虑建立在市场准入水平趋于一致情况下赋予发展中国家以采取行动限制进口之权利,即建立只适用于发展中国家的 SSM。这一机制的最终目标是确保农产品贸易中的实质公平。① SSM 是由代表国内较多小型农场国家的谈判利益集团 G33 领导下为大多数发展中成员设置的一个新的保障机制,它提倡发展中成员在发生进口商品激增超过一定水平的情况下,允许其将关税提高到约束水平之上。② SSM 摒弃了 SSG 只允许关税化了的国家使用并在现实中更多为发达国家援用的不公平状况,强调考虑发达国家与发展中国家关税结构的差异,防止因发展中国家的过度削减而造成的实质不公平状态的出现。2005 年 G33 集团赶在日内瓦 WTO 大会召开之前,就 SSM 问题发表了一项声明,倡导 SSM 可以适用于所有农产品、能够自动触发,等等。但这也仅是代表一部分发展中国家的呼声,并未得到发达国家的认可。在多哈回合谈判中,围绕 G33 集团提出的 SSM,从其使用范围、适用条件、触发机制、允许的补偿措施等方面,各利益相关方分别提出了多种细致和深入的方案进行讨论。围绕的主线是放宽 SSM 的适用条件,并且通过降低现有触发水平、提高实施程序的透明度等措施提高 SSM 的实质公平。

在 2008 年 7 月 29 日召开的世界贸易组织小型部长会议上,在美国、欧盟、中国、日本、澳大利亚、巴西和印度 7 个重要成员之间开展的小范围磋商中,各方意图就发展中国家 SSM 达成一致。结果在其余 6 个成员达成妥协的情况下,美国却一意孤行,将该问题与主张发展中国家取消棉花补贴关税问题相挂钩,导致为期 9 日的谈判破裂。直到 2015 年 12 月 19 日,在内罗毕召开的世贸组织重大会议上,各方才就一些问题达成一致,决定全面取消农产品出口补贴,发展中国家在 2018 年之前完全取消,特殊例外情况下可以延迟到 2023 年全面取消。另一个亮点是在备受争议的 SSM 方面达成初

---

① 参见曾文革:《WTO 农产品特殊保障机制(SSM)研究》,武汉大学出版社 2012 年版,第 61 ~ 71 页。

② See Martin Khor, "Behind the July Failure of the WTO Talks on Doha", *Economic and Political Weekly*, Vol. 43, No. 33 (Aug. 16 – 22, 2008), pp. 35 – 40.

步成果,允许发展中国家在农产品进口激增或价格下降的情况下,通过提高一些产品进口关税的方式进行救济。总之,随着时间的推移,以及衡平的公平在谈判时间中逐渐发挥作用,更加符合实质公平的 SSM 结出了硕果。但围绕触发水平、触发价格、实施程序等核心关切,还须进一步的谈判来促进,各方期待着这一问题的瓜熟蒂落。

第四节　与农产品贸易有关的其他多边规则的公平价值缺陷

《农业协定》在谈判时实施非关税措施关税化,并将关税化后的产品列入减让表,以关税减让的形式予以呈现,目的在于通过建立"单一关税制度"进行农产品贸易壁垒的总体削减。《农业协定》生效后,全体成员方承诺在农产品贸易领域不再援引非关税措施。但是,根据《农业协定》第 14 条,各成员同意在《农业协定》项下实施《SPS 协定》。因此以保护人类健康、卫生与植物健康与安全为目的实施的卫生与植物卫生措施得到了广泛认同,这一"技术性贸易壁垒"已然发展成为阻碍国际农产品贸易的重要壁垒。此外,散见于众多人权公约中的与贸易有关的劳工条款,在历次谈判中都试图与贸易相联结,因招致反对而落败。但《TBT 协定》的一些条款规定却为此类劳工条款与贸易发生联结提供了可能,现实中已有国家通过单边主义的立法确立了贸易中的劳工标准,成为阻碍其他国家产品进口的社会壁垒。也就是说,《农业协定》的安排并不能在农产品领域阻止事实上的非关税贸易保护主义的侵袭。因此,与农产品贸易有关的其他的多边规则,其公平价值亦值得深入考量。

一、农产品技术性贸易壁垒的公平价值缺陷

(一)农产品技术性贸易壁垒之"二律背反"

近年来农产品领域的技术性贸易壁垒层出不穷,极大地限制了农产品的贸易自由化。时至今日,技术性贸易壁垒业已发展成为与反倾销、反

补贴等量齐观的贸易壁垒形式，均属于“合规性贸易壁垒”[①]的范畴。技术性贸易壁垒与WTO规则中的授权规则紧密相关。世界卫生组织与世界贸易组织联合发布的名为《世贸组织协定与公共健康》的报告探讨了有关卫生问题的WTO协定、特别卫生问题与WTO协定、健康与贸易政策的一致性等问题。报告认为，《TBT协定》与《SPS协定》均允许成员方基于包括健康在内的正当性理由限制贸易，但也要求这些措施的采取不得毫无必要地限制贸易。两协议中，《SPS协定》处理对健康的特殊危害，它包含为一些国家设定的限制贸易规则，以确保食品安全和人类生命健康，使其免受来自动物或植物携带疾病的侵害。[②] 从中可以看出，WTO在通过两大协定设置技术性贸易壁垒规范的时候一方面考虑了保护人类生命健康的现实需要，另一方面也尽可能减少这些技术性贸易壁垒措施的授予对贸易造成的可能性限制。显然，与反倾销、反补贴一样，“合规性贸易壁垒”自身存在的这一“二律背反”在现实中若把握不当，容易演变为贸易保护主义的重要工具。

在农产品领域，技术性贸易壁垒对农产品贸易自由化的伤害甚至最为严重。国际贸易实践数据显示，阻碍发达国家与发展中国家间农产品

---

① 关于“合规性贸易壁垒”问题，汪琦作了最为深入的研究，他先后在2005~2006年发表多篇论文研究该问题。他认为，“合规性贸易壁垒”指的是“那些在名义上符合或不违背WTO有关规则，以维护公平贸易、保护环境、保护人类及动植物健康为依据，但实质上保护了本国产业和市场的贸易壁垒”，其类型主要包括关税、“两反一保”（反倾销、反补贴、保障措施）和技术性贸易壁垒三大类。参见汪琦：《WTO框架下美日运用“合规性贸易壁垒”实行农业策略性保护的异同》，载《国际贸易问题》2005年第11期。汪琦全面研究“合规性贸易壁垒”问题的系列文章如下：《WTO框架下美国运用“合规性”贸易壁垒的产业分布特点及内在原因分析》，载《亚太经济》2005年第4期；《WTO框架下美日运用“合规性贸易壁垒”实行农业策略性保护的异同》，载《国际贸易问题》2005年第11期；《日本与美、欧对“合规性”贸易壁垒运用的差异比较》，载《世界经济与政治论坛》2005年第1期；《日本与欧美对“合规性”贸易壁垒运用的差异及成因》，载《当代亚太》2005年第3期；《美国对典型“合规性”贸易壁垒的运用及其产生的经济效应分析》，载《商业研究》2006年第4期；《WTO框架下美国运用“合规性”贸易壁垒对农业的策略性保护》，载《河北农业大学学报》（农林教育版）2006年第3期。

② See *WTO Agreements &Public Health: A Joint Study by the WHO and the WTO Secretariat*, World Trade Organization/ World Health Organization, 2002.

贸易开展的最主要障碍是 SPS 协议措施。[①] 在发达国家的贸易实践中，均在不同程度上将技术性贸易壁垒视为农业保护的手段，如美国、日本都重视运用技术性贸易壁垒进行农业保护，其中日本更注重运用技术性贸易壁垒进行农产品加工业的贸易保护。[②] 2011 年国家软科学研究计划项目《我国农产品贸易中的卫生与植物检疫措施及其应对策略研究》所作的调研数据显示：卫生与植物检疫措施已经变成我国农产品对外出口尤其是向发达国家出口的最主要贸易壁垒。该报告指出，发达国家所设置的卫生与植物卫生检疫主要表现为 5 个方面的特点：(1) 不断颁布、更新和完善的全面化、系统化的技术法规；(2) 以远高于国际标准的方式不断增加农产品的检测项目，逐年抬高检测标准；(3) 实施高规格的质量认证体系；(4) 设置较短的过渡期，使很多发展中国家难以及时应对和调整；(5) 很多标准的发布都使用本国语言，影响企业的遵守能力。[③] 有学者分析和总结了近年来农产品贸易以及 WTO/TBT - SPS 通告，认为农产品国际贸易中面临的常见技术性贸易措施有 4 种形式：(1) 农用化学品管理；(2) 动植物检疫及进口卫生要求；(3) 农用化学品安全性评估和进口有害生物风险评估；(4) 包装要求、标识标签、分类标准、合格评定程序等 TBT 协议措施。为此，我们要追根溯源，从赋予各成员以实施技术性贸易壁垒措施的 WTO 多边协定，尤其是《SPS 协定》和《TBT 协定》中寻找贸易规则的公平价值缺陷。

（二）农产品技术性贸易壁垒的多边协定渊源的公平价值缺陷

《SPS 协议》倡导国际标准、指南或者建议等协调一致的标准，这将为食品安全和动物与植物健康管理建立一个基础。毫无疑问，发展中国家出于对消费者利益的考虑，对保障食品安全和质量的科学标准充满兴趣。很多发展中国家已经采用了国际标准。然而，《SPS 协定》第 3 条处理协

---

① See Anne-Célia Disdier, Lionel Fontagné & Mondher Mimouni, "The Impact of Regulations on Agricultural Trade: Evidence from SPS and TBT Agreements", *American Journal of Agricultural Economics*, Vol. 90, No. 2, 2008, pp. 336 - 350.

② 参见汪琦：《WTO 框架下美日运用"合规性贸易壁垒"实行农业策略性保护的异同》，载《国际贸易问题》2005 年第 11 期。

③ 参见《SPS 已成为我国农产品出口最主要的障碍》，载《中国农业信息》2011 年第 2 期。

调一致的标准方面的措辞却是模棱两可，该条第 2 款规定满足国际标准的措施应当被看作保护人类、动物或植物的生命或健康所必需的；该条第 3 款尤其继续说，如果存在科学理由或者作为一个基于适当风险评估的一致风险决策的结果，成员据此可采用或维持比基于国际标准、指南或建议制定的措施更高水平的卫生与植物卫生措施。

在《TBT 协定》中，一些条款的规定满足了程序公平的正当性要求，如技术性贸易壁垒措施使用中有如下原则与规则的约束：非歧视原则条款（《TBT 协定》第 2.1 条、第 5.1.1 条、第 5.2.5 条、第 5.2.4 条），透明度原则条款（《TBT 协定》第 2.9 条、第 2.11 条、第 5.6 条、第 5.8 条、第 10.1 条），避免不必要的贸易障碍条款（《TBT 协定》第 2.2 条、第 5.1.2 条），技术性法规、标准以及合格评定程序标准中满足成员方“正当性目标”（legitimate objectives）条款（《TBT 协定》第 2.4 条和第 5.4 条），基于绩效要求的应用条款（《TBT 协定》第 2.8 条），国际体系的符合性评估条款（《TBT 协定》第 9.1 条）、技术规范作为等价性条款（《TBT 协定》第 2.7 条）、合格评定相互承认条款（《TBT 协定》第 6.1 条、第 6.3 条），技术援助条款（《TBT 协定》第 11 条），争端解决执行条款（《TBT 协定》第 13 条、第 14 条）。总之，从协定规定的形式来看，《TBT 协定》的很多条款设置细致入微，在一定程度上体现了法律规范的形式正当性要求。

尽管协定中的主张考虑尽量减少对贸易消极影响的必要性，然而实践经验恰恰与之相反：《SPS 协定》与《TBT 协定》结合在一起，似乎已经成为采用比公认的国际机构规定更高标准的发达国家选择性地用作阻挡从发展中国家进口产品的重要工具。① 总之，《SPS 协定》对国际标准的选取规则对于与发达国家存在技术差距的发展中国家来说是不公平的，由于在规则的设计上缺乏追求实质公平的考量，因此其程序公平也是难以满足的。

此外，在程序规范的设计方面，《SPS 协定》与《1994 年反倾销协定》

---

① See R. Thamarajakshi, “Doha Declaration and Agriculture in Developing Countries”, *Economic and Political Weekly*, Vol. 37, No. 1 (Jan. 5 – 11, 2002), pp. 23 – 27.

等多边协定一样存在程序公平不足的问题,这种程序公平的正当性缺陷使得实质公平难以得到有效保障,其实施结果很可能导致对进口成员调查当局的偏袒。以《SPS 协定》第 5 条第 7 款为例,协定规定进口产品调查当局基于相关科学证据不充分之情势,依据来自于国际组织或其他成员方实施卫生与植物卫生检疫措施之相关可获信息,临时采取卫生与植物卫生检疫措施。当然,协定又作出缺乏现实可行性的宽泛规定,即要求成员方为了更加客观地作出风险评估,应寻求必需的额外信息,以使其在合理期限内审议其措施。这一理念来自 1992 年《里约环境与发展宣言》的所谓"预防原则",在 1998 年荷尔蒙牛肉进口限制案进入 WTO 争端解决的上诉程序时曾力主将该原则整合进《SPS 协定》。由此可以看出,《SPS 协定》这一程序性的规定更体现发展中国家的意愿。

《SPS 协定》第 5.1 条规定了各成员应保证其卫生与植物卫生措施的制定要基于在适合相关情形下对人类、动物或植物之生命或健康的风险评估,而风险评估技术则要参考国际组织的标准。由于该条的规定过于宽泛和笼统,为成员方施加了模糊的程序性和实体性的双重义务,同时也为成员方提供了巨大的发挥空间,因此违背了程序正义之要求。具体而言,其一,该条没有明确风险评估的具体标准,将该标准交于各成员方自由确定,在美国和加拿大等国与欧盟牛肉进口措施案中,专家组、上诉机构在风险评估条款的认定上殊异。其二,该条关于 SPS 措施的实施应具备充分的科学依据,但实践中科学依据的认定并不统一。美国、加拿大诉欧盟牛肉进口限制措施案中,上诉机构的主张也介于两可之间,既认为风险评估要基于主流科学观点,又认为非主流科学观点亦可遵循。[①]

总之,《SPS 协定》《TBT 协定》是与农产品贸易具有密切关系的两大协定。在实践中,由该两项协定约束的技术性贸易壁垒已成为制约发展中国家农产品出口的主要贸易壁垒。两个协定中的众多条款由于条款模糊,或者规定过于笼统和宽泛,以至于既不满足程序公平的正当性,又不符合实质

---

① 参见吴文婷:《对美国和加拿大等国与欧盟牛肉进口措施案件的法律逻辑分析》,载《卷宗》2015 年第 5 期。

公平的分配正义要求,亟待未来的多边贸易谈判予以调整和完善。

二、农产品"社会壁垒"的公平价值缺陷

"社会壁垒"又称为"蓝色壁垒",是指散见于诸多国际公约中的旨在保护劳动者权益的各类劳工权利、劳动者待遇、社会保障与劳动技术标准等规范与贸易相挂钩,从而形成的贸易壁垒形式。在国际劳工组织建立之初就试图将劳工标准引入国际贸易之中,但由于1919年出席巴黎和会的英国代表团起草的国际劳工组织章程草案未获认可,最终未成功纳入。[①] 1947年11月通过的旨在筹建国际贸易组织(International Trade Organization,ITO)的《哈瓦那宪章》第7条明确规定:"所有国家在实现和维护与劳动生产率有关的公平劳工标准方面具有相同的利益,劳动生产率的提高有助于改善工资水平和工作条件。成员们认识到不公平的劳动条件,特别是生产出口产品部门不公平的劳动条件给国际贸易造成困难。因此,各成员国应采取一切合适及可行的办法来消除其境内的上述不公平条件。"当然,由于众所周知的原因,《哈瓦那宪章》未获美国国会的批准,最后胎死腹中。事后,美国又建议将一个《哈瓦那宪章》意义上的非正式的社会条款纳入GATT以处理劳工标准问题,没有获得其他缔约方的支持。在WTO创设之初,各方也围绕着是否创立社会条款产生争论,最后1994年的《马拉喀什协定》拒绝为成员设置义务去研究劳工标准和贸易的联结问题。[②] 因此,当前的WTO法律体系并未直接规定劳工条款,因为各国普遍担心劳工条款可能对贸易造成抑制作用。当然,劳工条款本身具有很大的进步意义,尽管国际劳工标准的产生以国际贸易竞争为前提,但国际劳工标准却是自足的体系,它并不服务于国际贸易,而是用来维护社会正义、促进以人为本的社会进步的。[③] 因此,国际劳工标准

---

① 参见刘波:《国际贸易与国际劳工标准问题的历史演进及理论评析》,载《现代法学》2006年第3期。

② See Christine Breining-Kaufmann, *Globalisation and Labour Rights: The Conflict between Core Labour Rights and International Economic Law*, Hart Publishing, 2007, p. 68.

③ 参见杜晓郁:《全球化背景下的国际劳工标准分析》,中国社会科学出版社2007年版,第133页。

不得用作贸易制裁的手段。

表3.1所统计的诸多人权保护公约的条款，均与贸易相关。1919年成立的国际劳工组织致力于在政府、雇主和工会之间形成协调一致的行动以促进社会正义。在其主导下，围绕结社自由、最低工资保障、就业与

表3.1　与贸易有关的国际劳工条款对照表

年份	公约名称	具体条款
1948	《世界人权宣言》	第22～25条
1966	《经济、社会及文化权利国际公约》	第6～10条
1966	《公民权利和政治权利国际公约》	第8、22条
1979	《消除对妇女一切形式歧视公约》	第11条
1989	《儿童权利公约》	第32、35条
2000	《儿童权利公约》关于买卖儿童、儿童卖淫和儿童色情制品问题的任择议定书	第2～3条
1930	国际劳工组织第29号《强迫或强制劳动公约》	第2条
1957	国际劳工组织第105号《废除强制劳动公约》	第1、2条
1948	国际劳工组织第87号《结社自由和组织权利保护公约》	第1～3条，第8、10、11条
1949	国际劳工组织公约第98号《组织权与集体谈判权公约》	第1～6条
1951	国际劳工组织公约第100号《男女工人同工同酬公约》	第2～4条
1958	国际劳工组织公约第111号《消除就业和职业歧视公约》	第1条
1973	国际劳工组织公约第138号《准予就业最低年龄公约》	第1～4条
1999	国际劳工组织公约第182号《禁止和立即行动消除最有害的童工形式公约》	第1～4条、第7条
1998	《国际劳工组织关于工作中基本原则和权利的宣言》	全文

资料来源：根据克莉丝汀·布雷宁.考夫曼（Christine Breining-Kaufmann）所著《全球化与劳工权利：核心劳工权利与国际经济法的冲突》一书的附录部分制作。①

---

① See Christine Breining-Kaufmann, *Globalisation and Labour Rights*: *The Conflict between Core Labour Rights and International Economic Law*, Hart Publishing, 2007, pp. 301－315.

就业歧视、强迫劳动、工作时间、工业卫生与安全、职工福利、社会保险等诸多问题先后出台了几十个公约,对于促进国际劳工保护起到很大的推动作用。1998 年《国际劳工组织关于工作的基本原则和权利宣言》(以下简称《宣言》)声称这些条款对其成员国没有直接的法律效力并且不具有法律上的强制性,但它在形成一套有关核心劳工权利的内容方面是一个里程碑。即使劳工组织的声明是毫无争议的,但低工资的发展中国家依然担心工业化国家可能将劳工标准联结到贸易政策,从而剥夺了他们的竞争优势。因此,《宣言》第 5 段作如下阐明:"……劳工标准不得用作贸易保护主义目的,本声明中不会并且在其后续行动中进行援引或者以其他形式用作该目的。此外,任何国家的比较优势都不应当在本宣言及其后续行动中受到质疑。"这项规定与世贸组织新加坡部长级宣言的第 4 段一致,代表了自 1944 年《费城宣言》以来重大的转变,它强调自由贸易和劳工权利的平等,以及将自由贸易整合进劳工标准的需要。现在,它是有优先权的自由贸易保护。[①] 无论是自由贸易、公平贸易组织实施的公平贸易标签认证、与贸易有关的劳工条款,本质上是具有进步性的,都是为了通过贸易与人权保护,促进国际公平与正义,维护人类和平发展。因此,贸易与劳工条款的联结也是符合人类生存和未来世界经济发展不可逆转的历史趋向,只是不能作单边性的安排,否则破坏的是实质公平。

尽管目前 WTO 多边协定没有做这样的安排,但是现有的多边协定中的一些条款的模糊含义留足了与劳工条款相联结的解释空间。如《TBT 协定》附件 1 中规定的技术规范和标准,[②]则很可能包含"对产品、工艺或生产方法适用的标签要求"。当前大多数与核心劳工权利相关的

---

① See Christine Breining-Kaufmann, *Globalisation and Labour Rights: The Conflict between Core Labour Rights and International Economic Law*, Hart Publishing, 2007, p. 72.

② 《TBT 协定》附件 1 对"技术法规"的定义:"规定强制执行的产品特性或其相关工艺和生产方法、包括适用的管理规定在内的文件。该文件还可包括或专门关于适用于产品、工艺或生产方法的专门术语、符号、包装、标志或标签要求。"附件 1 对"标准"的定义:"经公认机构批准的、规定非强制执行的、供通用或重复使用的产品或相关工艺和生产方法的规则、指南或特性的文件。该文件还可以包括或专门关于使用于产品、工艺或生产方法的专门术语、符号、包装、标志或标签要求。"

标签倡议本质上都是自愿的，例如，比利时法律对本国市场上所有产品施加自愿性的“社会责任生产”标签要求。但是，从各发达经济体在贸易中设置的大量劳工条款来看，政府可以通过间接的方式为企业设置必须满足的标准以引导其获取标签，其结果是这些标签尽管在形式上看是自愿的，但对于渴望保持竞争力的企业来说具有了强制性。[①] 发达国家已经有很多国内贸易立法与诸如针对农产品的“公平贸易标签组织”的标签认证、针对包括木材在内的林产品的“森林管理委员会”标签认证等进行了挂钩。而目前，WTO 争端解决机构尚未就《TBT 协定》相关条款作出明确解释。到底贸易与劳工标签存在联结，还是封住这一联结渠道，一切还是未定之局。总之，在 WTO 现有规则关于劳工标准等问题规定不明朗，以及后续谈判尚未作出明确制度安排的情形下，目前的多边规则一方面在程序公平方面存在一致性和透明度不足等问题，在实质公平方面更是缺失的。

本章小结

当前，自由主义经济秩序是国际经济发展的主流，多边贸易体制在此框架中得以推进。GATT/WTO 框架下的多轮多边贸易谈判对于降低贸易壁垒、促进贸易自由化居功甚伟。尤其是在 GATT/WTO 机制中形成的特殊和差别待遇、提供技术援助等被认为是符合实质正义的重要因素，这在一定程度上体现了对罗尔斯第二个正义原则第二部分“差别原则”的贯彻。单纯讨论公平贸易，不从法律价值上讨论公平及其实现方式，则该公平贸易没有实质意义。农产品全球贸易治理体系要体现程序公平和实质公平的有机结合，二者不可偏废。

反倾销行动、反补贴措施以及保障措施三种贸易救济的实施，用以防

---

① See Christine Breining-Kaufmann, *Globalisation and Labour Rights: The Conflict between Core Labour Rights and International Economic Law*, Hart Publishing, 2007, pp. 209 - 217.

止特殊类型的不公平和破坏性的贸易行为或者公平贸易状态下的进口激增或价格下跌。其中以反倾销措施最为常见,反补贴措施次之,保障措施使用最少但也不容忽视。① 不同于普通的工业品,农产品的补贴与反补贴规则、保障措施规则在《农业协定》中均作出了特殊安排。从 WTO 农产品反补贴规则起源来看,其公平价值之不足体现在农产品反补贴规则游离于 SCM 之外以及《农业协定》的"软约束"协议性质。从 WTO 农产品补贴与反补贴实体规范来看,存在的公平价值缺陷具体表现在:《农业协定》涵盖范围的有限性、农业补贴的定义不清、"肮脏的关税化"与削减程序违背实质公平、发达国家与发展中国家间权利与义务的失衡、市场准入与关税配额分配中存有"灰色区域""绿箱政策"适用标准过于灵活导致的公平价值缺失。WTO 农产品补贴与反补贴程序规范存在的公平价值缺陷表现在:削减补贴预算支出的任意性、"和平条款"的公平价值缺陷、国际农产品补贴与反补贴谈判进展缓慢等。

WTO 规则关于农产品反倾销并未作出特殊安排,但是农产品的反倾销与工业的反倾销差异明显。农产品反倾销调查的结果不仅会影响农产品的价格走势,也会影响农产品企业之间、产业之间、产业内上下游之间的贸易关系。具有保护主义性质的反倾销可能进一步扭曲农产品贸易,甚至影响一国的粮食安全。因此,特别考察 WTO 框架中现有的反倾销法律规范,分析其对农产品贸易可能产生的公平性影响具有很大的必要性。从 WTO 农产品反倾销实体规范来看,其公平价值缺陷表现在:《1994 年反倾销协议》条款存在模糊性与抽象性、公共利益条款的设计存在公平性缺陷、反倾销中劳工标准规则存在公平性缺陷。而 WTO 农产品反倾销程序规范的公平价值缺陷表现在:信息披露与公开参与的正当程序缺陷,反倾销主管机关拥有过多的自由决定权和"日落复审"规则的实质无效性也影响了实质公平,农产品时间差与价格浮动对倾销认定的不利影响也体现出对实质公平的忽视。

---

① See David A. Lynch, *Trade and Globalization: An Introduction to Regional Trade Agreements*, Rowman & Littlefield Publishers, Inc., 2010, p. 41.

保障措施从本质上来说是一种例外条款,它允许缔约方在特殊情况下为了国内产业利益的考虑放弃承诺义务,因此是一种起到“安全阀”功能的免责条款。《保障措施协定》规定了对进口产品(包括农产品)的SG,而《农业协定》则确立了比一般保障措施更为宽松的SSG,通常情形下各自为用。从WTO农产品保障措施实体规范来看,其公平价值缺陷主要表现在:当实践中农产品保障措施发生条约竞合,即同一个案件既符合《保障措施协定》规定的启动SG之条件,也符合《农业协定》第5条规定之触发条件,调查国通常会选择SG。这实际上减损了SSG的功用;SSG实施结果上缺乏实质公平。而从WTO农产品保障措施程序规范来看,存在的公平价值缺陷表现在:SSG设置了严苛的触发程序;在WTO农产品保障措施谈判中,2004年的《农业谈判框架协议》中并未就SSM达成一致,2008年的小型部长会议也以失败告终,而围绕SSM触发水平、触发价格、实施程序等核心关切至今未有定论。均反映出与农产品有关的各类保障措施条款在程序公平上存在的不足,以及在实质公平上的缺位。

乌拉圭回合谈判在通过《SPS协定》和《TBT协定》设置技术性贸易壁垒规范时,一方面考虑到保护人类生命健康的现实需要,另一方面也尽力通过一些安排降低这些措施对贸易的扭曲作用。但由于在实践中一些发达经济体功利性地滥用技术性贸易壁垒,使之变成贸易保护主义的工具。实际上,由于两个协定有众多条款存在模糊或过于笼统和宽泛之处,使该两项协定既不满足程序公平之条件,又不符合实质公平之要求。此外,历次谈判都试图与贸易相联结,因招致反对而落败。而《TBT协定》的一些条款的规定却为贸易和散见于各类人权公约中的相关劳工条款发生联结提供了模糊地带,现实中已有国家通过立法单边性地确立国内法上进口贸易规则中的劳工标准,这已发展成为阻碍外国产品进入其市场的重要贸易壁垒。总之,由于WTO现有规则对于劳工标准等问题规定的不明朗,在后续谈判尚未作出明确制度安排的情况下,WTO协定在程序公平之正当性方面是不足的,而且亟须对实质公平中衡平要素的整合。

综上所述,由于目前的WTO框架中有关农产品补贴与反补贴、农产品反倾销、农产品保障措施以及与农产品有关的技术贸易壁垒和社会壁垒条款,无论是实体规范还是程序规范均存在一定程度的程序公平缺位、实质公平阙如之情势。这深刻暴露出当前农产品全球贸易治理体系的价值缺陷。国际农产品贸易完全可以实现正和博弈,但需要消弭分歧、强化程序公平与实质公平的统合,更需要推动符合全球分配正义的农产品全球贸易治理法治体系的渐进式制度变迁。

第四章　主要经济体农产品治理法律体系的公平价值缺陷

农产品事关一国的农业安全,也事关一国由第一产业所主导的国家经济的总体安全,因此农产品向来是敏感领域。1955 年,GATT 允许美国限制其农产品进口,这一举动免除了美国在 GATT 中农业领域的义务。美国和欧洲随后相继构建起复杂的农业收入支持机制,农业领域的贸易自由化随即止步不前。此后的贸易自由化议程中农业议题很难达成一致。尽管乌拉圭回合之前,各国曾尝试通过商品协定的谈判来解决工业国家和中等收入国家的国内农业政策的根本性问题,但均以失败告终。[①] 这些发达经济体通常都会通过政策、法令、行政命令等形式作出与多边纪律不一致的举措,造成的后果是:多边贸易协定被歪曲或被闲置,从而对世界其他国家尤其是对发展中国家造成不利影响。这使农产品公平贸易的实现变得十分困难,农产品的国际法治更加的“碎片化”。因此,考察美国、欧盟、日本等主要经济体的极具单边主

---

① See Tim Josling, “Protectionism in Agriculture: Slow Progress Towards Freer Trade in Agricultural Products”, *Open Economies Review*, Kluwer Academic Publishers, 1993, pp. 211 – 228.

义特征的国内农业立法以及公平贸易法律、政策，分析其与现有多边贸易的相符和不符之处，追求其中内在的公平价值，都十分重要。这为此后农产品全球贸易治理寻找和创造更加适宜的公平路径奠定了坚实基础。

第一节 主要经济体农业补贴立法的公平价值缺陷

在过去几十年的立法发展进程中，各主要发达经济体均注重通过立法来规范、调控与支持农业发展。一系列农业法律规范与政策的制定、修改、解释与执行，均力图完善农业基础设施、推进农业科技发展、对农业提供金融信贷支持与价格补贴。如上举措均在一定程度上激活了农业生产要素，促进了农业与农村的永续发展，对推动农业现代化贡献卓著。[①] 这些作为农产品贸易上游的国内支持政策在农产品贸易救济特别是农产品反补贴中具有十分重要的地位。因此，对于这些发达国家或经济体的农业支持政策作出公平价值考察则十分重要。

一、美国农业补贴法律体系及其公平价值缺陷

（一）《霍利关税法》对贸易公平的价值警醒

1930 年，美国参议院在 1922 年关税法的基础上制定《霍利关税法案》，经胡佛总统签署后正式生效。该法案将 890 种商品的平均关税税率从 40% 提高到 48%，占总数 60% 的 3200 种外国商品关税应声上涨。随即引起了世界范围内的连锁反应，有 23 个国家的政府向联邦政府送来抗议信，威斯康星州议员拉弗莱特也直言批评该法案的签署是“赤裸裸的、无耻的政治交易”。同时，在经济学界，费特尔联合 1000 多位经济学家共同致信胡佛总统，请求否决该法案，认为该法案是整个 20 世纪议会颁布

① 参见徐世平、李晓棠：《农业立法国际比较与中国路径选择》，甘肃人民出版社 2007 年版，第 98 页。

的最为愚蠢的法律，该法案设定的高贸易壁垒简直是在“玩火自焚”。[①]

在胡佛总统强势推进下，国会逆历史潮流通过的《斯姆特－霍利关税法》深刻体现了美国贸易保护主义的再度抬头。通过该法案的初衷是为了拯救美国当时不景气的农业，改善农业现状。但该法案实施的后果却是，贸易保护主义的抬头非但不是美国经济走出困境的“良方”，而且成了一剂“毒药”，美国自身受到很大影响。由于遭到其他国家同样的贸易保护主义报复措施，全球的贸易总量在 1929 年起的 4 年里减少 240 亿美元，而美国的出口贸易总量同期减少了 4012 亿美元。[②]

该法的通过成了经济萧条时期破坏性贸易立法的代表。它所引起的世界范围内的连锁反应也再次证明，缺乏协商正义与对等性的单边主义立法是对多边主义贸易治理体系的重大破坏。它揭示出单边贸易体系在公平价值方面的匮乏，这也为美国提出了警示。1933 年《斯姆特－霍利关税法》的出台使得美国的贸易在 1933 年触底，随着一系列旨在降低贸易壁垒谈判的积极开展和成果的达成，才将美国的国际贸易从危机中拯救出来。该法案为美国的现代贸易政策设定了基本的走向，即要坚持自由贸易这一主流。“二战”即将结束时，由美国积极推进和主导的国际经济组织的创建体现出了这一点。以后，在农业立法中也是坚持了自由贸易的主流，通过逐步降低贸易保护以缓慢推进。

（二）美国农业立法的基本状况

美国是世界上农业补贴和支持力度最大的国家。当前美国的农产品之所以有较低的价格优势和较强的出口竞争力，受益于美国拥有全世界最强大的农业立法体系和长达 80 余年的农业补贴历史。而美国无论是在联邦层面还是在州层面，都十分注重通过制定法来发展农业支持体系。经过半个多世纪的立法演进，美国在联邦一级基本上形成了以各大农业法案为中心、100 多部重要立法相配套的完整的农业法律体系。概括起来，美国在联邦立法体系中拥有下表所示的 18 部具有统率性的农业法案。

---

① 《美国最蠢法案掀起贸易报复战》，载 http://www.gdzjdaily.com.cn/finance/2009－02/17/content_967159.htm，2015 年 12 月 10 日访问。

② 参见赵育琴：《新贸易壁垒及其应对》，西南财经大学出版社 2012 年版，第 42 页。

以表4.1所列的诸多农业法案为基础，美国还在下列领域制定了为数众多的配套立法。

表4.1 美国农产品立法一览表

序号	法案中文名称	法案英文名称
1	1933年农业调整法案	*Agricultural Adjustment Act of* 1933
2	1938年农业调整法案	*Agricultural Adjustment Act of* 1938
3	1948年农业法案	*Agricultural Act of* 1948
4	1949年农业法案	*Agricultural Act of* 1949
5	1954年农业法案	*Agricultural Act of* 1954
6	1956年农业法案	*Agricultural Act of* 1956
7	1965年粮食与农业法案	*Food and Agricultural Act of* 1965
8	1970年农业法案	*Agricultural Act of* 1970
9	1973年农业和消费者保护法案	*Agricultural and Consumer Protection Act of* 1973
10	1977年粮食与农业法案	*Food and Agriculture Act of* 1977
11	1981年农业与粮食法案	*Agriculture and Food Act of* 1981
12	1985年粮食安全法案	*Food Security Act of* 1985
13	1990年粮食、农业、资源保护及贸易法案	*Food, Agriculture, Conservation, and Trade Act of* 1990
14	1996年联邦农业振兴与改革法案	*The Federal Agriculture Improvement and Reform Act of* 1996
15	2002年农业保障与农村促进法案	*The Farm Security and Rural Investment Act of* 2002
16	2008年粮食、环境保护及能源法案	*Food, Conservation and Energy Act of* 2008
17	2014年粮食、农场及就业法案	*Food, Farm and Job Act of* 2014
18	2014年美国农业法案	*Agricultural Act of* 2014
19	2018年农业提升法案	*Agriculture Improvement Act of* 2018

1. 农业技术推广领域的立法

具体来说，美国在这方面的立法包括推广组织体系立法和推广人员立法两部分。(1)推广组织体系立法。最早可追溯至1862年美国联邦立法《莫里尔公地兴学法案》,国会为各州分配公用土地,以帮助建立工业和农业学院。此后国会在19世纪80年代和20世纪初先后颁布立法促进试验站和技术推广。这些学院后来通过创建各种与农业有关的实验室,积极推广农业技术。1994年的联邦立法规定在农业部下设推广机构,真正构建起政府主导、各州学院推广部门积极推进、县立农业推广机构和县以下基层组织志愿推广人员广泛参与的农业推广组织体系。(2)推广人力资源立法。根据《施密斯-利弗法案》,从事农业技术推广的核心组成人员是各州立大学的专家学者,他们具有教员和科学家的双重身份,这些人多为高学历的群体。而且,美国的农业科技推广有着充足的经费支持,联邦政府每年拨付给农业科研与推广的费用有60亿~80亿美元之多。[①] 正是在高支持、高保护的情形下,美国发展出世界上最为先进的农业生产方式,其农产品具有很高的出口竞争力。

2. 农业投入与农业信贷领域的立法

早在1917年,美国颁布《国家农业贷款法》,授权成立了联邦农业信贷管理局,是从属于农业部的独立信贷管理部门。自此,美国通过"政府推动,立法先行"的思路构建起运行至今的、已有上百年历史的农场信贷体系(Farm Credit System,FCS),这是一种运用金融工具进行支农的重要手段。此后美国分别在1923年、1933年、1971年、1992年、1994年、1996年和2002年先后出台了多部农场信贷立法。[②] 总之,在美国联邦一级通过立法创建金融支农惠农的专业银行,建成由政府主导、社会广泛参与的农业信贷支持体系。

3. 有关农产品价格支持与保护立法

为了强化对农产品市场流通以及对农产品的价格支持与保护,美国在农业法案的基础上还出台了一系列农产品价格支持以及促进农产品市

① 参见王学忠:《美国、日本农业技术推广体系立法的经验与借鉴》,载《科技与法律》2009年第2期。

② 参见杨松、姜庆丹:《美国农场信贷立法及其对中国的启示》,载《暨南学报》(哲学社会科学版)2011年第6期。

场流通方面的单行立法。主要有《1937年农产品售卖法》《1938年农业调整法》《1946年农业销售法》《1972年农村发展法》《1982年易腐烂食品国际运输法》《1983年乳制品稳定法》《2002年农村安全和农村发展法》《2004年特种作物竞争法》《2008年粮食保障与能源法》等。

(三)美国农业立法中"箱子游戏"的公平价值缺陷

1. 游走于自由贸易和贸易保护主义之间

总体来看,美国的农业立法随着美国经济的好坏进行灵活调整,其演变历程反映出美国贸易政策在贸易保护主义和自由贸易之间的游移不定。美国的农业法案为农业补贴所确定的基本框架主要包括如下几个方面:(1)农业生产补贴政策。主要用来支持农产品价格和提高农业生产者收入。具体包括一些灵活安排的各类政策性优惠贷款、特殊支付规则等六种政策。(2)资源与环境保护补贴政策。具体又包括播种面积削减计划和土地环境资源保护计划两种政策类型。(3)农产品出口补贴政策。主要通过信贷与激励政策,促进保护农场主和农业生产者发展农产品的出口贸易。(4)食品与消费补贴政策。主要通过政府加大投入,提供食品援助,改善低收入群体的生活等方式推进。①

这些政策很多都具有贸易抑制作用,尤其是沿用至今并备受争议的出口补贴政策,对全球农产品贸易造成了重大伤害,而且也延缓了农产品贸易自由化的发展进程。深刻体现出单边农业立法仅服务于国家的政治,缺乏国际范围内贸易民主的意愿,以及追求实质公平的价值导向。

2. 美国的"箱子游戏"违背实质公平之价值

(1)美国农业立法早期的"箱子游戏"

从1996年开始,美国依据《1933年农业经济调整法》《1949年农业法案》,通过成立于1933年的商品信用公司,为农业年均提供160亿美元的支持。《2002年农业保障与农村促进法案》再度提供大体165亿美元的年度补贴,该法案被认为是美国农业立法史上贸易保护主义的

① 参见侯石安:《农业补贴的国际比较研究》,中国财政经济出版社2013年版,第19~27页。

再度兴起。与之前的法案相比,该法案无论从补贴的力度、范围还是破坏力来说,都有过之而无不及。比如法案进一步扩大了直接补贴的范围,抬高了大宗农产品的补贴率,并强化了粮食价格的差价补贴。此外对农产品贸易、农业研究和农村发展计划均实施不同程度的促进政策。占据美国新增预算一半额度的商品计划项目中包含有"绿箱政策""黄箱政策",而"绿箱政策"中纳入了一些生态、健康与科研等相关项目,甚至将对农民的信贷支持也作为结构调整补贴纳入"绿箱政策"。

也就是说,美国将"黄箱政策"中的某些措施转出,但同时又纳入巧立名目的"绿箱政策"。根据美国在《农业协定》项下农业支持减让方面的承诺,美国在2000年后综合微量支持(AMS)即"黄箱政策"不应超过191亿美元,2002年该法案的实施使美国在2002~2007年的年均农业补贴额度处于190亿~210亿美元,排除不挂钩补贴(decoupled subsidies)和为数众多的生态保育等"绿箱政策",其综合支持量并未超过上限。因此,这些规定从形式上看与《农业协定》相一致,满足了程序公平的要求。《2002年农业保障与农村促进法案》由于利用《农业协定》的漏洞大玩"箱子游戏",招致广泛的批评。[①] 因此,从结果上看形成了实质的不公平。美国的此种做法并没有有效减损其"绿箱政策"对贸易的巨大扭曲,而且对其他国家也是不公平的。这违背了托马斯·弗兰克所言的通过衡平的方法所要实现的实质公平。而实质公平价值的缺位,也难以保障程序公平的实现。

(2)美国新农业法案的修改与"黄箱政策"的"绿箱化"

为了改变《2002年农业安全与农村投资法案》对其造成的在国际谈判中的被动和负面影响,致力于推动农产品自由贸易的美国终于在2014年经过一年多的磋商和争论,众议院通过了新的、为期5年的《2014年美国农业法案》,经奥巴马总统签署后正式生效。该法案的覆盖范围不仅覆

---

① 参见吴喜梅:《WTO框架下我国农业补贴法律体系的建构》,法律出版社2013年版,第127~128页。同时参见农业部课题组:《2014年美国农业法案的主要内容及其对我国的启示》,载《农产品市场周刊》2014年第19期。

盖了农业,而且覆盖了包括农产品贸易、环境保护、信贷支持、农村发展、振兴农村经济、社区建设等整个农业产业与农村生态系统。法案取消了每年 50 亿美元的直接支付补贴,还清理了反周期等其他补贴,对营养支持数额也予以削减。但确定了对农作物在 10 年增加 70 亿美元的保险。除此之外,法案还加大了农业基础设施建设、生态环境保护、农业科学研究、有机农产品发展和特种作物支持。法案中的"黄箱政策"呈现出"绿箱化"的总体趋势。① 如在巴西诉美国陆地棉案中,专家组裁定美国设置在"绿箱政策"中的所谓生产弹性合同支付与直接支付应属"黄箱政策",不应被纳入"绿箱政策"。② 当然,该法案还呈现出的一个特点是,美国政府改变了此前对农业生产和农产品市场直接干预的态度,调控方式趋于市场化。

特朗普于 2018 年 12 月 20 日签署、有效期自 2019 ~ 2023 年的《2018 年农业提升法案》明晰了美国有关农业补贴、农业保险、环境保护、贸易、科技等领域的政策走向。首先,该法案的总预算经费约为 4000 亿美元,其中营养项目比重最大,占比 76%;其次是占比 9% 的农业保险项目、占比 7% 的环保项目和占比 7% 的商品计划项目;再次是占比 1% 的乡村发展、研究推广、信贷、贸易等事项的总预算经费;而最后,法案特别重视对农民的风险管控和研究创新经费的支持。③ 总体来看,美国《2018 年农业提升法案》体现出明显的"黄箱政策"的"绿箱化"趋势。

综上所述,美国作为发达国家,向来重视农业保护,如上述一系列农业立法和政策,整体上呈现出较强的贸易保护主义特征。通过调整国内立法使其符合《农业协定》的基本要求,看似符合了程序公平的正当性,但忽视了实质公平。因此也难以保证全球分配正义之实现。

---

① 参见王月荣、张秀珍:《美国 2014 年新农业法案的特点、影响及其启示》,载《世界农业》2014 年第 7 期。

② 曾文革、王热:《论实质公平理念下 WTO 农产品保障措施的变革》,载《农业经济问题》2011 年第 8 期。

③ 王克:《美国 2018 年农业法案中农业保险计划的动向和启示》,载《中国保险报》2019 年 1 月 9 日。

二、欧盟农业补贴法律体系及其公平价值缺陷

(一)欧盟“共同农业政策”的形成与立法状况

1.“共同农业政策”的产生和基本原则

欧洲联盟是由28个成员国组成的政治、经济高度一体化的区域共同体。欧盟框架中有统一的法令和政策。欧盟通过标准化的法律制度以及协调统一的贸易政策,创建了农牧渔一体化的单一市场。1957年的《罗马条约》第39条即明确发展“共同农业市场”的立场,并决定实施“共同农业政策”(Common Agricultural Policy,CAP)。当时为CAP确立的目标是:第一,推进农业生产力的提高;第二,确保农产品有效供应;第三,促进统一稳固的农产品市场的形成;第四,提高农业生产者应有的生活品质;第五,确保合理的农产品销售价格。20世纪60年代初,欧共体创始国达成《为创立统一农产品市场的妥协协定》,这意味着从欧共体到欧盟延续至今的“共同农业政策”正式付诸实施。

CAP的最早形成是“二战”后在工业、农业、畜牧业领域处于不同发展层次的西欧6个国家通过深入谈判、协商和博弈达成的。CAP致力于促进农业生产,确保农业生产者的基本收益,为市场提供确定的预期,保障食物供应,促进稳定合理的农产品零售价格之形成。CAP在实践中逐渐形成市场统合原则、共同财政原则和共同体优先原则三个基本原则。①所谓市场统合原则,指的是欧共体准许农产品在成员国之间自由流通,通过发展各种农业市场主体,采取统一的市场价格,对外采取一致性关税的发展理念。所谓共同财政原则,指的是欧共体为了执行共同农业政策,成立“欧共体农业指导与保证基金”(European Agricultural Guidance and Guarantee Fund,EAGGF),来统筹、统支农业预算。而共同体优先原则指的是欧共体成员国出口的农产品在欧共体范围内绝对优先于非成员国同类产品的销售。总之,CAP对于深化共同体内部农业合作、促进共同体

---

① See Joseph A Mcmahon, *Law of the Agriculture Policy*, Longman Person Education Limited, 2000, pp. 166 – 167.

内部农产品自由贸易、稳定农产品交易价格、提高共同体范围内农业的市场竞争力,起到了巨大的推动作用。

由于欧盟是高度一体化的区域一体化组织,且“共同农业政策”确立了区域一体化范围内农业生产与贸易的高度一体化。在这一总的框架下,欧盟有关农业补贴有着很高的立法层次,极其广泛的覆盖范围,较好的透明度与较强的法律约束力。成员国提出补贴项目的议案后,要在欧盟议会上进行讨论,通过后再交由欧盟理事会颁布条例。

2. CAP 的改革进程

(1)1970 ~ 1980 年 CAP 改革进程

1972 年,欧共体着手对欧洲共同农业政策展开一场围绕着农业现代化的改革,改革的结果旨在促进欧洲的农业生产效率,但其负面结果是造成欧洲农产品的严重生产过剩。为了防止农产品价格下滑造成欧洲农业市场的动荡,欧共体通过共同的财政政策进行价格补贴以维持农产品的价格稳定。但这一做法又使欧共体的财政不堪重负。尽管在 20 世纪 80 年代欧共体又围绕建立预算最高限额制度和构建“保障门槛”规则,初步缓解了农业问题,使得欧共体成为农产品的重要出口国。但这次改革并没有从根本上消除欧共体因价格补贴而引发的财政预算负担过高问题。

(2)20 世纪 90 年代 CAP 改革进程

从 1992 年开始,欧盟就着手实施以农业生产的市场导向为主要内容的改革,改变共同农业政策引起的农产品生产过剩、财政负担过高的状况。欧洲理事会于 1992 年 5 月通过了基于欧共体内部农业问题的麦克谢里委员提交的两份讨论稿的共同农业政策改革协定。此次“麦克萨里改革”(MacSharry Reforms)在 3 年的时间里将国内谷物的价格保证降低了 29%,并迫使更多欧盟范围的农民闲置 15% 的耕地以应对产能过剩。[①] 此次改革也是欧盟首次系统地调整和改革其 CAP,其中最引人注目的一点是将一些“黄箱政策”转变为“蓝箱政策”。即改变以价格支持为基本

---

① See Robert Paarlberg, “Agricultural Policy Reform and the Uruguay Round: Synergistic Linkage in a Two-Level Game?”, *International Organization*, Vol. 51, No. 3 (Summer, 1997), pp. 413 – 444.

农业扶持手段的做法,转而实行与生产相挂钩的直接补贴的政策,这有效地缓解了与其他经济体的直接贸易冲突。但是,欧盟的高标准农业补贴总体上呈现出很强的贸易保护主义性质。在来自国际社会的广泛压力下,欧盟决定进一步削减农业补贴,减少贸易保护带来的不公平性。

(3)21 世纪初叶 CAP 改革进程

2002 年 7 月,欧盟委员会对《欧盟 2000 年议程:为了更强更大的欧洲联盟》展开了中期评估,评估过程中欧盟农业问题委员菲施勒提出对 CAP 进一步改革的倡导。2003 年 6 月 26 日,欧盟 15 国围绕将农业补贴与产量相脱钩以提高生产效益的议题进行了广泛磋商,并最终达成妥协。此次改革被认为是实施了 40 余年的欧洲 CAP 在改革上获得的历史性突破。它切实改变了从欧共体到欧盟长期以来高达数百至上千亿欧元的年补贴额度所带来的不公平竞争政策。此次改革共削减了一半的仓储补贴。由于干预价格已经降低,故此次改革也降低了消费者在 CAP 中的成本。① 改革后的欧盟农业规则主要发生了如下变化:

第一,构建单一农场支付制度。即决定自 2005 年起,尽量做到将补贴与产量和价格脱钩,生产者决策机制以市场价格为主,减少对农业生产之扭曲。欧盟将获得农业补贴的条件与食品安全、动物福利、环境保护等标准相挂钩。具体做法是:以 2000 ~ 2002 年的给付为计算基准,农民为了获得此项补贴,须采取良好的耕作方式、遵循有关环境保护条件以及相关食品安全、动物福利规范,只有完成此类"交叉遵守"(cross compliance),方能获得相应的支付权利(payment entitlements),而不用考虑生产特定产品。若不能依规遵行,将削减此类支付。当然,欧盟给一些成员国以一定的宽松安排,比如为了防止取消直接补贴之后农民抛弃土地行为的发生,允许一些成员国继续维持对于农民与价格有关的直接补贴。但要求所有成员国必须在 2007 年起全面实施单一农场支付制度。

---

① See "Common Agricultural Policy", Accessed January 25, 2016. http://www.ers.usda.gov/topics/international-markets-trade/countries-regions/european-union/common-agricultural-policy.aspx.

第二,决定从2005年起大幅增加农村发展基金,同时扩大农村发展措施之范围。对大农场的补贴进行持续性削减,自2005年开始,削减幅度分梯度从3个百分点增至5个百分点。削减后结余的款项,用于供应农村发展计划。

(4)2013年CAP改革进程

为了应对全球化背景下欧洲农业生产力的匮乏、农业生产成本的高昂和农产品价格的较大波动,同时为了加强环境保护和提高资源利用效率,欧盟在2013年12月着手对共同农业政策进行新一轮的改革。欧盟农业部长委员会于2013年6月20日正式发布了共同农业政策改革法律文件。① 明确改革方案于2015年起实施,2014年作为过渡期。改革主要从经济领域的竞争力、环境方面的可持续发展、区域发展中的地区平衡发展三大领域着手。② 改革后的欧洲共同农业政策继续维持市场支持与直接补贴、农村发展两大支柱,但提高了两者之间的联结。从而对政策支持提供了更具有针对性和整体性的方法。并且它引进了一种新的直接支付体系,更具效率、安全和公平,以及更加有利于农村发展。因此,它创造了一个更加富有竞争力和可持续性的欧洲农业远景。③

早在2017年2月至7月,欧盟委员会通过举办多次的研讨会和会议,协商筹备CAP的改革;2017年11月29日,欧盟委员会专业委员会通过了《共同农业政策简化和现代化指南》(*Commission's guidelines for simplifying and modernizing the Common Agricultural Policy*),其中提出了名为"粮食和农业的未来"(future of food and farming)的旗舰计划,该计划旨在提高成员国在决定如何使用共同农业政策资金进行投资以及在何处投资方面的能力和担当,以实现有关环境、气候变化和可持续发展方面

① See European Commission, "Overview of CAP Reform 2014 - 2020", Accessed December, 2013. http://ec. europa. eu/agriculture/policy-perspectives/policy-briefs/05_en. pdf.

② 参见刘武兵、李婷:《欧盟共同农业政策改革:2014~2020》,载《世界农业》2015年第6期。

③ See European Commission, "Overview of CAP Reform 2014 - 2020", Accessed December, 2013. http://ec. europa. eu/agriculture/policy-perspectives/policy-briefs/05_en. pdf.

的宏伟蓝图。[①] "粮食和农业的未来"旗舰计划实际上是为配合将是在2021～2027 年实施的第六个"欧盟多年度财政框架"(*EU Multi-annual Financial Framework*,MFF)作准备。2018 年 5 月 2 日,"欧盟多年度财政框架(2021～2027)提案"得以发布。[②] 同时,经过欧洲议会以及成员国的激烈讨论和磋商,欧盟委员会于 2018 年 6 月 1 日向理事会提交了《关于未来食品和农业的立法建议》。(见图 4.1)[③]立法建设体现出共同农业政策的绿色

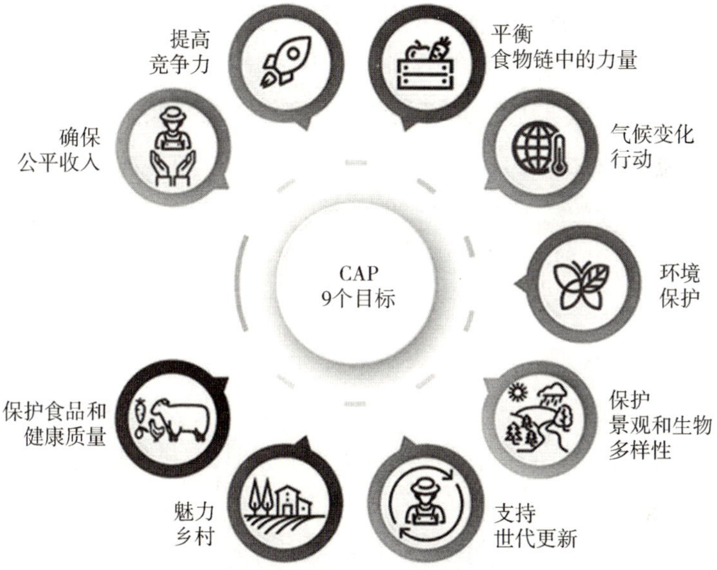

图 4.1 欧盟共同农业市场未来九个目标示意[④]

---

① See European Commission, "Press Release: The future of agriculture and food – Presentation of the Commission's guidelines for a flexible, fair and sustainable common agricultural policy", https://onepolicyplace.com/2017/11/29/press-release-future-agriculture-food-presentation-commissions-guidelines-flexible-fair-sustainable-common-agricultural-policy/, last visited on 2019 – 11 – 20.

② "CAP Reform: State of the Play in April 2019", http://www.arc2020.eu/cap-reform-state-of-the-play-in-april-2019/, last visited on 2019 – 11 – 20.

③ "Leibniz Information Centre for Economics, The CAP in the 2021 – 2027 MFF Negotiations", https://archive.intereconomics.eu/downloads/getfile.php? id = 1175, last visited on 2019 – 12 – 12.

④ 本图原始文件出处为欧盟委员会官方网站,笔者将原图中英文译为中文并修改后形成本图,详见:"Future of the common agricultural policy", https://ec.europa.eu/info/food-farming-fisheries/key-policies/common-agricultural-policy/future-cap_en, last visited on 2019 – 11 – 20.

发展导向,具体表现为:第一,更具平等性、灵活性和市场化的以环境保护为目标的农业政策规划;第二,强制性与激励性相结合的农业环保规则设定;第三,在“农业欧洲创新伙伴关系”资金支持下的绿色发展创新驱动。[①] 总之,欧盟在“粮食和农业的未来”旗舰计划导向下欧盟农业政策,正在推动欧洲的农业完成向绿色环保、低碳、生态美好型农业的重大转变,在这一政策导向下,欧洲理事会、欧洲议会的谈判代表将围绕新的共同农业政策进行一系列的紧密磋商。

然后,在2018、2019年两年间,谈判代表就如何在新的共同农业政策绿色构架中赋予成员国更多权力问题上存在很大分歧,同时欧盟未来7年的预算案依然是未定之数。据称,为了顺利做好政策衔接,欧盟委员会正准备两项可能的法案以应对当前的谈判分歧,其一为通过技术性的程序安排,确保延续现有CAP政策的法案;其二为长达两年的新农业政策过渡法案。[②]

综上所述,欧盟CAP从其表面来看,正在向绿色、环保和公平的方向迈进,体现的是更加低碳、生态的农业价值观。但实施起来之后,是否因其政策实施,为国际农产品贸易造成更大的扭曲,亦或是更好地促进了程序公平,尚有待进一步观察。

(二)欧盟CAP演进进程中实质公平的缺位

从欧共体持续到欧盟的CAP历次的修订和发展变化来看,其总体上朝着合规性、开放性、透明化、法治化和可持续发展的轨道转变。对区域范围内的国家来说,其积极意义表现在:一方面,对于确保欧洲的农业生产力、农产品的价格稳定、农产品竞争力、农产建设和可持续发展等起到了重要的促进作用。另一方面,其所构建的限定决策时间的全体一致表决机制,最大化地保证了欧洲农业决策的垄断性、及时性与高效性。但从根本上说,欧盟CAP的改革发展有着一脉相承的历史传统,即其实质坚

---

① 马红坤、毛世平:《欧盟共同农业政策的绿色生态转型:政策演变、改革趋向及启》,载《农业经济问题》2019年第9期。

② 驻欧盟使团经商参处:《欧盟准备两项共同农业政策过渡性法案》,http://www.mofcom.gov.cn/article/i/jyjl/m/201910/20191002908443.shtml,2019年12月14日访问。

持市场支持与直接补贴、农村发展两大支柱。

维持对农业在各方面的持续支持,以增强区域范围农产品的生产力和对外竞争力,只是在形式上作出更加灵活、协调和统筹的制度安排。因此,基本符合了WTO农业补贴相关纪律的程序公平要求,但从根本上讲还是具有很强的保护性。其在区域范围之外则会造成另一种形式的扭曲,如1960～1990年,欧盟相继与包括智利、阿根廷、新西兰等贸易伙伴在内的共计40个贸易对象发生纠纷。其中最为著名的要数欧共体与美国之间于1992年爆发的"油菜籽贸易争端案"(oilseed dispute)。美国在GATT争议解决机制中获得胜诉,后因欧共体的拖延不履行,逼迫美国启动"301条款"进行贸易报复。最终以双方达成对乌拉圭回合谈判具有转折性意义的《布莱尔宫协定》(*Blair House Agreement*)而告终。但是,欧盟CAP在实质公平方面是缺失的。

三、日本农业补贴法律体系及其公平价值缺陷

(一)日本农业补贴有关立法的体系演进

日本是一岛国,国土狭小,可使用耕地面积很小。因此,日本的农业生产仅能提供不到一半的国内需求,农产品主要依赖进口。故日本为典型的实施高标准农业保护的国家,而主要是通过价格扶持和政策照顾的保护手段。自20世纪80年代以来,日本维持超4万亿日元的年度农业补贴,到21世纪初叶,这一数字增至6.4万亿日元。① 这使农民六成的收入来源于政府的补贴。② 出于对本国过度倚重农产品进口的担忧,日本采取高标准的农业保护政策。③

---

① 参见吴睿鸫:《农产品价格亟待"软着陆"》,载《上海金融报》2007年12月25日,A02版。

② See Julian M. Alston, Philip G. Pardey, "Agriculture in the Global Economy", *The Journal of Economic Perspectives*, Vol. 28, No. 1 (Winter 2014), pp. 121－146; Won W. Koo, P. Lynn Kennedy, "The Impact of Agricultural Subsidies on Global Welfare", *American Journal of Agricultural Economics*, Vol. 88, No. 5, Proceedings Issue (Dec., 2006), pp. 1219－1226.

③ See Tomohito Shinoda, "Japan's Agricultural Policy Regime by Aurelia George Mulgan", *Journal of Japanese Studies*, Vol. 33, No. 2 (Summer, 2007), pp. 569－573.

日本农产品有关立法最早可追溯至20世纪20~40年代,期间出台的法律主要有《粮食品种改良繁殖规则》(1919年)、《米谷法》(1921年)、《米谷统治法》(1933年)、《粮食管理法》(1942年)。因此日本的农业政策特别是粮食政策可分为两个历史阶段,第一个阶段为20世纪四五十年代的保证粮食安全供应和稳定市场价格阶段,第二个阶段为20世纪90年代以来的政府放松管制、导入市场要素的现阶段。[①]其中在第一、第二两个阶段间隔着一部十分重要的农业立法,即1961年颁布的《农业基本法》,该法为日本农业政策确立了基本的法律框架。

为了适应农业发展环境之变化,《粮食·农业·农村基本法》在1999年7月出台,替代了1961年的《农业基本法》,并确立了日本国的国家农业基本方针。《粮食·农业·农村基本法》确立了农业发展的四大基本思路:保障粮食安全稳定供应、促进农业的多元化效用、[②]确保农业的永续发展、[③]支持农村发展。[④] 该法规定的具体事项包括:确立国家基本农业政策(第1~14条),粮食、农业与农村基本规划(第15条),粮食安全供应之保障措施(第16~20条),农业可持续发展相关措施(第21~33条),农村发展相关措施(第34~36条),农业行政机构和团体相关措施(第37~38条),设定日本农业政策决策机关"粮食、农业和农村政策审议委员会"的相关职能(第39~43条)。

日本农业立法的特色是以《农业基本法》为统领,以其他相关专业法规协调配合的法律体系。日本的农业补贴制度是在《农业基本法》的框架基础上构建的。侯石安教授将日本当前的农业补贴政策划分为四大

---

① 参见尚珂:《日本粮食流通法制化管理及对我国的启示》,载《中国流通经济》2004年第7期。

② 《粮食·农业·农村基本法》第3条对促进农业的多元化效用作出规定,规定日本政府在出台农业政策时,应充分考虑解决生态环境保护、国土安全与水源涵养问题,同时应确保农村生产活动和粮食供给中的多样性。

③ 关于农业的永续发展,《粮食·农业·农村基本法》分别在第23~26条、第34条、第36~38条、第21~22条、第29条作出规定。内容涉及保障农田充分利用、农业专业人才培养、农村政体振兴、城乡交流、农业行政机构的再造、相关组织法人化推进等诸多方面。

④ See Aurelia George Mulgan, "Where Tradition Meets Change: Japan's Agricultural Politics in Transition", *The Journal of Japanese Studies*, Vol. 31, No. 2 (Summer, 2005), pp. 261-298.

类,分别是:(1)价格支持政策。主要涉及的立法或政令是:1995年修订通过的《关于主要粮食供需平衡及价格稳定法》,1942年的《粮食管理法》随之失效。1998年日本开始施行《收入稳定计划》。2002年12月公布《大米政府改革大纲》等。(2)收入支助政策。如日本政府于2000年出台的《对山乡、半山乡等的直接支付制度》、2007年4月4日发布的《二十一世纪新农政2007》。2008年2月13日修订原《农畜牧相关产业补贴支付规则》,将食品产业、粮食流通的有关研发费用、粮食安全、品质与研发实验费用等纳入政府农业补贴范围。(3)农业基础设施建设补贴政策。(4)农业科创普济补贴政策。主要涉及的法规是:《农林水产研究基本目标》(1983年制定、1990年修正)、《合作农业普济事业指引》(1991年)等。[①] 此外,笔者认为,日本当前的农业补贴还有第五种特殊类型的农业补贴政策:(5)新农业激励与农业治理政策。在新农业激励方面,主要是对"环境保全型农业"、有机农业推广、生物遗传保育、农产品基因再造、植物卫生与健康等的强调。如日本曾制定《有机农业发展关系法》,2003年制定《涉及生物遗传因子转换确保生物多样性完整关系法》,2004年制定《涉及生物遗传因子转换确保生物多样性完整关系法实施细则》《重点农作物种苗法》等法规。而在农业治理政策方面,日本农业立法除了对政府管辖权限的重新梳理,还强化对一些组织的赋权,构建政府、农业社团法人、农业团体、农民与消费者在农业政策制定中的共识形成机制等。2007年7月30日,日本农林水产省颁布了《鼓励高地农村及渔村户口居住于促进地区交流实施细则》,该法将有关食品农业促进政策的制定权划归农林水产大臣,以强调对食品农业问题的重视。

(二)日本农业补贴政策中的公平价值缺陷

日本农业立法体系是高保护性的,对外必然引起贸易上的扭曲。因为当出现日本国内农业立法与包括WTO规则在内的国际法相冲突时,国内法起主要作用。日本十分重视农业转移制度和农业科技转移,但采取的补贴政策比较隐蔽,总体是在寻找国际规则的漏洞。它致力于发展

---

① 详见侯石安:《农业补贴的国际比较研究》,中国财政经济出版社2013年版,第49页。

农业中的“绿箱政策”,将不可诉补贴确立为农业立法的基本精神。日本农业立法中充分依据 GATT 第 20 条“安全例外”(security exception)与“保护例外”(protection exception)以及《保障措施协定》《农业协定》相关规定,对农业问题设定重点保护措施,在技术上尽可能多地纳入和完善“绿箱政策”相关规则。因此,日本的农业支持政策总体上表现为凭借程序公平之正当性,行实质不公平之行为。

第二节　主要经济体农产品贸易救济立法的公平价值缺陷

尽管前文已经考察了多边贸易规则框架中的公平价值问题,而外国农产品贸易救济法律体系的公平价值同样值得考察。有学者可能会提出这样的质疑或批评:世界上绝大多数国家都是 WTO 的成员方,为了履行其在 WTO 框架中的义务,各国的贸易救济立法势必要作出与 WTO 多边规则大体一致的规定。因此,再去考证国别贸易救济法律体系的公平性,似乎有“重复研究”之嫌。对此,笔者认为:第一,从国际农产品多层治理体系的结构来看,各国的国内立法与国际法同样重要,国家的治理层次、地方的治理层次和亚地方的治理层次均适用国内法规范,①各个治理层次不尽相同,而且可能存在不协调甚至相互冲突的情形,因此有必要对此进行考查。第二,从现实实践来看,国内农产品贸易救济法往往会做出不同于 WTO 规则的特殊安排,如美国等少数国家在反倾销调查中的“归零法”就缺乏多边规则的正当性基础。也正是在多边规则与国内规则的逡巡比较之中,我们才能发现其在程序公平与实质公平方面的缺陷,以及二者之间是否具有统合性的问题。

---

① 关于农产品治理层次的划分,请参阅前文第五章第二节“农产品公平贸易宪政的国际法框架及其贸易治理层次论”部分的详细阐述。

一、美国农产品贸易救济立法的公平价值缺陷

(一)美国农产品贸易救济立法的演进

贸易救济立法一般是学理上对反倾销、反补贴和保障措施的统称。在美国也没有统一的贸易救济立法,三种类型的贸易救济措施也是被分散到很多单行法之中。无论贸易救济中的反倾销、反补贴还是保障措施的惩罚性税收的课征都与关税密切相关,因此美国最早的贸易救济规则是《1890 年关税法》中关于从量反补贴税的规定。① 下面笔者分别从反倾销、反补贴和保障措施三个方面阐释美国贸易救济的立法概况。

1. 美国农产品有关贸易救济立法体系的梳理

(1)美国农产品有关反倾销立法体系

美国最早的反倾销法滥觞于谢尔曼法。为了有效应对国际掠夺性定价行为,《1916 年威尔逊关税法》第 800 ~ 801 条独立规定了反倾销的内容。其主要目的在于通过扩展国内法律以抑制与进口产品相关企业的不公平竞争行为。该法对具有实施倾销的行为主体课以刑事责任,或罚款或监禁,并允许受损方诉请 3 倍的损害赔偿。因各种局限性,该法在现实中应用不多。日本曾于 1996 年 6 月以该法违背GATT 1994第 23 条、DSU 第 4、6 条为名诉至 WTO 争端解决机构。专家小组裁定该法违反《1994 年反倾销协定》,美国不服提起上诉,上诉机构维持原判并要求美国修改该法。② 1921 年美国对《1916 年威尔逊关税法》第 800 ~ 801 条作出重大修订,明确反倾销法是行政问题而非刑事问题、使用“推定价值”概念等,形成了《1921 年反倾销法案》。该法案的最大变化体现在三个方面:第一,与倾销幅度相挂钩的惩罚性关税成为重要手段,取代了民事损害赔偿金。第二,将反倾销的实施视为行政事务而非司法事务,财政部由此取代法院成为反倾销行为的重要实施主体。第三,法案引进了“外国市

---

① 参见黄东黎、何力:《反补贴法与国际贸易:以 WTO 主要成员方为例》,社会科学文献出版社 2013 年版,第 77 ~ 78 页。

② 参见廖秀健:《美国对华反倾销法经济学研究:以农产品反倾销为例》,湖南人民出版社 2009 年版,第 38 页。

场售价”“产业损害”等术语,拓展了损害的判别标准。该法一直施行至1979年,其间,1930年美国新关税法将1921年的《反倾销法》移入其中作为第七章。《1979年贸易协定法案》则全面替代了在美国实施超过半个世纪之久的《1921年反倾销法案》。美国1979年法案移植了东京回合《1979年反倾销守则》的一些重要规定,并通过力促《1930年关税法》增加《1979年反倾销守则》的实施规则。按此修订之后的《1930年关税法》适用至今。此后,《1984年贸易与关税法案》和《1988年美国综合贸易与竞争法案》均对《1979年贸易协定法》作出不同程度的修订和调整。如设置损害上的累计评估规则,增加较为严苛的反规避措施。其中1988年法案最为人诟病的一点便是在1979年法案确定的“201条款”基础上创立“301条款”。1994年年底,为了实施乌拉圭回合阶段达成的《反倾销协定》《反补贴协定》,美国国会颁布《乌拉圭回合协定法》,该法与WTO“一揽子”协定在同日生效。

(2)美国农产品有关反补贴立法体系

美国的反补贴立法可以溯源于《1890年关税法》中大量反补贴税之规定。该法第1244章对于一种指定品类的食糖作出特殊安排。无论是受到出口国政府的直接还是间接的出口补贴,应在法定税率之外缴交附加关税。① 该法为美国首部实质意义上的反补贴税法,《1897年关税法》则修改为计征与外国政府提供的补贴等额的反补贴税。② 发展到后来,美国反补贴法形成了两个层级的法律体系,一个层级是由美国国会颁布的各类关税和贸易法案,主要规定在《1930年关税法案》、《1974年贸易法案》和《1979年贸易协定法案》之中,因此这些法案既是反倾销法同时也是反补贴法的法律渊源。另一个层级则是反补贴调查的主管机关国会下辖的国际贸易委员会和美国商务部下属的国际贸易管理署分别颁布的有关反补贴行动的程序性规范。

---

① 参见[美]布鲁斯·E.克拉伯:《美国对外贸易法和海关法》,蒋兆康、王洪波、何晓睿、竺琳译,法律出版社2000年版,第54页。

② 参见黄东黎:《美国的补贴与反补贴法律制度》,载《法治研究》2012年第3期。

（3）美国农产品有关保障措施立法体系

美国的保障措施立法最早可溯源至1934年出台的《贸易协定法案》的“豁免条款”，即当发生不可预料的特殊事件时，美国可不履行多边协定义务而采取贸易救济行为。1942年以来，美国在所有的贸易协定中设置的“例外条款”（escape clause）实际上就是保障措施制度。因此，美国在20世纪40年代就发展出了贸易救济法律体系。[①] 至此，美国构建起包括反倾销、反补贴与保障措施在内完整的贸易救济法律体系。[②] 1951年颁行的《贸易协定延长法》去除了《贸易协定法案》要求的严重损害与“不可预见的情势”两者的因果关系要求。而1962年出台的《贸易协定延展法》规定了保障措施的适用须同时满足的三个条件：一是存在某产品进口数量激增的事实；二是关税减让造成进口数量上的激增；三是产品的进口数量激增是产业实害与实害危险的主要原因。《1974年贸易法案》进一步将产品进口激增的“主要原因”变更为“实质原因”。[③] 1994年作为WTO涵盖协定的《保障措施协定》达成后，美国国内法也作出了相应调整和修订。

2. 美国农产品有关贸易救济体系的公平价值缺陷

美国的贸易救济立法早于世界贸易组织的多边规则，其发展有着复杂、漫长的历史。其贸易救济立法有着独特的规则和制度，而且与GATT/WTO规则时常发生冲突。而这些冲突的起源很可能是基于不公平的规则，如备受质疑的“201条款”“301条款”、反倾销中的“归零法”以及非市场经济规则等都具有严重的保护主义特征。特别是2012年3月颁布的《1930年关税法修订案》授予商务部对所谓“非市场经济国家”课征平衡税，而且将时间追溯至2006年11月20日，这随即引起了中美两国在WTO争端解决机构中的诉争。

---

① 参见黄东黎：《美国的补贴与反补贴法律制度》，载《法治研究》2012年第3期。

② 参见黄东黎、何力：《反补贴法与国际贸易：以WTO主要成员方为例》，社会科学文献出版社2013年版，第78页。

③ 曾文革：《WTO农产品特殊保障机制（SSM）研究》，武汉大学出版社2012年版，第80～82页。

综上,美国有着复杂的贸易救济体系,无论是从实体规范到程序规范,从主要制度的设定到具体计算的细节均体现出明显的保护主义特征。这些贸易救济措施对农产品贸易造成特别的扭曲,使美国农产品长驱直入别国市场,而别国农产品进入美国市场则备受限制。这首先违背了罗尔斯正义理论中的公平的机会平等原则。总之,美国的具有保护主义特征的贸易救济立法不仅违背了程序公平,而且从实施结果来看也容易引发更多的实质不公平。

(二)“伯德修正案”的公平性考察

美国“伯德修正案”是《2000 年持续倾销与补贴抵消法案》的简称。之所以用“伯德”来命名修正案,是因为该修正案最早来自参议员罗伯特·伯德向国会呈交的同名议案。该议案的最大特征是将《1930 年关税法案》第四篇作出修订,增加了第 1675(c)节有关连续性倾销和补贴的规定,2000 年 10 月获立法机关正式通过。[①] 该修正案最受质疑之处体现在美国并不将收取的反倾销税和反补贴税上交财政部,而是将这笔款项每年度按比例向提起与支持“两反”调查或利益受到损害的美国企业进行补偿。这一经济刺激的方法将会激励更多国内产业以“百利而无一害”的手法打击国外的竞争对手,因此被认为是对于反倾销和反补贴具有激励作用的措施。而过度运用反倾销和反补贴则是贸易保护主义的常见手段,是对实质公平的最大伤害。

“伯德修正案”生效后在全球范围内立即引起广泛的贸易摩擦,包括欧盟、日本、澳大利亚、印度、巴西等 11 个经济体向 WTO 提出争端解决之请求,挪威、哥斯达黎加、阿根廷、以色列和中国香港等 5 个成员以第三方名义加入诉讼之中(WT/DS217,WT/DS234)。案件围绕法案是否针对倾销和补贴的特定行动展开。若答案是肯定的,则美国的行为符合世贸规则;若答案是否定的,则违反了世贸规则。针对此案,专家组报告认为,“伯德修正案”构成针对倾销和补贴的特定行动,美国的

---

① 参见陶林:《美国〈伯德修正案〉评析》,载《山东大学学报》(哲学社会科学版)2006 年第 2 期。

做法违反了《1994 年反倾销协定》第 18. 1 条和 SCM 第 32. 1 条之规定。在上诉程序中，上诉机构通过对“特定的”(specific)和“针对”(against)含义的深入分析，进一步确认了专家组报告结论的正确性。[①]

“伯德修正案”说明了一个很重要的事实，即 WTO 成员方的立法并不总是与 WTO 涵盖协定相一致。这表现在：一方面，多边规则达成之前发达经济体已有的不公平贸易规则很多都可以继续适用。如关贸总协定时代的“祖父条款”(Grandfather Clauses)；[②]WTO 成立之前已经存在的很多发达经济体的不公平贸易政策由于其他成员在谈判中的妥协让步也得以留存。另一方面，WTO 成立之后，各成员在制订履行世贸规则相关国内法的过程中，总会利用 WTO 相关协定的漏洞或者不足，要么剑走偏锋，要么熟视无睹。制定的很多法律条款与 WTO 规则相违背，有些在 WTO 的争端解决机制的争讼中得以纠偏，有的则继续适用。

WTO 框架中的反倾销规则特别是《1994 年反倾销协定》作出的安排，目的在于使成员的反倾销行动在 WTO 多边框架的约束下进行，防止成员滥用规则，最大化地实现成员以公平合理的方式实施反倾销措施之愿望。但伯德修正案实为美国对反倾销规则的滥用，远远超出了公平贸易政策之范畴，打破了多边贸易规则的稳定性，体现了很强的贸易保护主义特征。[③] 因此，《1994 年反倾销协定》、SCM 两个多边协定即使满足了程序公平的正当性要求，也无法避免实践中成员对实质公平的违背。没有程序公平与实质公平的统合，国际农产品公平贸易就不可能真正实现。

---

① 详见朱榄叶编：《WTO 争端解决案例新编》，中国法制出版社 2013 年版，第 168 ~ 170 页。

② 泰国曾在 20 世纪 80 年代指责美国基于《1985 年食品安全法案》(*the Food Security Act of* 1985)为大米所作逐年增长的补贴与 GATT1947 相违背，美国则直接主张关贸总协定所允许的农业出口补贴的“祖父权利”(Grandfather Rights)例外。这里的“祖父权利”就意味着在 GATT1947 正式实施之前的既存贸易法规即使与该协定不一致，也依然有效。美国认为，《1985 年农场法案》(*the* 1985 *Farm Act*)作为《1933 年农业调整法案》(*Agricultural Adjustment Act of* 1933)下一个五年期的延伸，尽管与关贸总协定相冲突，依然有效。See Surakiart Sathirathai, Ammar Siamwalla, "GATT Law, Agricultural Trade, and Developing Countries: Lessons from Two Case Studies", *The World Bank Economic Review*, Vol. 1, No. 4, Symposium (Sep., 1987), pp. 595 – 618.

③ 参见陶林：《美国〈伯德修正案〉评析》，载《山东大学学报》(哲学社会科学版)2006 年第 2 期。

(三)“归零法”中倾销幅度计算的公平价值缺陷

所谓“归零法”(Zeroing),是指以美国为代表的少数成员在反倾销调查过程中,遇有计算倾销幅度时采取的一种歧视性的手段。即一旦出现正常价值等于或小于出口价格或倾销幅度出现负数的情况,调查国反倾销主管部门人为地将倾销幅度做归零处理。该做法通过人为压低被调查成员进口商品的平均价格,从而达到提高倾销幅度和倾销税率之目的。早在2004年,美国在中国输美暖水虾产品反倾销措施案中运用“归零法”,人为抬高反倾销税率,使得中国大部分输美暖水虾企业因遭受美国征收100%的反倾销税而退出美国市场。①

“归零法”在WTO多边规则中并无正当性依据,即使在发达国家之间,围绕反倾销中的“归零法”也是素有争议的。如印欧床单案、加美软木案、墨美不锈钢案、越美虾案、巴西——美橙汁案等均涉及“归零法”的争议问题。从案件事实来看,“归零法”最直接的影响是拉高了目标产品的倾销幅度,或增加了倾销肯定性结论的认定可能性,扭曲作用十分明显。事实上已演变成一种贸易保护主义手段。

“归零法”违背了《1994年反倾销协定》第2.4条,其价格比较策略并非基于公平的方法。也就是说,这一做法是美国等少数国家利用了《1994年反倾销协定》关于“价格公平比较”条款的这一概括性规定而故意布置的“棋局”。因此,美国这种单边主义的武断做法,在WTO争端解决机制的裁决实践中也很难得到支持。即使专家组作出认可,也会在上诉程序中被裁定违反WTO协定。

总之,“归零法”的运用严重违背了程序公平,因为其缺乏法的正当性基础,亦不具有权威性和稳定性,而且也缺乏透明度。此外,“归零法”在实施过程中难以克服实质公平的缺陷。

(四)“201条款”“301条款”的公平性价值缺陷

1.“201条款”的公平价值缺陷

“201条款”本质上是美国贸易法中构建的保障措施,故也可称为“保

---

① 参见马汉青:《美国首例对华农产品反补贴案碰壁——取消对中国暖水虾征收18.16%重税决定》,载《羊城晚报》2013年9月23日,第A15版。

障措施条款”或“进口救济法案”。“201 条款”自 1942 年起出现在美国对外签订的所有自由贸易协定之中，以双边权利义务关系的形式呈现。这一条款赋予美国主管当局在特定情形下撤回对贸易对象国的关税减让权利，只要某一产品的进口数量激增从而造成美国国内同类产品生产者的严重损害或严重损害威胁即可启动调查。当前，“201 条款”在《1974 年贸易法》之第 201 节以下作出规定。主要内容是：某种产品进入美国市场的数量激增，以至于国内同类产品或直接竞争产品的国内产业受到严重损害或威胁，一旦美国国际贸易委员会作出肯定性的结论和建议，则由美国总统在其权限内决定采取关税配额限制等多种紧急补救措施。

“201 条款”相对于反倾销和反补贴措施更为不公平，主要表现为事实上的任意性。由 GATT/WTO 多边体系确立的贸易救济法，因赋予贸易救济调查当局“既当运动员又当裁判”的权限因而违背中立性原则的做法本就广受批评，“201 条款”的做法则更加凸显了这一不公平。美国国际贸易法委员会可在不对出口国贸易行为作调查的情况下，仅依据有国内受损害的声明，经确认损害是由进口激增导致的即可。这实质上是将损害的“重要原因”判断转换为“实质原因”判断。① 这一沿用至今的做法进一步暴露出“201 条款”为美国贸易救济体系带来的严重贸易保护主义和不公平特征。

2. “301 条款”的公平价值缺陷

美国的贸易政策在历史上发生过多次转向，在贸易保护主义和自由贸易之间来回切换，整体服务于美国的时局。从 20 世纪 30 年代起，美国一改之前以高关税和强大的国内对立为特征的贸易政策，转而通过推行一系列自由化政策。不再拘泥于苛刻的再分配和社会集团财富的份额划定问题，而是尝试将蛋糕做大进而使每个人从中获得利益。为此，美国启动了逾半个世纪之久的自由互惠的贸易政策并辅以临时性保护主义和公

---

① 参见张国元：《博弈与协调：WTO 的实质内涵与全球贸易治理机制》，法律出版社 2012 年版，第 70～71 页。

平贸易,以维持美国对世界贸易的主导地位,积极改善生活水平。在此后大约50年的时间里,美国的贸易政策取得了巨大成功,这一成功的关键不仅得益于美国各宪法性机构的合作程序,更是得益于美国国内形成的广泛的国家共识。[①] 美国与欧洲最大的不同是认清了自己的定位,并想好了做什么和如何做的问题。

从20世纪70年代开始,经过40年较为平静的历史时期,美国国会和政府通过双向对话,决定重新祭出贸易体系中反倾销、反补贴和"301条款"等不公平贸易的重要工具,使其成为美国内生性的临时性保护主义措施。尽管使用这些保护手段有诸多堂而皇之的理由,但美国政府其实无意干预国内产业。换言之,它提供了没有产业政策的保护主义,最终目的是试图以美国国内经验为基础构建一套国际规则体系。[②]

美国广受质疑的"301条款"最早出现在20世纪70年代末颁布的贸易法案的第301节以下,授权美国总统针对任何为美国加重负担、限制美国商业或者总统认为违反了国际义务的"不正当的、非理性的或者歧视性的"外国政府的立法、政策或实践的甄酌裁断权。该法第301节所具有的非同寻常的意义就在于其不仅授予总统更大的权力,而且还因为它授予个人在国际舞台上通过向政府提请索赔的法定权利。[③]《1984年贸易与关税法案》对"301条款"作出三点修订,分别是:(1)将适用领域从货物贸易扩展到服务贸易、与贸易有关的涉外直接投资、知识产权等领域;(2)允许报复与对等措施可以跨领域进行;(3)要求美国贸易代表办公室向国会提交列明外国不公平贸易行为的年度《国际贸易评估报告》。

1988年的贸易法案在其第1301~1310节确立了三种类型的"301条款",其中包括"超级301条款",其题目概称为"实施美国多边协定所享

---

① See Candido Tomas Garcia Molyneux, *Domestic Structures and International Trade: The Unfair Trade Instruments of the United States and the European Union*, Hart Publishing Ltd., 2001, pp. 38 – 40.

② Ibid.

③ See Patricia I. Hansen, "Defining Unreasonableness in International Trade: Section 301 of the Trade Act of 1974", *The Yale Law Journal*, Vol. 96, No. 5 (Apr., 1987), p. 1123.

有权利以回应外国政府的某种行为”。[①] 如果说“301 条款”是阻止外国产品进入美国市场,“超级 301 条款”则是为美国产品进入外国市场助力。根据其规则,原先的贸易报复权力从总统手中移转到贸易谈判代表办公室,从而使贸易的谈判者与报复的实施者合一。明确贸易谈判代表须提交名为《国家贸易预算报告》的年度报告,对其认为“最不公平”和“市场最闭塞”的贸易对象国和领域作出陈述。紧接着贸易谈判代表在未来 1 年半的时间里将与此类贸易对象展开谈判,如仍无法解决争议,则美可以单方决定对其启动制裁。日本和印度都曾进入这一名单。欧盟在震怒之下,于 1998 年将美国诉至 WTO 争端解决机构,但裁决并不认为“301 条款”违反 WTO 相关协定。[②] 美国经济学家贾格迪什·巴格沃蒂指责“超级 301 条款”是“进攻性的单边主义”,[③]这也反映出 WTO 多边体制存在缺乏衡平的公平、无法确保其治理体系的实质公平的弊端。

总之,美国的此项保护主义规则是其欲借助单边主义的国内立法,以达到干预对象国贸易体制甚至影响世界贸易格局的目的。是一种严重违反公平正义的做法。它的诞生被认为是美国对外贸易史上由自由贸易政策转向贸易保护主义的标志性事件。由于其规则本身的含混性以及特殊的授权增大了权力滥用的风险,违背了程序公平的正当性。另外,因其涉及范围广阔、适用标准低、调查启动灵活等,因此成为美国对外推行其保护主义贸易政策的重要工具。这更是缺乏实质公平的表现,没有实质公平的矫正,则程序公平势必难以实现。

二、欧盟农产品贸易救济立法的公平价值缺陷

(一)欧盟农产品贸易救济立法概述

欧盟法的含义广阔,其法律渊源既包括制定法,也包括判例法。具体

---

① “Super 301”, *Economic and Political Weekly*, Vol. 25, No. 20 (May 19, 1990), p. 1059.

② 参见张海洋:《用本国法律解决国际贸易争端:美商品靠“301 条款”撑腰》,载《环球时报》2001 年 12 月 7 日,第 12 版。

③ 徐泉:《美国贸易法中的“301 条款”与其经济霸权论》,载《西南大学学报》(哲学社会科学版)2007 年第 2 期。

包括由部长理事会、欧盟委员会、欧洲议会等主要立法机构各自制定的欧共体基础条款、欧共体机构制定的二级立法以及欧共体与其他国际法主体达成的国际条约三种大的类型。[①] 在欧共体创建之前以及创建之初，欧共体成员国各自拥有国内贸易救济法律体系。20 世纪 60 年代中期，欧共体成员国共同决定构建在共同体范围统一适用的贸易救济法律体系。直到 1968 年 4 月，这一愿望才得以实现。

1. 欧共体/欧盟农产品有关反倾销立法现状

欧盟的贸易救济立法最早可追溯至 1958 年年初生效的《罗马条约》，条约设定了一个长达 12 年的过渡期，因此在《罗马公约》之前和生效以后的很长一段时期内，欧盟成员国的贸易救济法律自成体系，而且经常会发生适用上的冲突。由于这一问题的存在，导致一些出口商采取规避调查的措施，即通过先将货物出口到不实施贸易救济的成员国然后再流通于欧共体范围的做法。

欧共体于 1968 年颁布的《关于防止来自共同体之外进口产品倾销与补贴条例》(EC 459/68)规定欧洲共同体当局可以就来自第三国的产品实施反倾销与反补贴调查，这被认为是欧共体范围内第一部统一的、适用于全体成员国的贸易救济立法。[②] 该条例采取与《1967 年反倾销守则》十分相似的规则。1973 年欧共体公布了第 2011/73 号条例对此进行了修订，强化了欧共体委员会的反倾销职权，设立了协商程序。1979 年欧共体发布的第 1681/79 号、第 3017/79 号条例，围绕程序透明度、非市场经济国家标准和因果关系等问题进行了修正。1984 年发布的第 2176/84 号法令创立了影响深远的“日落复审”规则。1987 年的第 1761/87 号法令设立了反规避措施。1994 年 3 月欧共体反倾销法得到重大修订，如将决策中的投票规则由特别多数票决改为简单多数票决；为反倾销各个阶段作了严格的时间限定等。

1995 年年底通过的《欧共体理事会关于抵制共同体外倾销进口的保护

---

① 参见黄东黎、何力：《反补贴法与国际贸易：以 WTO 主要成员方为例》，社会科学文献出版社 2013 年版，第 145 ~ 148 页。

② 同上书，第 158 页。

条例》(EC 384/96)亦是欧共体反倾销领域一部重要的立法。该法的制定是为了履行1995年1月1日起生效的《1994年反倾销协定》。该法前言部分第(5)点申明:鉴于《1994年反倾销协定》出现了很多细致的新规则,尤其是关于倾销的核定、启动调查之规程、暂时性救济的实施、事实确认与处置、反倾销实施期限与复审,以及反倾销调查讯息披露等。为了确保新规则的及时明确适用,《条例》将"尽可能地将新协定中的用语引入共同体立法中"。由此可以看出,《条例》并不完全反映WTO涵盖协定,变通之处甚多。

2010年1月11日,欧盟通过《对从非欧共体成员的国家进行倾销进口的保护条例》(EC 1225/2009),自发布当日起取代了之前的第384/96号条例,该条例是欧盟此前反倾销新规的集大成者。主要变化体现为:(1)在第2条7(b)市场经济国家部分删除俄罗斯,增列哈萨克斯坦和越南。由此可以看出,欧盟正在对非市场经济规则进行持久和灵活的运用。(2)第9条增加了确定应诉企业获得单独税率的5个标准。(3)第11条对新出口商复审、期终复审和日落复审作出了较为细致的规定。但对此前提案中关于日落复审作出涉案的倾销措施未持续时退还调查过程中已征收的贸易保护税的建议,并未获得欧洲议会的同意,反映出欧盟不公平的贸易保护主义立法倾向。(4)在第18条第5款增加了"不合作条款"(nor-cooperation)。即当利益相关方拒绝参加或者不按期提供必要的信息,则反倾销调查机关可根据能够获得的独立来源的信息,如根据公布的价格表、官方进口统计数据、海关申报数据或者从其他渠道获得的信息等确定正常价值。这一规定则增加了欧盟反倾销调查机关基于选择性的数据做出不公平的反倾销裁决的自由权,违背了实质公平,也是对程序公平的背反。

2. 欧共体/欧盟农产品有关反补贴立法现状

欧共体于1968年发布的前述459/68号规则赋予反补贴主管机关针对第三国的产品补贴行为采取行动,该法被认为是欧共体范围内首个反倾销与反补贴立法。[①] 在此后很长一段时期,欧共体的反补贴与反倾销共用同

---

① 参见黄东黎、何力:《反补贴法与国际贸易:以WTO主要成员方为例》,社会科学文献出版社2013年版,第158页。

一套法律规范。直到1994年年底SCM的签署。欧共体为了实施SCM的各项要求,出台了欧盟历史上首部单独的反补贴条例(EC 3284/94)。1997年10月6日,欧共体理事会发布《从欧共体非成员国进口的反补贴保护条例》(EC 2026/97)取代了1994年不成熟的反补贴法律版本。2009年6月,欧盟理事会发布《对预防来自非欧共体成员国家的进口补贴进行保护(编纂本)》(EC 597/2009),使1997年版本得以废止,该条例至今有效。

3. 欧共体/欧盟农产品有关保障措施立法现状

欧盟有关保障措施的立法可以追溯至1982年发布的《进口共同规则》(EC 288/82),规定当共同体范围内某一产品进口激增,给共同体市场上直接竞争产品造成实害或威胁时,欧共体委员会可据此启动调查。与反倾销、反补贴的申请调查主体是同产业不同,欧共体保障措施的提起主体是成员国。[①] 当然,这一立法最令人诟病的是其规定存在透明度不足以及缺乏法的预见性等程序公平的正当性问题。[②] 1994年3月,欧盟出台了《对第三国产品的进口规定》(EC 519/94)以取代第288/82号法规。紧接着欧盟又在同年12月出台了《对进口和撤销调控的一般规则》(EC 3285/94)以取而代之。1996年1月,欧盟理事会又一次颁布《关于统一共同体监督文件》,修订条例EC 3285/94和EC 519/94,成为欧盟施行到现在的保障措施立法。

(二)欧盟贸易救济立法的贸易保护主义倾向

时至今日,欧盟形成了高度一体化的贸易救济法律体系。各种实体性和程序性规则协调、配套,在共同体内部保持了适用上的高度统一和效率。这些贸易救济法律体系当然也适用于农产品贸易救济。而且,欧盟针对中国农产品的贸易救济措施在逐年上升。如在2004年,欧盟就对来自中国的柑橘罐头产品启动临时保障措施和关税配额限制,极大地打压了中国柑橘罐头产品向欧洲的出口。随着中国等发展中国家对欧盟农产

---

① 参见曾文革:《WTO农产品特殊保障机制(SSM)研究》,武汉大学出版社2012年版,第86页。

② 参见王站、王新奎:《WTO保障措施及其例外法律制度研究》,上海人民出版社2009年版,第62页。

品出口的增加,欧盟的贸易救济体系必将全面应用于农产品的贸易救济。而欧盟的反倾销、反补贴和保障措施立法在一定程度上体现出贸易保护主义特征。这在欧盟与贸易对象爆发的大量案件中可以窥见端倪。这些立法从形式上看基本符合程序公平,满足稳定性、透明度、权威性、一致性等要素,但在实际操作中,又难以做到这一点。在一些比较细致的立法内部渗透出单边主义的倾向,如欧盟与美国大体类似的非市场经济地位规则,更是对中国这样的发展中国家造成贸易歧视。这也与罗尔斯所确立的公平的机会平等原则不相符合,更难以体现差别原则。

(三)"非市场经济地位"的不公平运用与未来趋势

欧盟作为高度政治经济一体化的区域性国际组织,其在贸易救济立法中也针对一些社会主义国家设定了严苛的非市场经济地位标准,而且与美国大同小异,总体趋向一致。而关于美国、欧盟两大经济体的"非市场经济地位"的走向,将会成为中国未来在"后过渡期"能否真正解决这一问题的关键。鉴于该制度的不可分割性,下文就将"非市场经济地位"置于此处,连同美国的法律制度一并分析。

1."非市场经济地位"判定的国别标准错乱

"非市场经济"与"市场经济"同为西方经济学理论中相对应的概念。总体来讲,非市场经济地位决定了经济的运行受制于国家意志而不受市场供求关系之影响。通常从四个方面界定"非市场经济地位"中的"非市场性"。第一,生产资料受国民经济计划的统一调配;第二,国际贸易亦由国民经济计划所掌控;第三,固定的产品定价难以体现市场中的供需平衡;第四,本币的不可自由兑换性。[①]《1994年反倾销协定》中称为"国家控制贸易国家",但从GATT到WTO的所有涵盖协议并未对"非市场经济国家"的相关概念作出明确界定。[②] 因此,对于一国是否具有"市场经济地位"的所有定义和判别标准均交由贸易救济发起国之国内法,这也导致标准不一而足、千变万化。

---

① 参见张斌:《"非市场经济"待遇:历史与现实》,上海人民出版社2011年版,第4页。

② 参见潘悦:《反倾销摩擦》,社会科学文献出版社2005年版,第275页。

2. 非市场经济地位规则在“后过渡期”的重生

“后过渡期”是指根据《中国入世议定书》第 15 条(d)项与第 16 条第 9 项对于反倾销与特定产品过渡性保障机制所分别确立的自加入时起 15 年和 12 年后的时期。其中第 16 条已于 2013 年年底终止,正式进入“后过渡期”,而第 15 条(d)项的做法要到 2016 年年底才正式终止并进入“后过渡期”。从近些年中国所频繁遭遇的“双反”调查以及其他类型的贸易壁垒来看,贸易保护主义将可能以新的形式改头换面。因此,“后过渡期”中国的市场经济地位问题并非顺利获得,而是暗流涌动。以欧盟新近采取的摇摆不定的态度来看,中国获得欧盟的完全市场经济地位的认定并无确切时间表。因此,笔者的基本判断是,新型贸易保护主义很可能会在反补贴领域“借尸还魂”。原因在于以下几点:

(1)当前协定的安排为“后过渡期”非市场经济地位对我国的适用继续留有余地。

从目前形势来看,美国在短期内承认中国完全市场经济地位的可能性很小。欧盟一直将给予中国完全市场经济地位问题作为政治筹码使用,而且屡试不爽。最后的结果往往令人失望。归根结底,一方面的原因在于发达经济体对中国心存芥蒂,如西方一些学者认为在 15 年的过渡期内难以保证中国会成功转轨成“完全的市场经济”。① 另一方面的原因是,非市场经济地位乃发达经济体制衡中国对外贸易的重要筹码。根据《中国入世议定书》第 15 条(d)项,仅规定进口中国产品的成员不得在反倾销中再用替代国价格进行严格比较出口价格,这并不意味着承认中国的完全市场经济地位。实际上在反补贴领域依然存在适用的余地。《中国入世议定书》第 15 条(d)项为(a)项的终止适用设定了条件,即进口成员在加入 WTO 时其国内法中已确立了市场经济标准。因此,《中国入世议定书》第 15 条(d)项本质上已授予 WTO 成员无期限地运用“替代国制

① Tokio Yamaoka, “Analysis of China’s Accession Commitments in the WTO: New Taxonomy of More and Less Stringent Commitments, and the Struggle for Mitigation by China”, *Journal of World Trade*, Volume 47, 2013, p. 124.

度”衡量中国政府提供的补贴利益。[1] 因此，我们可以得出结论，非市场经济地位未来在反补贴领域将出现继续沿用的可能。加之，我国当前的农业生产较为落后，立法不完善，非市场经济地位问题很可能在外国对华农产品的反补贴中大显身手。由于《中国入世议定书》的这一漏洞和 WTO 相关贸易救济协定的规则缺失共同造成的程序公平的不足，直接影响了 WTO 多边规则适用于我国的实质不公平结果。

（2）非市场经济地位可能借反补贴东山再起。

尽管在 1986 年美国联邦上诉巡回法院的一项判决确立了反补贴法中适用 NMEs 的先例。[2] 但是自 2006 年开始，美国对来自中国的铜版纸启动备受争议的“双反”调查以来，已经相继启动几十起对华“双反”调查。对此，中国将从 2006 年至 2012 年 7 年间的共计 26 件“双反”案件打包诉至 WTO 争端解决机构。专家组在 2014 年 3 月底的报告裁定美国的这些“双反”措施违反了 WTO 规则。[3] 美国国际贸易法院 2009 年 9 月就 GPX 公司诉美国政府案作出判决，认为商务部不能证明对“双反”调查中重复计税（double counting）问题进行了有效避免，判定商务部败诉。该案后来被上诉至联邦巡回上诉法院，2011 年 12 月 19 日的判决认定美国不得将其反补贴法适用于非市场经济国家。[4] 2012 年 3 月，美国议会先后通过 S. 2153 和 H. R. 4105 两个法案，3 月 13 日被总统奥巴马签署，正式成为举世瞩目的“公法 112 – 99”（Public Law 112 – 99）。修订后的美国关税法明确美国商务部有权对来自“非市场经济国家”的商品计征反补贴税。[5] 此后，GPX 轮胎公司和河北兴茂公司联合在美国国际贸易法

---

① 参见朱广东：《国际贸易救济法律问题研究》，东南大学出版社 2011 年版，第 44 ~ 55 页。

② 参见李本：《补贴与反补贴制度分析》，北京大学出版社 2005 年版，第 112 ~ 113 页。

③ 参见孙韶华：《我对诉美关税法修订案争端案提起上诉》，载《经济参考报》2014 年 4 月 10 日，A02 版。

④ 参见莫世健：《对非市场经济体适用反补贴规则前景初探——从〈GPX 诉美国政府案〉的法律逻辑谈起》，载《澳门法学》2013 年第 4 期。

⑤ See Stephanie E. Hartmann, “Putting the Specter of Double Counting to Rest: How Public Law 112 – 99 Resolves the Issue of Double Counting in Concurrent Countervailing and Non-Market Economy Antidumping Investigations”, *Brigham Young University International Law and Management Review*, Vol. 10, 2014, pp. 139 – 173.

院起诉美国政府，其中诉请法院就“公法 112－99”违反宪法第五修正案关于法律程序之规定。2013 年 1 月 7 日法院作出判决，认为新法并不构成违宪，但商务部的仲裁裁决与首次发回重审裁决并不完全合法，也缺乏实质性证据的支持。判决商务部重新核定反补贴税的计算问题。

与此同时，WTO 专家组也于 2014 年 3 月底发布报告，认定美国商务部多年连续实施的 25 起“双反”调查行为不符合 WTO 规则。但《1930 年关税法》修订案对政府针对“非市场经济国家”进行反补贴调查的授权并不违反 WTO 规则。这进一步体现出专家组对非市场经济国家实施反补贴行为的肯定态度。[①] 即使 2017 年中国进入“后过渡期”，美国依照新的策略仍能继续发挥“非市场经济国家”规则的威力。斯蒂芬妮·哈特曼（Stephanie E. Hartmann）认为，美国商务部很可能采取在“日落条款”（sunsetting provision）限制使用非市场经济手段的能力上采取更加狭窄的解释路径，例如，基于替代国生产要素计算正常价值，这样仍然有潜力进行重复救济。此外，美国商务部已经开始在反补贴税的应用中将其主要贸易伙伴越南视为非市场经济国家。[②] 随着农产品贸易规模的逐年增大，未来在农产品贸易救济中将会遭遇美欧等发达经济体以市场经济地位为焦点的要挟。2016 年 5 月中旬，欧洲议会在是否承认中国市场经济地位问题上作出一项否定的非立法性决议，不支持给予中国市场经济地位。[③] 这让前景更加黯淡。

综上所述，非市场经济地位问题依然是美欧等主要经济体针对中国

---

① 近年来形成的发展动向是：美国通过不断完善国内立法，将非市场经济国家规则融入反补贴措施之中。值得注意的是，美国的这一做法在 WTO 专家组报告中获得法律上的肯定。这实际上使非市场经济规则在未来的贸易救济过程中得以沿用。See “International Trade & Litigation Practice Group. WTO Panel Upholds The Application Of U. S. Countervailing Duty Law to Imports from China”，Accessed March 27，2015. available at http://www.wto.org/english/tratop_e/dispu_e/449r_e.pdf. 同时参见《WTO 裁定美“双反”措施违规 中方敦促美尽快改正》，载 http://news.xinhuanet.com/2014－03/27/c_119982617.htm，2015 年 12 月 1 日访问。

② See Stephanie E. Hartmann，“Putting the Specter of Double Counting to Rest：How Public Law 112－99 Resolves the Issue of Double Counting in Concurrent Countervailing and Non-Market Economy Antidumping Investigations”，*Brigham Young University International Law and Management Review*，Vol. 10，2014，pp. 139－173.

③ 参见《维护世贸组织规则严肃性（钟声）》，载《人民日报》2016 年 5 月 16 日，第 3 版。

等国家设定的不公平贸易规则,这一规则造成的贸易扭曲十分明显。中国经历改革开放后几十年的市场经济发展,早已过渡成完全的市场经济国家。产品的价格形成机制亦是基于市场,人民币已顺利进入国际货币基金组织的货币篮子,成为可自由兑换的国际货币。但至今市场经济地位问题依然是美欧等经济体制衡中国崛起的重要砝码。因此,其市场经济地位的决策与实施都是基于单边主义。反映在全球贸易治理体系中,亦是违背公平与正义。同等主体享有同样的待遇,而地位不相称的主体应享受差别待遇,这是实质公平的重要内涵。但市场经济地位问题依然是未来贸易治理中的重要不和谐因素。

三、日本农产品贸易救济立法的公平价值缺陷

日本的贸易救济立法并未形成特别的传统。最早的贸易救济立法可以追溯至明治时代后期的《关税定率法》,但当时并未形成反倾销、反补贴和保障措施的划分,仅是有关关税税率、征税标准等的规定。日本真正的保障措施立法发端于 1961 年。为了更好地履行加入 GATT1947 的义务,1961 年日本在《海关关税法》第 9 条增加第 2 款(1963 年修订此部分,增加措施的实质性规定),旨在防止自由贸易过程中的进口激增。总之,该条仅规定政府可实施“紧急关税”策略。1961 年还出台了《关于紧急关税的政令》,主要就保障措施的一些程序性事项作出规定。反倾销法律规范则主要体现在《关税定率法》第 8 条的相关规定,而补贴与反补贴法则依照第 7 条的相关规定。为了完善反补贴制度,日本依照《1979 年反补贴守则》,于 1980 年出台了《关于反补贴税的政令》。①

日本的保障措施法律体系基于 1949 年的《外汇及外贸管理法》、1961 年的海关政令和关税法以及 1994 年的紧急措施规程等立法构建并沿用至今。日本的《关税临时措施法》创建了农产品特保措施规则,包括“与触发水平有关的保障措施”(第 6.3 条)和“如肉类有关的紧急关税”(第

① 参见黄东黎、何力:《反补贴法与国际贸易:以 WTO 主要成员为例》,社会科学文献出版社 2013 年版,第 205 ~ 208 页。

6.5条、第6.6条）两大类。但这一套特殊保障措施仅在1995～2000年临时适用，嗣后被特定产品过渡性保障机制所替代。[①] 1994年12月，通商产业省发布的《有关商品进口增加时的紧急措施规程》构建完成“紧急数量限制”制度。为了有效实施贸易报复，1994年日本还颁布了《关于授权报复关税的政令》。[②]

总体来讲，日本的贸易救济立法体系没有特别值得展开的。日本在总体上履行WTO多边规则，其立法体现了若干程序公平之正当性要素。但日本作为发达国家，其通过贸易救济体现的贸易保护主义特征亦是十分明显的。如关于“日落复审”规则，从其实施结果来看，由于确立了过于严苛的标准，导致继续征收反倾销税的概率十分之高，这是对实质公平最大的违背。

第三节　主要经济体农产品技术性贸易壁垒的公平价值缺陷

在经济全球化与贸易自由化的背景下，随着关税壁垒受到WTO越发严格的限制，作为非关税壁垒的技术性贸易壁垒正甚嚣尘上，成为当前国际贸易中最引人注目的贸易限制措施。近年来，由于绿色技术向农业领域的不断渗透，农产品贸易中出现了越来越多的技术性壁垒形式，呈现形式上的正当性、实施目标的明确性、适用法源上的多层次性、法益保护上的多元性等典型特征。在WTO框架中，相关多边协定在一定程度上赋予技术性贸易壁垒以法律正当性，只是现实中被具有科技优势的主要发达国家基于贸易保护主义目的进行滥用，成为贸易保护主义的重要工具。本节拟将绿色贸易壁垒、社会壁垒等壁垒形式纳入技术性贸易壁垒之下进行国别性探讨，以讨论这一制度在不同国家或经济体之中所呈现

① 参见向前、左海聪、王鸿喜：《WTO合法外衣下贸易保护主义的利器：日本保障措施制度及其对策》，载《国际贸易》2007年第7期。

② 参见黄东黎、何力：《反补贴法与国际贸易：以WTO主要成员为例》，社会科学文献出版社2013年版，第208页。

的公平价值缺陷问题。

一、美国农产品技术性贸易壁垒的公平价值缺陷

(一)美国农产品技术性贸易壁垒概述

美国贸易代表署办公室的迪米特里欧斯·马兰提斯(Demetrios Marantis)大使制作了一份长达93页的《2013年技术性贸易壁垒报告》(2013 *Report on Technical Barriers to Trade*),综述了与标准有关措施的贸易义务、美国为实施与标准有关贸易义务的法律与行政框架,合格评定程序,美国在识别与标准有关的贸易壁垒以及决定如何解决该问题的程序,美国在国际、区域以及双边论坛中与标准有关措施的交往,2012~2013年与标准有关措施的趋势,以及国别报告等。① 因此,美国有着复杂的技术性贸易壁垒,这些技术性壁垒近年来成为美国实施贸易保护主义的主要工具,大有取代反倾销、反补贴的趋势。

美国的农产品技术贸易壁垒体现如下特征:

第一,通过持续颁布各类技术法规,不断加强农产品技术要求。一方面美国强调输美农产品要获得ISO9000等国际质量认证,另一方面注重颁布一系列农产品和食品领域的法律法规,如《联邦食品·医药品·化妆品法》《进口茶叶法案》《食品医药品行政近代化法》。如上法案为美国农产品与食品创设了基本的管理构架。其中最值得注意的是:危害分析和重要控制点(HACCP)规则中的自动扣留制度,由于其存在武断性和主观性,难以保障实质公平。

第二,实施严格的食品标签认证规则。美国为了降低自愿标签引起的食品领域的混乱局面,开始通过立法推行食品标签,强化对农产品和食品的监管。相关立法包括美国农业部于2009年年初出台的《原产地标记办法》。该法引起了墨西哥、加拿大等国在WTO的诉争并一度进入上诉程序,2011~2012年的初裁和终裁结果都认为该规则属于技术法规,与

---

① See Ambassador Demetrios Marantis, "2013 Report on Technical Barriers to Trade", Accessed March 20, 2015. http://www.ustr.gov/sites/default/files/2013%20TBT.pdf.

WTO 规则不一致,并勒令其按期作出符合多边规则的修订。美国至今已有大量的农产品领域的相关标签制度,已经发展成为重要的贸易壁垒形式。这一方面不符合程序公平中的一致性、透明度等要素;另一方面违背了实质公平。下文将特别就新产生的碳标签规则进行阐述。

(二)美国碳标签制度的公平价值缺陷

1. 碳标签制度的缘起及其基本特征

所谓碳标签(Carbon Labelling),是指随着低碳经济理念的深入人心,一些国家的政府通过立法授予政府部门或者社会机构运用一定的技术手段,对生活用品特别是食品在其从原料选购到生产、消费、回收的整个生命征程中的二氧化碳排放情况进行计算,并以标签的形式进行标示的制度。[①] 碳标签制度最早可追溯至 20 世纪 90 年代有关"食品里程"(Food Miles)的争论,旨在从食品的产地到消费地的征程中全面考量其与环保的可能关系。碳标签受其影响,主要考察其生命征程中的"碳足迹"(Carbon Footprint)。以计算和查核的方式进行标示,给消费者一个知情权和选择权,以满足其"低碳消费"的内心诉求。

碳标签的主要特征表现在:(1)碳标签是通过标准化标签的形式、运用科技手段,为产品或服务提供客观、真实的"碳足迹"查验,并进行量化标识。(2)使消费者能够通过标签了解其所消费的产品或服务在生命周期的各个阶段的温室气体排放情况,为其消费提供重要的借鉴。(3)碳标签本质上是一种产品或服务标签,通常印制在产品的外包装等、广告宣传单等显要位置,因此其具有一定的商标属性。(4)碳标签对"碳足迹"的查验和评定会使用诸如商品和服务生命周期温室气体排放评估规范 PAS2050、生命周期评估标准 ISO 14040:2006/ISO 14044:2006、温室气体计算及验证标准 ISO 14064:2006、产品碳足迹验证标准 ISO 14067、环境标志认证标准 ISO 14025:2006 以及温室气体核算体系 GHG Protocol 等多种评定标准。(5)碳标签具有客观中立性,这是区别于低碳产品认证

---

① 参见杨志、赵彦云、王岩主编:《中国低碳经济年度发展报告 2012》,石油工业出版社 2012 年版,第 326 页。

的鲜明特征。

2. 美国的碳标签制度及其影响

美国的碳标签制度体系主要是在非官方的企业主导下推进的，体现出较强的社会自治性。在美国，仅有个别的州由政府主导碳标签制度，但其影响力不可小觑。已经发展成为具有典型特征的、新类型的低碳绿色贸易壁垒。当前，美国的碳标签根据标签名称、应用目的、主要适用产品以及评价标准的不同，可以将其划分为三种大的类型（见表4.2）。

表4.2　美国碳标签基本分类

类别	第一类	第二类	第三类
标签名称	Carbon Label California' Label	Carbon Free	Climate Conscious
应用目的	由Carbon Label California公司推出的旨在协助消费者选择更具环保性能产品的碳标签	由Carbonfund公司推出的全美第一个适用于碳中和产品的碳标签	由Climate Conservancy公司推出的旨在协助消费者选择较低碳足迹产品和服务
主要适用产品	食品、保健品	服装、糖果、灌装饮料、电烤箱、组合地板	食品、有机食品
评价标准	Environmental Input-Output LCAs, EIO-LCAs	Environmental Input-Output LCAs, EIO-LCAs	Environmental Input-Output LCAs, EIO-LCAs

资料来源：Guenther, M., Saunders, CM. Tait, PR. (2012), "Carbon labeling and consumer, attitudes", *Carbon Management Journal* 3(5), pp. 445－455.

美国加州出台的《碳标签法案2009》（*the Carbon Labeling Act of* 2009）于同年年终正式实施。法案授权加州委员会出台碳标签项目，该项目包含自主性申请评估、核验与标准化碳足迹标签，为加州市场上销售的产品提供标识等。以发展的眼光观之，美国碳标签制度引入农产品领域将有十分广阔的发挥空间。

总之，美国、欧盟、日本等经济体实施的碳标签制度，将对国际贸易特别是向这些地区的出口贸易产生重大影响，具体分为下面几个方面：

第一，碳标签正成为新的绿色贸易壁垒形式。碳标签产生于具有发达工业体系或者农业生产水平的国家或区域共同体，它基于产品全生命周期的碳足迹查验进行产品或服务的标签授予,体现了很强的产业链控制和整合能力。这种高标准、客观中立性的碳标签制度一旦在国际贸易中发展成为重要产品标准体系,将对发展中国家的出口贸易形成致命打击。从当前的贸易摩擦形势来看,碳标签已经成为重要的贸易壁垒形式之一。尽管其发展的初衷是为了倡导低碳经济、促进绿色消费、促进节能减排和环境保护,但由于在各大经济体通过立法的形式予以固定和推广,很容易发展成为单边性的贸易保护主义措施。

第二,就农产品而言,发达国家将碳标签应用于农产品,将使主要以出口初级农产品为主要贸易结构的广大发展中国家备受影响。这些发展中国家的农业生产很多依赖自给自足的落后生产体系,根本无法开展基于整个产品生命周期的各环节温室气体排放量的查证,这将从很大程度上冲击国际农产品贸易体系。从而使广大发展中国家的出口农产品难以进入已实施碳标签制度的国家市场。

碳标签作为新型绿色技术壁垒正呈现燎原之势,而且与农产品的结合越来越紧密。这也使已实施碳标签制度的国家可能以确保农产品市场准入质量安全的名义滥用,而且也可以从《TBT 协定》《SPS 协定》找到正当性解释依据。总之,碳标签如不被限制,被少数发达经济体单边性地应用于当前国际贸易实践,是一种严重违背程序公平和实质公平的做法,从根本上来说是对全球分配正义的破坏。

二、欧洲农产品技术性贸易壁垒的公平价值缺陷

就技术贸易壁垒而言,在欧洲不仅有欧盟统一制定的技术性贸易壁垒立法,而且欧盟成员国内部还有各种类型的发展各异的技术性贸易壁垒形式。因此在本部分,笔者不仅阐释欧盟的技术性贸易立法的公平价值问题。而且将分别考察其主要成员国独具特色的碳标签和低碳产品认证制度对农产品的影响,分析其公平价值缺陷问题。

(一)欧盟农产品技术性贸易壁垒的公平价值缺陷

1. 欧盟农产品技术性贸易壁垒立法概述

欧盟通过一系列立法,构建了全世界最为复杂、密集与配套的技术性

贸易壁垒法律体系。围绕农产品与食品安全问题，先后公布了大量的技术性法规和标准。因此，欧盟的技术性贸易壁垒表现为技术性法规（包括条例、指令与决定）、合格评定程序（包含8种模式）、技术标准、标签义务、包装规程为主要内容。仅以欧盟的技术性指令为例，早在1960～1985年，数量就达到300多个。[①] 当前的欧盟农产品技术壁垒概括起来主要包括：肉类进口管理措施、冷冻禽类产品新规、大米产品检测要求、转基因产品标签要求、果汁成分添加与标注、食品符合产品证书授予、茶叶进口农残标准、水果与蔬菜进口法规、预包装食品过敏源管控、食品接触材料控制。欧盟农产品主要技术性立法可分为如下几类：

（1）欧盟食品安全领域的相关立法。

在2000年颁布的《食品安全白皮书》，2011年9月19日颁布《关于由欧洲议会和理事会条例（EC）No. 178/2002规定的动物源食品可追溯性要求之一》（EU 931/2011），2002年颁布了《创制食品法的总体原则与纪律以及创建欧洲食品安全局、实施食品安全行动条例》（EC 178/2002），2003年7月22日发布《对有关制定食品法的一般原则和要求、建立欧洲食品安全局和制定食品安全相关程序的条例（EC）No. 178/2002进行修改条例》（EC 1642/2003）。为了确保农产品和食品的质量安全，欧盟于2012年11月21日颁布《农产品和食品质量方案》（EU 1151/2012），该法整合与精简了原产地名称、地理标志和传统特殊产品的保护方法。2014年6月，该法的实施细则（EU 668/2014）出台，对具体保护的操作流程作出了详细规定。[②]

（2）欧盟农产品技术标准、包装与标签要求等规则体系。

欧盟在农产品和食品领域有着十分复杂而名目繁多的技术标准。欧盟的技术标准分别由欧洲标准化委员会、欧洲电信标准协会以及欧洲电工标准化委员会予以推进。而农产品和食品标准归欧洲标准化委员会管辖。

---

① 参见韩可卫：《欧盟技术性贸易壁垒的主要措施及借鉴》，载《贵州财经学院学报》2006年第2期。

② 参见《欧盟传统特色产品保护制度评述》，载 http://www.sipo.gov.cn/zlssbgs/zlyj/2015/201505/t20150525_1122342.html，2015年12月28日访问。

早在1991年7月15日,欧盟就发布了《植物保护产品在市场上的销售指令》(91/414/EEC)。2005年2月23日,欧盟发布《关于动植物源饲料与食品内部和表面的杀虫剂最大残留量水平并对理事会条例91/414/EEC进行修改》(EC 396/2005),对1991年的指令进行了修改。在通过对2005年条例简化和修订的基础上,统一化的农残标准自2008年9月起在欧盟27个成员国内实施。新的农残标准数量增至11.8万多个。[①]除了农残标准,欧盟每年发布多部名为《为确定某些水果和蔬菜的进口价格制定标准进口评估值》的欧盟委员会实施条例。此外,欧盟茶叶委员会于2007年3月出台了统一的茶叶农药残留技术标准。

欧盟在食品添加剂立法方面的代表性立法有:2016年3月7日发布的《就所有食品类别中某些食品添加剂的许可使用,修订并更正欧洲议会和理事会条例的附件》(EU 2016/324)。还有大量有关标签的规定。

2. 欧盟农产品技术性贸易壁垒的公平价值缺陷

欧盟农产品技术性贸易壁垒立法在欧盟成员国范围内一体施行,由于高度的统一性和协调性,能够充分保护欧盟范围流动的农产品从生产、流通、贸易到消费诸环节的安全性。但这些立法体现出很强的单边主义特征,对农产品贸易的扭曲作用是十分明显的。如在美国、加拿大与阿根廷诉欧共体影响生物技术产品的批准及销售措施案中,专家组最后裁定欧共体实施的"普遍暂停"等安全措施并未建立在《SPS协定》第5.1条风险评估的基础上实施,因此欧共体违反了其在该条下的义务,从而也违反了《SPS协定》第2.2条。[②] 很多案件的争议都已证明欧盟在技术性贸易壁垒方面的立法存在单边主义与正当性缺陷。由于立法的过于频繁和变动不居,破坏了法律的稳定性以及市场主体的可预测性,因此缺乏正当性,故不符合程序公平。而且从实施的结果上看,难以确保实质公平。

(二)欧盟主要成员国低碳产品认证制度的公平价值缺陷

低碳产品认证是21世纪在英国、德国、韩国、美国、瑞士等发达国家

---

① 参见杨志花:《欧盟食品农药残留标准体系》,载 http://tbtmap.cn/portal/Contents/Channel_2125/2009/0713/77348/content_77348.jsf? ztid=2127,2015年12月28日访问。

② 参见朱榄叶:《WTO争端解决案件新编》,中国法制出版社2013年版,第114~116页。

兴起的一种新型的低碳绿色壁垒形式，在短短的10来年时间里迅速风靡全球。受其影响，中国也在2013年通过部门规章建立了这一制度。该制度对产品的认证基于碳排放量合乎既定的技术规范和评定标准，根据展示形式，具体又可以分为碳得分、低碳标识与碳等级等。低碳产品认证在近年来迅速向国际贸易渗透。

1. 英国的低碳产品认证制度的概况

英国是低碳产品认证的先行者。英国的一家碳信托标准公司在2006年实施的“碳削减标识项目”开始对第一批试点的产品授予英国碳削减标识，参与主体主要为含饮品公司的6家公司。英国的环境、食物及郊野事务部与碳信托标准公司、英国标准协会于2008年10月共同拟定了具有碳排放量计算依据的PAS2050标准草案，成为全球首个碳足迹盘查标准。英国政府十分青睐向全球推广这一标准体系，该标准近年来在中国也获得了推广。自2011年开始，中国的瓷砖行业开始竞相获得该项认证。2012年4月，必维国际检验集团运用PAS2050标准为中粮集团的淀粉产品授予了这一认证。

2. 德国的低碳产品认证制度概况

德国是欧盟成员国中另一个积极发展低碳产品认证的国家。因德国也是最早推行环保标志的国家。德国在1978年建立的“蓝天使”标志认证久负盛名。目前已有跨越80多个类别和逾千项商品与服务获得了这一认证，而且在国际范围内具有很强的可接受度。2008年德国对“蓝天使”标志进行改革，被细分为资源、气候、水和健康四大领域的标识。而与低碳产品认证有关的标识归于“蓝天使”下面的气候标识之中。其在I型环境标识下推出的气候友好型认证服务，将与气候有关的28项产品纳入，使其成为气候标识之产品标准。总之，德国提供的这一低碳产品认证服务获得了较高的知名度，对国际贸易产生重要影响。

综上，英国、德国作为两个推行低碳产品认证的欧盟成员国，其分别构建的低碳产品认证制度均在世界范围内产生重大影响。而且，这一低碳盘查均在一定程度上涉及农产品。包括英国、德国在内的欧盟国家在立法中通过援引，或者通过再消费市场上的引导。在进口产品中推行这一标准认证,很可能会进一步打击未取得低碳产品认证的农产品进入本国市场。而这一依据高科技、基于整个产品生产、流通的整个过程的碳盘查并不适合中小农产品生产经营者获得。具体而言,低碳产品认证制度对农产品贸易的扭曲性影响表现在:(1)增加农产品领域形成新的技术性贸易壁垒的可能性;(2)低碳产品认证制度对技术标准的援引增大了发展中国家农产品出口的难度;(3)低碳产品认证制度使得发展中国家农产品出口成本增加,进而丧失其“比较优势”。低碳产品认证在多边体制中由于存在于法无据的问题,违背了程序公平的正当性要求。

三、日本农产品技术性贸易壁垒的公平价值缺陷

(一)日本农产品技术性贸易壁垒概述

日本是发达国家中最为重视技术性贸易壁垒的国家,有着全世界最为先进的农业技术性贸易壁垒立法体系。为了稳定本国农业生产,积极应对外来低价农产品对日本农业生产造成冲击,日本将其在 WTO《农业协定》项下的义务抛诸脑后,擅自高筑关税和非关税壁垒,阻止外来大米的进口。如日本曾对大米课征 778 个百分点的高关税。而在非关税壁垒方面,主要通过采取技术性贸易壁垒阻止对大米的进口,如日本厚生劳动省于 2014 年年初发布的根据 1947 年《食品卫生法》第 11.1 条修订乙氧喹啉在大米等产品中的残留标准。[①] 对从特定国家或地区进口的农产品施加严苛的标准限制,如对大米进行详细分类,附加一系列巨细无遗的价格基准、品质要求和卫生标准,全方位限制跨国大米的进口贸易活动。[②]

1950 年 6 月 30 日,日本公布了《植物保护法实施条例》,禁止从包括美国在内的 8 个国家进口含有苹果蠹蛾的农产品。1987 年农林渔业部出台两项试行的监测指引,一为取消进口禁令指引,二为昆虫死亡率比较测试指引。美国不服,向 WTO 争端解决机构起诉,指控第二个指引中的品种测试要求与《SPS 协定》不符,双方经磋商未能达成一致。此后成立

---

① 参见食品、添加物等の規格基準の一部を改正する件について,载 http://www.forth.go.jp/keneki/kanku/syokuhin/tsuuchi/2013/1/21_1.pdf,2015 年 12 月 15 日访问。

② 参见侯石安:《农业补贴的国际比较研究》,中国财政经济出版社 2013 年版,第 49 页。

的专家组于1998年10月6日分发的报告中裁定:日本实施的测试方法违背了《SPS协定》第2条第2款,原因是没有充分科学证据;日本的测试行为也因超出了必要的保护限度,与《SPS协定》第5.6条不符;同时日本不事先说明测试方法的做法与第7条不一致。日本不服,案件被提交到上诉机构。最后上诉机构维持了专家组报告的意见。[①] 这充分说明,日本的技术性贸易立法有很强的保护主义特征,缺乏透明、武断偏执,很多规则是不符合程序公平的要求,而且在实施上也无实质公平可言。

从大的方面来说,技术性贸易壁垒可以被划分为环境与卫生安全法规、技术性标准、标签制度、符合性审核程序与消费者权益保护法几大类,其中非强制性的技术性标准是技术性贸易壁垒的重要内容。日本与农产品有关的众多技术性贸易壁垒中,影响最大的主要有科学配套的农业环境与卫生安全立法体系、肯定列表制度农残规定体系,以及刚刚兴起的碳标签法律体系。

(二)农业环境与卫生安全立法为日本技术性贸易壁垒奠定基础

在与农产品或者食品有关的环境与安全技术法规方面,日本主要有如下立法:如1980年制定并被修订了70多次的、旨在增加进口农产品在日本适应性成本的《饲料安全法》;2003年颁布的、旨在规范食品添加剂的规格与成分、农药残留标准、食品标识语和广告等的《食品卫生法》及其实施规则;2003年7月起实施的,旨在规范国家、地方公共机构、食品经营者和消费者权益与义务的《食品安全基本法》;日本厚生劳动省2002年发布、2003年5月起实施的《健康增进法》;2013年6月发布、2015年5月1日起实施的整合了《食品卫生法》《日本农业标准法》《健康增进法》中食品标识内容的《新食品标识法》;从1970年开始的、旨在防治农业用地土壤污染的《农业用地土壤污染防治法》《土壤污染对策法》《土壤污染防治法实施细则》《肥料取缔法》《水质污浊防止法》等系列立法。日本农林水产省于1992年公布的首倡"环境保全型农业"理念的《新的食品、农

① 参见苑涛主编:《中国对外贸易与世界贸易组织》,对外经济贸易大学出版社2012年版,第124~128页。

业、农村政策方向》,以及 1994 年旨在实施“环境保全型农业”理念的《环境保全型农业推进基本方案》。

围绕这些立法,日本建立起由不同部门分工负责的农业健康与卫生安全法律体系。食品安全的主管机关就有食品安全委员会、农林水产省和厚生劳动省。这些机构对诸如农产品种植过程中的农药喷洒与施肥的管制、国内生鲜农产品的初级加工、进口环节的动植物卫生检疫、自销和进口粮食安全检查、屠宰场设施监管、食品加工环节的质量安全检查、食品上市销售的核准经营等诸多环节进行全面监管。这为确保国内农业生产的绿色环保,以及农产品交易符合卫生与安全标准起到了重要作用。这些法律投射到农产品国际贸易中,体现出对进出口农产品的严格管控,在一定程度上为日本农产品技术性贸易壁垒奠定了法律基础。

(三)日本肯定列表制度农残标准的公平价值缺陷

随着科技的日新月异以及人类对于自身健康和食品安全的关注,关于农产品中农药化学成分的残留检测在全世界范围内开始盛行,并逐渐发展出一套有关农药残留量检测的技术性标准(以下简称农残标准)。随着实践的发展,这些农残标准逐渐发展成为国际贸易中的技术性贸易壁垒措施,即农业化学品限量标准规则。在发达经济体均有不同程度的发展,其中日本拥有目前世界上最为严苛的农药残留标准。

日本最新的农残标准被称为“肯定性列表制度”(positive list system),是指日本的《食品安全基本法》(2003 年)为了限定食物中农兽医药和添加剂残留成分而推出的新残留限量规定。日本肯定性列表制度涵盖所有农产品与食品以及所有农业化学品,因此成为当今世界上最为严苛的农残标准。“肯定性列表制度”包含 5 项主要内容:(1)豁免物质(exempted substances)。在食品中残留的包括维生素、矿物质、氨基酸和天然杀虫剂在内的 65 种在通常条件下对人体健康无不良损害的化学品。(2)禁用物质(banned substances)。15 种在全部食品中不得存在的农业化学物质,8 种部分食品中不得存在的农业化学物质。(3)现行标准(current standards)。继续适用的原有限量标准。(4)临时标准

(provisional MRLs)。指的是为具体食品中的具体化学残品确定最大指标的标准。最初规定5年审议一次,自2013年开始日本决定将暂定标准变更为永久标准。(5)一律标准(uniform limit)。指的是除如上4种标准之外的一切标准的总称。[①] 日本厚生省于2003年10月至2006年3月相继公布了"肯定列表制度"的第一次草案、第二次草案、最终草案、最终版(日文作准文本)、最终版(英文作准文本)。

日本"肯定性列表制度"的推出,对作为日本最大农产品贸易伙伴的中国出口贸易造成了明显的负面影响。2006年该制度一经生效,中国的农产品出口量直线下滑。仅在2006年6月至9月的4个月里,日方共检测出农药、兽药残留不符合标准的进口农产品194批之多,而且中国不符合标准的农产品和食品达到76批之多。[②] 日本"肯定性列表制度"的推出,使中国这种农药残留限量标准较低的国家备受冲击。

日本针对"肯定性列表制度"规定了529种农产品化学品的检测方法,可以说是细致入微。这带来的问题便是,首先提高了进入日本市场的农产品检测成本,并增加了贸易受阻的风险,而且所设定的标准门槛过高。这一标准属于WTO所允许的技术性贸易壁垒措施,由各成员方制定后进行通报。当然,日本的有些农残规则的设定违背了WTO多边协定,只有期待在实践中予以完善。即使"肯定性列表制度"符合程序公平的要求,由于在实施上的高度保护性,未充分考虑各国贸易发展的实际,在缺乏协商与谈判的情况下出台高标准的农残标准,体现了很强的单边主义特征,因此是对实质公平的违背。而且,日本"肯定性列表制度"在实施过程中对国内企业与国外企业采取了双重标准,违背了国家间的机会平等原则,也不符合实质公平。

(四)日本碳标签制度及其公平价值缺陷

日本碳标签制度的推出稍晚于英国。日本经济产业省于2008年

---

① 参见尹小平、王洪会:《日本"肯定列表制度"对我国食品贸易的影响及对策》,载《经济纵横》2006年第7期。

② 参见国伟、唐英章、彭涛、代汉慧、李晓娟、孙利:《"肯定列表制度"对中国食品和农产品出口的影响及对策》,载《中国农学通报》2007年第2期。

作出决定,翌年启动碳足迹的验证与标识的试行。当年年底,有关碳足迹的测量工具、碳标签的设计样式和标识的产品范围都得以明确,获得标签的产品生命征程中的5个阶段的碳排放量均将被标示,为消费者选择商品和服务提供了重要的参考根据。① 2009年初,日本的碳标签制度全面实施,很多购物店、商场和企业均开始谋取碳标签。总体来说,日本实行的碳标签制度是由政府管辖、社会机构负责查验与授予的制度体系。

值得关注的是,日本自2014年4月开始将标签引入农产品领域,旨在为消费者在农产品的消费中充分了解其二氧化碳排放情况。② 至此,日本的碳标签制度广泛覆盖了市场上的众多家用消费品和农产品。这为其他国家的农产品出口日本增加了贸易壁垒,没有获得日本碳标签标识的农产品将在日本市场上失去竞争力,因此这一贸易壁垒对外农产品向日本的出口产生重大的抑制效应。以法的公平价值考量,这一壁垒形式也仅符合程序公平的要求,其实质公平还有待实践的检验。

本章小结

发达国家对"农业化"的政治偏爱恰巧与发展中国家对"工业化"的政治偏爱相映成趣,双方各安一隅,这使农业领域成为多边贸易体系中最为封闭的领域,至今未得到实质改变。③ 在多边贸易体系中既有的《农业协定》《农业框架协定》等相关成果不甚完善、多哈回合谈判坎坷前行的情况下,以欧美为代表的发达经济体充分利用自身的科技、制度的集约化优势,通过一系列卓有成效的立法,对农业实施高额的国内支持和出口补

---

① 参见裘晓东:《各国/地区碳标签制度浅析》,载《轻工标准与质量》2011年第1期。

② 参见《日本农林水产省决定明年4月开始实施农产品碳标签制度》,载 http://www.sjfzxm.com/news/zhengce/20101004/180326.html,2015年10月10日访问。

③ 参见[美]贾格迪什·巴格沃蒂:《贸易保护主义》,王世华、常蕊、郑葵方译,中国人民大学出版社2013年版,第8~9页。

贴,并发展出技术性贸易壁垒体系。这些规则随着 GATT/WTO 多边协定的变化而作出相应的调整,但整体表现出高补贴、高保护的特点。这些发达的经济体一方面在进口领域采取贸易救济措施和其他类型的非关税壁垒措施,阻止外国农产品进入本国或本区域市场,或者实施歧视性的贸易政策。另一方面通过"长臂条款"等不公平的制度安排,长驱直入外国市场。这种"奖出罚入"的农产品贸易政策至今依然维持甚至不断得到强化,使农产品贸易自由化谈判举步维艰。而且,各成员一方面在执行 WTO 等组织所确定的多边贸易纪律,另一方面总是通过一个不公平的、特殊性的贸易立法打"擦边球"。这反映出建构在民族国家基础上的传统贸易多边治理体系的落后性和非平衡性。因此,笔者分别选取美国、欧盟和日本三大经济体在国内农业补贴法律体系、农产品有关贸易救济法律体系、农产品技术性贸易壁垒法律体系,通过对其法律价值上的分析和考证,揭示其公平价值的内在缺陷。

美国、欧盟、日本等发达经济体的有关农业立法、与农业有关的贸易救济立法、技术性贸易壁垒立法等均呈现出不同的法律特征。在农业立法方面,美国有着 80 余年的农业补贴历史,其农业立法体系涵盖农业技术推广、农业信贷支持、农产品价格扶持等。其立法理念顺应经济发展的形势好坏,总体上徘徊于自由贸易与贸易保护主义之间。如欧洲的 CAP 有着统一、全面和丰富的内容。CAP 以市场统合原则、共同财政原则和共同体优先原则为指导,经过几个阶段的改革,总体呈现出环保、安全和可持续性的特点,但也体现出对外的保护主义、单边主义特征。经过长期的探索,日本已经形成以农业基本法为统领、其他专业性法律协调配合的农业立法保护体系。如上三大经济体的农业立法最为明显的共同特征是保护主义,均在很大程度上运用了 WTO 规则的有关例外规定。因此一方面不符合程序公平的权威性、一致性、透明度等正当性要素;另一方面也反映出作为衡平的实质公平的缺位。在贸易救济方面,各国并不总是严格履行其国际义务。有些国家的国内法与多边规则明显不一致,很多规定在 WTO 争端解决程序甚至国内法院中被否定。如美国、欧盟在贸易救济调查中的"归零法"、非市场经济地位规则、"绿箱政策"黄箱化等。

这些单边主义的贸易保护手段是对程序公平和实质公平的重大悖反。

经过几十年的发展,美国、欧盟和日本等发达经济体已经通过复杂的国内立法,各自在国内构建起全球最发达的技术性贸易壁垒体系,而且多以立法、指令、行政指引等方式直接或间接地应用于实践。其技术法规、技术标准、包装要求、产品标签要求等方面各有特点,碳标签、低碳产品认证在这些经济体内部的全面起步和发展均展示了技术性贸易壁垒的全球趋势。实际上,技术性贸易壁垒已经成为农产品贸易自由化最大的阻力。以日本农残标准的肯定性列表制度为例,一经推出即对国外的农产品造成明显的抑制和阻碍,尤其是对中国农产品对日出口形成了直接的破坏性影响。因此,发达经济体的技术性贸易壁垒措施总体上呈现出单边主义和高保护性特征,其很多规则已经在 WTO 争端解决框架中被证实为违法,不符合程序公平的一致性、透明度、权威性等正当性要素。而且由于其提供较少的磋商机制、变动不居、缺乏矫正手段等特点,都难以体现农产品全球贸易治理的实质公平。这使未来的全球农产品贸易治理的公平之路布满荆棘。

第五章　农产品公平贸易全球治理宪政的国际法路径设计

早期的全球化进程并不是符合正义的一个过程,因此在这种全球化语境中的国内、国际制度推进都充满着暴戾和随处可见的不公平。苏珊·乔治(Susan George)认为,全球化或者21世纪初叶的资本主义只奉行一个规则,那就是收益率,它加剧了不平等、对环境无可挽回的伤害、对文化身份的破坏和对所有国家特别是最不发达国家的压迫,这有利于超级国家和国际资本家集团的产生,并向世界的其他角落强加他们的规则。[①] 当前农产品多边贸易体系由于过多地呈现出国家之间的政治经济博弈的工具主义特征,故该体系表现出"权力导向型"特征。尽管WTO的诞生在促进贸易自由化方面居功甚伟,但国际贸易体制中的权力失衡、缺乏公平正义的现实并未根本改变。农产品多边贸易规制的现有安排更是呈现

---

① See Susan George,"CHAPTER 8 The Common Good: Towards an Alternative Europe", in Heather Gautney, Omar Dahbour, Ashley Dawson, and Neil Smith, eds., *Democracy, States, and the Struggle for Global Justice*, Routledge, 2009, p. 182.

出"碎片化"(fragmentation)[①]现象。由于自由贸易理论片面追求利益最大化,对贸易本身的公平不甚关注,因此存在本质缺陷。以发展的眼光观之,未来须构建车丕照教授所称的"公平价值"导向的农产品贸易全球治理框架体系。[②] 当前国际理论界所推崇的全球宪法化理论(又称"全球宪政理论")则有十分重要的应用价值。

第一节　农产品公平贸易须在全球贸易治理法治体系中推进

农产品要实现公平贸易,首先要确定当前的农产品治理体系是如何的不公平,然后如何去追求公平。而这与"公平贸易"中的"公平"又具有什么样的关系?本书的论证又何以将托马斯·弗兰克关于公平的划分应用于本书的研究?这一系列问题都需要考证。

一、农产品全球贸易治理的总体趋势与公平的治理机制诉求

(一)农产品贸易自由化及其全球贸易治理的必然趋势

实际上,贸易自由化是自"二战"结束以来全球多边贸易体系积极追求和实践的重要目标。"二战"以后一些拉美国家相继推行的进口替代战略在20世纪六七十年代遭遇挫败,这一发展理念也被新自由主义经济学家所否定;相反,出口导向型的战略因将一国国内产品置于国际经济环境中而大获成功。因此,无数国际实践证明,只有秉持自由贸易的立场,

---

① "碎片化"是一个形象的称呼,又被称为国际法的"不成体系性"。具体指的是由于国际社会一直处于"无政府状态",没有统一的监管机构和价值体系。而且国际法是高度分散的过程的产物,国际规范通常都在人权、环境、贸易或国际刑法等专门的功能领域独立发展,每一个具有功能差异化的法律领域均有自身独有的条约、原则和制度,因此这些特定的制度所追求的价值和利益并不总是一致。上述因素加起来足以导致相关议题的交叉乃至冲突,最后甚至具有引发"条约堵塞"(treaty congestion)的风险。See Jeffrey L. Dunoff, Joel P. Trachtman, "A Functional Approach to International Constitutionalization", in Jeffrey L. Dunoff, Joel P. Trachtman, eds., *Ruling the World? Constitutionalism, International Law, and Global Governance*, Cambridge University Press, 2009, pp. 6 – 9.

② 详见车丕照:《国际经济秩序"导向"分析》,载《政法论丛》2016年第1期。

不断改善生产环境、引进先进技术、重新配置和优化全球产业链,在多边框架下才能充分发挥各国产品的比较优势,才能真正促进全球贸易的发展。从 GATT 时代就开始的多轮贸易谈判,均致力于通过削减关税、降低贸易壁垒、提高市场准入水平等促进贸易自由化。

2003 年 9 月 14 日,在墨西哥著名国际旅游城市坎昆召开的作为多哈回合谈判一部分的坎昆部长级会议,确立的目标是通过建立一个旨在提高市场准入、取消出口补贴和削减国内支持的公平和以市场为导向的贸易体系,进而促进国际贸易的自由化。[①] 当然,此次贸易谈判走向失败,但此后开展的一系列谈判,均秉持较为清晰的贸易自由化理念,并慢慢地生根发芽。2015 年 12 月,在肯尼亚内罗毕召开的 WTO 第十届部长级会议上通过了《内罗毕部长宣言》与 9 个决议。其中一个最为重要的动议是成员方作出彻底取消农产品出口补贴的决定。当然在实践中,WTO 成员在逐渐取消农业补贴、推进农产品贸易自由化方面已经取得了不错的成绩。根据 WTO 农业委员会的公告,自 2004 年开始,已经有印度尼西亚、巴西、冰岛、罗马尼亚、保加利亚、澳大利亚、哥伦比亚、新西兰、南非等国相继取消了出口补贴。

因此,只有在自由贸易的背景下才能推动贸易的持久繁荣。但前文已有论述,自由贸易并不能保证贸易的公平。自由贸易的"江河"是自发的、不受拘束的,所以对其要进行疏浚和治理,而其权威性、形式有效性、多边性、体系性、稳定性、可责性则是其治理成败的关键。为此,作为以推进贸易自由化为核心宗旨的 WTO 所确立的自由贸易框架是通过 5 个原则予以实现的,这 5 个原则分别是:非歧视原则、互惠原则、有约束力和强制执行力的承诺原则、透明度原则,以及允许成员方政府在一定条件下实施贸易限制的"安全阀"(safety valves)原则。[②] 这 5 个原则是构成程序

---

① See Cody A. Thacker, "Agricultural Trade Liberalization in the Doha Round: The Search for A Modalities Draft", *The Georgia Journal of International and Comparative Law*, Vol. 33, 2005, p. 722.

② See Frederick Bird, Thomas Vance, Peter Woolstencroft, "Fairness in International Trade and Investment: North American and Investment: North American", *Journal of Business Ethics*, 2009, 84, p. 408.

公平与实质公平的关键要素。

总之,农产品作为一类特殊的货物,其发展与繁荣也必须置于自由贸易的框架之中。为WTO等多边贸易框架所推进的贸易自由化则有利于通过多边规则的安排,最大化地固定各方谈判成果、消弭分歧,推进国际农产品贸易的渐进式开放与发展。但是,这远远不够,农产品公平贸易的实现也亟待WTO推进的以公平价值为导向的制度变革。因此,符合全球分配正义的托马斯·弗兰克关于公平的二元划分是指导这里体制的核心价值。

(二)农产品公平贸易须置于公平的全球贸易治理机制之中

农业全球化既是一个复杂的经济问题、政治问题,更是法律问题。以法律的视野观之,农业全球化涉及不同国家、NGO等非国家行为体和各国国内农业生产者、农产品经营企业、农产品行业组织、农场主、牧场主、农民、消费者等诸多主体。不同主体均在全球农业与农产品贸易博弈中扮演着不同的角色,表达着不同的利益诉求。全球化趋势加快所造成的挑战远非经济结构受到冲击那么简单,传统的以民族国家为基础的治理结构亦受到重大挑战。因此,经济全球化的推进促使我们静下心来思考哈贝马斯所称"全球公共领域"[①]的治理问题,国际农产品贸易问题也需要置于这一背景中进行考量。经济全球化已然对新时期的全球贸易治理提出要求。为此,有人主张当前讨论全球化应该讨论更为重要的"全球治理"(global governance)问题,而全球治理则要受到一定的价值指引,而围绕全球治理又涉及"全球正义"(global justice)与"国际公正"(international justice)问题。[②]

因此,未来的农业全球化应分别纳入国内治理机制与国际治理机制共同组成的双重治理框架之中。当前,与农产品贸易相关的诸多私主体在参与世界经济活动中产生的利益冲突,最后集中表现为国家间的贸易

① See Jürgen Habermas, *The Structural Transformation of the Public Sphere: An Inquiry into a Category of Bourgeois Society*, Translated by Thomas Burger, The First MIT Press Paperback edition, 1991, pp. 1 – 5.

② See Amartya Sen, "Global Justice: Beyond International Equity", in Inga Kaul, I. Grunberg and M. A. Stern, eds., *Global Public Goods: International Cooperation in the 21st Century*, Oxford University Press, 1999. And see Amartya Sen, "Justice across Borders", in Pablo De Greiff, Ciaran Cronin, eds., *Global Justice and Transnational Politics*, MIT Press, 2002.

摩擦。其根本原因就在于全球化时代传统的“二元分立”法律控制模式受到了挑战,“个人—国家”和“国家—国际社会”的双层分立式组织结构出现分化。在国内层面上,传统国内法体制仅规制国内私人经济事务,而对于跨国私人经济事务仅表现为“消极的禁止权或限制权,而不具有积极的扩展和保障权”;在国际层面上,传统国际法致力于对国家等国际公法主体权益的保护,而疏于顾及非国家主体、个人等私主体之权益。[①] 这一“二元分立”的状况已无法适应农业全球化对国际分工与合作的治理需要。正如杰克逊所言,全球化引起的核心问题需要发展出一套与之相配套的国际制度。近年来,围绕 WTO 宪政化发展出了制度管理主义的宪政、以权利为基础的宪政和司法造法的宪政三大理论流派,目的在于通过贸易民主合法性,设定一系列关系的元规则,以保障贸易民主化,并在全球福利分配的过程中更多地照顾发展中国家的利益,进而满足全球治理的实际需要。[②] 但是,在国际贸易治理过程中,突破贸易自由化、贸易保护主义的博弈,探索实现真正意义上的公平贸易则十分重要。

二、农产品全球贸易治理中程序公平与实质公平的价值选择

(一)传统贸易治理理论的价值缺陷与农产品全球贸易治理导向分析

传统的贸易理论主要是宏观经济学家的理论,在当前的贸易政策安排中的作用显得捉襟见肘。正如朱京安教授所指出的,尽管传统贸易理论可以用作定向分析。但问题在于,定向分析完成后,在通过法律、法规、政策的制订实施方案时,传统的贸易理论表现出明显的缺失。主要表现在:第一,由于贸易主体模糊难定,无法对其进行具体的规范;第二,无法界定贸易主体的行为能力;第三,因国际贸易涉及国家主权问题、贸易主体的民事法律地位平等问题,而非歧视性待遇又在实体法和程序法中均有所体现,因此,传统贸易理论无法解决贸易实务中的实体法与程序法中的公平问题;第

---

① 参见陈辉庭:《世界贸易体制的变革:经济全球化背景下国际法与国内法的联结》,社会科学文献出版社 2014 年版,第 208 ~ 230 页。

② 参见左海聪、范笑迎:《WTO 宪政化:从“司法宪法论”到“贸易民主论”》,载《当代法学》2013 年第 6 期。

四,由于传统贸易理论仅提供一套指导思想,并不能提供一套具体的实施方案,故无法为贸易争端的顺利解决提供理论支撑。[①] 因此,在传统贸易理论主导下的国际贸易制度体系是支离破碎的,主要通过各国的涉外贸易法规范来调整,各行其是,充斥着不公平和贸易保护主义。既有的多边贸易体制更是存在广泛的不公平,或者即使符合程序公平的要求,在实践中亦难以做到真正的公平,但实质公平的矫正手段尚付阙如。

正如WTO争端解决机构上诉机构成员张月姣教授所言,只有构建一个公平、公正、开放、有序和包容的以规则为基础的多边贸易体制,方能跨越意识形态的差异,促进国际经济合作与国际贸易的总体增长,真正实现联合国的千年发展目标。[②] 以规则为导向的农产品多边贸易体系能够最大限度地保护发展中成员不至因多边贸易规则受损和贸易保护主义的卷土重来而受到打击。彼得斯曼和杰克逊都主张国际贸易体制应以规则为导向而不是以权力为导向。当然,车丕照教授认为,规则导向的国际经济秩序(包括国际贸易秩序)并非意味着它是公平的,因而也不是最理想的。车丕照教授认为,从国际经济秩序的发展脉络来看,它正在发生着从"实力导向"到"规则导向"再到"公平价值导向"的演进。[③] 因而"公平价值导向"也应当是今后农产品全球贸易治理的重要价值目标。

(二)程序公平与实质公平相统合的法律治理价值

农产品的公平贸易之路就是要在全球贸易治理的框架中予以实现,全球贸易治理则要强调治理的价值问题。其最终就是要通过以国际法为基础的国际治理,实现全球分配正义。而全球分配正义具体来说又包括两种理论,一种是程序公平,另一种则是实质公平。前文已有论述,目前有关农业的贸易规则,在一定程度上满足了程序公平的要求,但在实质公平方面是不足的。农产品要实现真正的公平贸易,至少要保证国家、农产品进出口商、农场主、牧场主、农民、非政府组织等主体之间的公正。这要

---

① 参见朱京安:《中国外贸法律制度变迁研究——以制度主义为视角》,人民出版社2008年版,第55~56页。

② 参见张月姣:《建立与维护以规则为基础的多边贸易体制》,载《当代世界》2015年第4期。

③ 参见车丕照:《国际经济秩序"导向"分析》,载《政法论丛》2016年第1期。

求在农产品全球贸易治理中,不仅要实现作为正当性的程序公平,而且要通过衡平的手段实现以全球分配正义为目标的实质公平。

根据托马斯·弗兰克的观点,国际法与国际制度中的公平应包括程序方面的公平——正当性以及实质性方面的公平——衡平。也就是说,国际贸易治理中的国际法规则除了满足正当性的公平要求之外,还应体现衡平的公平之要求。衡平性的公平则要求国际贸易的参与者在相互之间的成本和收益分配方面符合结果上的公平性期许。而且,国际农产品贸易治理体系之中,公平作为一个过程,最终要实现全球分配正义的要求。要真正实现全球分配正义,必须做到如罗尔斯所说的,在维护好程序公平的同时也要兼顾实质公平。对于实质公平价值的强调,在于通过WTO争端解决机构、国际法院以及国际商事仲裁机构的诉讼与仲裁活动弥补法律之缺陷,通过解释法律使个案符合实质公平的要求。并且通过司法造法功能反过来促进现有的多边贸易规则在符合程序公平之正当性的同时,满足衡平的制衡要求。

三、当前全球农产品贸易治理体系不公平法律价值的表现形式

本书第三章、第四章分别从农产品多边治理法律体系和各主要经济体内部农产品治理法律体系两个视角探讨了农产品贸易治理体系中的公平法律价值的缺失与缺陷问题。那么概括起来讲,农产品贸易"不公平"表现在哪些方面呢?它和公平贸易之间是何关系?此处有比较进行总结和厘定。

如前文所述,"公平"(fairness)作为一种价值,是十分不确定但又有着复杂内涵的概念。从古希腊亚里士多德起,就有无数的思想家探讨过公平和正义的相关问题。目前尚还没有公认的、统一的和普遍共享的概念认定。这一概念与"平等"(equality)、"比例性"(proportionality)、"对等性"(reciprocity)、"衡平"(equity)、"正义"(justice)等词语密切相关。但公平和正义所解决的是个人和国家社会生活的根本性问题。[1] 这些复杂术语

---

① See Americo Beviglia Zampetti, *Fairness in the World Economy: US Perspectives on International Trade Relations*, Edward Elgar Publishing Limited, 2006, p. 26.

的厘定前文第二章已有所述。而关于公平贸易内涵的基本界定，笔者赞成黄进教授的观点，即公平贸易至少应包括多边贸易关系的公平性、国际贸易规则的公平性、国际贸易主体的公平性，以及国际贸易行为的公平性几个方面。[①] 而考察其不公平，也应从这几个方面着眼。通过上文的考察，笔者认为，农产品领域的不公平体现在如下几个方面：

(1)农产品多边贸易关系的不公平。当前的国际体系是一个自1648年《威斯特伐利亚和约》以来建构于民族国家(nation-state)之上的"现代国家体系"(modern state system)。[②] 这一体系强调民族国家主权的至上性和绝对性，容易引起国家之间的疏离或者对抗。而建构在这一体系之上的多边贸易体系也是"权力导向型"(power-oriented)的结构，故该体系从一开始就受到贸易保护主义的影响，这也在很大程度上制约了多边贸易规则的公平性推进。在这一体系下，"个人—国家"体系受国内法的规制，而"国家—国际社会"则又受到国际法的规制，中间隔着难以逾越的主权屏障。因此，农产品多边贸易关系的推进总体上受到以国家利益为导向的不公平国际关系的深刻影响。从关贸总协定阶段开始直至今日的多哈回合谈判，农业谈判的艰难旅程再次证明了这种多边贸易关系的不公平性。发达国家、发展中国家之间巨大的贫富差距所引发的对不同利益主张的核心关切，使多边贸易谈判变成讨价还价的商场，共识性的成果难以达成。而横亘其间的主要是国家利益。

(2)农产品国际贸易规则的不公平。这种公平性不足在程序公平和实质公平两个方面均有所体现。概括起来，主要公平性缺陷表现在：第一，在程序公平方面的缺陷。很多现有的多边贸易规则由于谈判时的巨大争议而采取了较为模糊的措辞，或者回避对一些关键术语作出清晰界定(如对"农业补贴""农业生产者"未作定义)，有些条款的设定缺乏可操作性。这导致很多规则难以符合程序公平之正当性的各项要素。第二，

---

① 参见黄进：《公平贸易公平吗?》，载《大经贸》2001年第6期。

② 哈贝马斯认为，"现代意义上的'国家'是一个法学概念，具体所指的是对内对外都代表着主权的国家权力，而空间上则拥有明确的领土范围，即国土，社会层面上指的是所有从属者的结合，即全体国民。国家统治建立在成文法形式上，而国民是在一定的国土范围内通行的法律秩序的承载者"。参见[德]哈贝马斯：《包容他者》，曹卫东译，上海人民出版社2002年版，第128页。

在实质公平方面的缺陷。一些多边规则的设置从实施的结果来看显然是更有利于一部分成员的。如"肮脏的关税化"仅满足了程序公平的要求，从削减的效果来看，仅有一些无关紧要的产品关税得以削减，重要产品依然保留高关税，本质是并不符合实质公平；再比如农产品特殊保障措施设置严苛的触发程序，实际上并不适合发展中国家援引。此外，WTO 成员方目前尚存在广泛的信息和权利的不对称状态，在争端解决机制中也存在发达国家和发展中国家参与不均等的问题。[①] 这都是对实质公平的背反。总之，现有的与农产品有关的多边贸易规则无论从程序公平还是从实质公平来讲均存在较多的缺失或缺陷，且两者之间的结合不够紧密。因此从根本上来说，农产品国际贸易规则存在公平性不足的问题，这一问题期冀未来的多边贸易谈判予以完善和改进。

(3)农产品贸易相关主体的不公平。国际贸易主体一般在狭义上被理解为国际贸易中的交易主体，实际上还包括国际贸易管理主体。自 20 世纪 90 年代以来，随着经济全球化的深入推进，国际贸易已不再仅是由公司这一单一主体竞争的格局，而是出现主体多元化的发展态势，有 230 多个国家与地区介入国际贸易的竞争之中，因此主体不仅包括国家、经济一体化组织、特别关税区政府和大量的跨国公司。[②] 因此，以全球视野观之，在农产品贸易领域存在的主体之间的不公平至少可以概括为国家与国家间的不公平、国家与区域一体化组织之间的不公平、交易对象相互之间的不公平、农业生产者与贸易商之间的不公平、不同国家的消费者之间的不公平。以国家之间的不公平而言，由于发达国家的科技与政策优势，高度保护的农业补贴和支持体系使其农产品对外出口极具竞争力，而广大发展中国家的农产品出口式微。一些国家的农业与农产品贸易在融入区域一体化的多边体制中走向崩溃，这以"墨西哥农业危机"最为典型，从根本上来说就是没有解决好制度安排中的公平问题。高度保护的农产品贸易无论是

---

① See Joseph E. Stiglitz, Andrew Charlton, *Fair Trade for All: How Trade Can Promote Development*, Oxford University Press, 2007, pp. 81 – 83.

② 参见张汉林：《强国之路：经济全球化与中国的战略及政策选择》，对外经济贸易大学出版社 2001 年版，第 226 页。

在各国国内还是在国际社会都引起了严重的分配正义问题。我们发现,全球产业分工以及产业链的积聚正在重塑国际分工。而旧有的治理模式则对农产品贸易形成扭曲,这一扭曲进一步加剧了农产品贸易中以及农产品上下游诸多主体利益分配上的不平衡,进而从根本上引发了对公平价值不足的拷问。最后,农产品具有品种集中特性,而这些品种集中的农产品贸易极易被跨国公司所控制,而跨国公司通过对食用农产品的垄断与控制,对发展中国家形成了十分明显的侵夺态势。总之,当前的农产品国际贸易在多边框架安排中趋于保守、形成的成果不多,而与农产品有关的诸多贸易规则由于公平价值的缺乏,很可能会加剧贸易主体之间的不公平,因此亟待通过公平价值导向下的宪政的国际法改变这一现状。

(4)农产品国际贸易行为的不公平。可能引发不公平的农产品贸易行为主要包括农产品的倾销行为、补贴行为、技术性贸易壁垒行为、社会壁垒行为、不合理的知识产权保护行为等。这与发达经济体普遍实施的保护主义贸易政策紧密关联。在农产品贸易领域,发达国家和发展中国家均实施一定程度的保护。农业发展水平、科技与法律发达程度都在一定程度上影响了各国的农业法律政策,这就决定了发达经济体一方面实施高水平的农产品补贴与国内支持以提高本国农产品对外竞争力,另一方面高筑贸易壁垒以限制外国农产品进口。这便引起了农产品贸易的扭曲和不公平。而且随着时间的推移,因农产品贸易扭曲引发的农产品贸易摩擦呈现出加剧之势。农产品国际贸易中集合了众多贸易手段,技术性贸易壁垒措施也极易与农产品贸易发生结合。

第二节　农产品公平贸易宪政的国际法框架及其贸易治理层次论

WTO 成立之前七轮贸易谈判的胶着推进以及成立以来多哈回合的关隘重重都留有民族国家治理体系的深刻烙印。因此,国际社会亟须扭转这一局面,而全球化的发展则在很大程度上削弱了民族国家日常的政治、经济与社会事务的治理能力,同时全球化也对全球公共空间的治理提出挑战。国际秩序与国内秩序的互动迫切要求一种新的全球治理体系,这种全球治理体系的制度需求则从规范、功能和价值三个层面暗合了“宪政的国际法”进路。宪政的国际法从规范层面确立了个人的国际法主体地位;从功能层面在个人基本权利和国家主权权力间厘定了法律边界;从价值层面超越了传统国际法主体间的主权平等、互惠互利等价值,而将个人的价值与人类共通的价值作为本源性和终极性价值。[①] 对于农产品全球贸易治理而言,如何通过宪政的国际法路径实现贸易治理的法治化、民主化和人本化则显得十分必要。

一、农产品全球贸易治理宪政的国际法之理论依据

基于对这种新的国际体系的探求,自 20 世纪 50 年代以来,学术界兴起了 GATT/WTO 宪政化研究的风潮。早期的领军人物是约翰·杰克逊教授,他的研究将人们的视角引向了更为抽象的 GATT 一般性制度上,为此他提出了“一个可能的国际贸易制度的宪法性结构”的概念;杰克逊教授后来的研究焦点是 WTO 规则运作体制中国际法与国内法的互动关系。概括来说,他在推动世界贸易体制从先天不足的“权力导向型”(Power-Oriented)向“规则导向型”(Rule-Oriented)转型过程中,绕开了通过构建类似民族国家的“世界政府”来治理国际公共空间的空幻设想,转而寻找强化全球治理正当性的具有宪法性的新机制。[②] 在杰克逊的基础上,作

---

① 厦门大学法学院陈喜峰副教授认为,作为全球治理重要手段的国际法可划分为共时性发展的合作的国际法、共存的国际法和宪政的国际法,其中不能忽视的是宪政的国际法,因为当代国际法存在宪政转向的问题,在实践中表现为国际法的民主化、人本化与法治化。国际法的人本化主要指国际法规范着力于保障个人权益和全人类整体的利益,以个人导向的价值和理念为主要特征;国际法的法治化意味着从内容、形式到施行等多个层面的良法、善治;国际法的民主化指的是国际法无论从制定到实施,还是从内容到结果均体现出来自国家议会代表、跨国市民社会等多类型主体的参与和监督。参见陈喜峰:《宪政的国际法:全球治理的宪政转向》,载《暨南学报》(哲学社会科学版)2013 年第 1 期。

② 参见陈庭辉:《世界贸易体制的变革:经济全球化背景下国际法与国内法的联结》,社会科学文献出版社 2014 年版,第 6 ~ 10 页。同时参见王玉婷:《WTO 宪政理论研究》,法律出版社 2010 年版,前言部分。

为WTO司法造法宪政主义代表人物的黛博拉·凯斯(Deborah Z. Cass)女士对于"宪法"(constitution)、"宪法主义"(constitutionalism)、"宪法化"(constitutionalization)几个词汇作出了清晰的界定。她认为"宪法"指的是有关政府的正式安排;"宪政主义"又称"宪政",指的是一套涉及法治与权利保护的基本价值;"宪法化"又称"宪政化",黛博拉·凯斯对"宪法化"的界定是宪法本身、制宪过程和内含在宪法形式之中的宪政主义价值。①

前文已有述及,传统的单边主义贸易政策以及与贸易有关的国际法因缺乏与制宪权相匹配的理论,导致无法证明现有的贸易规则特别是农产品多边贸易规则的正当性问题。而在全球宪政或者全球治理的互动与依托中兴起的国际经济宪法化理论则有助于弥补全球化背景下国内宪法体系的缺陷,也有助为全球治理创造合法化契机。② 而且,在国际贸易法中的宪法结构比在国际法的其他任何领域发展得都要迅速,在乌拉圭回合谈判之后,这种宪法结构被日益融入众多国家之间经济关系的更多方面。③

黛博拉·凯斯(Deborah Z. Cass)总结了内尔·沃克(Neil Walker)提出的将国际贸易宪法化理念转换成一个渐进式过程、拟定国家、地区和国际治理的相互作用和边界、进而完成从治理层次的渐进式设计的观点,随之提出了WTO宪法化的"五层楼"(five-storey house)的层叠式治理模型,每一个楼层代表了一个治理的层次,即从"亚地方的"(sub-local)治理层次开始,通过"地方的"(local)治理层次、"国家的"(national)治理层次、"区域的"

① See Deborah Z. Cass, "The 'Constitutionalization' of International Trade Law: Judicial Norm-Generation as the Engine of Constitutional Development in International Trade", *European Journal of International Law*, Vol. 1, 2001, p. 28. 转引自左海聪、范笑迎:《WTO宪政化:从"司法宪法论"到"贸易民主论"》,载《当代法学》2013年第6期。

② 陈喜峰:《宪政的国际法:全球治理的宪政转向》,载《暨南学报》(哲学社会科学版)2013年第1期。

③ See Hannes L. Schloemann, Stefan Ohlhoff, "'Constitutionalization' and Dispute Settlement in the WTO: National Security as an Issue of Competence", *The American Journal of International Law*, Vol. 93, No. 2 (Apr., 1999), p. 424.

(regional)治理层次,最后到"国际的"(international)治理层次。[①] 而对于这"五层楼"模型的具体设计,黛博拉·凯斯则是语焉不详。笔者在下文将根据自己对于农产品全球贸易治理演进路径的设想,提出自己的设计框架,并将其命名为"农产品全球贸易'五层楼'治理层次论"。笔者认为,这是国际农产品公平贸易的理想进路。

二、农产品全球贸易之"五层楼"治理层次论

如前所述,针对黛博拉·凯斯所倡导的有关国际贸易组织宪法化"五层楼"的层叠式治理模型,笔者运用该理论,就农产品国际贸易治理的宪法化进路作出如图5.1所示的设计。

图5.1 农产品全球贸易"五层楼"治理层次示意

图5.1是笔者对黛博拉·凯斯有关WTO宪法化进程"五层楼"层叠式治理模型在农产品领域的演绎与应用。详言之,关于农产品全球治理的"五层楼"层叠式治理模型具有如下特征。

---

① See Deborah Z. Cass, *The Constitutionalization of the World Trade Organization: Legitimacy, Democracy and Community in the International Trading System*, Oxford University Press, 2005, p. 240.

(一)“一楼”:亚地方的治理层次

亚地方的治理层次是处于最基础的治理层次。主要指的是在国家内部地方以下的局部范围内形成的以利布曼(Liebmann)所倡导的社区协会(community associations)①等实体为基础的治理体系。于农产品贸易治理而言,某一地方的农产品行业协会或某一自治性共同体基于不同的市场、组织形式、企业集团、农业生产单位(如农场、农业生产基地、农业生产合作组织)等形成的自治性农产品贸易治理机制。在这一治理层次中,通常会形成一个组织严密、生产经营高度一体化、对外具有统一议价能力和开展对外合作与交往能力的经济实体或者法律实体,内部具有统一的标准和自治性规范,对外有统一、一致的话语权和行动。亚地方的治理层次实为未来全球农产品贸易治理层级中最基础的单元,也是农产品民主治理的重要权源;亚地方的治理层次其治理能力也是未来判别一国农产品贸易治理水平的重要标志。

(二)“二楼”:地方的治理层次

指的是一国内部地方一级的以农业生产和农产品贸易规范为核心内容的制度建构。此处地方的治理层次指的是“新地方主义”(new localism)的治理层次。地方的治理层次作为多层治理机构的重要组成部分,它立基于地方,但又不局限于地方的传统边界;它强调分权化主导下的地方权力使用效能与自主管理能力,也提倡各个层次的政府之间、政府与市民社会之间、政府与民营企业以及公共机构之间、政府与农户之间形成广泛的合作互助关系。② 就农产品贸易治理而言,地方的治理层次强调的是地方政府、农产品行业组织、农业自治团体、农场主、牧场主、农户、消费者等多元主体相互之间的,以规范化、有序、民主协商为主要方式的管理、互动和合作关系。

---

① See Eric H. Monkkonen, “The Little Platoons: Sub-Local Governments in Modern History, by George W. Liebmann”, *Contemporary Sociology*, Vol. 26, No. 2 (Mar., 1997), pp. 174 – 175.

② See Richard C. Box, “Citizen Governance: Leading American Communities into the 21st Century”, *Administrative Theory & Praxis*, Vol. 21, No. 3 (Sep., 1999), pp. 384 – 386.

（三）“三楼”：国家的治理层次

指的是作为一个主权实体在国家立法层面围绕农业生产、价格支持、农产品市场准入、农产品质量安全等进行的对农产品治理所做的制度安排，表现为宪法性规范、法令、条例、指令（在中国表现为宪法、法律、行政法规、部门规章）等不同类型的立法机关制定的规范性文件；同时也体现为国家对外通过参与谈判、缔结条约、解决贸易争端等外交、缔约、司法等活动。美国、日本等国家有关农产品贸易规则的国家立法、法令、规章制度以及技术标准、技术评定程序等，均是国家治理层次的重要法律渊源；区域贸易协定、双边贸易协定中有关农产品制度安排也属于国家层面的治理。而国家农产品治理层次的主体是国内包括国家、公共机构、企业、个人。这些多元主体平等、民主地参与全球农产品治理的过程，公平地分配资源，是符合全球分配正义的农产品公平贸易法律治理的核心路径。

（四）“四楼”：区域的治理层次

指的是超越国家层次的一些区域一体化实体所确立的有关农产品的治理路径，该层次是“多边形式”全球贸易治理的另一种形式。最具代表性的莫过于从欧共体到欧盟的“共同农业政策”（Common Agricultural Policy，CAP），这一农业一体化治理路径取得的成就有目共睹。目前，世界上几乎所有国家都参与缔结了区域合作协定，很多区域合作协定都有关于农产品的安排，世界范围内的区域合作协定相互交叉重叠进而形成“意大利面碗”效应（Spaghetti bowl effect）。[①] 但是，区域合作的负面效应亦十分明显，其改变了国家之间在国际贸易领域合作与竞争关系的格局，代之以区域集团的关系。因此一方面具有很强的歧视性，在一定程度上造成贸易扭曲；另一方面，国内的贸易保护主义向整个区域范围扩散；最

① “意大利面碗”效应是由美国著名经济学家贾格迪什·巴格沃蒂（Jagdish Bhagwati）于1995年在其出版的《美国贸易政策》一书中提出的，由于区域自由贸易协定和双边自由贸易协定所设定的差别性原产地规则和优惠待遇犹如意大利面条，盘根错节地纠缠在饭碗里，其复杂的关系对多边贸易体系形成负面侵蚀。参见于津平：《国际贸易新格局与全球贸易治理》，载《南开学报》（哲学社会科学版）2012年第1期；同时参见程大为：《全球贸易治理中多边主义、诸边主义和大区域主义的比较与选择》，载《经济纵横》2014年第4期。

后,区域合作还可能进一步削弱成员国在全球多边贸易合作中的积极性。① 因此,区域治理层次与其他治理层次的协调与互补十分重要,区域农产品的治理尤其要强调其对国际治理层次形成有益补充。

(五)"五楼":国际的治理层次

国际的治理层次是全球贸易治理的最高一级的"多边形式",主要指的是从 GATT 到 WTO 的多边贸易治理体系,这是农产品贸易治理的最高治理层次。其理想状态是立足于"全球市民社会"的治理背景,包括国家、国际组织、跨国公司、私人、非政府组织(Non-Governmental Organizations, NGO)等诸多主体广泛参与的、以农产品国际法规范为主要内容的治理层次。规范的内容表现为条约国际法、习惯国际法、一般法律原则等,对于促进在全面贸易自由化过程中的农业生产与农产品贸易的共同治理具有重大作用。国际农产品公平贸易的最终实现也主要寄希望于在 WTO 框架下多哈回合谈判中取得更多的一致成果,越是广阔的自由化市场,越有利于孕育农产品的公平贸易。

综上所述,高水平的农产品全球贸易治理体系的形成势必要依赖以上"五层楼"层叠式模型所确立的五种治理路径的携手并进,任何一个层次都不可偏废。它们是彼此补益、互相促进的递进式关系。由于治理的实现主要依靠法律,而国际的治理层次和区域的治理层次主要依靠国际法规范,地方的治理层次和亚地方的治理层次则主要依靠国内法规范。而居于中间的国家的治理层次最为重要,其既依赖国际法规范也依赖国内法规范。而且这一治理层次还承担着农产品贸易治理国际法与国内法联结与互动的重要使命。当然,这一联动是通过宪政的国际法实现的。从根本上来讲,主要依赖国家层面农产品治理能力的强化,同时也要依赖农产品多边贸易规则跨越国界的"国家间"次序的有效构建。该"五层楼"治理层次的构建正如楼层的建设,是从最底层的亚地方治理层次开始并最终达致最高的治理层次,这种"自下而上""由内而外"的治理路径则

① 参见于津平:《国际贸易新格局与全球贸易治理》,载《南开学报》(哲学社会科学版)2012 年第 1 期。

为全球农产品贸易治理搭建了民主的基石。各个治理层次的形成和构建均对下一层级的治理产生依赖。

第三节　农产品公平贸易全球贸易治理宪政国际法路径的具体设想

全球化这种当今世界各国更加紧密的“一体化”已经引出了对更多共同行动的需要。[①] 共同行动则是农产品全球贸易治理的基础，而农产品全球贸易治理的重要手段则主要是国际法，特别是国际经济法。那么全球化与国际经济法是什么关系？美国天普大学比斯利法学院教授杰夫瑞·唐纳福（Jeffrey L. Dunoff）和塔夫斯大学弗莱彻法学院教授乔尔·荃齐曼（Joel P. Trachtman）认为，全球化与国际法是相辅相成的关系。这一方面是因为与全球化相关联的跨国活动引发了对包括国际经济法在内的传统国际法中众多规范的更大需求；另一方面的原因是，国际经济法促进了与全球化有关的商品、资本、人员和思潮的跨国流动。[②] 因此，农业全球化框架中农产品公平贸易的实现必须通过国际法与国内法齐头并进的手段予以逐步推进。故有关农产品贸易规则的宪法化进程是一个渐进式的制度变迁过程。按照黄宗智教授的观点，法律体系变迁的一个关键动力便是法律表达和法律实践两者之间的相互作用、磨合、协调与融合。

一、农产品全球贸易治理中公平价值的正当性论证

“正当性”（legitimacy）一词在我国通常被译作“合法性”，与“合法律

① See Narcís Serra, Joseph E. Stiglitz, *The Washington Consensus Reconsidered: Towards a New Global Governance*, Oxford University Press Inc., 2008, pp. 309 – 323.

② See Jeffrey L. Dunoff, Joel P. Trachtman, “A Functional Approach to International Constitutionalization”, in Jeffrey L. Dunoff, Joel P. Trachtman, eds., *Ruling the World? Constitutionalism, International Law and Global Governance*, Cambridge University Press, 2009, pp. 3 – 36.

性”(legality)相区别。陈征楠认为,正当性属于实践哲学的“基石概念”,也是贯穿道德哲学、政治哲学和法哲学三者的媒介概念。其大致意思是指“对人类实践活动具有指导力的某种规范的合理效力或价值属性,该种效力或属性通常以此种规范事实上所获得的认同为现实表现”。因此,正当性也被用来描述实践主体和可能对主体行为产生影响的规范标准之间的关系,特别用以指称某种规范准则所拥有的被尊重与服从的应然属性。[①] 托马斯·弗兰克基于正当性和分配正义两个独立变量构建起公平价值的二分法,认为国际法和国际制度中的公平其实就是如上两个变量的混合体。她据此将这一公平分划为程序公平和实质公平。[②] 这也是贯穿于本书的基本分类标准。

置身于农产品全球贸易治理体系,我们可以看到,当前世界各国对公平贸易的强调无不将一些劳工权益、动物福利、环境保护、公共健康、知识产权、公平贸易标识等问题与农产品贸易本身的公平进行联结,使农产品的贸易规则越来越多地体现各种类型的价值考量。因此,农业全球化已将农业产业链以及农产品贸易置于全球市民社会中。传统的以民族国家为基础、高筑贸易壁垒的农业治理模式已然式微,这也是农产品领域贸易保护主义甚嚣尘上、农产品贸易摩擦大量出现的根本原因。农产品全球贸易治理的路径从根本上讲应以法律为核心,或者说未来的农产品公平贸易的实现亟须置于国际贸易宪法化的框架中考量,而公平贸易的起点是解决农业相关规则的正当性问题。具体来讲,即要考量国际农产品贸易规则在多大程度上依照参与者认为的权利义务关系和满意的程序制定和实施。而农产品贸易治理所依赖的法律应当包括国际法规范和国内法规范两个层面。从国际法层面讲,主要指的是不断完善 WTO 框架中的农产品公平贸易纪律,包括完善以《农业协定》以及与农产品贸易相关的诸如《1994 年反倾销协定》《补贴与反补贴措施协定》《保障措施协定》

---

① 参见陈征楠:《法正当性问题的道德面向》,中国政法大学出版社 2014 年版,第 21 ~ 25 页。

② See Thomas M. Franck, *Fairness in International Law and Institutions*, Oxford University Press, 1995, pp. 26 – 27.

《实施动植物卫生检疫措施的协议》《技术贸易类协定》为主要内容的实体法规范,也要同时完善以《关于争端解决规则与程序的谅解》《贸易政策审议》为代表的程序性规范。从国内法层面来讲,主要指的是各国在多大程度上实施了国际贸易规则,以及实施的效果如何。当然,法律的正当性并不太关注其适用的结果,它仅仅设想法律被一致地应用到每一个相似的情形中,而不考虑这种普遍适用可能导致的不公平的结果。[①] 因此,法律正当性只是初级的公平性要求。笔者认为,具体要做到如下两个方面:

其一,正当性的要素主要包括透明度、稳定性、权威性、形式有效性、可责性等。透明度指的是缔约方实施的各类与贸易有关的行为、法律、条例、司法行动,以及可能影响缔约方之间国际贸易政策现有规定,须及时公布。作为基本原则,应贯穿于农产品贸易治理的法律体系中。如 TPP 第 19. 10 条为落实缔约方的合作,设定了"透明化与公众参与"原则。权威性指的是规则的制定符合法律的正当程序,规则的施行公平公正,规则的效力能够平衡各方的利益。稳定性强调农产品贸易规则要前后统一、具有可持续性,这能最大化地确保当事人获得对其行为的可预期性。而形式有效性和可责性则强调规则体系对法律事实的调整应做到国家、非国家行为体、个人等行为应服从于规则的形式效力,不得逾越规则的禁止性规定;行为一旦违法,行为人则要受到法律的谴责并承担相应的法律后果。

其二,国际农产品公平贸易的全球治理体系要确保在规则的制定、应用和解释,以及裁决的执行等方面均在法治的框架之中进行,特别是倡导司法宪法化路径的重要性。一方面,只有在民主的法律程序之中,各类双边的、多边的贸易机制的构建过程才能真正有助于消弭贸易分歧、达成共识,避免和消解国际层面的农产品贸易规则以及国内层面的农业法律与政策中的单边主义、"碎片化"、扭曲性等特征。另一方面,只有在国际和

---

① See Nam-Ake Lekfuangfu, "Rethinking the WTO Anti-Dumping Agreement from A Fairness Perspective", *Cambridge Student Law Review*, Vol. 4, 2008, p. 302.

国内两个层面深刻体现哈贝马斯所倡导的商谈正义，即通过交流对话、确保多元主体的参与、保障程序公平，才能使劳工权益、动物福利、环境保护、公共健康、知识产权、公平贸易标识等与农产品贸易相联结时体现全球分配正义的要求。

总之，只有以具体明确的实体规则、民主透明的程序、衡平的价值、宪政的国际法制度演进策略搭建的农产品全球贸易治理体系，才能真正经得起正当性的叩问。

二、农产品全球贸易治理的民主参与和公民本位之塑造

（一）农产品全球贸易治理民主参与的理论框架

阿玛蒂亚·森受亚当·斯密“中立的旁观者”（impartial spectator）理论的影响，提出了“开放的中立性思想”（the idea of open impartiality）。认为尽管没有全球国家或全球民主，但全球对话对实现全球正义十分重要。全球正义的实现除了联合国和WTO，也可以通过媒体、政治风潮、公民组织和许多非政府组织的努力，以及通过那些建立在国籍和其他共有身份之上的诸如工会运动、协同工作、人权运动和女权主义活动等实现。① 事实上，农产品全球贸易已经深受国际与国内贸易治理体系之外传统因素的影响，而且这一趋势不可逆转。环境保护、劳工权益等因素都已开始深入人心。因此，未来的农产品全球贸易治理亦应考虑贸易民主化的价值诉求。

正如瓦伦丁·莫加丹（Valentine M. Moghadam）所言，当前的全球化进程催生和塑造了跨国集体行动，全球化因此也遭受批评和怨怼。但全球化创造了集体行动的机会，特别是它创造了构建跨国合作和动员框架的机会。② 其实，为WTO所构建的多边贸易体系在跨国合作框架的建设方面是素有成就的。正如黛博拉·凯斯所言，WTO存在的合理性和重要

---

① See Amartya Sen, *The Idea of Justice*, The Belknap Press of Harvard University Press, 2009, p. 151.

② See Valentine M. Moghadam, *Globalization and Social Movements Islamism, Feminism and the Global Justice Movement*, Rowman & Littlefield Publishers, Inc., 2008, p. 34.

性并不在于它扮演一个开放市场或者协助抑制"特殊利益"的立法者角色,它的重要性在于成功地推动全球化向跨国参与的新形式即全球民主形式的转型。[①] 但是,WTO 由于多边谈判的举步维艰,当前正面临被边缘化的风险。而 WTO 多哈回合艰难推进的最大原因在于各方在农产品议题中分歧严重、难以达成一致。农业生产与农产品贸易汇集了太多的利益诉求,博弈难度甚大。在这一情形下,全球贸易民主更应提上日程。

哈贝马斯对此诉诸其商谈理论与程序民主模式,他认为现代社会的国际法规则的安排既要充分尊重民族国家的文化独立性,更要保障民主和基本人权。因此他主张通过民主的程序进行国内法律的合法性论证,而在国际法领域则有必要构建一个民主协调一致的国际公共领域,在该公共领域中通过民主的程序构建规范意义上的治理机制和秩序。[②] 如果讨论将哈贝马斯的思想运用于农产品全球贸易治理体系之中,与此相关的则是哈贝马斯民主结构的思想。笔者具体从如下两个方面进行阐释:

(1)基于民族国家的传统农产品治理模式存在落后性。如前文所述,当前无论是农产品有关的多边贸易规则抑或是各国的国内农业与贸易立法,均是建构在传统的民族国家基础之上的。为了国家利益最大化,国家在国内对农业提供多类型的政策支持和补贴,或者对外一方面高树贸易保护主义大旗,另一方面极力促进农产品出口领域的自由贸易。这种双重标准的确立很明显地映射出各国在农产品贸易政策安排上的单边主义倾向,这正是为哈贝马斯所批判的,因为它从根本上动摇了为他所建构的商谈理论的根基,也与罗尔斯复数正义论中第二个原则的第一部分"公平的机会平等原则"不一致。

(2)农产品全球贸易治理应进入程序化的民主商谈路径。如果将农

---

① See Deborah Z. Cass, *The Constitutionalization of the World Trade Organization: Legitimacy, Democracy and Community in the International Trading System*, Oxford University Press, 2005, p. 241.

② 参见艾四林、王贵贤、马超:《民主、正义与全球化:哈贝马斯政治哲学研究》,北京大学出版社 2010 年版,第 137 页。

产品的贸易治理体系扩而广之到国际层面,按照罗尔斯的正义标准,则要寻找虚幻的世界政府,在当前看来,这一想法是不合时宜的。哈贝马斯为此着眼于商谈理论与程序民主模式这一程序正义的路径。依据该理论,农产品公平贸易的实现无论是农业规则的谈判、农业协定的签订、农产品贸易争端的解决、对现有多边贸易规则的解释与适用,都应被纳入严格的理论基础和程序之中,各种意识、话语和价值的交锋、碰撞均应体现主体性、主体间性、语言性、开放性、可理解性、真实性、正确性等。[①] 总之,应置于商谈理论与程序民主模式之中。

当前以 WTO 为代表的多边贸易体系在理论上和实践中都存在过于倡导经济效益的优先价值问题,而对于从自由贸易推衍而出的普遍价值和社会问题则置若罔闻。另外,由于缺乏从国内到国际两个层面的民主参与和民主问责机制,WTO 的制度设计运行中未能体现公平正义的价值内涵。[②] 民主与正义一样,不仅适用于国内社会的各群体之间,同样适用于功能各异的国际社会群体之间。现实情况是,单纯依靠一国的国内法难以有效保障公民的利益,这就产生了创制新的国际规则为国际公共物品的治理提供符合民主、法治、正义理念的制度供给。

实际上,治理的正当性首先来自民主的制度安排。欧盟内部为了有效解决治理的正当性问题,通过在欧盟法中体现参与性、协商性和国家间民主等要素,不断补充和完善欧盟成员国内部的"代议制民主"。[③] 这一贸易民主的实现须依赖"五层楼"层叠式治理体系的搭建,而这一过程则又要在现有的多边贸易体系的基础上进行构建。对于主权林立、利益诉求多元化的国际社会而言,在哈贝马斯商谈理论指导下,内含协商、博弈与妥协等要素的程序化的民主商谈过程则十分重要。或者说这一过程本身就是农产品国际贸易治理体系中的重要一环。

---

① 参见艾四林、王贵贤、马超:《民主、正义与全球化:哈贝马斯政治哲学研究》,北京大学出版社 2010 年版,第 98 ~ 99 页。

② 参见范笑迎:《WTO 宪法化理论之正当性建构:在自由与民主之间》,载《武陵学刊》2015 年第 4 期。

③ [德]E. U. Petersmann:《国际贸易中多层司法治理的法治与正义理念》,王朝恩译,载《东方法学》2013 年第 5 期。

(二)农产品全球贸易治理中多元主体的民主参与和公民本位

1. 农产品全球贸易治理应基于多元主体的民主参与

从全球治理的视角来看,贸易摩擦所涉主体最为广泛,不单纯表现为国家与国家之间的经贸争端。农产品贸易摩擦的主体除国家之外,涉及诸多国际经济组织,同时涉及国际和国内的诸多主体。任何农产品贸易摩擦的解决都涉及对各方利益主体的利益再分配,如 WTO 反补贴调查的裁决很可能影响出口国国内的产业结构。国际农产品公平贸易的治理体系首先要依赖国际和国内两个层面多元主体的民主参与。当前的全球贸易治理中存在较为严重的“民主参与缺陷”问题,引起人们对 WTO 等贸易治理平台的民主正当性拷问。[①] 只有从多元主体的角度广泛思考和关照农产品全球贸易治理中各方的利益需求,才能真正做到保护动植物卫生以及人类健康、生态环境和基本人权。这就要求未来农产品贸易规则的制定、解释、执行要综合考量民主参与性和价值,深刻体现程序公平的正当性价值,也要体现实质公平的衡平性价值,最终实现农产品领域的全球分配正义。

然而,制度的需求与供给之间总是充满沟壑。当前农产品全球贸易治理的最大缺陷在于民主参与的主体不足。主体参与的缺失,一方面使贸易政策缺乏公平性或公信力,另一方面可能引起无参与权的法外主体为贸易繁荣带来的反作用力。如 2003 年 9 月 WTO 部长级会议在坎昆召开时,发生了数千人规模的反对全球化的游行示威事件;再如 2015 年 12 月,在 WTO 第十届部长级会议主会场,一些发展中国家和非政府组织对美国废止多哈回合谈判、以新机制取而代之的表态引起了强烈抗议。尽管抗议者的观点并不总是明智的,甚至可能会无理取闹,但是其中为数不少的人所提出的一些思考和关切的确为公共理性的发展作出了建设性的贡献。[②] 总之,多元主体民主参与的制度安排的缺失容易引起正当性程

---

① 参见陈辉庭:《世界贸易体制的变革:经济全球化背景下国际法与国内法的联结》,社会科学文献出版社 2014 年版,第 17 页。

② See Amartya Sen, *The Idea of Justice*, The Belknap Press of Harvard University Press, 2009, p. 409.

序之外的法外诉求。

关于农产品全球贸易治理的多元主体,应从国际和国内两个层面进行通盘考虑。既要考虑作为传统国际法主体的国家、政府间国际组织(包括全球性的和区域性),还要考虑国际公共机构、跨国公司、非政府组织等实体基于各自的利益进行的民主参与;在国内层面也要考虑农产品产业链中的诸如农业生产者(包括农场主、牧场主、普通农户以及家庭联营实体)、农产品进出口商、农业与农产品行业协会,甚至消费者等多元主体的民主参与。其中,关于农业生产经营者的概念应该进一步明确,如果不予以明确,将无法保证农产品公平贸易的全球治理需求。就我国而言,农业生产经营者的概念应当包括农产品产前、产中和产后整个过程中的相关主体,既包括普通的农户,也包括具有法人资格的农场、农业专业经济合作社、农业生产加工企业等。[①] 这意味着农产品贸易谈判的推进、多贸易规则的创制、贸易争端的解决应基于法治化的民主参与程序,使得与案件有关的利益相关主体公开透明地了解和参与案件的有关过程,明确表达利益诉求,决定、裁决的作出均符合正当性的法律程序。

在对透明度、权威性、稳定性、形式有效性、可责性等要素进行正当性论证的前提下,贸易中的诸多价值联结并不总是失当的,只要规则的制定基于民主的国际缔约程序以民主商谈的谈判模式达成,而非基于一国的单边行动。包括国家以及非国家行为体等诸多主体在"多层全球治理"框架之中开展的单边行动、双边与多边(包括全球性与区域性)协作,或者在"全球市民社会"中采取的国际行动,均是基于与国际法发生直接或间接联系的诸多全球治理手段。如趋同化的单边法律与政策、双边与多边(包括全球性与区域性)的多层次国际法之深度拓展。[②] 这是农产品全球贸易治理走向公平的核心要义。

---

① 参见吴喜梅:《WTO框架下我国农业补贴法律体系的建构》,法律出版社2013年版,第291页。

② 参见刘志云:《论全球治理与国际法》,载《厦门大学学报》(哲学社会科学版)2013年第5期。

2. 农产品全球贸易治理主体应坚持公民本位

全球贸易治理中的主体问题十分重要,王贵贤博士在其合著作品中对罗尔斯和哈贝马斯的全球正义理论进行了对比考证。认为罗尔斯和哈贝马斯在论述全球正义的主体问题时保持了理论上的一致,均遵循了康德的传统,两人不约而同地将自己的理论扩展至国际层面。罗尔斯走得较远,他所寻求的全球正义基本上全然否定了国家的主体地位,认为只有自由民主的人民才是国际"社会的行动者"。而哈贝马斯则试图在现实与理想之间进行调和,认为当前的"权宜之计"是尊重民族国家的独立性和自觉性,但要形成"世界公民的意识",故他认为公民与公民行动应先于政府作出自我调适。最后,王贵贤认为,全球正义所谋求的目标不仅是国家之间在政治地位上的平等,保障人的基本权利则应成为核心关切。其结论为:全球正义所保障的主体,更多应面向个人而不是国家。[①] 在该意义上说,个人是全球正义的真正受益者。因此,在全球治理环境中倡导个人主体的公民本位十分重要。实际上,随着以个人为代表的私人主体在国际社会基于对人类命运共同体的理性反思而掀起的风起云涌的跨国社会运动,使"全球市民社会"这一独立的社会和政治空间在20世纪八九十年代以后悄然兴起。"全球市民社会"指的是在全球思潮与人类共通价值为基本导向,以实现全球公共利益为主要内容,各类非国家实体和私人广泛参与的非政府性国际公共空间。[②] "全球市民社会"、非政府组织等跨国力量的出现,反过来又从功能、概念等方面对国际政治和国际法产生影响,不受约束的传统单一民族国家的主权权力被注入更多的权利要素。[③] 因此,国际公共空间的存在提出了全球治理之需求。安德

---

① 参见艾四林、王贵贤、马超:《民主、正义与全球化:哈贝马斯政治哲学研究》,北京大学出版社2010年版,第103~104页。

② 参见蔡拓、刘贞晔:《全球市民社会与当代国际关系》(上),载《现代国际关系》2002年第12期。

③ See Veronica Raffo, Chandra Lekha Sriram, Peter Spiro and Thomas Biersteker, "Introduction: International Law and International Politics: Old Divides, New Developments", in Thomas J. Biersteker, Peter J. Spiro, Chandra Lekha Sriram, and Veronica Raffo, eds., *International Law and International Relations: Bridging Theory and Practice*, Routledge, 2007, p. 1.

鲁·哈雷尔(Andrew Hurrell)认为,一个合法有序的国际社会要应对三重挑战,分别是:第一,寻找共同利益;第二,规制不平等权力;第三,调和差异与应对价值冲突。[①] 而哈贝马斯的商谈理论作为一种程序主义的民主理念,则有助于担负调和差异、沟通和达成一致,进而构建行之有效的治理机制。

完成从传统的主权国家的统治模式向全球治理模式的转换,其实质就是由多元化的权威场域所引发的治理主体的民主化,全球市场渠道与全球市民社会的决策过程融入了诸多价值诉求。因此,全球正义不只是实现国家间正义,其终极目标应当是在全球层面有效实现个人正义。[②] 无独有偶,著名国际经济法学家也持大体类似的观点,如彼得斯曼认为,由杰克逊推崇的国际经济法宪法化理论使用了一种"公民导向"(citizen-oriented)的宪法化方法,深入考量了全球产业链中利益相关主体的切身需求,同时兼顾了国际规则和组织的民主正当性以及权力制衡的必要性。[③]

总之,从国际贸易规则宪法化的发展趋势来看,公民本位将是未来考评农产品贸易是否公平的重要标准。公民本位意味着未来农产品全球贸易治理中贸易规则的适用要超越民族国家的樊篱,在全球市民社会的视野中思考对农产品这一"国际公共物品"的治理问题。而关于农产品规则的安排首先要考虑私人主体的切身利益,如反倾销制度中引入公共利益的问题就着重体现出了这一点。总之,基于民主协商、正当程序、公民本位的农产品贸易治理体系,便获得了正当性的法律基础,也赢得了贸易民主的程序考量。

---

① See Andrew Hurrell, *On Global Order: Power, Values, and the Constitution of International Society*, Oxford University Press, 2007, p. 287.

② 参见姚璐、徐立恒、张国桐:《论全球正义——关于正义问题及实现路径的分析》,载《太平洋学报》2015 年第 3 期。

③ See Ernst-Ulrich Petersmann, "On the Constitution of John H. Jackson", *Michigan Journal of International Law*, winter, 1999, (20).

三、农产品全球贸易治理中国内法与国际法的联动

(一)国际法与国内法联动的必要性分析

至此有人不禁要问,作为国际社会主要构成要素的国家何以会改变国内政策,在与他国在国际阵线的博弈中作出妥协或让步?或者说在主权国家之间通过协商实现全球分配正义何以可能?原因就在于,赞成采取贸易保护主义的国内生产者的利益通常与消费者的共同利益、每个国家所有其他生产者的共同利益是相对立的。从这个意义上说,国际层面是国内层面的外化表现,因为国际贸易谈判中的妥协实质上均非受制于外来压力,而恰恰是特定利益团体为了寻求更好的保护而向该国其他人作出的妥协。也就是说,国际层面上的冲突其实质归因于一国内生性冲突的巧妙伪装。[①]

因此,国际贸易法律治理则要重点考量国内法与国际法的联结与互动。只有在全球化的视野中基于民主化的制度安排,全面分析各类国家、非国家实体、国际与国内公共机构、企业、自然人等各类主体的利益,方能取得治理之成效。

当前的国际贸易法律体制甚至国际法存在普遍的"国家间"性,这种"国家间"性严重制约了国际贸易体制的融合和贯通。实际上,在国际法体系中的价值层面长期存在国家价值与非国家价值的隔阂与冲突、国家间的权利义务与个人间的权利义务之间的隔离与分立的状况,均成为制约当前国际法发展的重要因素。[②]

传统的人类社会有两套相互隔离的体系,一套是受国内法规制的"个人—国家"体系,另一套是受国际法规制的"国家—国际社会",而中间横亘着主权屏障。经济全球化工程催生了全球市民社会,使传统的两套体系受到挑战。两套体系中的多种主体开始彼此交融、合作,特别是大量私

---

① See W. Pöpke, *International Order and Economic Integration*, Translated by Trinks, G. E., Taylor, J., Käufer, C., Springer Netherlands, 1959, p. 15.

② 参见李春林:《国际上的贸易与人权问题研究》,武汉大学出版社2007年版,第182页。

人主体被引入全球市民社会,成为全球经济活动的重要参与者。[①] 因此,仅依赖各自为政的国内治理体系或者仅依赖不甚完整的国际治理体系,均无法实现农产品公平贸易治理体系之宏构。

(二)宪政的国际法:国际法与国内法联动的基本路径

国际法与国内法两者的联动,需要的是法律全球化特别是宪政的国际法的助力。刘志云教授立足于新自由制度主义全球化理论,结合当前世界范围内法律变革的现状和趋势,认为法律全球化"是从广度、深度、速度、影响等角度对不同地域、不同领域以及不同层次的法律制度与法律文化的交流、重叠、竞争、秩序化乃至一体化的进程或趋势的描述"。它在各国国内层面上体现出国际法规范与国内法规范的相互融汇,以及不同国家国内立法上的趋同。在国际层面表现为对所涉领域范围的扩展、层次的加深、影响力的加大等演进趋势;而在处理国际法与国内法的关系上形成的"国际条约之效力优先于国内原则",有效地保证了两者之间的逐步统一。[②] 因此,全球贸易治理需要法律全球化的推动,而要考虑的最根本性问题便是国际法与国内法的联动,仅仅研究国际法或者仅仅研究国内法均不能透彻解析全球贸易治理的核心问题。

而关于国际法与国内法的联动,其策略是复杂的。具体包括以下几点:第一,符合民主商谈理念的农产品贸易体系的宪政的国际法推进,使得与农产品有关的各类国际、国内法主体广泛参与农产品全球贸易治理,促进国际法与国内法的全面融合。主要表现为,多边贸易规则应开放和扩大利益相关的私人主体对于规则运行过程的参与度;各国国内贸易法规出于保障公共利益和私权的需要,也应扩大私人参与贸易政策制定、贸易纠纷解决的权利。第二,将自由贸易理念、公民本位的价值理念深刻植入农产品国内与国际治理体系之中,推动国际农产品贸易规则对于私人主体权利的保障,以及国内法对农产品全球治理责任的制度化回应。第

---

① 参见陈辉庭:《世界贸易体制的变革:经济全球化背景下国际法与国内法的联结》,社会科学文献出版社2014年版,第208~211页。

② 参见刘志云:《当代国际法的发展:一种从国际关系理论视角的分析》,法律出版社2010年版,第477页。

三,确立多边主义框架下共同治理机制的农产品贸易价值体系的引进与推行,以及符合程序公平之正当性与实质公平之衡平性相结合的公平理念的指引。第四,通过法律移植、转化,使得国际法规范融入国内法体系之中,同时国内法也通过授权、审查、裁决国际案件,以达到促进国际法完善之目的。第五,通过国内农业立法对国际农业贸易谈判、缔约、司法施加影响,以此推动国际法规范的完善。

四、全球农产品公平贸易治理的司法宪法化路径

(一)促进农产品贸易争讼中的透明度与程序公平

要促进国际农产品公平贸易,必须确保在农产品贸易争讼中的透明度。而农产品领域的贸易救济作为一个更具实践性的过程,更应强调透明度原则。透明度原则是确保各成员方经济贸易政策的充分透明,乃是实现WTO总体目标和保障成员合法利益之前提条件,同时也是国际法治与全球治理的重要原则。[①] 就中国而言,一方面,应通过自身努力,坚持积极倡导在WTO等多边贸易体系中增强贸易治理的透明度,力主与中国有关的农产品贸易争端过程的公开和透明。另一方面,中国也应通过对外开放的倡导以及管理体制的深化,在与国际法治和全球治理接轨的过程中加强自身的公开透明制度的建设,树立在全球贸易治理中的制度性话语权。[②]

程序公平与实体公平是相对应的一组概念,强调的是在行政程序以及司法诉讼中,执法或司法人员在执行法律或适用法律的过程中严格履行行政、民事、刑事等方面的程序性规范。相反,实体公平指的是执法、司法人员在执行法律与适用法律的过程中认真履行各领域实体法规范。程序公平和实体公平两者具有同等重要的地位。尤其是对于国际规则的运用,如果不能平等、严格、透明地适用和履行现有的实体性规范,即使现有的多边贸易规则也难以得到有效的执行,案件便不会得到公正的裁决。正如张玉卿

---

① 参见贺小勇等:《中国产业政策与WTO规则协调研究》,北京大学出版社2014年版,第84页。

② 参见余劲松:《公开透明制度建设与国家治理现代化》,载《法制与社会发展》2014年第5期。

教授所说,当事人是否愿意将贸易纠纷提交国内司法程序进行救济,关键在于一国就 WTO 规则的履约机制是否健全,即在程序上能否做到透明与公开,在案件的处理中能否坚持公平与正义,办案效率是否足够高,法官对于世贸规则的运用是否娴熟等。[①] 如果一国的司法体制落后,国际贸易的争议方难以信赖缺乏权威性的国内诉讼程序。

因此,对于中国这样的发展中国家而言,要通过提高政策的透明度以及程序公平促进农产品的公平贸易。为此有必要在国内法与国际法两个层面倡导贸易争讼的透明度与公平程序。笔者认为,改进方案应包括:第一,构建公开透明的贸易争端解决机制,包括完善国内民事、行政诉讼程序,强化自身在 WTO 规则项下的透明度义务与公平公正的行政与诉讼程序。第二,通过立法,完善农业生产体系,规范农业生产体制,明确产权和主体性;强化以农产品质量安全生产与市场准入质量安全为基础的流程控制,完善主体责任。第三,继续推动多哈农业谈判以及区域贸易体系中的农产品贸易规则的形成,强化透明度原则。

(二)WTO 解释体制的司法宪法化制度重构

1. WTO 争端解决机构的法律解释与法律续造

由 GATT/WTO 所主导的多边贸易体制在公平价值上的缺失概括起来有三点:一是难以保障多边贸易体制的正当性,二是难以确保成员基于多边贸易体制的互惠利益,三是以“差别原则”为基础构建的非互惠的普惠制存在实施中的困难。然而,程序性规范特别是 WTO 中构建的准司法的争议解决机制有利于弥补如上不足。GATT 时代对司法权的限制变成了 WTO 框架下争端解决的重要命题,因此 WTO 争端解决机构从创立之初就意图将其打造成中立性的司法机构。WTO 争端解决机制构建的以规则为基础、准司法的争端解决体系,推动了多边贸易体系向守法主义的转向。[②] 从其 20 多年来的发展实践来看,该体系对于实现发达国家与

---

① 参见张玉卿:《善用 WTO 规则》,载《国际贸易》2001 年第 12 期。

② See Hannes L. Schloemann, Stefan Ohlhoff, "'Constitutionalization' and Dispute Settlement in the WTO: National Security as an Issue of Competence", *The American Journal of International Law*, Vol. 93, No. 2 (Apr., 1999), p. 424.

发展中国家之间的贸易平衡、消除发达经济体的单边主义行动带来的负面影响都起到了十分重要的作用。而根本原因就在于该机制所具有的法律解释与司法造法功能。约翰·H. 巴顿等几位斯坦福大学的教授认为，WTO 的司法造法行为有着两个方面的重要功能：一是填补法律漏洞，二是澄清法律规则之模糊性。填补法律漏洞主要是指就法律直接规定中缺失的事项进行法律续造，而澄清法律规则之模糊性则表现为就法律规定的某些不明确的事项进行法律解释。这两种造法功能进一步促进了 WTO 体制的整体性、完备性和连贯性。①

（1）以填补法律漏洞为例，有两个农产品领域贸易争端的裁决就体现了这一点。其中一个是 1997 年在“欧共体香蕉进口、销售和分销体制案”中，上诉机构一改半个世纪以来仅有私人律师和政府委派的贸易专家方可代表成员方参加口头程序的做法，裁定成员方有权委派任何形式的代表参与上诉程序。另一个是 2000 年在“美国对虾及虾制品的进口限制案”中，上诉机构在缺乏 WTO 明确规定的情况下，依据 DSU 第 13 条规定的专家组可向其认为适当的任何个人或实体寻求信息与技术帮助的措辞，裁定专家组有权考虑非国家实体提请的“法庭之友”意见。② （2）以澄清法律规则之模糊性为例，1996 年上诉机构在“美国对虾及虾制品的进口限制案”中解释 GATT 第 20 条（g）款时，援引了 1982 年《联合国海洋法公约》的相关规定对一些重要词组的概念进行了实质性和宽泛的解释。进而以司法造法的方式实现了贸易与环境的协调。③ 另如在农产品相关补贴规则的适用上，为了解释《农业协定》相关条款，上诉机构可能从 SCM 中寻找解释依据。

那么，在解释中应当遵循哪些基本原则呢？首先是公平原则，因为国际经济关系已经步入包含公平在内的更高层次的价值联结阶段。公平不

---

① 参见［美］约翰·H. 巴顿、朱迪斯·L. 戈尔斯坦、蒂莫西·E. 乔思林、理查德·R. 斯坦伯格：《贸易体制的演进：GATT 与 WTO 体制中的政治学、法学和经济学》，廖诗评译，北京大学出版社 2013 年版，第 78 页。

② 同上书，第 78 ~ 79 页。

③ 参见李威：《论 WTO/DSB 贸易与环境争端的新发展》，载《世界贸易组织动态与研究》2012 年第 4 期。

仅从应然法(de lege ferenda)角度渗透于国际经济话语之中,而且它也确立了自己作为国际经济秩序结构中至关重要一部分的地位。此外,条约解释中的透明度原则、中立性原则和弹性原则也至关重要。[①] 姜作利教授甚至认为,诚信原则作为国际法中的一般原则,在进行法律解释和填补法律漏洞方面具有十分重要的功用。现有的 WTO 争端解决机制除了在 DSU 第 3 条第 10 款、第 4 条第 3 款的明示规定外,还通过默示的方式体现在正当程序原则(Due Process of Law)和禁止反言原则之中,而且还大量体现在实践中专家组较为广泛的应用。因此,他主张既然将诚信原则应用于 WTO 争端解决过程几成趋势,且当前的国际法和国内法的进步已经为专家组与上诉机构探索应用该原则创造了有益条件,因此 WTO 没有理由不采用这一重要的法律解释原则。[②] 总之,只有坚持人类基本价值、符合协商共识、公平正义与互惠主义的司法解释路径,才能真正推进 WTO 的司法造法功能,进而确保国际农产品公平贸易之实现。

2. WTO 争端解决机构司法造法功能是以衡平的方式实现实质公平

以农产品全球贸易治理的视角观之,发挥 WTO 司法造法的功能对于促进农产品多边法律治理的稳定性,确保国际公平与正义十分重要。这也是实现托马斯·弗兰克所设定的程序公平与实质公平相统合的重要方式。事实上,在 GATT/WTO 争端解决机构裁决历史上,受与环境问题有关的农产品贸易案件的影响,国际法与 GATT/WTO 多边规则之间产生了微妙的互动,并最终影响了贸易与环境问题的法律融合。1991 年和 1994 年相继爆发的"金枪鱼案"和"汽车税案",使人们开始争论一国环境法在国际贸易中的域外效力以及生产过程和生产方法(Processes and Production Methods,PPMs)问题。这随后引起了 WTO 争端解决机构在裁决案件时适用的法律向 WTO 涵盖协定以外的国际法领域的扩张。也就意味着 WTO 争端解决机制可能适用的法律规范隐含了《国际法院规

---

① See Asif H. Qureshi, *Interpreting WTO Agreements Problems and Perspectives*, Cambridge University Press, 2006, pp. 3 – 7.

② 参见姜作利:《诚信原则在 WTO 争端解决机制中的适用评析》,载《现代法学》2010 年第 1 期。

约》第38条所列明的规范类型,而且包括GATT/WTO专家组报告和上诉机构报告。[①] WTO裁决争端适用法律上的扩张为其司法造法功能奠定了重要基础。

在当前世贸组织规则不完善、公平价值缺陷的情形下,充分利用DSU中的解释功能,发挥法官在案件争端解决中的司法造法功能,在一定程度上起到了衡平法的作用。使WTO相关规则得到补正和补强,进一步促进了WTO多边贸易规则体系内的实质公平。WTO司法造法宪政主义也是实现农产品全球贸易治理的重要路径。

本章小结

由于早期的经济全球化进程以利益最大化为目标,并未体现公平正义的价值标准,故在其推动下的规则与纪律充斥着显而易见的不公平。这种全球化进程还在进一步加剧发达国家与发展中国家间的不公平,以及造成世界范围内贫富差距的拉大。当前基于民族国家的制度建构导致全球贸易治理体系的“权力导向型”(power-oriented)结构,这一结构服务于一些国家单边主义的政治经济意愿。农产品贸易作为国际贸易中最为封闭的领域,更呈现出贸易保护主义和规则的“碎片化”特征。

公平贸易是一种具有价值偏向性的贸易形态,其内含公平性、对等性等价值。未来国际农产品公平贸易的实现务必在自由贸易理念指导下,坚持车丕照教授所称的“公平价值导向”,在全球治理的框架中通盘考虑其制度演进策略。如若对农产品的公平贸易进行符合全球分配正义的评判,则应将其置于农产品全球贸易治理的框架之中。而全球贸易治理的过程应受制于国际法,故全球治理与国际法相互依赖、彼此影响和推进,

---

① 参见李威:《论WTO/DSB贸易与环境争端的新发展》,载《世界贸易组织动态与研究》2012年第4期。

两者之间有着长远的互动。[①] 因此，农产品的公平贸易中的“公平”即是要体现国际法中的公平价值，农产品全球贸易治理的公平路径最终要在国际法的“良法善治”保障下整体推进。而托马斯·弗兰克则为国际法和国际制度确立了基本的公平标准，即程序公平和实质公平的二分法。故农产品公平贸易与托马斯·弗兰克关于程序公平和实质公平的二分法具有内在的关联。

当前农产品贸易治理体系中的不公平集中体现在农产品多边贸易关系的不公平、农产品国际贸易规则的不公平、农产品贸易相关主体的不公平和农产品国际贸易行为的不公平四个方面。因此，一方面现有的农产品国际治理体系存在众多的不公平，另一方面农产品贸易自由化成为总体趋势。故农产品贸易的全球治理应顺应贸易自由化的总体趋势，在“公平价值导向”下以动态化的制度演进策略作出新的制度安排。

在 20 世纪 50 年代，国际法学界掀起 GATT/WTO 宪法化研究的风潮。约翰·杰克逊教授最早提出 WTO 宪法化的概念。在其影响下，彼得斯曼、丹诺夫、格哈特和凯斯等人则立足于不通过的导向和范式展开了更为深入的研究。当前有关 WTO 宪法化的四大流派分别是以杰克逊为代表的制度宪法主义路径、以彼德斯曼为代表的规范宪法主义路径、以丹诺夫与格哈特为代表的社会宪法主义路径，以及以凯斯为代表的统合性路径。其中凯斯将宪法化理念视为一个渐进式过程，拟定了国家、地区和国际治理的相互作用与边界，进而提出国际经济宪法化的“五层楼”(five-storey house)的层叠式治理模型。作为对凯斯理论的演化与应用，笔者为农产品全球贸易治理量身打造了“五层楼”的治理层次。分别是亚地方的治理层次、地方的治理层次、国家的治理层次、区域的治理层次和国际的治理层次。农产品全球贸易治理体系的公平路径依赖以上“五层楼”层叠式模型所确立的五种治理路径突进，任何一个层次都不可偏废。五个层次互相补益、彼此融合，呈现出一种递进式的逻辑序列。其中

---

① 参见刘志云：《论全球治理与国际法》，载《厦门大学学报》(哲学社会科学版)2013 年第 5 期。

国际的治理层次和区域的治理层次主要依赖国际法规范,地方的治理层次和亚地方的治理层次则主要依赖国内法规范,而居于中间的国家的治理层次最为重要,它的治理既依赖国际法规范也依赖国内法规范。因此,国家的治理层次需要通过宪政的国际法推动国际法规范与国内法规范二者的联动。

农产品全球贸易治理宪政的国际法公平贸易路径首先要求完成正当性论证,这符合托马斯·弗兰克关于公平的二分法中的程序公平之要求,同时也为进一步满足实质公平做好准备。而农产品全球贸易治理宪政的国际法路径之实现要做到:(1)全球农产品公平贸易的治理体系首先要依赖"全球市民社会"中多元主体的民主参与。既要考虑作为国际法主体的国家、政府间国际组织(包括全球性的和区域性)、国际公共机构、跨国公司、非政府组织等实体基于各自的利益进行的民主参与,也要推动与农产品有关的全产业链中的诸如农业生产者(包括农场主、牧场主、普通农户,以及家庭联营实体)、农产品出口商、农产品进口商、国内公共机构,甚至消费者等主体的民主参与。(2)国际农产品公平贸易的全球治理体系要确保在规则制定、规则的应用和解释、裁决的执行等方面均在法治的框架中进行,特别是倡导司法宪法化的路径。(3)农产品全球贸易治理须以国内法和国际法的联动为基本手段。具体包括:①将统一的自由贸易理念、以私人权利为中心理念深刻植入农产品国内与国际治理体系之中。②符合多边主义框架的农产品贸易共同治理机制的引进与推行。③符合程序公平之正当性与实质公平之衡平性相结合的公平理念的指引。④符合民主商谈理念的农产品贸易体系的宪政国际法的推进。⑤国内农业立法对于国际农业多边安排的纳入与移植,以及国内农业立法对国际农业贸易谈判、缔约、司法的影响;国际农产品贸易规则对于私人主体权利的保障,国内法中对农产品全球治理责任的制度化回应。

第六章　国际农产品公平贸易全球治理的中国立场与行动

农业全球化背景下的农业生产与农产品贸易呈现新的样态，而在新的历史时期，贸易保护主义改头换面，有加剧之势。无论是发达国家抑或是发展中国家都十分乐意主动为其国内农业部门提供补贴，因此成功缔结一个有关农业贸易的新协定将十分漫长和坎坷。[①] 多哈回合谈判中农业议题进展困难，目前也仅是达成了初步成果。各种类型的农业保护和支持将会长期存在。因此中国未来农业支持政策也势必在符合 WTO 规则的前提下得到最大化的运用。就我国的农产品出口贸易而言，未来将遭遇其他成员发起的越来越多的反倾销、反补贴或保障措施调查。此外，风起云涌的区域贸易协定中有关农产品的制度安排，特别是 TPP 对于农产品“零关税”的安排都对我国的农产品贸易产生影响。我国的农业出口还将遭遇外国的技术性贸易壁垒、“蓝色壁垒”等非关税壁垒，因此中国也需拟定应对之策。前文全面分析和阐释

① See Kevin C. Kennedy, "International Trade in Agriculture: Where We've Been, Where We Are, And Where We're Headed", *Michigan State University-Detroit College of Law Journal of International Law*, Vol. 10, 2001, p. 5.

了WTO多边协定中有关农产品贸易规则的公平性问题，同时也考查了发达经济体实施的可能影响农产品公平贸易的国别贸易政策。针对众多贸易壁垒，以及违背程序公平或者实质公平的多边规则、国内立法与政策，中国要致力于国际农产品公平贸易的构建。即不仅要在通过国内法以及与国际法相联结的宪政国际法的制度安排下推动国内农业立法以及公平贸易政策的形成，使其向着程序公平之正当性与实质公平之衡平相统合的方向迈进。而且要在国际舞台上树立自己的话语权，通过多元主体民主参与的全球贸易治理，积极构建符合公平正义的国际农产品贸易秩序，这其中倡导民主商谈、推动WTO规则的宪法化发展十分重要。

第一节　国际农产品公平贸易的当前形势与未来趋势

一、农业全球化时代中国农产品贸易面临的形势

（一）全球化时代的农业新模式将为世界贡献农产品增量

全球化时代的农业模式不断推陈出新，呈现出一些新的特点。综观全球，现代农业次第出现多种农业新模式，如表6.1所示。

表6.1　农业全球化时代农业新模式一览

中英文名称	主要形态与内容
精准农业（precision agriculture）	指将现代科学技术深入运用到农业管理的系统化的农业生产模式。包括通过GPS系统、遥感技术、自动化控制技术、地理信息技术；运用大型机器设备进行田间管理，使施肥、施药等都可以进行量化控制；能够最大化地提高产量、降低成本、优化资源、减少污染、保护生态环境
蓝色农业（blue agriculture）	指是利用海域种植、养殖、捕捞海洋生物资源，开发海洋食用蛋白进行的农业生产模式
白色农业（white agriculture）	因发酵工程和酶工程的内涵而得名。是指通过工业化开发微生物资源而形成的高科技农业形式，是植物种植与动物养殖之外的第三农业

续表

中英文名称	主要形态与内容
都市农业（urban agriculture）	指充分依赖大城市及其周边地区的资本、劳力、科技与现代化设备从事农业生产，并紧密服务于都市生活需要的崭新的现代化农业形态
有机农业（organic agriculture）	指为了响应可持续发展的需要，旨在构建和维护农业生态系统的生物多样性和良性循环而进行的一种不使用任何化肥、农药、畜禽饲料添加剂、生长调节剂等化学合成物，也不使用基因工程生物及其衍生物的农业生产体系
设施农业（construction agriculture）	指通过广泛运用人工建造的工业化设施和设备来调节和改善生物体的生长环境，使之按照生产者的设想以及农作物自身的成长规律进行生产的农业生态
质量农业（quality agriculture）	指以农产品品质高级化和农业生产结构精细化为中心、以寻求更多的经济回报为目的、以技术进步和管理创新为动力的资金技术密集性和开放性农业形态

资料来源：根据书琴主编的《都市型现代农业的理论与实践》一书相关内容制作。①

总之，在新科技、新理念、新思维、新规则的影响下，全球农业增长模式发生了巨大变化。不同类型的农业意味着农业发展的不同政策面向，也意味着更多的机遇和挑战。任何时代，拥抱科技便是拥抱未来。未来的农业生产将是低碳环保、重科技、保健康的。而且，选择适合本国发展的农业模式并做精做强，将能创造更多的农产品增量，或者为其在全球农产品贸易市场的竞争创造更多的比较优势，进而促进贸易规模与效益的增长。中国作为传统的农耕文明社会，更应引进和发挥科技在农业生产中的作用，逐步推动农业生产现代化、农业补贴体系科学化和农产品贸易结构合理化改造。

（二）中国当前农产品贸易对进口依赖强、出口呈弱势局面

近年来，农产品贸易势头强劲，但是由于发达国家强大的农业科技支持和高额补贴，加之越来越多的技术性贸易壁垒，发展中国家在农产品贸易的竞争中式微，发达国家与发展中国家农产品贸易的鸿沟也越来越深。农

① 参见曾书琴主编：《都市型现代农业的理论与实践》，中山大学出版社2012年版，第18～22页。

产品出口已成为发达国家对外贸易新的增长点,但发展中国家的农产品贸易逆差却在加大。以美国为例,到2015年,美国农产品出口保持强劲增长势头。根据美国农业部部长汤姆·维尔萨克(Tom Vilsack)于2015年5月28日的声明,2009~2014财年是美国农产品贸易史上最繁盛的6年,农产品出口总额达到7717亿美元。2016年,美国有8个州实现了对华贸易的巨大顺差,仅路易斯安那州就有近70亿美元的贸易顺差,这主要归功于农产品的出口。[①] 美国2018年农产品出口总额达到1433亿美元,2019年预计降至1370美元。[②] 其中加拿大、墨西哥、欧盟、日本和中国分别是美国农产品排名前五的出口市场,出口总额分别为207、190、135、129和92亿美元。[③] 欧盟统计局于2019年4月发布的统计数据显示,欧盟2018年农产品出口贸易额达到2750亿欧元,约占欧盟出口贸易总额的7%。[④]

与此同时,出现一个显著的现象:作为最大发展中国家的中国,近年来越来越多地从美国、欧盟等发达国家进口农产品。特别是对大豆、棉花和肉类的需求超过国内产量,必须通过进口以维系和保障国内需求。统计数据显示,2018年,中国农产品进出口总额为2168.1亿美元,其中出口额为797.1亿美元,进口额为1371.0亿美元,贸易逆差573.8亿美元且呈增长态势。[⑤] 2019年上半年的统计数据显示,中国农产品进出口总额为1086.5亿美元,同比增1.4%。其中,出口368.1亿美元,减2.5%;进口718.4亿美元,增3.5%;贸易逆差达到350.3亿美元,增10.6%。[⑥]

---

① "美国8个州2016年实现对华贸易顺差",http://finance.sina.com.cn/stock/usstock/c/2017-04-04/doc-ifycwyns4741265.shtml,2017年5月20日访问。

② "Total value of U.S. agricultural exports from 2012 to 2019 (in billion U.S. dollars)", https://www.statista.com/statistics/220767/total-value-of-us-agricultural-exports-since-2000/,2019-05-05.

③ Top Markets for U.S. Agricultural Exports in 2018, Top Markets for U.S. Agricultural Exports in 2018, last visited on 2019-05-05.

④ 驻意大利经商参处:《2018年欧盟农产品对外贸易总额2750亿欧元》,http://it.mofcom.gov.cn/article/jmxw/201904/20190402856889.shtml,2019年4月24日访问。

⑤ 《2018年我国农产品进出口额2168.1亿美元,贸易逆差573.8亿美元》,http://www.sohu.com/a/293317837_694607,2019年10月10日访问。

⑥ 《农业农村部:2019年上半年我国农产品进出口情况》,http://finance.sina.com.cn/money/future/agri/2019-08-05/doc-ihytcerm8557447.shtml,2019年10月10日访问。

由图6.1可以看出,从2013年至2019年8月,我国农产品进出口总额呈增长趋势。从整体上表现出:出口维持低位,进口较多,总体呈现贸易逆差的形势。由此可以看出,我国农产品进出口的形势较为严峻。一方面表现为我国农产品目前在国际上缺乏竞争优势;另一方面也反映出我国农业生产能力较为落后,一些农产品的生产尚不能满足国内需求,对农产品进口依赖较大。

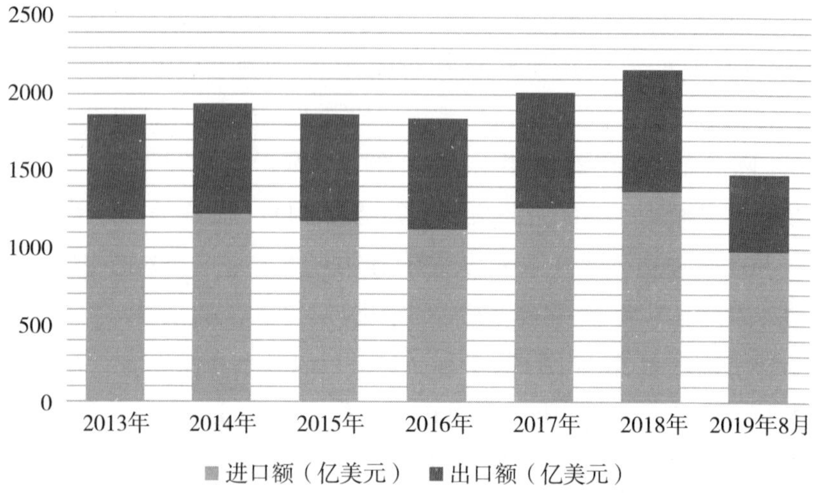

图6.1 2013～2019年8月我国农产品进出口额情况①

究其原因,其一,中国国内农产品的生产存在结构性失衡,在一些农产品领域,生产技术落后、产量低,要依赖进口。未来要在农业全球化过程中获得优势,发展差异化农业势在必行。因为差异化的农业模式派生了差异化的、具有比较优势的农产品。越发达的国家,农业模式越多、农产品的品种就越丰富,农业生产结构就越发达。其二,一些具有较高技术含量的特殊农产品,由于国内无法生产,尚依赖进口。其三,由于国内农产品价格走高,而国外农产品持续保持低位,这一“价格倒挂”现象的广泛存在,使进口商进口农产品的动力十足。其四,中国农产品出口遭遇低

① 本图系“中国报告网”根据中国海关提供的统计数据制作,原图详见《2019年1－8月我国农产品进出口市场总体保持增长态势》,http://data.chinabaogao.com/nonglinmuyu/2019/101J560932019.html,2019年11月20日访问。

碳壁垒、技术壁垒、贸易救济壁垒三重壁垒,使中国农产品出口受阻。如冻煮淡水小龙虾、蘑菇罐头等一些农产品被征收150%以上的高额惩罚性关税,使其失去了海外市场。正是因为全球农业生产与农业市场中这种深层次的失衡与扭曲,逐渐引发了大量农产品的贸易摩擦,从发生的众多农产品贸易战中可以窥见端倪。

二、中国农产品贸易正面临机会与挑战并存的未来趋势

当前,我们正处在经济全球化的时代,而农业全球化有其独特的概念、内涵和特征。农业全球化意味着农业从生产、运输、销售、消费各环节均在全球产业链中进行优化配置。农业全球化时代的农业生产和农产品贸易均与国际社会发生千丝万缕的联系。一方面,全球农业科技的进步促进了农业生产的更新换代,农业科技较发达的国家越来越显现比较优势,农产品出口的比重随之上升。而一些发展中国家特别是最不发达国家由于产品缺乏比较优势,可能会放弃生产或者在某些农产品领域过多倚重外部供给。另一方面,全球化的农业生产也为发展中国家的粮食安全带来影响。中国是传统的农业大国,国家对粮食生产十分重视。尽管一些蔬菜、肉类、水果等农产品具有较大的出口优势,但一些重要的农产品如禽肉、大米等过多依赖进口。因此,农产品贸易在未来国际贸易的比重将逐年加大。处在当前这一农业全球化风潮之中的中国农产品贸易正面临机会与挑战并存的新样态。主要体现在:

其一,新时期的以高科技为重要竞争手段的农业革命正推动中国农业发生转型,因此给我国的农业发展以及农产品贸易创造了巨大的增长空间。其二,随着全球贸易保护主义的重新抬头,中国农产品出口中面临的外国对华反倾销、反补贴、保障措施壁垒以及技术性贸易壁垒、劳工壁垒等其他贸易壁垒形式将会越来越多。其三,当前农产品贸易呈现出越来越多的贸易保护主义,反映出传统的农产品全球贸易治理体系的不足,尤其在公平价值方面存在重大缺失。其四,多哈回合农业谈判的缓慢推进以及初步成果的达成为我们展示了未来农产品公平贸易的发展趋势,即在多边框架之中更多地体现贸易自由化和公平价值导向的、以宪政的

国际法为基本约束的制度推进策略。但这一结构很不稳定且有随时瓦解的可能。

总之,在农业全球化背景下的中国,要变被动为主动。一方面要通过实际行动应对贸易壁垒,维护国家粮食安全,保障和维护农业生产者、农产品进出口商、消费者、农业生产合作社、农民等诸多非国家行为体的切身利益;另一方面要注重国家在农产品全球贸易治理体系中的话语权重建。

第二节 国际农产品公平贸易的中国话语权重建

一、制度性话语权的基本内涵

中国作为最大的发展中国家,正面临国内农业产业化的发展机遇,同时面临国外越来越多的农产品贸易保护主义。因此,在农产品公平贸易治理的框架中,中国如何把握自身的话语权,并通过切实有效的行动捍卫国家的农业生产自主权,保护农业生产者的权益,促进农产品对外贸易的自由化,及时、有效地化解农产品贸易摩擦,都是当前和未来需要着重解决的重大问题。

"话语权"(power of discourse)又称"说话权""发言权",于国家而言,指的是决定社会舆论走向的能力。[①] "话语权"一词渊源已久,但其广为传播则得益于米歇尔·福柯(Michel Foucault)的改造和发扬。福柯认为,话语"是一项最初始同时也是最重要的建构",话语建构起整个人类文明,并在漫长的过程中建构起盘根错节的人类文化、生活乃至生活状态。话语正是在不停地建构、更迭、解构与重构中塑造起向周遭不断渗透的权力,这种权力反过来也建构起新的话语。掌握了话语权便掌握了整个世界。[②] 另外,在"话语权"之外衍生出"国际话语权"的概念,

---

① 参见王立华、许星杰:《中国国际话语权建构研究》,载《河南社会科学》2015年第2期。

② 参见莫伟民:《莫伟民讲福柯》,北京大学出版社2005年版,第192页。

指的是国家在就某一特定问题通过特定的媒介,表达和传播自己的政治诉求并影响国际舆论的行为能力,以服务于国家的公共外交,并构建国家的国际形象。①

国家在国际贸易中的话语权则指的是左海聪教授所言的“制度性话语权”,这是国家在国际贸易秩序的构建以及贸易规则的制定方面具有的主导性权利。左海聪教授所倡导的国家在全球经济治理中的“制度性话语权”,指的是“国家及非政府组织在解决全球性经济问题上设定议题和形成决策、创设和改良规则、解释和适用规则、解决争端和处理危机时的话语理解和运用能力、话语构建能力以及话语说服能力”。② 它反映了一个国家的综合实力,也反映了一国在国际舞台上讨价还价的能力。同时伴随着谈判技巧等要素,包括规则制定权、定价权、纠纷解决自由。那么,中国当前在国际经济治理体系中的制度性话语权是怎么样的呢?左海聪教授总结出了三个特征:第一,中国总体上认同和支持国际通行的经济治理规则和话语体系,但对不合理成分提出了改革与完善建议。第二,中国在国际经济治理体系中对话语权和话语运用的能力在不断提高,逐渐树立大国权威。第三,中国提出的“一带一路”等倡议,在全球经济治理体系中发挥了越来越重要的引领作用。③

二、中国在农业谈判中的话语权重建策略

哈贝马斯是将交往理性引入法学领域的第一人,他注重通过以权利本体论为核心的话语理论去改造和重塑法律。因此,哈贝马斯有关“法的话语理论”(The Theory of Legal Discourse)④勾连起法律理论和实践体系,具有评判立法、司法与行政的过程是否合乎理性的功能,同时也关系

① 参见胡泳:《网络政治:当代中国社会与传媒的行动选择》,国家行政学院出版社2014年版,第150页。

② 参见左海聪:《调动各方面力量参与全球经济治理:协力提高制度性话语权》,载《人民日报》2016年2月19日,第7版。

③ 同上。

④ See Jürgen Habermas, *Between Facts and Norms: Contributions to a Discourse Theory of Law and Democracy*, translated by William Rehg, The MIT Press, 1996, pp. 222 – 237.

贸易民主的未来走向。在笔者看来,为美国所主导的 TPP 从根本上讲就是美国重新巩固其在国际经济治理中主导性话语权的一次行动。这从奥巴马总统有关重新书写国际经济规则的演讲中可以管窥一二。国际贸易话语权的争夺涉及大国之间的博弈,也是十分重要、复杂和微妙的问题。一国的制度性话语权的强弱将直接影响其国际地位和影响力,并从根本上影响国家利益。

当前,以“金砖国家”为代表的发展中国家在国际贸易体系尤其是农产品贸易治理体系中并未获得真正的公平贸易,主因便是制度性话语权的缺乏。综观在多哈回合谈判中的表现,作为发展中国家的中国就某些重要问题充分亮明立场、据理力争,表现出较为坚决的态度。但由于缺乏一整套制度化的谈判策略,中国提出的倡议显得四平八稳、缺乏建设性,总体呈现制度性话语权不足的特点。这导致国家在进行农产品全球性或区域性多边贸易谈判与缔约、农产品贸易争端的解决中对现有规则的解释、适用与执行,以及农业危机的处理等各领域均不能取得优势地位。实质上未能很好地将程序公平与实质公平有效地整合进入现有的贸易谈判之中。国际农产品公平贸易的实现有利于保障作为发展中国家的中国的农业安全和利益,而中国的贡献对于国际公平贸易的实现也不可或缺。笔者认为,未来中国要在参与全球农业治理过程中不断提升自身的制度性话语权,具体应做到以下几点:

其一,积极参加现有的多边贸易谈判,努力提高自身主导贸易谈判、规划和创新农产品贸易谈判议题的能力。紧密结合当前国内农业发展的实际,通过科学、专业的“会诊”,梳理出具有话语引领作用的谈判议题。联合与我国有更多共同利益的成员,争取将形成的引领性议题纳入多哈回合谈判,强化国家对国际贸易规则的引领和主导能力。当然,这需要我国更多地启用和培养真正通晓国际法、世贸规则,以及具有远见卓识和丰富谈判技巧的人才。改变当前我国在多哈回合谈判中的消极对待谈判议题的态度。在贸易谈判中更多考虑设定有利于平衡各方利益的建设性谈判议题,以满足各方核心利益关切。并通过行之有效的程序性安排,以快速形成决策、创设和改良规则,为提升农产品贸易谈判中的制度性话语权奠定基础。

其二，以开放的姿态和建设性的策略，进行沟通、对话，力争将衡平的公平引入多哈回合谈判之中。以对等性和普惠制的双重关切，促进多哈回合的谈判成果能够更多地反映发展中国家的利益和期待。中美两国的贸易实践也证明，通过协商、对话与谈判，能够有效地缓解农产品的贸易冲突，消弭分歧，减少摩擦。如中美两国近年来围绕卫生与植物卫生检验检疫措施以及技术性贸易壁垒问题达成的谈判成果，使美国的苹果、柑橘和杏仁生产商从中受益。

其三，充分利用 WTO 以及区域性一体化争端解决机制等国际性的准司法性争议解决机制，通过科学的研究、解释和适用多边贸易规则，努力提高解决贸易争端、管控贸易摩擦、应用和解释世贸规则的能力。同时探索有效发挥国内司法机构在解决涉外经济贸易争端中的作用。以及推动 WTO 专家组和上诉机构成员在争议裁决适用法律中进行“司法造法”的能力。弥补现有多边规则框架中的公平缺陷，真正实现全球分配正义。

第三节　中国参与国际农产品贸易谈判的基本框架与具体策略

对农产品贸易保护主义的消解，从根本上讲，就是要通过多边贸易规则的不断完善。当前的多边贸易谈判包括以 WTO 为平台的多哈回合谈判和以 TPP 为代表的区域贸易谈判两种类型。贸易谈判从本质上看是一种经济外交行为，是一个国家之间进行的围绕国家权力和国家利益进行博弈的过程。根据美国国际关系理论大师汉斯·摩根索（Hans J. Morgenthau）的说法，谈判开始于各方的“最高要价”，并随着谈判中各方的互相施压、说服和讨价还价而不断降低条件，直至最后达成协议。[1] 农

---

① See Hans J. Morgenthau, *Politics Among Nations: The Struggle for Power and Peace*, New York: Alfred A. Knopf, 1948, pp. 431 – 432.

产品贸易谈判更能反映各国在农业问题上的利益角逐,因此从一开始设定好农产品贸易谈判的原则和立场,并为树立我国在全球农业谈判中的制度性话语权做好准备,十分重要。

一、多哈回合谈判的最新进展及其公平价值之体现

WTO 成立以来,尽管《农业协定》开宗明义地倡导建立的"一个公平的、以市场为导向的农产品贸易体制",且这一宗旨自乌拉圭回合中期审议时就被确定为长期目标,但农业问题一直是历次贸易谈判中最为棘手的焦点问题。2001 年起多哈回合谈判正式启动,旨在以政府承诺为基础,通过建立一个公平的、以市场为导向的贸易体系以促进国际贸易自由化,其目标就在于加强市场准入、消除出口补贴以及减少国内支持,其核心是促进农产品贸易自由化。[①] 2003 年 9 月,因各方分歧甚大而陷入僵局。2004 年 8 月,WTO 总理事会因达成《多哈回合框架协议》而小有斩获。2005 年 12 月,香港部长会议重启多哈回合新一轮谈判,但在确立非从价税换算从价税等值(Ad Valorem Equivalents,AVE)的换算公式议题上难以达成共识,仅在市场准入上明确将关税削减公式分为四层,整个谈判进程步履维艰。2006 年 7 月,WTO 总干事帕斯卡尔·拉米(Pascal Lamy)宣布,因农业与非农产品市场准入等关键问题未能达成一致,多哈回合陷入停顿。2007 年 2 月,多哈回合谈判重新恢复,各方提出了《农业谈判减让模式修正草案》(TN/AG/W/4)以作为谈判基础并小有进展。到 2008 年 7 月,小型部长会议经过多日的讨价还价,因依然未能就发展中成员农产品特殊保障机制的触发水平问题达成共识而使谈判又一次陷入困局。[②]

2013 年 12 月 7 日,在印度尼西亚巴厘岛召开的 WTO 第九届部长级

---

① See Cody A. Thacker, "Agricultural Trade Liberalization in the Doha Round: The Search for a Modalities Draft", *Georgia Journal of International and Comparative Law*, Vol. 33, 2005, p. 722.

② 参见陈安:《南南联合自强五十年的国际经济立法反思:从万隆、多哈、坎昆到香港》,载《中国法学》2006 年第 2 期。同时参见何志鹏、孙璐:《贸易公平与国际法治:WTO 多哈回合反思》,载《东方法学》2011 年第 2 期。

会议上，与会各国部长正式签署了20余年来的第一个多边贸易协定《巴厘部长宣言》(*Ministerial Declaration and Decisions*)。宣言对一些具有持久争议性的实质性问题达成了初步共识。《巴厘部长宣言》的主要内容涵盖了启动于2001年多哈回合谈判的贸易便利化、农业和发展三大传统议题，因此也被称为“巴厘一揽子协议”。这被认为是对多哈回合谈判12年僵局的“历史性突破”。其中在农业与棉花议题中，会议特别达成了《总服务：部长宣言草案》[WT/MIN(13)/W/12]、《保障产品安全的公共储备：部长宣言草案》[WT/MIN(13)/W/10]、《有关〈农业协定〉第2条关税配额管理体制条款的谅解：部长宣言草案》[WT/MIN(13)/W/11]、《出口竞争：部长宣言草案》[WT/MIN(13)/W/12]，以及《棉花：部长宣言草案》[WT/MIN(13)/W/13]。多哈回合在促进农产品公平贸易方面又迈出了重要一步。当然，多哈回合谈判离达到实质性削减扭曲贸易的国内农产品保护政策，实质性改善农产品市场准入与削减出口补贴并最终消除补贴的总体目标相去甚远，很多核心关切依然需要继续得到推进。

2015年12月下旬，在肯尼亚首都内罗毕召开的WTO第十届部长级会议紧密围绕农业谈判中的出口竞争问题、最不发达国家的发展问题和多哈核心议题后续谈判框架问题等核心议题展开了为期5天的谈判，最后通过了《内罗毕部长宣言》和9项部长决定，各方达成了历史性成果。会议达成的4项主要成果中，其中一项便是各方首次承诺取消农产品出口补贴，另外在食品捐助、出口信贷和棉花等领域形成了新的贸易规则。① 可以说，农产品出口补贴是横亘在发达国家和发展中国家之间的最大公平性障碍。发达国家实力雄厚，可进行大量的补贴，而发展中国家难以做到这一点。这造成对农产品贸易的扭曲，因此作出全面取消农产品出口补贴的全体承诺具有历史性意义。体现了多哈回合框架下各成员对衡平的公平的深入运用。此外，对出口信贷的限制也在很大程度上促进了农产品贸易的实质公平。当然，我们尚期待后续的多哈回合能最终

---

① 参见周武英、孙韶华：《内罗毕会议取得历史性突破：世贸组织取消农产品出口补贴》，载《经济参考报》2015年12月21日，第A05版。

实现这一体现全球分配正义的农产品多边贸易谈判目标。

二、中国农产品多边贸易谈判应秉持的原则和立场

(一)中国农产品多边贸易谈判的指导原则

1. 现有多边贸易谈判框架的公平原则之不足

现有多边贸易谈判框架缺乏公平性,尤其对中国这一发展中国家来说,长期遭遇各种不公平的待遇,话语权不足。尽管从 GATT 以来的多个回合的多边贸易谈判一直将农业视为重点议题,但特别是正在进行的多哈回合更是将农业纳入核心议题,但围绕着农产品的市场准入、国内支持与出口竞争问题的谈判却坎坷前行。而且,很多与农产品贸易有重大关系的譬如“两反一保”协定、《SPS 协议》、《TBT 协议》等,围绕其修改先后进行了无数次的广泛磋商。贸易谈判本身就是一种国际权力的较量,处处渗透着不公平,很多形式化的安排也仅是满足了程序公平的正当性要求,缺乏实质公平的衡平和矫正。

英国剑桥大学国际问题研究中心教授阿姆里塔·纳利卡(Amrita Narlikar)为此专门就国际贸易谈判的公平性问题展开研究。她基于托马斯·弗兰克(Thomas Frank)所作的关于程序公平和实质公平的概念区分,认为国际贸易领域具有符合公平对话的适度稀缺性与共同体的存在两个前提。因此,她认为国际贸易是公认的“正和博弈”,全球化与相互依存也促成了共同体概念的强化,但令人意想不到的是,国际机构的公平对话已经被混淆了。GATT 和 WTO 的相关决策程序事实上导致了发展中国家最初所传播的以衡平为基础的公平议程(the equity-based fairness agenda)的边缘化。目前,为 GATT/WTO 所信奉的以正当性为基础、以过程为基础的公平(the legitimacy-based, process-related fairness)与联合国贸易和发展会议所推崇的以衡平为基础、与结果相关的公平(the equity-based, outcome-related fairness)互相对立。[①] 能否在

① See Amrita Narlikar, “Fairness in International Trade Negotiations: Developing Countries in the GATT and WTO”, *World Economy*, Vol. 29 (8), 2006, pp. 1005 – 1029.

未来的全球农业法治中体现良法善治，则是判断农产品贸易是否公平的重要标尺。然而，由于当前的多边贸易谈判没有有效地统合程序公平和实质公平两种价值，导致各方在标准上的殊异。因此，很难就相关议题的谈判达成共识。

2. 中国农产品多边贸易谈判应秉持的公平原则及其标准

国际贸易谈判问题从本质上来说是一个程序性问题。如果要实现全球分配正义，谈判各方须确保一个公平的谈判程序。按照斯蒂格利茨的说法，公平的谈判程序即要求在谈判和讨论的各个阶段秉持透明和开放的理念。当然，这仅仅是第一步，因各个国家在实力上的差异，即使做到了透明开放也并不必然是公平的。为了确保谈判公平，另一个需要解决的问题是各谈判成员相互之间的权力不对称和信息不对称。[①] 为此，斯蒂格利茨为发展回合贸易谈判设定了几个十分重要的原则。在笔者看来，这些原则都是围绕保证谈判的公平性而设定的。这些原则包括：(1)国家在任何一个协议的制定之前应评估其可能影响，对具有负面影响的议题不予纳入谈判议程。(2)所有协议的制定都应当体现出公平的法律价值。(3)所有协议在制定过程必须基于民主公平之原则。(4)议程之内容审定必须以贸易为核心，由各方友好推进。[②] 遵照斯蒂格利茨等人的理论，中国未来在参与全球农业谈判中所应坚持的谈判原则应遵循如下三个判定标准：即从演进理念来看，未来农产品是否继续奉行贸易自由化的基本原则和精神；从演进模式来看，未来农产品是否被纳入全球治理的宪政的国际法框架之中；从规范价值来看，未来农产品是否能实现程序公平与实质公平统合的"良法善治"。

当然，也正如斯蒂格利茨所担心的，如上三个标准即使得到各方的遵从，由于不同国家对公平的理解以及对于条款的认识和解释各不相同，因而可能导致冲突的解决呈现不同的结果。因此笔者认为，农产品贸易谈

---

① See Joseph E. Stiglitz, Andrew Charlton, *Fair Trade for All: How Trade Can Promote Development*, Oxford University Press, 2007, pp. 81 – 82.

② Ibid., pp. 67 – 68.

判的公平进程也应置于“WTO 宪法化”[①]的框架之中进行。只有将来在贸易规则的达成、贸易冲突解决的实践总体上体现程序公平与实质公平,以及在贸易治理的多元主体中最大化地促进各方的利益平衡,以至于满足了全球分配正义的基本要素,农产品多边贸易谈判方能被认为是成功的。

(二)奉行以贸易自由化为主体、对等保护为辅助的谈判立场

根据新自由主义者的价值理念,尽管只有自由贸易方能促进经济增长,但长期的国际贸易实践表明:贸易保护主义并非十恶不赦,包括美国、英国、日本、德国、韩国以及中国台湾地区在内的一些发达国家或地区恰恰是在政府推行国内幼稚产业贸易保护主义政策的背景中,这些国家或地区才完成从落后经济向现代化的转型,因此这些发达的经济体才是十足的贸易保护主义者。[②] 韩国经济学家张夏准(Ha-Joon Chang)也持类似观点,认为所有的发达国家事实上都没有践行自由贸易(和自由放任主义的产业政策),而是通过关税、补贴以及其他措施增强其国内产业。最值得注意的是,英国和美国“真实的”与“设想的”贸易政策的历史差距十分巨大。尽管人们通常认为英、美已通过自由贸易抵达世界经济的顶峰,而其他国家坚持过时的重商主义政策,但一些细微的事实表明,这两个国家在其发展的初始阶段均为不同程度上的干涉主义贸易以及产业政策措施

---

① 自20世纪50年代以来,学术界兴起了GATT/WTO宪法化研究的风潮。早期的领军人物是约翰·杰克逊教授,他的研究将人们的视角引向了更为抽象的GATT一般性制度上,为此他提出了“一个可能的国际贸易制度的宪法性结构”的概念;杰克逊教授后来的研究焦点是WTO规则运作体制中国际法与国内法的互动关系。在杰克逊的基础上,作为WTO司法造法宪政主义代表人物的黛博拉·凯斯(Deborah Z. Cass)女士提出了WTO宪法化的“五层楼”(five-storey house)的层叠式治理模型,每一个楼层代表了一个治理的层次,即从“亚地方的”(sub-local)治理层次开始,通过“地方的”(local)治理层次、“国家的”(national)治理层次、“区域的”(regional)治理层次,最后到“国际的”(international)治理层次。See John H. Jackson. *The World Trade Organization, Constitution and Jurisprudence*, London: Royal Institute of International Affairs, 1998, p. 129. Deborah Z. Cass, *The Constitutionalization of the World Trade Organization: Legitimacy, Democracy, and Community in the International Trading System*, Oxford: Oxford University Press, 2005, p. 240.

② 参见刘志云:《国际经济法律自由化原理研究》,厦门大学出版社2005年版,第285~286页。

的先驱和“发烧友”。[①]

对幼稚工业进行特殊保护，在走向强大之后转而实行更加自由的贸易政策几成通例。因此，我们未来国内政策的制定和多边贸易谈判都应秉承这一思路。(1)我国应通过全面配套的农业立法，构建符合质量安全要求的农业市场准入体系、合理完善的出口补贴和国内支持体系、科学高效的农产品贸易促进法律框架。中国作为一个农业大国，要完成向农业强国的转变，必须通过国内立法与政策支持，大力发展现代农业科技，不断改善农业生产结构，切实保障农民利益。(2)我国须在WTO现有规则框架下寻求对农产品贸易公平秩序的维护。一方面要确保中国的农产品贸易市场免受外来农产品不公平竞争造成的破坏性影响，另一方面也要通过立法提高我国农产品在国际市场上的竞争力。为了维护国家利益尤其是粮食安全，在进行与之紧密相关的农业谈判中一定要慎之又慎。不该开放的领域坚决不作出承诺，能作出承诺的地方要体现中国作为发展中国家应得的衡平利益。而对国家未来发展具有重大引领作用的事项，则要通过客观、理性的制度安排，以渐进式的制度演进思路，在弗兰克和罗尔斯等人倡导的公平价值的指导下作出对等性贸易安排，然后通过符合WTO规则的支持措施解决发展中的问题。

三、消弭“大区域主义”对农产品公平贸易的消极影响

当前的贸易治理中出现了一种“大区域主义”的现象。大区域主义是在全球贸易治理中与多边主义、诸边主义相对应的导向和趋势。其典型代表是《跨太平洋战略经济伙伴协定》、《跨大西洋贸易与投资伙伴协定》和《国际服务贸易协定》。中国人民大学欧洲问题研究中心程大为研究员认为，欧美国家推行大区域主义的目的旨在赢得全球贸易治理的主导权，获得“规则优势”。大区域主义协定具有立基于区域范围内的国家、涵盖议题多、利益多元化、制造多边贸易体制的不平衡、具有明显的政

---

① Ha-Joon Chang, “Kicking away the ladder: The ‘real’ history of free trade”, in Anwar Shaikh, eds., *Globalization and the Myths of Free Trade: History, Theory and Empirical Evidence*, Routledge, 2007, p. 23.

治目的等典型特征,因此其并不会对多边贸易体系形成补充,反而会是一种消极的侵蚀。[①] 如前所述,11 个启动 TPP 的亚太国家最后达成的《全面与进步的跨太平洋伙伴关系协定》(CPTPP)已于 2018 年 12 月 30 日起正式生效。CPTPP 继承了 TPP 的高标准、高覆盖面、高目标、高平衡性以及全面市场准入的协定,对于劳工标准、增进创新与竞争力、减少贫穷、实行良好治理、提高透明度、保护知识产权都设定了明确的目标。[②] 在 CPTPP 框架下,成员间有义务大量削减农产品关税、取消农产品领域各类贸易壁垒,对部分农产品甚至实行零关税待遇。迫于 CPTPP 的冲击,美国着手和日本展开双边合作, 2019 年 4 月 17 日美、日正式启动贸易谈判首轮磋商,9 月 26 日两国发表联合声明,宣布达成《货物贸易协定》(*Trade Agreement on Goods*,TAG),目前该协定已经两国立法机关批准,自 2020 年 1 月 1 日起正式生效。美日双方计划在该协定生效后的 4 个月内完成"第二轮谈判"的预备磋商。根据 TAG,日本将为美国减免农产品关税 72 亿美元,日本对美牛肉出口限额将从两百吨增至 6.5 万吨,关税税率将由 38.5% 下调至 26.6% 。[③] 由此可以看出,新的"大区域协定"及类似协定将对世界范围内的农产品进出口发生重大影响,需要对其进行进一步评估。

当前以 CPTPP、USMCA 为代表的大区域协定超前规则的推行充满着争议。其在一定程度上体现出了先进性,具体表现在:第一,通过超前的"零关税"与全面取消贸易壁垒的制度安排,为区域范围内成员间的贸易自由化奠定了主流基调,这也是 WTO 多边框架多年来追求的最大目标。第二,有关生态环境保护、知识产权以及最低劳工标准的设置,增强

---

① 参见程大为:《全球贸易治理中多边主义、诸边主义和大区域主义的比较与选择》,载《经济纵横》2014 年第 4 期。

② 关于 TPP 高标准的研究文献,参见:朱京安、郭蔚:《应对 TPP 高标准环境政策的新思路:适度环境标准》,《甘肃政法学院学报》,2017 年第 2 期,第 102 ~ 112 页;李丽平、张彬、肖俊霞、赵嘉:《TPP 的环境标准到底有多高》",《环境经济》,2015 年第 ZA 期,第 37 页;刘宇:《TPP 知识产权最大化国际保护新发展析论:以著作权若干规则为切入点》,《北京理工大学学报(社会科学版)》,2014 年第 4 期,第 123 ~ 130 页。

③ 新华社专特稿:《日美签署贸易新协定 削减美农产品和日工业品关税》,http://www.xinhuanet.com//world/2019-09/27/c_1210294064.htm,2020 年 1 月 6 日访问。

了贸易与劳工、贸易与环境,以及贸易与其他各种因素的价值联结,反映了人本主义的价值观,也呈现了未来贸易发展不可逆转的趋势。第三,TPP 推崇的"投资者—国家争端解决"(Investor-State Dispute Settlement, ISDS)机制①赋予私人投资者以争端解决主体地位,这一方面对传统的以民族国家为基础的国际治理体系形成挑战,另一方面反映出全球贸易法治体系的公民本位。基于多元主体共同参与的、民主协商的、法治化的全球贸易治理是国际贸易发展的历史潮流。当然,TPP 的负面影响也是十分明显的,具体表现在:首先,过于超前的贸易自由化安排,一旦成为国际贸易规则的新标准,将会在很大程度上孤立现有的 WTO 多边贸易体系,同时也难以保证区域范围内成员利益的公平性。因此,TPP 可能使 WTO 走向边缘化、使内部成员间的贸易呈现不公平性,以及造成区域范围内和区域系统之外国家之间的贸易扭曲。其次,一旦"大区域主义"取代多边体系成为主流,则会使现有的贸易治理法律体系更加"碎片化",农产品公平贸易也会受到致命的打击。最后,为广大第三世界国家,特别是传统的转型经济体形成致命威胁。鉴于这些不利影响,笔者认为中国面对以 TPP 为代表的大区域协定谈判的态度和策略应包括如下方面:

第一,系统评估、相机而动,跟踪研究 CPTPP、USMCA、TTIP 此类大

---

① "投资者—国家争端解决"(ISDS)机制发端于《解决国家与他国国民投资争端国际公约》(《华盛顿公约》),后来被广泛地引入双边投资协定或区域投资协定之中,近年来有进入 TPP、TTIP 等"大区域主义"协定的趋势,但对它的"正当性"质疑从未间断。因此,美国退出之后改头换面出台的《全面与进步跨太平洋伙伴关系协定》(CPTPP)将 TPP 9.1 定义条款中的"投资协议"和"投资授权"暂停适用,这被新西兰总理阿登称作是"遏制投资者—国家争端解决的新方法"。实际上,关于 ISDS 机制的适用,美国、欧盟、加拿大等诸多发达经济体至今未形成统一的认识。特朗普总统就任后,更是在《美国—墨西哥—加拿大协定》(USMCA)协定的谈判中取消了 ISDS 机制。欧盟和加拿大也几乎是完全放弃了在自由贸易协定中引入 ISDS 的做法。另据 2019 年 9 月的消息,《区域全面经济伙伴关系协定》(RCEP)缔约国一致决定,在协议中排除 ISDS 机制。如上信息的最新进展,详见刘瑛:《投资者—东道国争端解决机制海外研究综述》,载武汉大学中国高校哲学社会科学发展与评价研究中心:《海外人文社会科学发展年度报告(2017)》,武汉大学出版社 2017 年版,第 23 ~ 51 页;《阉割版 TPP(CPTPP)将大幅缩小 ISDS 受理范围》,http://www.sohu.com/a/203935200_652123,2019 年 11 月 12 日访问;Nikos Lavranos, "Beyond USMCA: ISDS à la carte", http://arbitrationblog.kluwerarbitration.com/2018/10/08/beyond-usmca-isds-la-carte/, 2019 - 10 - 25; "RCEP talks to proceed without ISDS", https://themalaysianreserve.com/2019/09/13/rcep-talks-to-proceed-without-isds/, last visited on 2019 - 11 - 25.

区域协定,做好灵活的制度安排。尤其是 CPTPP 与 USMCA 的一些同源性前瞻规则所倡导的高标准国际贸易规则的示范效应不容忽视。我们应严密关注其发展态势,以开放的心态理性应对它们所带给我国的挑战。一方面,我们应全面评估其政治与经济影响,找出我国贸易国内立法和已参加的多边贸易规则与此类的差异性之所在,做好修订《对外贸易法》及配套法律法规的工作。另一方面,我们应相时而动,可以考虑加入 CPTPP,通过“一带一路”倡议、自由贸易试验区的建设,对标高标准的国际经贸规则,从而有效应对大区域协定带来的冲击。

第二,中国有必要研究和吸纳 CPTPP、USMCA 协定中有关劳工标准的有益成分,借机强化出口产品生产中的劳工要求。消极地排斥贸易中劳工标准无益于应对贸易发展的全球趋势。中国应该以更加开放的姿态、更加具有可行性的制度安排,切实推进国内生产结构的体制转型。对于农产品而言,更应通过鼓励发展农牧场、构建农业生产联营实体等,以符合 WTO 补贴规则的方式提供“绿箱政策”补贴。以市场化、制度化的手段规范管理,切实提高农户或者农业劳工的工资和福利标准。为将来对外贸易中应对社会壁垒做好准备。

第三,我国应切实防止大区域主义协定成为制衡中国的重要工具。因此,作为一种回应,一方面,我国应进一步推动以 WTO 为主体的多边贸易谈判,并借助“一带一路”倡议力推多边主义,秉承合作共赢理念,切实推进贸易自由化。如进一步巩固与澳大利亚、韩国、瑞士、秘鲁、新加坡、新西兰、巴基斯坦、东盟等之间形成的近二十个自由贸易区,以及内地与港澳更紧密的经贸关系。加快推进中国与挪威、斯里兰卡、海合会的区域谈判进程,特别要强化中国、日本、韩国自贸区,中国—新西兰自贸协定升级谈判,以及中国—韩国自贸协定第二阶段谈判的磋商。更应积极参加和深入推进《区域全面经济伙伴关系协定》的达成和生效,提升中国在其中的制度性话语权。使之早日创立高标准、广覆盖、互利共赢的世界上最大的自由贸易区,以消弭“逆全球化”、贸易保护主义和孤立主义带来的消极影响。

第四节　中国农产品市场准入与国内支持制度的构建策略

一、构建符合质量安全的农产品市场准入规则

(一)WTO 市场准入制度的成绩

市场准入谈判是国际经济谈判的重要内容,涉及范围广阔,本质上是一种程序性事项,但市场准入的谈判成果一般都以实体法的形式呈现。所谓"市场准入"亦称"市场准入规制",指的是一国政府为了有效配置资源、防止过度竞争、确保经济效益,政府有关职能部门通过批准或者注册手段,允许外国商品、资金流和服务进入国内市场,进行平等交易的法律制度。市场准入是一国政府对市场行为最本初的介入,本质上属于国家经济管制制度。其基本的手段是为市场主体发放许可证、颁发营业执照、登记注册等。市场准入历来是国际经济双边、多边谈判的重要议题,而谈判中的市场准入特指一成员对另一成员的商品、服务与资金进入国内市场的范围。市场准入与国内支持、出口竞争一起,成为农产品贸易谈判的核心议题。

市场准入也是一个渐进的概念,在实践中慢慢演变成重要的贸易原则,"市场准入原则"是 GATT、《海关估价协议》、《TBT 协议》、《SPS 协定》和《农业协定》等若干个 WTO 多边协定的基本原则。其中《农业协定》的核心是通过关税化的措施,将多种非关税措施转化为约束性关税。具体措施是将非关税边境保护与关税保护一起,通过统一的公式折算成水平相抵的关税保护,以从价税或从量税两种税收形式设定农产品的市场准入,它是对市场准入制度的重大突破。① 体现出一定程度上的程序公平,但是从实施结果来看,并不符合实质公平的要求。

《农业协定》降低了对发展中国家成员市场准入的标准,体现在:第一,在平均关税减让承诺上,发展中国家比发达国家低 12 个百分点;从每

---

① 参见黄东黎:《世界贸易组织法》,社会科学文献出版社 2009 年版,第 284 页。

项产品最低减让幅度来看,与发达国家须在6年期内削减15%相比,发展中国家可在10年的实施期内最低减让10%。第二,发展中国家在设置上限关税时具有机动性,对国际收支不良的国家,可对其数量限制方面的关税化责任给予豁免。第三,为需要关税化的农产品构建一个特殊保障机制,当某种农产品在某一时期进口锐增或价格暴跌时,进口成员有权对该农产品征收一定额度的附加税。[①]《农业协定》的这一安排在一定程度上保障了发展中国家的特殊利益,符合程序公平的要求。

(二)中国构建农产品质量安全市场准入机制的具体策略

所谓农产品质量安全市场准入制度,指的是农业主管部门、农产品的生产经营主体、行业组织以及消费者等主体围绕农产品交易进行的多方参与、相互促进的运行制度和组织方式。[②] 中国未来应从如下几个方面着手构建自身的农产品质量安全市场准入机制:

第一,以《农产品质量安全法》《食品安全法》为基础,通过中央和地方协调、配套的立法,构建符合保障人体健康和安全的法律、法规、标准体系。具体的规则类型则包括构建具有强制性的农产品质量安全标准、农产品产地支持制度、农产品信用监督约束体制、农产品生产质量安全控制体系、农产品包装和标识制度、农产品质量监督和检查制度、农产品进出口检验检疫体系等。

在农产品质量安全立法方面,地方立法同样具有不可替代的重要作用。我国很多地方人大常委会已结合本省实际,制定有省级地方法规。例如:2011年5月25日江苏省人大常委会通过的《江苏省农产品质量安全条例》;2011年5月27日山东省人大常委会通过的《山东省农产品质量安全条例》;2016年12月1日浙江省人大常委会通过的《浙江省农产品质量安全规定》;2018年1月16日贵州省人大常委会通过的《贵州省农产品质量安全条例》。

第二,在治理理论视角下,积极发展政府、农业生产者、农业市场经营

---

① 参见詹晶:《中国农产品对外贸易保护政策研究》,经济科学出版社2010年版,第87页。

② 参见冯忠泽、万靓军、田莉:《建立中国农产品质量安全市场准入机制框架分析》,载《中国农学通报》2008年第5期。

者、公共机构、消费者集体参与的农产品治理安全市场准入的治理体系。就政府监管机构而言，要通过立法明确农业、环保、质检、卫生、食品等主管部门在农产品质量安全市场准入方面的权责。同时，要发挥市场上各主体在农产品质量安全市场准入方面的参与意识、监督意识和合作意识。

未来农产品公平贸易的实现有赖农产品贸易救济主体的明确。首先，国家应发展现代农业生产体系，鼓励规模化的农产品企业的创制和发展。其次，在现有农业生产主体的基础上，通过鼓励农民积极参加农业生产合作社，完善农业生产合作社的法人主体地位；通过完善财务制度、规范产供销领域的合同体系，使得农业生产和农产品贸易走向更加集中化、专业化、科技化的道路；进一步明确农业生产企业国际商事行为能力和责任担当，促进其积极参加农产品贸易磋商、缔约、应诉和起诉。再次，进一步强化农产品行业组织的建设和发展；农业协会的建立有利于集中分散的农户，通过集思广益、集体行动，提高其对外商事交往能力，这也是切实保障农民等生产者利益的有效手段。

第三，积极发挥各类强制性和非强制性的质量标准认证制度在农产品质量安全市场准入中的积极作用。如通过符合国际规则的补贴制度，引导农业生产、农产品加工以及出口，积极参加国际标准质量认证、绿色环境保护标签认证、低碳产品认证、公平贸易标签认证。引导消费者对于符合质量安全标准的绿色、有机、环保农产品的社会需求，进而促进符合农产品质量安全市场准入要求的农产品的生产、流动、出口和消费。

二、在国内构建科学、合理的现代农业补贴体系

随着未来产业融合的加快，现代农业将会发生“接二连三”的影响，即农产品种植养殖（第一产业）会带动农产品加工（第二产业）和围绕农产品及其加工产品的销售与周边服务（第三产业），进而形成综合农业。这种综合农业也被称为“第六产业”（$1 \times 2 \times 3 = 6$）。未来无论是发达国家抑或是发展中国家围绕“第六产业”的争夺只会愈演愈烈。因此，中国应加强立法，通过合乎 WTO 规则的农业补贴体系的构建和完善，推进农

业现代化尤其是“第六产业”的发展。推进高水平的农业产业的形成与发展,提高国家的粮食产量,保障农产品供需平衡。在实现粮食自足的情况下积极调剂余缺,发挥农业生产的比较优势,加强农产品的对外出口。因此,中国有必要构建符合 WTO 补贴政策和纪律的农业补贴规则。这样一方面有助于进一步促进我国的农业发展,另一方面可防止不规范的补贴行为引起更多的贸易摩擦。笔者认为,具体应做到如下方面:

(1)在国内,首先要通过修订和完善农业法律体系,规范农业生产和贸易,完善科学、合理与合规的农业补贴法律体系。第一,取消违反 SCM 规定的“禁止性补贴”措施。在 WTO 第十届部长级会议上 162 个成员全面承诺取消农产品出口补贴的当口,我国也应探索按期(发展中国家和新兴经济体放宽到 2023 年)取消农产品出口补贴。第二,合理地调整农业补贴政策。加强对农田水利等基础社会建设、农业科技研发与推广、乡村建设、农业生态环境保护等“绿箱政策”的补贴力度。

(2)在国外,应通过多边谈判和争端解决机制,祛除“黄箱政策”对我国的不利影响。具体做法是:第一,中国应在未来的农业谈判中倡导各方明确界定“绿箱政策”的标准,将具有贸易扭曲作用的措施排除在外。如前所述,《农业协定》对于国内支持中的“绿箱政策”标准规定得不明确,这造成了现实中对农产品贸易的扭曲。也使农业生产水平高的发达国家违背实质公平,伺机大玩“箱子游戏”。将许多本该废止的“黄箱政策”改头换面,纷纷纳入“绿箱政策”之中,使得扭曲农产品贸易的政策继续变相适用。而发展中国家由于农业生产水平低,农业生产主要停留在满足粮食自给自足的阶段,因此没有能力玩弄“箱子游戏”。第二,通过 WTO 争端机制,通过个案诉讼的方式将发达经济体的违反《农业协定》的法律或政策诉至 WTO 专家组或者上诉机构,迫使其作出修订法律以符合多边纪律的决定。

第五节　中国应对外国农产品贸易救济的法律策略

一、有效防止外国农产品贸易救济的滥用

(一)现有多边规则的缺陷容易造成贸易救济的滥用

农产品贸易救济在国际贸易争端中占有较大比例,而且这一比例正在逐年升高。由于农产品的政策复杂性和世界各国的高保护性,再加上WTO多边贸易规则对农产品的贸易救济在一定程度的特殊安排,都使得农产品贸易救济在现实中存在更大的贸易扭曲可能性。如前所述,农产品反倾销尽管适用与工业品一样的《1994年反倾销协定》,但由于农业反倾销中存在主体不明确、发达国家与发展中国家之间利益失衡、“公共利益”条款模糊难定等问题,使农产品领域的反倾销更容易被发达国家采用,而且产生的影响更加深远。农产品反倾销无论从程序公平的视角还是从实质公平的视角来看都是缺失的。农产品的反补贴主要倚仗的多边文件是《农业协定》,由于SCM将农产品的补贴与反补贴问题排除在外,只在特定情形下,在WTO争端解决过程中专家组报告或上诉机构裁决会援引SCM来辅助解释《农业协定》中相关概念不清的条款。由于《农业协定》也是临时性锁定谈判成果的已生效多边协定,很多条款都是不清晰的,或者安排上违背了程序公平的正当性,从结果来看也违背了实质公平。SSG也存在这样的问题,关于SSG也是《农业协定》第5条所作的安排,《保障措施协定》所确立的SG也不适用于农产品。

总之,WTO多边协定关于农产品贸易救济的特殊安排或者是不完善的、有失公平的条款,很容易被一些国家滥用,成为其开展贸易保护的重要手段。中国多年来成为外国贸易救济的主要对象国,为此遭受了很大损失。农产品领域遭遇的外国贸易救济也为数不少且在逐年增多。因此,当前中国面临着如何有效防止外国农产品贸易救济滥用的不利情势。

(二)构建对华贸易救济的积极应诉机制

被称为“中国农产品反补贴第一案”的“中国输美暖水虾反补贴调查

案”取得的胜利给我们以深刻启发。2013 年 2 月,美国国际贸易委员会就包括中国在内的 7 国输美暖水虾反补贴案作出初裁,认为产品出口国的补贴对美国同类产业构成损害。同年 5 月 30 日,美国商务部紧接着就反补贴的税率作出初裁裁决,裁定具体税率为 5. 76% 。8 月 14 日,美国商务部的终裁裁决裁定的具体税率为 18. 16% 。在此情况下,作为本案中我国唯一强制应诉企业的湛江国联水产开发股份有限公司立即成立包括中美律师和公司内部反补贴小组共同参加的应诉团队积极应诉,并坚持不懈地全面筹备和据理力争。最终在 2013 年 9 月 20 日,美国国际贸易委员会作出否定性终裁,裁定中国等 5 国输美暖水虾并未对美国国内同类产业构成实质性损害,因此美国商务部的初裁和终裁的具体税率随即作废。①

该案给我们的启示是:在应对外国农产品贸易对华贸易救济领域,应放弃消极怠慢的态度,转而采取未雨绸缪的积极准备。这需要政府联合行业协会,通过信息咨询、引导、帮扶,明确应诉主体,提高其应诉能力。一旦被指控,立即准备应诉。充分利用 WTO 争端程序,维护我国对外贸易经营者、利益相关方以及国家利益。在应诉过程中,应充分发挥对 WTO 相关协定的解释,运用最科学、最专业化的方法解释和应用法律,通过 WTO 争端解决机构的造法功能,引导 WTO 多边规则中一些习惯国际法的形成,进而构建和维护民主、公平公正的宪法化贸易秩序。

(三)防止非市场经济地位问题的后续影响

前文已经做过考察,市场经济地位问题已经成为美国、欧盟要挟和遏制中国的重要策略,尽管目前已有 80 余个国家承认中国的完全市场经济地位,但中国将在相当长的时期内都很难获得欧美等发达国家的市场经济地位认可。② 在“后过渡期”,中国的非市场经济地位问题将依然存在。尽管在反倾销的替代国价格使用方面不复出现,但笔者认为很可能在反

---

① 参见谢岚:《中国农产品反补贴第一案:中方完胜收官》,载《证券日报》2013 年 9 月 27 日。

② 参见刘学文、朱京安:《国际贸易救济中我国非市场经济地位的困境与突围》,载《经济问题探索》2015 年第 4 期。

补贴领域"借尸还魂",而反补贴比反倾销更具复杂性。洛文菲尔德早就作过警告,国际贸易法中,数补贴问题最为复杂和最具争议性。① 因为反补贴的调查对象是一国的政府所制定的经济政策。一旦采用非市场经济地位的认定手段,可能对我国的产业政策造成毁灭性打击,尤其是在对我国占据重要地位、关涉国家粮食安全的农产品领域。

笔者认为,在"后过渡期"即将到来的当口,我国应从如下几个方面应对非市场经济地位问题:

(1)国家应利用此次国有企业改革的机会,进一步完善现有国有农产品贸易经营机构,构建完善的现代企业制度或公司治理结构。规范农产品的出口定价机制。(2)在对外政策方面,应积极争取获得欧盟以及其他发达经济体对中国完全市场经济地位的认定。(3)通过全面研究现有世贸组织成案,充分利用 WTO 争议解决机制,合理地、创造性地解释和运用现有规则,并有效发挥该机制的司法造法技能,促进 WTO 规则公平地应用于中国对外贸易救济实践。(4)国家应鼓励农产品出口企业认真准备材料,参与欧盟等国的单独税率、市场导向型产业、市场经济地位等各类测试。在现有的条件下,做好维权、依法止损十分必要。(5)行业协会应通过科技帮扶、信息咨询、法律服务、协助应诉等,帮助农产品出口经营企业、上游农业生产经营者在应对外国对华农产品贸易救济中扮演积极角色。(6)效仿我国国联水产在美国对华暖水虾产品反补贴案中的绝地反击并取得最终胜利的成功做法,鼓励企业和相关机构做好外国对华各类贸易救济调查的应诉工作,完善应诉中的主体责任、权利保障与政策法律支持。(7)有针对性地对外国农产品实施贸易救济措施,使得外国对华农产品实施保护性贸易救济措施时心怀芥蒂。(8)积极参与多边与区域贸易谈判,将市场经济地位问题作为重要的谈判筹码。通过妥协与让步,至少在一些分歧较大的领域达成一致。争取在区域贸易谈判中将承认中国完全的市场经济地位作为必备前提,实践证明,这对于

---

① See Andreas F. Lowenfeld, *International Economic Law*, 2nd edition, Oxford University Press, 2008, p. 216.

我国在“后过渡期”获得完全市场经济地位的区域性突破大有裨益。

二、完善外国对华农产品贸易救济中的应诉机制

就一国而言,贸易救济调查应该包括两个方面,一方面是本国主管机关对来自外国的进口产品启动贸易救济调查,另一方面是外国主管机关针对本国产品出口启动的贸易救济调查。因此,我国启动农产品贸易救济措施以及应对外国对华农产品贸易救济调查两方面都面临着挑战。

以对华贸易救济调查应诉而言,当前我国农产品领域遭受外国反倾销、反补贴和保障措施调查后应诉不力,使得我国农产品贸易遭遇更多的伤害。目前由于农户分散、农产品生产未形成企业化的经营模式,农业生产合作社组织松散,缺少科学的治理结构,当面对外国反倾销主管机关的调查时难以形成合力,普遍存在“免费搭车”情况。而积极参与应诉是我们据理力争、主张合法权利的重要形式。而且从很多工业品的实证材料来看,企业积极应诉,最后有些案件会获胜;即使外国对华贸易救济调查得出肯定性结论,但积极参与应诉的企业往往会得到特别对待,相比之下不应诉的企业会获得更低的税率。

针对如上问题,具体的完善策略应包括:

1. 通过加强农产品生产与流通体制改革和农业立法的完善,激活多元的权利主体。

具体应做到:第一,促进民营资本进入粮棉油购销体制,改变国营垄断格局,激活市场活力。第二,在农产品进出口贸易领域,国家应通过改革市场准入政策,使国营、民营的企业通过市场竞争,在全国范围内培育几家具有市场竞争力的企业,使其在公平的竞争环境中有实力开展对外贸易活动。第三,通过促进农产品的产业化,改变农业生产与经营相脱节的现状,提高生产企业出口农产品的利益相关性,增强在反倾销等外国调查中积极应诉,提高其代表性。[①] 只有农产品的市场主体

---

① 参见廖良美、冯中朝:《论我国农产品反倾销有效主体的培育问题》,载《农业经济》2005年第12期。

实力得到增强、法律地位得以明确，才能切实提高其维护自身权益、对外表达利益诉求的能力。

2. 加强农产品行业组织建设。

农业行业组织是依法注册成立的民间性、权威性、企业性、服务性和公共性的机构。这些农业行业协会可能聚集了农业产业链各个环节的主体，在政府、农产品经营企业、农户和市场之间起到桥梁作用。目前我国农业行业协会发展较为迅速，发展最多的是作为东部发达省份的浙江。早在2002年，浙江省就建立了500多家行业协会。[①] 我国农业行业协会现在逐渐在全国蓬勃兴起，很多县级行政区域里也开始产生。这些农产品行业协会在农产品贸易救济方面将发挥重要作用。如代表行业积极参与国外贸易救济诉讼、代表行业申请发起贸易救济调查、构建农产品贸易救济预警机制等。

国家应通过立法或者法律修订，鼓励一些农业生产部门或者农业生产者依法建立自治性行业组织，赋予其相关法律权能，增强其对外进行谈判、议价、参与贸易救济等一系列法律行为。日本的农业立法在此方面的做法值得借鉴。并且鼓励行业组织之间进行广泛的交流、合作，增强农产品行业协会的凝聚力，使其在未来的农产品贸易救济中发挥重要作用。

三、构建农产品贸易救济预警指标体系

当前，无论是发达国家还是发展中国家以"公平贸易"为名对华发起的农产品贸易救济（"两反一保"）调查日益增多，围绕农产品的技术性贸易壁垒以及动植物卫生检疫措施愈发严格。因此，中国有必要完善农产品贸易救济预警体系。早在2004年，江苏省就开始利用上海WTO事务咨询中心构建的"贸易救济措施资料库监控预警系统"，对出口美国、欧盟等地区的重点产品提供反倾销预警服务。2006年5月，商务部联合一家行业商会发布《对日出口农产品风险评估报告》，这是我国农产品出口

---

① 参见刘滨、池泽新、陈昭玖、康小兰：《论农产品行业协会的性质与功能》，载《商业研究》2005年第1期。

领域预警体系的起点。2007年底,国务院发布的农民增收意见明确国家将构建大宗农产品贸易救济领域的预警机制。

未来国家应通过立法,构建有关农产品绿色壁垒的预警体系。该预警体系可以降低我国农产品出口市场的风险,及时掌握他国在农产品贸易方面的绿色壁垒信息,引导我国农产品的出口。在预警体系的构建上要充分发挥各个农产品行业组织的牵头和协调作用,架起进、出口国之间的民间合作桥梁。可以由商务部和农业部联合、各个农产品行业组织积极协调、农产品企业主动参与的三方协动预警机制,制定农产品绿色壁垒的预警指标。预警体系的构建在于增加我国农产品出口企业对出口市场透明度的了解,预警系统的建立要合理合法,切不可因为该机制的出台而形成新的贸易壁垒。

农产品绿色壁垒预警机制可以参考由世界卫生组织、世界动物卫生组织与联合国粮农组织三个国际性组织联合发起设立的《全球跨界动物疾病预警系统》,该系统是建立在三大机构预警机制之间的一种协调与合作,其运行机制是依据《国际卫生条例》规定的风险评估标准,对潜在的具有全球意义的食品安全事件进行检测、分析和评估。预警系统的建立可以有效防止全球性农产品安全事件的发生,做到事前预防,进一步延伸对农产品的全球监管,同时也是我国农产品出口获取信息的前台。农产品出口行业和贸易救济预警专门机构创建后的功能表现在:一方面,为我国农产品出口经营决策与风险防范提供充足的数据支持,另一方面,协助农产品生产经营机构改善农产品生产与贸易结构、完善价格形成机制、协助出口企业增强应对外国对华农产品贸易救济调查的能力。

在数字经济时代,搭建基于人工智能和大数据分析的农产品贸易救济预警平台十分必要。尽管商务部建有"中国贸易救济信息网"(http://cacs.mofcom.gov.cn/),但农产品领域的贸易救济预警监测平台并未有效搭建。因此,由各级商务部门联合农业部门、海关部门实施基于人工智能和大数据的农产品贸易救济平台十分必要。未来的预警监测平台能够进行农产品贸易摩擦的智能化信息采集、信息处理、信息评估、信息决策与信息发布。以此为基础,跟进建立各个级别的农产品贸易摩擦预警专家委员会、预警信息区域通报制度、重点企业跟踪与协调制度，势必能收到“有病早发现、药到病除之”的良好效果。

第六节　中国农产品贸易救济法律体系的构建策略

一、进一步完善我国农产品贸易救济立法

WTO 体系中的贸易救济条款本身是多边贸易体系确立的合法例外，通过多边协定分别确立的反倾销、反补贴与保障措施制度本身具有形式正当性，符合程序公平的要求。正因如此，如上制度形成的贸易壁垒被称为“合规性贸易壁垒”。《1994 年反倾销协定》并未禁止倾销行为，是因为出口产品的价格是由私人企业所设定的，本质上是一种企业行为而不是政府行为，而 WTO 涵盖协定只用来调整国家行为而非企业行为。[①] 反倾销、反补贴和保障措施（包括农产品特殊保障措施）本质上都是 WTO 所赋予成员方的一种产业保护的权利。因此，各国均通过立法，各自确立了自己的贸易救济体系。

目前我国也已形成了较为完善的贸易救济法律体系。2001 年 11 月就出台了《反倾销条例》，2002 年 1 月颁布了《反补贴条例》和《保障措施条例》，2004 年 3 月为了更好地履行 WTO 义务，国务院再次对这三部条例作出重要修订，一直适用至今。在农产品贸易救济方面，三部行政法规均未针对农产品作出特别规定，仅有《反倾销条例》第 7 条、《保障措施条例》第 6 条、《反补贴条例》第 7 条作出了基本一致的规定，即对农产品的反倾销、反补贴与保障措施的国内产业损害方面的调查由商务部会同农业部进行。而关于农产品的特殊贸易救济措施，《保障措施条例》并未涉及。也就是说，多数情况下有关农产品的保障措施调查只能适用统一的 SG。目前仅在一些双边协定中规定了对等互惠的 SSG 制度。这种法律

---

① See Nam-Ake Lekfuangfu, “Rethinking the WTO Anti-Dumping Agreement from A Fairness Perspective”, *Cambridge Student Law Review*, Vol. 4, 2008, p. 305.

体系是不够自洽的。据此,笔者提出如下改进建议:

第一,争取尽快将如上三部行政法规列入人大法律修订日程。在三部条例中进一步明确农产品贸易救济的相关规则。如明确贸易救济措施的申请调查主体,构建专业的农产品贸易救济机构,如确立以农业部门为主导的专业性贸易救济机构、农产品贸易预警机构等。

第二,构建与农产品相关的多元主体参与农产品贸易救济、提交证据、表达利益诉求的体制机制,通过立法完善治理视角中农产品的贸易救济法律体系。

二、明确界定农产品贸易救济主体的权利能力与行为能力

有学者将中国的贸易救济概括为四大机构,即分别是政府、社会服务机构、涉农企业、农产品协会或商会。① 这四大机构各司其职,对于农产品贸易救济的发展起到了重要的促进作用。但是,在当前这四类农产品贸易救济主体还存在众多缺陷,构建方略如下。

(一)构建我国农产品的专业贸易救济政府机构

如前所述,我国目前关于农产品的贸易救济,反倾销、反补贴和保障措施三部行政法规仅原则性地明确商务部在涉农产业损害方面会同农业部展开调查。法律并未明确政府机构的主体责任。因此,未来的法律修改应明确调查机关及其职责。要么设立独立的机构,要么由商务部、农业部联合组建农产品贸易救济机构,明确其权责划分,方能有针对性地应对越来越多的农产品贸易救济调查。

(二)政府之外的农产品贸易救济主体的完善策略

1. 我国农产品贸易产业链主体模糊制约了贸易救济的调查申请

当前,中国尚未实现完全的农业现代化,农业生产水平较为落后。而且依赖传统的分散式农业生产模式。自 20 世纪 50 年代以来的“包产到户”开始,我国农村的农业生产主要以家庭承包经营为主,普遍存在的分

---

① 参见马述忠、陈敏:《农产品公平贸易救济体系及其运作绩效实证分析:基于浙江省调查问卷》,载《中国农村经济》2009 年第 1 期。

散农户为中国广大农村最基本的农业生产单位,产品也主要满足于自给自足的需要;后来随着农业技术的发展,产量的增加使一部分余量得以流入市场。尽管“统分结合”的双层经营体制对解放农业生产力、增强劳动积极性起到了很大的作用,但这种模式因缺乏规范化的制度安排,统则不足、分则有余。在新时期尤其在全球农业产业链的背景下,发达国家早已将农业生产过渡到以现代农场为基本生产单位的阶段,而中国的农业生产依然十分分散。以农产品出口来看,包括中国最大的农产品贸易企业中粮进出口有限公司以及国际粮食巨头在内的广大农产品进出口企业,其出口的农产品主要通过采购。而接收采购的粮食生产企业十分分散,甚至包括全国各地出售余粮的大量农户。因此,与工业品相比较,农产品产业链主体模糊是最大的问题。尽管在有些地区也逐渐实现了产业化经营,但仍未突破企业加农户的发展模式,实践中并不能形成利益共同体。[①] 总之,我国的农业生产者由于没有规模性,也较少拥有大型的农业生产企业或者现代农场,加之当前的法律对相关主体的赋权不足,因此在遭遇国外贸易救济时,在应诉、协助调查方面很难形成合力。对于来自国外农产品的不公平竞争行为,也很难找到满足基本比例要求的适格主体代表全产业申请启动反倾销、反补贴或者保障措施调查。这难以保障农产品的公平贸易。

以我国农产品反倾销为例,因涉及的主体十分复杂,可能包括出口国的农场主和牧场主、农产品加工企业、进口农产品加工企业和经营企业、进口国农户、上游供应商、下游消费者等。如2014年包括主粮在内的谷物净出口同比增长86%,外国农产品低价倾销长驱直入我国市场,却很少有主体申请启动反倾销调查。1995年至今仅有为数不多的几起反倾销调查。要么为主要产品生产企业牵头发起,要么由行业协会发起。譬如,近年来比较成功的两起申请调查案例,一起是2009年8月由中国畜牧业协会向商务部提请对从美进口白羽肉鸡实施“双反”调查;另一起是

---

① 参见廖良美、冯中朝:《论我国农产品反倾销有效主体的培育问题》,载《农业经济》2015年第12期。

2005 年 12 月,黑龙江的沃华马铃薯制品有限公司牵头国内 17 家马铃薯淀粉生产企业申请商务部对产自欧盟的马铃薯启动反倾销调查。除此之外,大豆、棉花、食用植物油、食糖等遭受严重倾销的相关产业,国内利益相关产业只能忍气吞声。与此同时,中国遭遇外国对华反倾销调查却十分频繁。据统计,1995 ~ 2012 年,我国农产品对外出口中遭遇外国反倾销调查共计 26 起,其中发达国家 17 起,占比 65.38%。[①]

这种主体缺失是造成当前我国农产品反倾销不利局面的重要原因,但归根结底则是我国并未进行公共利益制度的设定。故很难在反倾销中通过对公共利益的判断,权衡利弊,平衡反倾销中各方的利益。反补贴、保障措施主体的缺乏莫不如此。我国贸易救济主管机关启动贸易救济措施通常需要国内产业的申请。以反倾销为例,根据《反倾销条例》第 13 条的规定,依申请启动的反倾销调查,申请主体包括国内行业或代表国内行业的私人或公共主体。其第 17 条明确,表示支持申请的国内产业支持者要达到过半的总产量。目前我国的农产品生产经营体制过于分散,因此在现实中很难达到申请主体上的比例要求。

2. 中国农产品贸易救济主体的确立策略

未来的农产品公平贸易的实现有赖于明确农产品贸易救济主体。第一,国家应通过完善农业体例、加强政策鼓励等手段,发展现代农业生产体系,鼓励规模化的农产品企业脱颖而出。第二,在现有农业生产主体的基础上,通过鼓励农民积极参加农业生产合作社,完善农业生产合作社的法人主体地位,通过完善财务制度、规范产供销领域的合同体系,使农业生产和农产品贸易走向更加集中化、专业化、科技化的道路。进一步明确农业生产企业对外的行为能力和责任能力。促进其积极参加国际农产品贸易中的谈判、缔约、应诉、起诉能力。第三,强化农产品行业组织的建设和发展。农业协会的建立将能够集中分散的农户,通过集思广益、集体行动,提高对外谈判、缔约与议价能力,也是切实保障农民等生产者利益的

---

① 参见徐艳玲:《中国对进口农产品的反倾销主体缺位及原因分析》,载《对外经贸实务》2014 年第 9 期。

有效手段。

(三)探索在农产品领域用竞争法部分取代反倾销法

竞争法在不同的国家可能存在不同的范畴。在美国,竞争法主要指反托拉斯法(antitrust law);在欧盟,竞争法则包括反垄断法和反不正当竞争法。[①] 而中国与欧盟十分类似。反倾销法与反垄断法具有同源性,反倾销法的核心在于通过削减外来竞争压力以保护国内产业,并不考虑对消费者以及经济效率和生产率之影响。

反倾销主要是针对不公平贸易行为,如价格歧视。而反垄断法规制的行为包括价格歧视在内的更为广阔的内容。价格歧视又可以分为国内价格歧视和越境价格歧视两种。倾销本质上属于同类产品的进口国价格低于出口国价格(又称"正常价值")这一类型的越境价格歧视。因此,两者存在部分的重合。从这个意义上讲,竞争法是反垄断法的组成部分和重要补充,两者具有相同的立法目的和性质。美国早期的反倾销法旨在协助谢尔曼法惩治境外公司掠夺式定价行为。[②] 当然,最近几十年的发展,反倾销与竞争法各成体系,有各自调整的体系。

由于反倾销在近年来越来越发展成为贸易保护主义的工具,国际范围内的一些学者又开始呼吁用竞争法取代反倾销法。麦克米伦(Macmillan)、凯思琳(Kathleen)在1995年就建议在北美自由贸易区范围内实现以反垄断法代替反倾销法。[③] 倾销实际上也是一种企业间的跨国竞争行为,那么在全球范围内适用统一的竞争政策则是最为理想的状态。而且从保护效果来看,竞争法用来保护公平的竞争环境,而反倾销则主要用来保护竞争力不足的国内产业。因此竞争法更符合贸易自由化的价值,而反倾销法则容易成为贸易保护主义的工具。以农产品领域的反倾销而言,构建用竞争法惩治部分外国农产品倾销行为具有一定的现实性和必要性。

---

① 参见朱庆华:《反倾销、贸易保护与公共利益》,中国财政经济出版社2009年版,第205~207页。

② 参见料秀健:《美国对华反倾销法经济学研究:以农产品反倾销为例》,湖南人民出版社2009年版,第43~44页。

③ See Macmillan, Kathleen, "Antidumping: Next on the Trade Agenda", *Canadian Business Economics*, spring 1995, pp. 20–28.

这是因为,全球80%的粮食交易都被控制在ABCD四大农粮巨头[①]手中。这些具有垄断地位的国际粮农巨头为了垄断一国的农产品市场,很可能会采取长期的低价竞争的方式以排挤进口国的国内竞争者,进而达到垄断市场的目的。这些占市场主导地位的农粮巨头作出的价格歧视的破坏力才是最致命的。因此,探索用竞争法来调整主要由此类跨国农产品贸易巨头实施的价格歧视行为,实际上比运用反倾销手段更加合理和有效。

当然,以竞争法完全取代反倾销法是不现实的,但可以采取部分取代的策略。例如,可以在我国《反垄断法》中规定,当跨国公司以内部交易的方式对华出口农产品,其行为若同时符合我国《反垄断法》和《反倾销条例》,即出现两法法条竞合情形时,适用《反垄断法》来调整这一行为。从法律的效力位阶来解释也是合理的,因为《反垄断法》是由全国人大常委会颁布的法律,其效力要高于作为国务院行政法规的《反倾销条例》。此外,更加可行的做法是在自由贸易区、双边贸易协定的框架下直接明文规定排除反倾销规则在其中的适用;但同时在协定中约定将滥用市场主导地位的禁止性规定扩展适用于区域范围或双边安排之中,进而达到以竞争法部分取代反倾销法来调整跨国价格歧视行为的目的。

本章小结

反倾销、反补贴等“公平贸易政策”是多年来为发达国家所广为采用的贸易救济手段。由于公平贸易具有将关注的目标定位在贸易自身所能体现的全球分配正义和与一些发达国家推崇的劳工、环境等价值相联结的贸易保护主义两个向度,在现实实践中常被一些发达国家滥用,使其偏向贸易保护主义的向度。加上WTO现有的有关反倾销、反补贴措施制定不完善,或者本身存在一些难以克服的漏洞,一些条款的设计缺少了作

---

① ABCD四大农粮巨头分别是指ADM,北美食品企业邦吉集团(Bunge)、美国嘉吉公司(Cargill)以及路易达孚公司(Louis Dreyfus)。

为程序公平的正当性价值。加之各国国内立法之中不公平的贸易保护政策,使这些表面上符合 WTO 多边协定的合规性贸易壁垒存在扭曲农产品贸易的重大风险。中国在农产品领域正面临着越来越多的来自发达国家甚至发展中国家的贸易救济调查,农产品贸易受到其负面影响巨大。所以,中国在应对外国农产品贸易救济方面应有所作为。

其一,在对外政策方面,中国在未来农产品全球贸易治理中要树立制度性话语权。积极参加全球性和区域性的多边农产品贸易谈判;有效化解"大区域主义"对我国农产品贸易的可能冲击。积极奉行民主、衡平的公平、对等互惠、贸易自由化、差别性原则等基本立场,以托马斯 · 弗兰克所推崇的程序公平与实质公平相统合的"良法善治"为基本追求目标。

其二,在国内制度安排方面,在现有立法基础上、在治理理论指导下,通过立法和标准推广,构建符合质量安全的农产品市场准入体系,以及构建科学合理、公平正义、绿色环保、永续发展的现代农业补贴体系。通过有效防止外国滥用救济措施、完善应诉机制、构建预警指标体系等,积极做好应对外国农产品贸易救济的准备,同时通过修订法律、规范贸易救济主体等策略构建我国对外农产品贸易救济法律体系。

结　语

近年来轰动世界的以色列籍年轻历史学家尤瓦尔·赫拉利（Yuval Noah Harari）在其所著《人类简史：从动物到上帝》一书中将农业革命誉为“史上最大的骗局”，因为农业革命仅仅扩大了人类可支配的食物总量，但这并不意味着人类拥有了更好的饮食和更加舒适的生活，它反而引发了人口的暴增并培育了一批养尊处优、娇生惯养的精英分子。[1] 因此，农业的发展迥异于工业。农产品的类型是十分有限的，现代农业无论应用何种生产方式和技术，其产品的类型是大体固定的，主要体现为数量上的增加。作为丰富农产品种类的转基因产品尽管在各国得到了不同程度的推广，但由于安全性在科学上的不确定性也引发了全世界范围内的广泛质疑，在各国立法中体现不同的制度安排。因此，现代农业的竞争主要体现在产品增量上的竞争。由于农产品的生产受到自然条件、动植物生长规律的限制，在生产率上也难以体现出很强的竞争优势。故农业生产天然的弱质性决定了各国对于农业倾向于采取保护主义的态度，几成世界通例。国际

① 参见［以色列］尤瓦尔·赫拉利：《人类简史：从动物到上帝》，林俊宏译，中信出版社2014年版，第79页。

农产品贸易一直以来是最不透明、开放程度最低、最难以掌控的贸易领域。这并不是说农产品贸易本身有着多么复杂的操作流程，从商品属性来看，农产品贸易与普通工业品的贸易形式并无二致。但由于农业是第一产业，尤其是发达国家农业所创造的社会价值投射到第二、第三产业，其价值会以倍数增长，因此农业的稳定与安全性关乎一个国家的经济基础。总之，全球化推动了农业生产、贸易与消费等各环节生产要素的跨国界流动，处于全球农产品贸易上游的各国农业生产所具有的基础性、敏感性和安全性特征，决定了下游的农产品贸易可能存在普遍的贸易扭曲和广泛的贸易保护主义。这也使农产品这一国际公共物品面临着治理上的潜在危机。

公平贸易是一种理想化的、尚无统一标准的贸易形态，赋予了贸易以丰富的价值内涵。其发端于一些发达国家内部，并经历了长时间的变化和演进，后来逐渐向国际层面扩展。作为一种理论和政策，公平贸易随着贸易实践的发展延展出两个向度：一是将关注的目标定位在贸易自身所能体现的全球分配正义向度；二是与一些发达国家推崇的劳工、环境等价值相联结的贸易保护主义向度。从这个意义上讲，公平贸易已不是有和无的问题，而是运用什么策略对其进行符合全球分配正义的改造问题。

理想化的国际农产品公平贸易倡导以宪政的国际法为基本路径、符合全球分配正义的全球贸易治理体系的制度演进。这一理念应契合托马斯·弗兰克为国际法和国际制度确立的程序公平和实质公平二分法。为此，笔者通过研判学界对于程序公平与实质公平的认识，认为作为“正当性”（legitimacy）的程序公平包含透明度、权威性、安全性、确定性、一致性、形式有效性和可责性等要素，而作为“衡平”（equity）的实质公平则包含 WTO 争端解决机制中的司法宪法化、特殊与差别待遇原则、对等原则、反向协商一致原则、罗尔斯的“复数正义理论”（按“词典式序列”排列的自由原则、公平的机会平等原则和差别原则），以及哈贝马斯的协商共识与程序主义民主观等要素。[①] 当前由 WTO 所开创的多边贸易体系,因其开启了自由主义国际经济秩序、尽可能地摒弃国际贸易中的单边主义,以及在多边协定中设定了较多的"特殊和差别待遇"条款、非歧视原则和互惠原则,均在很大程度上为全球农产品贸易治理提供了程序公平或实质公平的相关价值要素。但由于当前的农产品全球贸易治理体系深受"威斯特伐利亚主权体系"的影响,因此该体系从整体上并未解决深层次的法律价值疏离问题。这也是导致多哈回合多边贸易谈判进退维谷的重要原因。

当前 WTO 框架下的与农产品多边贸易协定,特别是《农业协定》《多哈回合框架协定》,以及与农产品贸易有紧密关系的《SPS 协定》《TBT 协定》等,通过对谈判难度最大、争议最多的农产品领域的"锁定贸易安排",在一定程度上体现了现有规则的程序公平的正当性要求。但是由于条款模糊,实体规则与程序规则过多偏向于发达国家,实际的实施效用不佳,使如上协定在促进农业贸易自由化与公平贸易方面大打折扣。反倾销行动、反补贴措施以及保障措施三种贸易救济方式的实施,用以防止不公平贸易行为、公平贸易状态下的进口激增或价格下跌。而实践中以发达国家为代表的贸易成员通过不公平的国内贸易安排,特别是反倾销、反补贴、保障措施的调查体现出了很强的贸易保护主义特征。这对于本书所倡导的农产品全球贸易治理框架来说是具有破坏作用的。WTO 有关协定为各国实施技术性贸易壁垒创造了条件,在现实中被一些国家单边性运用,可能造成贸易扭曲。而关于劳工条款的缺失以及现有规则存在的贸易与劳工条款解释上的漏洞,都可能使一些国家做出违背程序公平和实质公平的贸易保护主义行为。这暴露出当前农产品全球贸易治理体系的价值缺陷。综上所述,WTO 规则体系中存在的诸如法律条文的模糊

---

① 罗尔斯所确立的"复数正义理论"有着重要的指导价值,尤其是差别原则的运用,能为公平贸易的法律治理提供衡平的原则性指引;而哈贝马斯的法律商谈理论和程序民主模式可以弥补罗尔斯复数正义理论向全球扩展的不足。两者均可以作为托马斯·弗兰克所言的实质公平的核心要素。关于根据托马斯·弗兰克农产品全球贸易治理宪政的国际法体系中程序公平和实质公平各自的要素划分,详见本书第二章第二节"图 2.2 农产品贸易规则中的公平价值要素示意"。

性、可操作性缺失、透明度不足、权威性和一致性匮乏等体现了现有的农产品多边贸易制度体系在程序公平方面的不足；此外，协商性、贸易民主性、多元主体参与性不足等问题，再次反映出多边贸易规则体系对实质公平的普遍忽视。而以 TPP 为代表的“大区域主义”却快速推进，进一步反映出当前农产品全球贸易治理体系的“碎片化”特征。以“大区域主义”为特色的区域性贸易治理体系进一步撕裂了全球贸易治理的权威性和统一性，WTO 正面临着被边缘化的困境。而各发达经济体的农业补贴立法与政策、国内判例、农产品贸易救济调查实践以及甚嚣尘上的技术性贸易壁垒均呈现出明显的单边主义特征，如设定“非市场经济地位”规则、反倾销中的“归零法”“长臂条款”等，均与多边规则存在广泛的不一致或明显的背反。

公平贸易实质上是一种具有价值偏向性的贸易形态，其内含公平性、对等性等价值。实际上，国际农产品贸易完全可以实现正和博弈。[①] 鉴于当前农产品全球贸易治理体系的混乱，以及法律规则的“碎片化”、单边主义等特征，如要对农产品的公平贸易进行符合全球分配正义的评判，则应将其置于农产品全球贸易治理的框架之中。而全球贸易治理的过程应受制于国际法，其与国际法是一种相互依赖的正相关关系。因此，农产品公平贸易中的“公平”即是要体现国际法中的公平价值，而农产品全球贸易治理的公平进程最终要在国际法的“良法善治”保障下整体推进。托马斯·弗兰克为国际法和国际制度确立了基本的公平标准，即程序公平和实质公平的二分法。故农产品公平贸易与托马斯·弗兰克关于程序公平和实质公平的二分法具有内在的关联。故而，农产品全球贸易治理的公平价值应集中体现为托马斯·弗兰克提出的程序公平与实质公平相统合的“良法善治”。

20 世纪 50 年代以来兴起的以 E. U. 彼得斯曼、丹诺夫、格哈特和黛博拉·凯斯等为代表的国际经济宪法化理论则为国际农产品公平贸易提

① See Joseph E. Stiglitz, *Making Globalization Work*, W. W. Norton & Company, Inc., 2006, p. 99.

供了优良的治理路径。根据黛博拉·凯斯提出的国际经济宪法化的“五层楼”层叠式治理模型,农产品全球贸易治理也可以设定出亚地方的、地方的、国家的、区域的和国际的所谓“五层楼”治理模型。5个治理层次是相互补益、彼此融合的递进式关系。其中,国际治理层次和区域治理层次依赖国际法规范,地方治理层次和亚地方治理层次则依赖国内法规范,而国家治理层次既依赖国际法规范也依赖国内法规范。在这些治理层次之中,农产品全球贸易治理宪政的国际法路径一方面要依赖“全球市民社会”中作为国际法主体的国家、政府间国际组织(包括全球性的和区域性的)、国际公共机构、跨国公司、非政府组织等实体基于各自的利益进行的民主参与,也要确保农产品全产业链中诸如农业生产者(包括农场主、牧场主、普通农户,以及家庭联营实体)、农产品出口商、农产品进口商、国内公共机构,甚至消费者等多元主体的民主参与。另一方面须确保农产品多边贸易规则的适用、裁决案件事实和解释法律中体现衡平的公平,积极提倡WTO围绕个案进行的法律续造,司法造法的宪政主义路径的则是发挥衡平的公平的重要手段。最后,农产品全球贸易治理须以国内法和国际法的联动为基本手段,最根本的就是要通过宪政的国际法予以推进。宪政的国际法确立了个人在国际法中的主体地位,调整的主体超越了传统的国际法主体;在功能层面厘定了个人的基本权利与国家主权权力二元关系的法律边界;在价值层面将个人的价值与人类共通的价值作为本源性和终极性的价值置于重要地位。[①] 通过上述分析我们可以发现,农产品全球贸易治理的制度需求从规范、功能和价值三个层面暗合了宪政的国际法进路。

未来无论是在多哈回合多边贸易谈判、区域或双边贸易谈判之中,还是在争端解决的国际司法程序之中,除了促进农产品贸易治理规则的演进更加符合程序公平的若干要素外,应更多地丰富、完善、整合和引入作为衡平的实质公平的要素价值。如多哈回合谈判于2004年8月1日达

---

① 参见陈喜峰:《宪政的国际法:全球治理的宪政转向》,载《暨南学报》(哲学社会科学版)2013年第1期。

成的“七月套案”(July Package)中的附件A《农业框架协定》,使发展中国家在农业补贴问题上取得了重大进展。这反映了发展中国家通过集体行动将衡平的公平整合进多边贸易谈判所取得的成果。经过发展中国家的共同努力,《农业框架协定》中的诸多不公平条款得以改进,有效地促进了全球分配正义。[①] 全球农业贸易立法、修法、释法过程中应始终秉承通过衡平法的方法实现全球分配正义的理念。农产品全球治理法律体系中公平价值的完善将反作用于成员方的国内法,进而促进国内法对于农业政策与农产品贸易规则的公平性制度安排。

中国在这一进程中有很大的作为空间,应通过积极的法律实践引领农产品全球贸易规则的渐进式制度变迁。法律是一门实践的艺术,“法律实践构成全部法律思考的起点与归宿”,法律实践内含着多元主体有目的的、以法律为规范前提的、融贯情理法的、在显著场域维度实施的互动性社会活动。[②] 未来,中国围绕农产品公平贸易的法律实践应包括:完善农业立法体系,构建科学规范、合规性的农业补贴制度。通过赋予更多的机构以法律人格,提高农产品全球贸易体系中多元主体的民主参与性。此外,在对外政策与全球农产品贸易谈判中树立制度性话语权,奉行民主商谈、价值衡平、对等互惠、贸易自由化、差别原则等基本立场;致力于推动现有多边贸易规则以及国内农业相关立法的透明度、稳定性、一致性、权威性和可责性,促进程序公平之完善;通过司法实践的完善,以博弈、妥协、协商、多元主体民主参与等“良法善治”的现实行动,推进农产品全球贸易治理体系中实质公平的落地生根。

总之,国际农产品公平贸易是一个在全球贸易治理的多边框架下,以宪政的国际法约束和推进的、受“公平价值导向”指引的渐进式制度变迁过程。

---

① 参见何燕华:《多哈回合农业谈判未决议题及前景展望》,载《时代法学》2013年第3期。

② 参见姚建宗:《中国语境中的法律实践概念》,载《中国社会科学》2014年第6期。

参考文献

一、中文著作及译著类

[1][英]安德鲁·朗(Andrew Lang):《世界贸易法律和新自由主义:重塑全球经济秩序》,王缙凌、樊健译,法律出版社2016年版。

[2]车丕照:《国际经济法研究》,法律出版社2015年版。

[3]张玉卿:《张玉卿WTO案例精选:WTO热点问题荟萃》,中国商务出版社2015年版。

[4]刘志云等:《后危机时代的全球治理与国际经济法的转型》,法律出版社2015年版。

[5]褚霞:《贸易救济性质研究》,法律出版社2015年版。

[6]韩立余:《世贸规则与产业保护》,北京大学出版社2014年版。

[7]李春林:《贸易与劳工标准联接的国际政治经济与法律分析》,法律出版社2014年版。

[8]陈辉庭:《世界贸易体制的变革:经济全球化背景下国际法与国内法的联结》,社会科学文献出版社2014年版。

[9]农产品贸易办公室:《2014国际农产品贸易统计年鉴》,中国农业出版社2014年版。

[10][美]约瑟夫·E.斯蒂格利茨、安德鲁·查尔

顿:《国际间的权衡交易:贸易如何促进发展》,沈小寅译,中国人民大学出版社2013年版。

[11][美]约瑟夫·E. 斯蒂格利茨:《让全球化造福全球》,雷达译,中国人民大学出版社2013年版。

[12][美]约翰·H. 巴顿、朱迪斯·L. 戈尔斯坦、蒂莫西·E. 乔思林、理查德·R. 斯坦伯格:《贸易体制的演进:GATT与WTO体制中的政治学、法学和经济学》,廖诗评译,北京大学出版社2013年版。

[13][美]贾格迪什·巴格沃蒂:《贸易保护主义》,王世华、常蕊、郑葵方译,中国人民大学出版社2013年版。

[14][印]阿马蒂亚·森:《正义的理念》,王磊、李航译,中国人民大学出版社2013年版。

[15]于蕾:《国际贸易保护主义中的对华反补贴问题研究》,上海社会科学出版社2013年版。

[16]吴喜梅:《WTO框架下我国农业补贴立法的建构》,法律出版社2013年版。

[17]侯石安:《农业补贴的国际比较研究》,中国财政经济出版社2013年版。

[18]黄东黎、何力:《反补贴法与国际贸易——以WTO主要成员方为例》,社会科学文献出版社2013年版。

[19]张国元:《博弈与协调:WTO的实质内涵与全球贸易治理机制》,法律出版社2012年版。

[20]曾文革:《WTO农产品特殊保障机制(SSM)研究》,武汉大学出版社2012年版。

[21][美]哈特:《法律的概念》(第2版),许家馨、李冠宜译,法律出版社2011年版。

[22][美]约翰·罗尔斯:《作为公平的正义:正义新论》,姚大志译,中国社会科学出版社2011年版。

[23][美]吉尔平:《国际关系政治经济学》,杨宇光等译,上海人民出版社2011年版。

[24]姜作利:《论 WTO 争端解决机制公正裁决理论框架的重构》,载《国际经济法学刊》(第 17 卷第 2 期),北京大学出版社 2010 年版。

[25]姜作利:《论争端解决决策机制公正裁决理论框架的重构——以发展为视角》,载《国际经济法学刊》(第 17 卷第 2 期),北京大学出版社 2010 年版。

[26]黄东黎:《世界贸易组织补贴规则的条约解释》,法律出版社 2010 年版。

[27]艾四林、王贵贤、马超:《民主、正义与全球化:哈贝马斯政治哲学研究》,北京大学出版社 2010 年版。

[28]王玉婷:《WTO 宪政理论研究》,法律出版社 2010 年版。

[29]宋和平:《多哈回合反倾销和反补贴规则谈判研究》,法律出版社 2010 年版。

[30]刘志云:《当代国际法的发展:一种从国际关系理论视角的分析》,法律出版社 2010 年版。

[31][美]约翰·罗尔斯:《正义论》(修订版),何怀宏、何包钢、廖申白译,中国社会科学出版社 2009 年版。

[32][美]约翰·杰克逊:《国家主权与 WTO:变化中的国际法基础》,赵龙跃、左海聪、盛建明译,社会科学文献出版社 2009 年版。

[33]韩立余:《既往不咎:WTO 争端解决机制研究》,北京大学出版社 2009 年版。

[34]王传丽等:《WTO 农业协定与农产品贸易规则》,北京大学出版社 2009 年版。

[35]左海聪:《国际经济法的理论与实践》(第 2 版),武汉大学出版社 2009 年版。

[36]廖秀健:《美国对华反倾销法经济学研究——以农产品反倾销为例》,湖南人民出版社 2009 年版。

[37]沈国兵:《反倾销等贸易壁垒与中美双边贸易问题》,中国财政经济出版社 2009 年版。

[38]朱庆华:《反倾销、贸易保护与公共利益》,中国财政经济出版社

2009 年版。

［39］单一：《WTO 框架下补贴与反补贴法律制度与实务》，法律出版社 2009 年版。

［40］李长健：《中国农业补贴法律制度研究：以生存权与发展权平等为中心》，法律出版社 2009 年版。

［41］胡北平：《世界贸易组织规则体系的公平性分析》，中国金融出版社 2008 年版。

［42］朱京安：《中国外贸法律制度变迁研究》，人民出版社 2008 年版。

［43］马述忠、陈敏：《对华农产品不公平贸易政府行为及救济体系研究》，浙江大学出版社 2008 年版。

［44］李晓玲：《WTO 框架下的农业补贴纪律》，法律出版社 2008 年版。

［45］Jeffrey L. Dunoff：《宪政的幻象：WTO 的“宪法”和国际法的规训》，陈喜峰译，蔡从燕校，载陈安：《国际经济法学刊》第 14 卷第 2 期，北京大学出版社 2007 年版。

［46］王世春：《论公平贸易》，商务印书馆 2006 年版。

［47］何志鹏：《全球化经济的法律调控》，清华大学出版社 2006 年版。

［48］黄志雄：《WTO 体制内的发展问题与国际发展法研究》，武汉大学出版社 2006 年版。

［49］莫世健、史晓丽：《WTO 与公平贸易：现时问题和中国的对策》，人民法院出版社 2006 年版。

［50］［美］约翰·马德莱：《贸易与粮食安全》，熊瑜好译，商务印书馆 2005 年版。

［51］鲁丹萍：《公平贸易战略与案例研究》，人民出版社 2005 年版。

［52］刘志云：《国际经济法律自由化原理研究》，厦门大学出版社 2005 年版。

［53］龚宇：《WTO 农产品贸易法律制度研究》，厦门大学出版社 2005

年版。

[54][英]彼得·斯坦、约翰·香德:《西方社会的法律价值》,王献平译,中国法制出版社 2004 年版。

[55][德]E. U. 彼德斯曼:《国际经济法的宪法功能与宪法问题》,何志鹏、孙璐、王彦志译,高等教育出版社 2004 年版。

[56][美]罗伯特·基欧汉:《局部全球化世界中的自由主义、权力与治理》,门洪华译,北京大学出版社 2004 年版。

[57][美]杰弗里·L. 丹诺夫:《WTO 贸易法公平吗》,载《国际经济法学刊》(第 8 卷),陈延忠译,北京大学出版社 2004 年版。

[58]左海聪:《发展中国家和中国在多哈回合的谈判目标和策略展望》,载《国际经济法学刊》(第 10 卷第 3 期),北京大学出版社 2004 年版。

[59]卢炯星、李文敏:《坎昆会议对农业补贴的争议及我国农业补贴相应对策研究》,载《国际经济法学刊》第 10 卷第 3 期,北京大学出版社 2004 年版。

[60][德]哈贝马斯:《在事实与规范之间:关于法律和民主法治国的商谈理论》(修订译本)童世骏译,生活·读书·新知三联书店 2003 年版。

[61]汪洪涛:《制度经济学:制度及制度变迁性质解释》,复旦大学出版社 2003 年版。

[62][美]约翰·罗尔斯:《作为公平的正义:正义新论》,姚大志译,上海三联书店 2002 年版。

[63]何怀宏:《公平的正义:解读罗尔斯〈正义论〉》,山东人民出版社 2002 年版。

[64]余敏友、左海聪、黄志雄:《WTO 争端解决机制概论》,上海人民出版社 2001 年版。

[65][美]迈克尔·J. 桑德尔:《自由主义与争议的局限》,万俊人等译,译林出版社 2001 年版。

[66]韩立余:《WTO 案例及评析 1995 ~ 1999》(上下),中国人民大

学出版社 2001 年版。

[67]邓志能:《WTO 例外规则:WTO 规则主要漏洞及其争端案例与对策》,广西民族出版社 2001 年版。

[68]张汉林等:《WTO 与农产品贸易争端》,上海人民出版社 2001 年版。

[69][美]诺姆·乔姆斯基:《新自由主义和全球秩序》,徐海铭、季海宏译,江苏人民出版社 2000 年版。

[70]朱京安:《国际货物买卖的法律调整》,中国统计出版社 1997 年版。

[71][美]查尔斯·R. 麦克马尼斯:《不公平贸易行为概论》,陈宗胜、王利华、侯利宏译,中国社会科学出版社 1997 年版。

[72][英]施米托夫:《国际贸易法文选》,赵秀文选译,中国大百科全书出版社 1993 年版。

二、中文期刊(以发表时间倒序排列)

[1]车丕照:《国际经济秩序"导向"分析》,载《政法论丛》2016 年第 1 期。

[2]韩立余:《TPP 国有企业规则及其影响》,载《国家行政学院学报》2016 年第 1 期。

[3]何志鹏:《国际经济法治格局的研判与应对:兼论 TPP 的中国立场》,载《当代法学》2016 年第 1 期。

[4]余楠:《新区域主义视角下的〈跨太平洋伙伴关系协定〉:国际贸易规则与秩序的动态演变及中国之应对》,载《法商研究》2016 年第 1 期。

[5]于亮:《国家在经济、社会和文化权利方面的域外义务》,载《法制与社会发展》2016 年第 1 期。

[6]左海聪:《世界贸易组织的现状与未来》,载《国际法研究》2015 年第 5 期。

[7]胡晓红:《论贸易便利化制度差异性及我国的对策:以部分"丝绸之路经济带"国家为视角》,载《南京大学学报》(哲学·人文科学·社会

科学)2015 年第 6 期。

[8]王彬:《国际议程设置:全球化背景下的法律对话》,载《理论视野》2015 年第 3 期。

[9]刘志云:《国家利益的层次分析与国家在国际法上的行动选择》,载《现代法学》2015 年第 1 期。

[10]赵骏:《全球治理视野下的国际法治与国内法治》,载《中国社会科学》2014 年第 10 期。

[11]余劲松:《公开透明制度建设与国家治理现代化》,载《法制与社会发展》2014 年第 5 期。

[12]程大为:《全球贸易治理中多边主义、诸边主义和大区域主义的比较与选择》,载《经济纵横》2014 年第 4 期。

[13]陈斌彬:《WTO“蓝箱”规则改革的新进展及我国的对策》,载《现代法学》2014 年第 2 期。

[14]何燕华:《多哈回合农产品市场准入谈判困境及中国策略选择》,载《社科纵横》2014 年第 1 期。

[15]刘翀:《德沃金的建构性解释与反思平衡》,载《河南科技大学学报》(社会科学版)2014 年第 1 期。

[16]张建:《日本自贸协定战略动向与 TPP 问题分析》,载《国际观察》2014 年第 5 期。

[17]张国清:《罗尔斯难题:正义原则的误读与批评》,载《中国社会科学》2013 年第 10 期。

[18]王瑷媛:《中国需要公平贸易》,载《生产力研究》2013 年第 9 期。

[19][德]E. U. Petersmann:《国际贸易中多层司法治理的法治与正义理念》,王朝恩译,载《东方法学》2013 年第 5 期。

[20]左海聪、范笑迎:《WTO 宪政化:从“司法宪法论”到“贸易民主论”》,载《当代法学》2012 年第 4 期。

[21]史学瀛、胡熙龙:《国际公约背景下我国农民权实现的对策分析》,载《农业环境与发展》2012 年第 4 期。

[22]席桂桂、陈水胜:《精致的公平?奥巴马公平贸易观与对华贸易政策》,载《美国问题研究》2012 年第 2 期。

[23]林波:《反倾销反补贴的双向措施操作与现实指向》,载《全球化与中国》2012 年第 2 期。

[24]季卫东:《法律体系的多元与整合——与德沃金教授商榷解释方法论问题》,载《清华法学》2012 年第 1 期。

[25]于津平:《国际贸易新格局与全球贸易治理》,载《南开学报》(哲学社会科学版)2012 年第 1 期。

[26]何力:《TPP 与中国的经济一体化法动向和对策》,载《政法论丛》2011 年第 3 期。

[27]何志鹏、孙璐:《贸易公平与国际法治:WTO 多哈回合反思》,载《东方法学》2011 年第 2 期。

[28]何志鹏、孙璐:《以自由促进发展:国际经济法治的价值尺度》,载《法治研究》2011 年第 2 期。

[29]王秀梅:《国际宪政思潮的兴起与国际法"宪法化"趋势》,载《法律科学》(西北政法大学学报)2011 年第 2 期。

[30]陈利强、茅友生:《美国贸易政策制定的宪政体制论》,载《法律科学》(西北政法大学学报)2011 年第 2 期。

[31]李清亮、海闻:《从维护公平贸易到变相贸易保护——世界反倾销的兴起与发展》,载《国际经济评论》2011 年第 3 期。

[32]曲如晓、赵方荣:《公平贸易:问题与挑战》,载《黑龙江社会科学》2010 年第 2 期。

[33]税尚楠:《世界农产品市场和贸易环境的新变化及中国面临的挑战》,载《农业经济问题》2010 年第 6 期。

[34]余劲松、李长健:《论我国农业补贴制度的和谐构建(上)——基于生存权与发展权平等的理论逻辑》,载《法学评论》2009 年第 1 期。

[35]余劲松、李长健:《论我国农业补贴制度的和谐构建(下)——基于生存权与发展权平等的理论逻辑》,载《法学评论》2009 年第 2 期。

[36]陈安:《论中国在建立国际经济新秩序中的战略定位——兼评

“新自由主义经济秩序”论、“WTO宪政秩序”论、“经济民族主义扰乱全球化秩序”论》,载《现代法学》2009年第2期。

[37]钟付和:《宪政式制衡还是多边化制度下的均衡?——基于结构与功能关系的WTO动态分析模型》,载《现代法学》2009年第4期。

[38]曲如晓、赵方荣:《国际公平贸易运动 :一个南北贸易的新潮流》,载《国际贸易问题》2009年第10期。

[39]马述忠、陈敏:《农产品公平贸易救济体系及其运作绩效实证分析——基于浙江省调查问卷》,载《中国农村经济》2009年第1期。

[40]郑显华:《WTO“公平贸易原则的例外”对我国的影响及对策》,载《广西社会科学》2009年第2期。

[41]曲如晓、赵方荣:《国际公平贸易运动:一个南北贸易的新潮流》,载《国际贸易问题》2009年第10期。

[42]刘冲:《农产品出口利益维护的公平环境选择》,载《山西财经大学学报》2009年第1期。

[43]赵艳敏:《WTO农产品出口补贴反规避规则分析》,载《世界贸易组织动态与研究》2009年第7期。

[44]赵艳敏:《WTO〈农产品协定〉的适用缺陷及我国对策》,载《安徽警官职业学院学报》2009年第5期。

[45]尤宏兵:《中国企业应对国外反倾销三步曲》,载《国际经贸探索》2008年第8期。

[46]向前、左海聪、王鸿喜:《WTO合法外衣下贸易保护主义的利器:日本保障措施制度及其对策》,载《国际贸易》2007年第7期。

[47]马述忠:《农产品公平贸易标识及其潜在收益与获取条件》,载《世界农业》2007年第9期。

[48]马述忠:《农产品不公平贸易政府行为的市场动力及耦合机制研究》,载《国际贸易问题》2007年第10期。

[49]李轩:《西方新贸易保护主义理论述评》,载《当代经济研究》2007年第5期。

[50]蔡春林:《规则的背后:美国对华实施首次反补贴调查剖析》,载

《国际贸易问题》2007 年第 6 期。

[51]李轩:《西方新贸易保护主义理论述评》,载《当代经济研究》2007 年第 7 期。

[52]陈安:《南南联合自强五十年的国际经济立法反思:从万隆、多哈、坎昆到香港》,载《中国法学》2006 年第 2 期。

[53]朱京安:《我国绿色壁垒的制度缺位及西方国家的立法趋向分析》,载《甘肃政法学院学报》2006 年第 6 期。

[54]汪琦:《WTO 框架下美国运用"合规性"贸易壁垒对农业的策略性保护》,载《河北农业大学学报:农林教育版》2006 年第 3 期。

[55]汪琦:《WTO 框架下美国运用"合规性"贸易壁垒的产业分布特点及内在原因分析》,载《亚太经济》2005 年第 4 期。

[56]汪琦:《WTO 框架下美日运用"合规性贸易壁垒"实行农业策略性保护的异同》,载《国际贸易问题》2005 年第 11 期。

[57]李思恒:《从乌拉圭回合〈农业协定〉到多哈回合〈农产品框架协议〉》,载《中国粮食经济》2005 年第 11 期。

[58]帅传敏:《调控农产品贸易的重要政策工具:国营贸易企业在农产品贸易中的作用与启示》,载《国际商务》2005 年第 10 期。

[59]赵学清、杨旭:《公平贸易中的补贴、反补贴与竞争》,载《河北法学》2005 年第 5 期。

[60]韩高举:《多哈农业框架协议与"新蓝箱"政策》,载《世界农业》2005 年第 7 期。

[61]农业部农产品贸易办公室:《坎昆会议回顾:建立以市场导向的农产品贸易体系,促进全球农产品公平贸易》,载《世界农业》2004 年第 1 期。

[62]谢海霞:《从竞争法角度看反倾销法律制度》,载《河北法学》2004 年第 3 期。

[63]田丰、张美荣:《WTO 是否实现了公平贸易》,载《中国社会科学院研究生院学报》2004 年第 4 期。

[64]董瑾、周芙蓉:《"补贴与反补贴"问题与"公平贸易"分析》,载

《北京理工大学学报》(社会科学版)2004 年第 1 期。

[65]余劲松:《经济全球化与国际经济法》,载《法学家》2003 年第 3 期。

[66]吴云翔、叶明华:《从自由贸易走向公平贸易:80 年代美国贸易政策转向及其原因》,载《求实》2003 年第 11 期。

[67]曲建忠:《论当今国际贸易中的不平等交换》,载《世界经济与政治论坛》2002 年第 5 期。

[68]黄进:《公平贸易公平吗?》,载《大经贸》2001 年第 6 期。

[69]徐淑萍:《试论当代欧美反倾销法的贸易保护主义功能》,载《政法论坛》2001 年第 1 期。

[70]朱京安:《对华反倾销狂潮:特征、危害、成因及法律对策》,载《社会科学家》1996 年第 2 期。

[71]程宝库:《论 GATT 国际农产品贸易体制的危机与出路》,载《世界经济》1992 年第 1 期。

三、学位论文(以提交时间倒序排列)

[1]李淑静:《多哈回合农业议题谈判与中国对策》,对外经济贸易大学 2014 年博士学位论文。

[2]徐文丽:《墨西哥绿色革命研究(1940 ~ 1982 年)》,南开大学 2013 年博士学位论文。

[3]张晓京:《WTO 与粮食安全:法律与政策问题》,武汉大学 2013 年博士学位论文。

[4]唐仙丽:《WTO 框架下农产品贸易促进法律制度研究》,西南政法大学 2012 年博士学位论文。

[5]毕占天:《稀土国际贸易公平价格机制研究》,江西财经大学 2012 年博士学位论文。

[6]邓晓馨:《贸易摩擦多主体协调机制理论与实践研究》,辽宁大学 2012 年博士学位论文。

[7]刘衡:《国际法之治:从国际法治到全球治理》,武汉大学 2011 年

博士学位论文。

[8]周灏:《中国遭受反倾销的影响因素及贸易救济体系研究》,华中农业大学 2011 年博士学位论文。

[9]胡俊:《美国对华农产品反倾销贸易救济经济效果分析——基于第三国市场的视角》,南京农业大学 2011 年博士学位论文。

[10]帅建林:《中美贸易摩擦治理研究》,西南财经大学 2010 年博士学位论文。

[11]张华:《贸易保护背景下的农产品反倾销及其应对研究》,浙江大学 2009 年博士学位论文。

[12]高京平:《巴西"三农"现代化历史进程及其引发的思考——兼谈对中国"三农"现代化发展的启示》,天津师范大学 2008 年博士学位论文。

[13]赵艳敏:《农产品出口补贴法律问题研究》,苏州大学 2008 年博士学位论文。

[14]宿晓:《国际正义与全球正义辨:以罗尔斯和博格为参照》,吉林大学 2006 年博士学位论文。

[15]孙立文:《WTO〈反倾销协议〉改革:政策和法律分析》,武汉大学 2005 年博士学位论文。

[16]刘昭吟:《在全球化中绽放:从蝴蝶兰跨界商品链探讨台湾出口农业的全球化》,台湾大学 2005 年博士学位论文。

[17]李本:《WTO 框架下的补贴与反补贴协定研究》,华东政法学院 2004 年博士学位论文。

[18][法]Dr. PHO Daniel:《反倾销法与公平贸易研究》,西南政法大学 2003 年博士学位论文。

[19]朱晓勤:《世贸组织与市场准入有关的环境措施法律问题研究》,厦门大学 2003 年博士学位论文。

[20]陆效龙:《公平交易法比较研究》,武汉大学 1993 年博士学位论文。

四、外文著作(以出版时间倒序排列)

[1]Dominic Coppens, *WTO Disciplines on Subsidies and Countervailing Measures: Balancing Policy Space and Legal Constraints*, Cambridge: Cambridge University Press, 2014.

[2]April Linton, *Fair Trade from the Ground up: New Market for Social Justice*, Seattle: University of Washington Press, 2012.

[3]Indira Carr, *International Trade Law*, 4th ed., London and New York: Routledge Cavendish, 2010.

[4]Geoff Moore, *Fairness in International Trade*, New York: Springer Science + Business Media B. V., 2010.

[5]Joseph H. Carens, *Culture, Citizenship, and Community: A Contextual Exploration of Justice as Evenhandedness*, Oxford: Oxford University Press Inc., 2010.

[6]David A. Lynch, *Trade and Globalization: An Introduction to Regional Trade Agreements*, Plymouth: Rowman & Littlefield Publishers, Inc., 2010.

[7]Amartya Sen, *The Idea of Justice*, Cambridge, Mass.: Belknap Press/Harvard University Press, 2009.

[8]Ricardo Meléndez-Ortiz, Christophe Bellmann, Jonathan Hepburn, *Agricultural Subsidies in the WTO Green Box*, Cambridge: Cambridge University Press, 2009.

[9]Wieslaw Kubiak, *Proportional Optimization and Fairness (Volume 127)*, New York: Springer Science + Business Media, LLC, 2009.

[10]Douglas A. Irwin, *Free Trade under Fire*, 3rd edition, New Jersey: Princeton University Press, 2009.

[11]Patrick Love, Ralph Lattimore, *International Trade: Free, Fair and Open?*, OECD, 2009.

[12]Valentine M. Moghadam, *Globalization and Social Movements*

Islamism, Feminism, and the Global Justice Movement, Plymouth: Rowman & Littlefield Publishers, Inc., 2008.

[13] Marc Sidwell, *Unfair Trade*, London: Adam Smith Institute, 2008.

[14] Ariadna Estévez, *Human Rights and Free Trade in Mexico: A Discursive and Sociopolitical Perspective*, New York: Palgrave Macmillan™, 2008.

[15] Razeen Sally, *New Frontiers in Free Trade: Globalization's Future and Asia's Rising Role*, Washington: CATO Institute, 2008.

[16] Natalie Goldstein, *Globalization and Free Trade*, New York: Facts on File, Inc., 2007.

[17] Ulf Linderfalk, *On The Interpretation of Treaties: The Modern International Law as Expressed in the* 1969 *Vienna Convention on the Law of Treaties*, Dordrecht: Springer, 2007.

[18] Christine Breining-Kaufmann, *Globalisation and Labour Rights: The Conflict between Core Labour Rights and International Economic Law*, Portland: Hart Publishing, 2007.

[19] Jacqueline DeCarlo, *Fair Trade*, Oxford: Oneworld Publications, 2007.

[20] Anwar Shaikh, *Globalization and the Myths of Free Trade: History, Theory and Empirical Evidence*, New York: Routledge, 2007.

[21] Joseph E. Stiglitz, Andrew Charlton, *Fair Trade for All: How Trade Can Promote Development*, New York: Oxford University Press, 2007.

[22] Anthony Carty, *Philosophy of International Law*, Manchester: Edinburgh University Press, 2007.

[23] Daniel Jaffee, Laura T. Raynolds, Douglas Murray, and John Wilkinson, eds., "Fair Trade: The Challenges of Transforming Globalization", *Agriculture and Human Values*, New York: Routledge Press, 2007.

[24] Thomas J. Biersteker, Peter J. Spiro, Chandra Lekha Sriram, and Veronica Raffo, *International Law and International Relations: Bridging*

Theory and Practice, New York: Routledge Press, 2007.

[25] Philip Bentley, Aubrey Silberston, *Anti-dumping and Countervailing Action: Limits Imposed by Economic and Legal Theory*, Cheltenham: Edward Elgar Publishing Limited, 2007.

[26] Jacqueline DeCarlo, *Fair Trade: A Beginners's Guide*, Oxford: Oneworld Publications, 2007.

[27] Marc Sidwell, *Unfair Trade*, London: Adam Smith Research Trust, 2007.

[28] Americo Beviglia Zampetti, *Fairness in the World Economy: US Perspectives on International Trade Relations*, Cheltenham: Edward Elgar Publishing Limited, 2006.

[29] Jean-Pierre Dormois, Pedro Lains, *Classical Trade Protectionism* (1815 – 1914), London and New York: Routledge, 2006.

[30] John H. Jackson, *Sovereignty, the WTO and Changing Fundamentals of International Law*, New York: Cambridge University Press, 2006.

[31] Joseph E, Stiglitz, *Making Globalization Work*, New York: W. W. Norton & Company, Inc., 2006.

[32] Daniel W. Drezner, *U. S. Trade Strategy: Free Versus Fair*, New York: Council on Foreign Relations ®, Inc., 2006.

[33] Clyde & Co., King & Spalding, *World Trade: Cancun, Hong Kong and Beyond: A Review of Current WTO Regulations and Practice*, London: GMB Publishing Ltd., 2006.

[34] Geraint Howells, Hans-W, Micklitz and Thomas Wilhelmsson, *European Fair Trading Law: The Unfair Commercial Practices Directive*, Hampshire: Ashgate Publishing Limited, 2006.

[35] Asif H. Qureshi, *Interpreting WTO Agreements: Problems and Perspectives*, Cambridge: Cambridge University Press, 2006.

[36] Jonathan Reuvid, *World Trade: Cancún, Hong Kong and Beyond-*

A Review of Current WTO Regulations and Practice, London: GMB Publishing Ltd. ,2006.

[37]M. Ataman Aksoy, John C. Beghin, *Global Agricultural Trade and Developing Countries*, Washington: The World Bank, 2005.

[38]Deborah Z. Cass, *The Constitutionalization of the World Trade Organization: Legitimacy, Democracy, and Community in the International Trading System*, Oxford: Oxford University Press, 2005.

[39]Federico Ortino, *Basic Legal Instruments for the Liberalisation of Trade*, Portland: Oxford and Portland Oregon, 2004.

[40]F. H. Erbisch, K. M. Maredia, *Intellectual Property Rights in Agricultural Biotechnology*, 2nd ed. , Wallingford: CABI Publishing, 2004.

[41]Brink Lindsey, Daniel J. Ikenson, *Antidumping Exposed: The Devilish Details of Unfair Trade Law*, Washington D. C. : Cato Institute, 2003.

[42]Candido Tomas Garcia Molyneux, *Domestic Structures and International Trade: The Unfair Trade Instruments of the United States and the European Union*, Oxford: Hart Publishing Ltd. ,2001.

[43]John Rawls, *Justice as Fairness: A Restatement*, London: the Belknap press of Harvard University Press, 2001.

[44]Hoekman, Bernard and Michel Kostecki, *The Political Economy of the World Trading System: the WTO and Beyond*, Oxford: Oxford University Press, 2nd edition, 2001.

[45]Gordon Smith, Moisés Nairn, *Altered States: Globalization, Sovereignty, and Governance*, Ottawa: International Development Research Centre, 2000.

[46]Russell Hardin, *Liberalism, Constitutionalism, and Democracy*, Oxford: Oxford University Press, 1999.

[47]Brian Gardner, *European Agriculture: Policies, Production and Trade*, New York: Brian Gardner, 1996.

[48]Jürgen Habermas, *Between Facts and Norms: Contributions to a Discourse Theory of Law and Democracy*, Translated by William Rehg, Cambridge: The MIT Press, 1996.

[49]Thomas M. Franck, *Fairness in International Law and Institutions*, Oxford: Oxford University Press, 1995.

[50]*A Treatise on Social Justice Volume* Ⅱ: *Justice as Impartiality*, Oxford: Clarendon Press, 1995.

[51]John Rawls, *A Theory of Justice*, Cambridge, Massachusetts: Belknap Press of Harvard University Press, 1971.

[52] Johnson, H. G, *Economic Policy toward Less Developed Countries*, Washington D. C.: Brookings Institution, 1967.

[53]W. Pöpke, *International Order and Economic Integration*, Translated by Trinks, G. E., Taylor, J., Käufer, C., Springer Netherlands, 1959.

五、外文期刊(以发表时间倒序排列)

[1]Hugh Goodday, "Reciprocity: Fair Trade or Free Trade? Challenging American Electricity Regulation under NAFTA", *Dalhousie Journal of Legal Studies*, Vol. 23, 2014.

[2]Paulette L. Stenzel, "Mainstreaming Fair Trade and Resulting Turmoil: Where Should the Movement Go from Here?", *William & Mary Environmental Law and Policy Review*, Vol. 37, 2013.

[3]Jie Lin & Yunfeng Wu, "Sino-Japanese Agricultural Trade Friction Analysis and China's Countermeasures", *Business and Management Research*, Vol. 2, No. 4, 2013.

[4]Stenzel, Paulette L, "Mainstreaming Fair Trade and Resulting Turmoil: Where Should the Movement Go from Here?", *William & Mary Environmental Law and Policy Review*, Vol. 37, (2012 – 2013).

[5]Wei Shi, "Globalization and Indigenization: Legal Transplant of a

Universal TRIPS Regime in a Multicultural World" ,*American Business Law Journal*,Vol. 47(3) ,2010.

[6]Andrew Lang and Joanne Scott, "The Hidden World of WTO Governance" , *The European Journal of International Law*, Vol. 20 no. 3,2009.

[7]Nam- Ake Lekfuangfu, " Rethinking the WTO Anti-Dumping Agreement from a Fairness Perspective" , *Cambridge Student Law Review*, Vol. 4,2008.

[8]Darryl Reed,"What do Corporations have to do with Fair Trade? Positive and Normative Analysis from a Value Chain Perspective" ,*Journal of Business Ethics*,Vol. 86,2008.

[9]Stencel,John, "Free Trade versus Fair Trade" ,*Denver Journal of International Law and Policy*,Vol. 36(2007 -2008).

[10]Frank J. Garcia, " Global Justice and the Bretton Woods Institutions" ,*Journal of International Economic Law*,Vol. 10,No. 3,2007.

[11]Narlikar,Amrita, "Fairness in International Trade Negotiations: Developing Countries in the GATT and WTO" , *World Economy*,Vol. 29 (8),2006.

[12]Kym Anderson,Will Martin, "Challenges Facing the WTO Hong Kong Ministerial Conference" ,*Intereconomics Volume* 40,Issue 6,2005.

[13]Cody A. Thacker,"Agricultural Trade Liberalization in the Doha Round: The Search for a Modalities Draft" , *Georgia Journal of International and Comparative Law*,Vol. 33,2005.

[14]Patrick A. Messerlin, "China in the World Trade Organization: Antidumping and Safeguards" ,*The World Bank Economic Review*,Vol. 18, 2004.

[15]"Unfair Trade-Mexico's Agriculture Crisis: How Free Trade,the United States and Transnational Corporations Made It Happen" , *A Special Report*,Washington,D. C. November 2003.

[16] Cora Dankers, "Environmental and Social Standards, Certification and Labelling for Cash Crops", Food and Agriculture Organization of the United Nations, Rome, 2003.

[17] Holly Cullen, "The Role of History in Thomas Franck's Fairness in International Law and Institutions", *European Journal of International Law*, Vol. 4, 2002.

[18] Steven M. Suranovic, "A Positive Analysis of Fairness with Applications to International Trade", *The World Economy*, Vol. 23, Issue 3, 2000.

[19] Francis G. Rushford, "The Countervailing Duty and Antidumping Duty Laws: A Limited Solution?", *New England Law Review*, Vol. 22, 1987.

[20] Rushford, Francis G, "Countervailing Duty and Antidumping Duty Laws: A Limited Solution", *New England Law Review*, Vol. 22 (1987 - 1988).

[21] Holscher, Marvin L, "Nebraska's Fair Trade Act", 35 *Nebraska Law Review*, Vol. 35 (1955 - 1956).

后　记

我热爱写作，自初中开始就研习诗、词、散文的创作，课业之余常舞文弄墨，乐在其中。这一爱好坚持了十多年，其间在各种报纸、期刊、文集上发表文学作品数十篇。在大学期间，我又喜欢上了学术研究。多年来在冷板凳上的煎熬，让我深感学术写作与文学创作有很大不同。首先，文学创作更注重想象力，语言可以天马行空、肆意挥洒；而学术写作更注重学术规范，无须做太多文字上的修饰和华丽词句的堆砌，要的是精确和富有逻辑性。其次，学术写作是需要发现问题、解决问题的，因此需要做到有理有据，写作过程也要充分展示作者的推理过程，因此难度甚大。近年来，我基本中断了自己的文学爱好，将精力集中在学术研究上，但越写越觉得沉重。“究天人之际，通古今之变，成一家之言”（司马迁《报任安书》）似乎是吾辈之梦想，怎奈自己枉矢哨壶、志大才疏，想探幽发微、成惊世之语，时不可逢。索性尽力而为，虽倚窗爬格、日夜奋战、心力交瘁，于万千语中偶有一得，则喜不自胜。《国际农产品公平贸易法律治理研究》一书是以我同名博士论文为基础，工作后经全面修订完成的法学学术专著，是我对多年求学生涯交出的一份答卷。本书属于我主持的国家社科基金一般项目[18BFX213]阶段性研究成果、中国法学会部级法学研究课题[CLS(2017)D184]结项为优秀之后期资助成果、中国博士后科学基金第66批面上资助《国际贸易数字化转型的法律因应研究》(编号:2019M663954XB)阶段性成果、中国国际贸易促进委员会陕西省分会委托课题"中国(陕西)自贸区农业国际合作法律保障机制研究"之阶段性研究成果、西北政法大学"一带一路"发展战略重大国际法问题研究青年学术创新团队成果。

转眼之间,我从母校南开大学完成博士研究生学业已三年有余。从我的另一所母校贵州大学完成硕士研究生学业已有十一年。其中,南开大学的三年求学时光是我人生中最美好的回忆。优美的校歌在我脑海中不时回荡:"渤海之滨,白河之津,巍巍我南开精神。汲汲骎骎,月异日新,发煌我前途无垠。美哉大仁,智勇真纯。以铸以陶,文质彬彬……"母校底蕴优厚、学风优良,在那里我受到了更加精深的国际法学专业训练,成为我学术生涯的一个重要起点。南开大学的国际法学素有传统,国际法学名家高尔森先生在20世纪80年代中期就在南开大学开始了国际经济法的教学研究工作,1995年创办国际经济法研究所并担任首任所长,躬耕数十年,主编了我国第一本国际税法学教材,对国际经济法学作出了开拓性的贡献。先生为南开大学国际法学树立了一个精神标杆,作为一名南开法律人,我有志于传承高先生的精神。

此时此刻,有太多人需要感谢。首先我要感谢与本书有莫大关联的南开大学法学院的师长们。能够有幸在而立之年进入我梦寐以求的南开大学攻读博士学位,得益于我的博士生导师朱京安教授的垂青。先生与我的父亲同龄,"一日为师,终身为父",三年的教诲使我如坐春风。先生从教经历丰富、学养深厚、爽朗豁达,对学生关心和爱护备至。他所开设的国际贸易法课程讲授精深,如抽丝剥茧般,全方面启发学生的睿思。本书从选题、立意、完成到答辩通过,承蒙先生的指导和帮助,可以说,本书的面世渗透着先生的心血。在本书出版之际,先生拨冗为序,我将收藏这份温情与感动。在我攻读博士期间,时任法学院院长的左海聪教授的言传身教也让我受益终生。先生所开设的专业课程引领我走进以前没有接触的前沿领域，让我比较全面、系统地研习了杰克逊、彼德斯曼、凯斯等人的思想。本书中关于国际经济法宪法化、制度性话语权的论证直接受益于先生的训练。史学瀛教授开设的国际环境法等课程让我深受教益，尤其是在碳排放权交易问题上的训练为我打下了较为扎实的理论基础，使我对贸易与环境交叉法律问题有了更新的认识。印象中，程宝库教授的授课总是娓娓道来、循循善诱，他启发式的授课方法会激发学生不断的思考和追问，先生对我学业上的指导和帮助，令我感激于心。许光耀教授是一位醉心于学术的老师，他所推崇的解释学研究路径将是我未来需要重点弥补的"短板"。坦率的指正、鞭辟入里的点评总是让人受益无穷。石巍教授对我的期许、勉励和他为人为学的精神让我深受教益。我还要感谢读博期间指导、帮助过我的唐颖侠副教授、阎愚副教授，以及李炳通、沈宝庆两位老师。

本书的顺利出版，得益于西北政法大学学术著作出版资助经费、国际法学科建设经费的共同资助。我要郑重感谢王瀚教授，作为法学名家、我校国际法学科带头人，也是我博士后合作导师，先生虽事务繁忙，但不遗余力地关心青年教师的成长，多次悉心指导、鼓励和培养，使我在最快的时间里融入国际法的相关学术梯队，并进一步明确了自己的学术方向。能在学术生涯中聆听先生的教诲，实为此生莫大的荣幸！感谢国际法学院前任书记姜晰先生，以及现任书记李立先生、院长刘亚军教授，他们为人和蔼，关心青年教师的成长，在科研、教学、生活中都给予我无微不至的关怀与帮助，让我在较短的时间里获得进步和成长。西北政法大学科研处副处长王玉兰老师在本书出版中帮助联系出版社并多次催促书稿进度，在我科研生涯中给予多次的鼓励、帮助和支持，在此深表谢意。与本书的写作相关，我要特别向吉林大学何志鹏教授诚致敬意。何老师的著作对本书影响深远，本书引用何老师著作之处不胜枚举。在写作本书过程中，我曾纠结于一篇重要外文文献中"equity as fairness""equity fairness""legitimacy fairness""legitimacy as procedural fairness""the legitimacy-as-fairness view""equity-based fairness"几个词组的翻译，百思不得其解。最后我夤夜写信请教，在次日凌晨五点多就收到何老师的回信,对我的疑惑予以热心解答,使我茅塞顿开。这让我无比的感动,同时也感佩于他的勤奋。

潘俊武、张光、刘萍、王秀梅、徐乃斌、孙尚鸿、周景安、樊林波几位教授给予我教学、科研上的指导和帮助,也让我深受其益。吕江副教授将我纳入他牵头的"一带一路"发展战略重大国际法问题研究青年学术创新团队,在本书出版过程中吕老师多次与学校、出版社联系沟通、推进出版进度,多有助力,对此我深表谢意。我的同事王聪、包祎、廖向红、师怡、白艳、罗玲聪、庾国庆、杨蔚林、马海涛、田苗、樊启荣、王泽林、张超汉、王兆平、张望平、尹海新、宋瑞琛、张毓慧等老师,也给予我教学、科研等方面很多帮助和支持,平日里的探讨也让我受益颇深。国际法学专业硕士研究生王睦然同学通读了书稿,修正了一些语句中的缺漏和语法上的错误,在此表示感谢。

在宿迁学院的五年教学生涯中,我人生的第一位顶头上司、苏州大学援建领导、法政学院首任院长吴奇俊先生令人难忘。吴先生于我不是师长却胜似师长,在我从一名研究生完成向大学教师的职业转换中,他成为我最重要的领路人。他关心青年教师的成长,通过督促听课、打气谈心等一系列方式,让我知道如何做好一名认真负责的人民教师、如何站稳讲台并讲好每一门课程。可惜的是,2015 年年底吴先生因胃癌晚期,于病痛中驾鹤西游,我没有来得及在他辞世之前看望他最后一眼,心中无限遗憾。我将从内心铭记这位可敬可爱的领导,他对我的鼓励、帮助、教诲以及我辞职赴津读博时的殷殷送别,都使我终生难忘。如今天人永隔,唯愿他在天之灵安息。我还要感谢在宿迁工作时给予我关心、照顾,与我共同奋战过的宋继碧、尹维达、卞开宏、钟金仟、夏常宝、常志伟、戴仁卿、宋静诸位同事。其间与外聘教师、原枣庄学院"墨学"研究专家孙卓彩教授的忘年交,让我受到全面的人生启迪。与他们的交流丰富了我的人生阅历和学术视野。

在 2001 年至 2008 年长达七年的时光里,我在另一所母校贵州大学先后完成本科、硕士研究生学业,度过了人生最美好的青春年华,也尝尽了生活的酸甜苦辣。感谢培养我的硕士生导师魏红教授,当年正是在她的严格要求和“逼迫”下,我参与了不少的课题,并认真撰写了多篇专业论文,培养了我的学术思维和科研能力。感谢赵少群教授,她和蔼可亲、为人师表,国际法学功底深厚,她的鼓励、鞭策以及在我报考博士研究生、申报国家社科基金项目时的加盟支持都让我铭记于心。我还要感谢冷传莉、宁立标、张林鸿、李卫国、孙志煜、范电勤、阮志群、李萍诸位教授,他们对我的教诲、帮助和鞭策让我一步步成长。

在我的所有同学里,我要特别感谢杨国平教授和黄硕博士,在我这么多年的求学、工作生涯中,历经挫折、困顿与无助,正是他们的全力帮助、热心鼓励和肝胆相照,才使我一路跌跌撞撞走到今天。感谢我在南开大学的同学们,与他们一起的求学生涯让我获益良多。陈国坤兄长与我做了两年的室友,经常在一起高谈阔论,讨论法学案例,探讨人生经历,互相批改论文,不亦快哉! 每次与段知壮、潘晓滨、赵晓磊、肖奎、孙莉、王文君、任容庆、段威、李丹阳的交流、讨论,思想的碰撞总是让我受益匪浅。同学毕业两年来,博士班已有李丹阳、赵晓磊、潘晓滨和我四人相继获得国家社科基金的资助,这与大家活跃的思维、勇于探索的学术品格是分不开的。入职河北大学的师兄宋阳副教授、入职湖南师范大学的师兄刘顺峰副教授,以及同门师妹路遥博士、师弟王海龙博士,与他们在学术上的交流、合作都启发了我的睿思。无论如何,我不能忘记孩提时的那些小伙伴,他们是:发小冯钧、刘虎林、南学平、师庆文、宋彦龙,1998 年结识并一路患难与共的高中同学、好兄弟卜鹏楼、姚永军、冯海瑞,本科阶段的室友、好兄弟曾超、范嗣刚、曾令波、姜舟,硕士阶段的同学韩勇。他们都与我有兄弟一般的情义,不计得失、肝胆相照,多年来给予我的帮助、宽慰是我内心最温暖的力量源泉。

我要感谢甘肃白银这片厚重的黄土地对我的养育,能够以自己所学回报桑梓是我平生最大的志愿。因此,这本与农业有关的法学专著就当是我对家乡的献礼。感谢我的父母这么多年来对我含辛茹苦的抚养和教育。小时候,我常常在父亲摩托车的轰鸣声中迎来新的一天,为了做生意和家里的农耕,他两头打理,经常星夜奔波。寒来暑往,几十年如一日,默默地维持着一家人的生计,使子女从小过上衣食无忧的生活。父爱如山,他是我人生中永远无法逾越的高山。我的母亲从小没有接受过任何学校教育,但勤劳善良,她永远是家里那个忙得不停的人,常拖着病体,侍奉老人、照顾子女,几十年如一日。我是在祖母身边慢慢长大的,祖母在我心目中有着不可替代的位置。她是一个裹着小脚的农村老太太,慈祥、善良、多才多艺,手工制作的香包、窗花、窗帘,以及她在院落里种植的各色花朵,总是让整个家庭弥漫着五彩斑斓的生活气息。年轻时的辛劳让她老来身染重疾,坐骨神经的疼痛经常折磨得她半夜痛苦不堪。她对我从小疼爱有加、呵护备至,在我 28 岁那年溘然长逝,那种撕心裂肺的痛苦萦绕了我一年多的心境。我也要感谢我敬爱的祖父,他比祖母晚一年辞世,也是我生命中的恩人。两位老人从小教会我善良、真诚和勤奋,这是我人生中一笔莫大的财富。我还要感谢与我互敬互爱的弟弟、妹妹,未来我们将携手成长。在本书的写作过程中,我有幸结识了我的妻子张万萍女士,在我 2016 年完成博士学业后,很快与她走进婚姻的殿堂。三年来她任劳任怨,操持家务、相夫教子,默默地陪伴在我的身边、支持着我的事业。小儿津恺的降临成为我们夫妻的快乐源泉,在其半岁时我只身赴我国台湾地区东吴大学访学,照顾小儿的重任自然落在了妻子的肩上。遇到她是我今生最大的荣幸。

最后,我要感谢法律出版社的领导对本书出版的大力支持。黄倩倩编辑在本书出版过程付出了莫大的辛劳,她在本书编辑过程中提出的宝贵意见让本书增色不少。黄琳佳编辑也对本书的出版贡献很多心力。未读之书、未经之旅,于我实在太多。因此,本书中挂一漏万、言不达意、词不逮理、佶屈聱牙、鄙言累句之处在所难免,这一切文责也当由我负责,敬请读者不吝赐教。有任何的批评、建议,可直接致信 liuxuewen@ aliyun.com。人生之旅何其短暂,我将常怀感激之情,常为感恩之行。电视纪录片《舌尖上的中国》里的一句解说词乃是我此刻最大的自勉:“认清明天的去向,不忘昨日的来处!”

刘学文

2018 年 5 月 18 日

于西北政法大学

图书在版编目(CIP)数据

国际农产品公平贸易法律治理研究 / 刘学文著. -- 北京 : 法律出版社, 2020
ISBN 978 -7 -5197 -2731 -4

Ⅰ. ①国… Ⅱ. ①刘… Ⅲ. ①农产品贸易－贸易法－研究 Ⅳ. ①D996.1

中国版本图书馆 CIP 数据核字(2018)第 218587 号

国际农产品公平贸易法律治理研究
GUOJI NONGCHANPIN GONGPING MAOYI FALÜ ZHILI YANJIU

刘学文 著

责任编辑 黄倩倩
装帧设计 鲍龙卉

出版 法律出版社
总发行 中国法律图书有限公司
经销 新华书店
印刷 三河市龙大印装有限公司
责任校对 杨锦华
责任印制 陶 松
编辑统筹 学术·对外出版分社
开本 710 毫米×1000 毫米 1/16
印张 21.5
字数 296 千
版本 2020 年 4 月第 1 版
印次 2020 年 4 月第 1 次印刷

法律出版社/北京市丰台区莲花池西里 7 号(100073)
网址/www.lawpress.com.cn
投稿邮箱/info@lawpress.com.cn
举报维权邮箱/jbwq@lawpress.com.cn
销售热线/400 -660 -8393
咨询电话/010 -63939796

中国法律图书有限公司/北京市丰台区莲花池西里 7 号(100073)
全国各地中法图分、子公司销售电话:
统一销售客服/400 -660 -8393/6393
第一法律书店/010 -83938432/8433 西安分公司/029 -85330678 重庆分公司/023 -67453036
上海分公司/021 -62071639/1636 深圳分公司/0755 -83072995

书号:ISBN 978 -7 -5197 -2731 -4 **定价**:85.00 元